# Juridicum – Schriftenreihe zum Strafrecht

**Reihe herausgegeben von**
I. Zerbes, Bremen, Deutschland
M. El-Ghazi, Bremen, Deutschland

Die Buchreihe bietet Abhandlungen aus der gesamten Strafrechtswissenschaft eine Veröffentlichungsplattform. Die Reihe ist bewusst breit zugeschnitten, so dass sowohl aktuelle, traditionelle aber auch theoretische Fragestellungen erfasst sind. Das Angebot richtet sich an materiell-rechtliche, strafprozessrechtliche und kriminologische Forschungsarbeiten, namentlich auch aus den Bereichen des Europäischen und des Internationalen Strafrechts, des Medizinstrafrechts und Medienstrafrechts.

Weitere Bände in der Reihe http://www.springer.com/series/15454

Momme Buchholz

# Der nemo tenetur-Grundsatz

Eine rechtsethische Untersuchung

Momme Buchholz
Kiel, Deutschland

Inaugural- Dissertation zur Erlangung der Doktorwürde der Rechtswissenschaftlichen Fakultät der Christian-Albrechts-Universität zu Kiel

Vorgelegt von Momme Buchholz aus Husum

Erstberichterstatter: Prof. Dr. Andreas Hoyer
Zweitberichterstatter: Prof. Dr. Monika Frommel
Tag der mündlichen Prüfung: 15.11.2017

ISSN 2522-5901  ISSN 2522-591X (electronic)
Juridicum – Schriftenreihe zum Strafrecht
ISBN 978-3-658-21364-0  ISBN 978-3-658-21365-7 (eBook)
https://doi.org/10.1007/978-3-658-21365-7

Die Deutsche Nationalbibliothek verzeichnet diese Publikation in der Deutschen Nationalbibliografie; detaillierte bibliografische Daten sind im Internet über http://dnb.d-nb.de abrufbar.

© Springer Fachmedien Wiesbaden GmbH 2018
Das Werk einschließlich aller seiner Teile ist urheberrechtlich geschützt. Jede Verwertung, die nicht ausdrücklich vom Urheberrechtsgesetz zugelassen ist, bedarf der vorherigen Zustimmung des Verlags. Das gilt insbesondere für Vervielfältigungen, Bearbeitungen, Übersetzungen, Mikroverfilmungen und die Einspeicherung und Verarbeitung in elektronischen Systemen.
Die Wiedergabe von Gebrauchsnamen, Handelsnamen, Warenbezeichnungen usw. in diesem Werk berechtigt auch ohne besondere Kennzeichnung nicht zu der Annahme, dass solche Namen im Sinne der Warenzeichen- und Markenschutz-Gesetzgebung als frei zu betrachten wären und daher von jedermann benutzt werden dürften.
Der Verlag, die Autoren und die Herausgeber gehen davon aus, dass die Angaben und Informationen in diesem Werk zum Zeitpunkt der Veröffentlichung vollständig und korrekt sind. Weder der Verlag noch die Autoren oder die Herausgeber übernehmen, ausdrücklich oder implizit, Gewähr für den Inhalt des Werkes, etwaige Fehler oder Äußerungen. Der Verlag bleibt im Hinblick auf geografische Zuordnungen und Gebietsbezeichnungen in veröffentlichten Karten und Institutionsadressen neutral.

Springer ist ein Imprint der eingetragenen Gesellschaft Springer Fachmedien Wiesbaden GmbH und ist ein Teil von Springer Nature
Die Anschrift der Gesellschaft ist: Abraham-Lincoln-Str. 46, 65189 Wiesbaden, Germany

## Vorwort

Diese Arbeit ist im Sommersemester 2017 an der rechtswissenschaftlichen Fakultät der Christian-Albrechts-Universität zu Kiel als Dissertation angenommen worden.
Rechtsprechung und Literatur sind bis Juli 2017 berücksichtigt worden.

An den Anfang dieses Buches möchte ich einige, wenige Danksagungen stellen. Für die nahezu grenzenlose Freiheit, die ich als Assistent seines Lehrstuhls hinsichtlich Forschung und Lehre genossen habe, und für die mir dabei widerfahrene, besondere rechtsdogmatische und vor allem auch menschliche Prägung, bedanke ich mich von ganzem Herzen bei meinem Doktorvater, Herrn Prof. Dr. Andreas Hoyer.

Für die vielen instruktiven Gespräche, gemeinsamen Erörterungen und die rasche Erstellung des Zweitgutachtens möchte ich mich zudem bei Frau Prof. Dr. Monika Frommel bedanken.

Hervorzuheben ist zuletzt noch das gesamte Lehrstuhlteam von Prof. Dr. Hoyer, mit welchem ich unzählige inspirierende und aufmunternde Momente erleben durfte und, welches die Anfertigung der vorliegenden Arbeit stets kritisch begleitet und dadurch unterstützt hat.

Kiel, November 2017					Momme Buchholz

# Inhaltsverzeichnis

| | | |
|---|---|---|
| **A** | **Einleitung** | 1 |
| I | Vielfalt und Umfang des Problems | 3 |
| II | Forschungsstand | 6 |
| III | Bestimmung des Untersuchungsgegenstandes | 9 |
| IV | Systemtranszendente Betrachtung | 9 |
| **B** | **Normative Bestandsaufnahme** | 13 |
| I | Persönlicher Schutzbereich | 16 |
| II | Sachlicher Schutzbereich | 16 |
| | 1. Die Selbstanzeige | 17 |
| | 2. § 136 StPO | 17 |
| | 3. Beweisrechtliche Verwertung des Schweigens | 19 |
| | 4. § 136a StPO | 23 |
| | 5. Ergebnis | 25 |
| **C** | **Historische Entstehung und Entwicklung** | 27 |
| I | Entstehung des Grundsatzes | 28 |
| | 1. Talmudische Recht | 28 |

| | | |
|---|---|---|
| | 2. | Vereinigtes Königreich ... 35 |
| | 3. | Stellungnahme zum Ursprung ... 39 |

## II Entwicklung in Deutschland ... 41
1. Germanisches Recht ... 41
2. Der nemo-tenetur-Grundsatz bis 1740 ... 50
3. Reform des Strafprozesses als Anfang ... 50
4. Reichsstrafprozessordnung ... 59
5. Der nemo tenetur-Grundsatz im neuzeitlichen Gewande ... 64
6. Ergebnis ... 66

# D Rechtsethische Begründung ... 69

## I Theoretische Grundfragen ... 72
1. Das Verhältnis von Recht und Rechtsethik ... 74
2. Methodik der Rechtsfindung ... 78

## II Eine hypothetische Einlassungspflicht ... 81
1. Erste Spuren des Ansatzes ... 83
2. Die neuzeitliche Einlassungs- und Mitwirkungspflicht ... 85
3. Diskussion im angloamerikanischen Rechtsraum ... 86
4. Stellungnahme ... 88

## III Ausgangspunkt der rechtsethischen Untersuchung ... 91
1. Keine normative Begründung ... 91
2. „Göttliches Recht" ... 96
3. Stellungnahme ... 98

| | | |
|---|---|---|
| **IV** | **Konkrete rechtsethische Rechtfertigung** | **99** |
| 1. | Nemo tenetur-Grundsatz als Naturrecht | 100 |
| 2. | Kantianismus | 107 |
| 3. | Diskursethik | 151 |
| 4. | Kontraktualismus | 154 |
| 5. | Ethische Unzumutbarkeit | 177 |
| 6. | Konsequentialistische Ethiktheorien | 200 |
| 7. | Fazit | 253 |

| | | |
|---|---|---|
| **E** | **Konkreter Schutzumfang** | **255** |
| **I** | **Das Problem der Absolutheit** | **256** |
| 1. | Naturrechtliche Begründung | 256 |
| 2. | Menschenwürde | 257 |
| 3. | Theorie der antizipierten Abwägung | 258 |
| 4. | Kritik | 260 |
| **II** | **Die verhaltensorientierte Abgrenzung** | **270** |
| 1. | Konzeptionsgründe | 271 |
| 2. | Kritik | 274 |
| **III** | **Verbalität** | **291** |
| 1. | Inhalt der Verbalitätsthese | 291 |
| 2. | Begriffsklärung | 293 |
| 3. | Rechtsvergleich | 294 |
| 4. | Rechtsethische Begründung | 298 |
| 5. | Stellungnahme | 302 |

| | | |
|---|---|---|
| IV | Ergebnis zum Schutzumfang | 304 |
| F | Fazit und Rechtspolitik | 309 |
| I | Fazit | 309 |
| II | Rechtspolitischer Ausblick | 310 |
| G | Thesenübersicht | 315 |
| H | Literaturverzeichnis | 319 |

# A Einleitung

„Der Grundsatz, dass niemand gezwungen werden darf, sich selbst zu belasten (nemo tenetur se ipsum accusare), zählt zu den Grundprinzipien eines rechtsstaatlichen Strafverfahrens."[1] So lautet die bedeutungsschwere Begriffsklärung des Bundesgerichtshofs zum vielzitierten nemo tenetur-Grundsatz, welcher in unterschiedlichem Gewande zu finden ist: bald in einer Umschreibung als Selbstbelastungsfreiheit,[2] bald als nemo tenetur se ipsum accusare und nicht selten als nemo tenetur se ipsum prodere. Stets meinen diese unterschiedlichen Begrifflichkeiten aber ein und dasselbe. Sie wollen dabei nichts Anderes ausdrücken, als der BGH in seiner Definition festgehalten hat: Niemand dürfe gezwungen werden, sich selbst zu belasten. Dabei gilt die Selbstbelastungsfreiheit als des Beschuldigten vornehmstes und wichtigstes Recht.[3] Dementsprechend lässt sich auch in der Rechtspraxis beobachten, dass sich die überwiegende Anzahl der Beschuldigten für die „Strategie des Schweigens" entscheidet.[4] Der zentrale Einwand gegen eine Einlassung soll die Befürchtung einer Themenverlagerung der Beweisaufnahme darstellen, denn statt einen Schuldnachweis zu führen, sollen sich die Gerichte mit der bloßen Widerlegung der Einlassung des Beschuldigten begnügen. Dies führe dazu, dass bei einem redenden Beschuldigten geringere Anforderungen an den Schuldnachweis gestellt werden als beim schweigenden.[5] Darüber hinaus läuft der schweigende Beschuldigte nicht in die Gefahr, entweder die rechtlichen Folgen eines Teilschweigens[6] erdulden oder die eigene Überführung fördern zu müssen.[7] Doch damit ist die Situation des Straftäters in der Zeit nach der Straftat jedoch noch nicht hinreichend

---

[1] BGHSt 58, 301 (304).
[2] Doege, nemo-tenetur-Grundsatz, S. 27.
[3] SK-StPO/Rogall, Vor § 133 ff., Rn. 155.
[4] Es gilt nach Gubitz, JA 2007, 210 (214) für den Strafverteidiger „die Regel, dass fast immer zum Schweigen zu raten ist [...]."
[5] Barton, Strafverteidiger, S. 274 mit weiteren Nachweisen.
[6] Dazu BGHSt 20, 298 (300).
[7] Gubitz, JA 2008, 52 (54).

© Springer Fachmedien Wiesbaden GmbH 2018
M. Buchholz, *Der nemo tenetur-Grundsatz*, Juridicum – Schriftenreihe zum Strafrecht, https://doi.org/10.1007/978-3-658-21365-7_1

beschrieben, sie ist über diese Erwägungen durch vielerlei, weitere Besonderheiten geprägt. Denn noch bevor die staatlichen Strafverfolgungsbehörden auf den Täter aufmerksam werden, durchlebt dieser oftmals sozial-psychologische Schwankungen: zerrissen von der Reue, dem schlechten Gewissen, dem Streben, reinen Tisch zu machen, und dem Gedanken, die Freiheit nicht verlieren zu wollen, oder gar der Idee, mit der Straftat das Richtige, das Gute bewirkt zu haben. Sobald der Straftäter sodann ins ermittlerische Fadenkreuz der Staatsanwaltschaft und ihrer Gehilfen gerät und zum Beschuldigten wird, erhöht sich der Druck auf den Täter nochmals enorm. Der im Täter vorherrschende Gedanke wird bestärkt, wieder bezweifelt, durch einen anderen ersetzt, und wieder bestärkt, bezweifelt, ersetzt. Dieser Konflikt ist seit Jahrhunderten Gegenstand juristischer Fachdebatten und hat sogar Eingang in die Weltliteratur gefunden. In dem Werk „Schuld und Sühne" des russischen Philosophen und Schriftstellers Dostojewski durchlebt Raskalnikow nach der Ermordung zweier Frauen im Glauben an eine moralische Verpflichtung zu dieser Tat einen derartigen Gewissenskampf.[8] Zwar will er auch einfach nur sein Gewissen beruhigen und Straferleichterungen erzielen,[9] für Raskalnikow ist dieser Konflikt jedoch auch dadurch geprägt, dass er in einem Geständnis das für ihn vorteilhafteste moralische Verhalten erblickt.[10] Er möchte durch die Selbstanzeige und das Geständnis das Verbrechen wieder gutmachen, um dadurch eine „hohe Gesinnung" zu zeigen und das zu erfüllen, was „die Gerechtigkeit verlangt".[11] Dadurch erhofft er sich, in die Gesellschaft wiederaufgenommen und nicht länger als „Schurke" wahrgenommen zu werden.[12] Dass Raskalnikow durchgehend einer konsequentialistischer Weltanschauung unterliegt, wird sodann besonders deutlich, wenn er den Malerjungen Nikolai zu schützen sucht, welchem als Unschuldiger droht, verurteilt zu werden.[13] Der Schutz des Unschuldigen und der Schutz der Wahrheitsermittlung rücken im fortrückenden Verlauf der

---

[8] Dostojewski, Schuld und Sühne, S. 773.
[9] Dostojewski, Schuld und Sühne, S. 663.
[10] Dostojewski, Schuld und Sühne, S. 760.
[11] Dostojewski, Schuld und Sühne, S. 753 sowie insbesondere auch 666.
[12] Dostojewski, Schuld und Sühne, S. 757.
[13] Dostojewski, Schuld und Sühne, S. 713.

Handlung mehr und mehr in den Vordergrund,[14] sodass Dostojewski letztlich in seinem Roman viele der Positionen diskutiert, die auch heute noch im Zusammenhang mit dem nemo tenetur-Grundsatz erörtert werden. Mitnichten ist es daher so, dass Raskalnikow das Geständnis umsonst[15] abgab, wie dies von Seidmann/Stein vertreten wird.[16] Er verfolgt damit vielerlei Zwecke und nicht zuletzt bewirkt das Geständnis auch eine Heilung psychischer Verletzungen. Die verschiedenen Zwecksetzungen des jungen Raskalnikows können als eindrucksvolles Beispiel der situativen Anforderung des in einem Strafverfahren befindlichen Beschuldigten gelten und sollen hier in abstrahierter Form auf ihren rechtsethischen Gehalt untersucht werden.

## I Vielfalt und Umfang des Problems

Der nemo tenetur-Grundsatz ist in der strafverfahrensrechtlichen Wissenschaft und Rechtsprechung ein Gegenstand von enormem Interesse. Die staatlichen Täuschungsmethoden bei der Verbrechensbekämpfung - V-Leute, Verdeckte Ermittler, Lockspitzel, Hörfalle[17] - sind bis heute Thema wissenschaftlicher Bearbeitungen und höchstgerichtlicher Urteile.

Daneben werden fortlaufend Erweiterungen des Anwendungsbereichs auf weitere Fallkonstellationen unter dem Gesichtspunkt „nemo tenetur" diskutiert. Als Beispiele dazu mögen die Diskussionen um die Rolle des Grundsatzes bei der Pflicht zur Herausgabe von Passwörtern, die die

---

[14] Dostojewski, Schuld und Sühne, S. 777.
[15] Die im Zusammenhang mit der Ausführung von Rechtshandlungen fragwürdig erscheinende Übersetzung „umsonst" rührt aus der markt- und spielorientierten Darstellungsweise von Seidmann/Stein.
[16] Seidmann/Stein, Harvard Law Review 2000, 431 (465).
[17] Siehe für einen guten Überblick Schroeder, Staat als Lügner, 151 (157 ff.); Roxin/Schünemann, Strafverfahrensrecht, § 24 Rn. 41; nach der Rechtsprechung untersagt § 136a StPO lediglich Täuschungen und keine Irrtumsausnutzung BVerfG StV 1985, 177; BGHSt 42, 139 (153); andere Ansicht Roxin NStZ 1995, 465 (466); Puppe GA 1978, 289 (304); sehr kritisch zur Hörfallen-Rechtsprechung Rieß, NStZ 1996, 505 (505 f.); Roxin, NStZ 1997, 18 (20 f.); Bernsmann, StV 1997, 116 (118 f.); Renzikowski, JZ 1997, 710 (717); Weßlau, ZStW 1998, 1 (15).

Entschlüsselung von Datenträgern ermöglichen[18], sowie bei der Zulässigkeit der Nebenklage[19] nach § 395 Abs. 3 StPO dienen. Darüber hinaus beschäftigt sich das Bundesverfassungsgericht seit der Einführung der Verständigung in § 257c StPO mit dem Verhältnis der Belehrungsvorschrift des § 257c Abs. 5 StPO zum nemo tenetur-Grundsatz.[20] Als weiteres Beispiel ist an die Kostentragungspflicht des Beschuldigten nach § 465 Abs. 1 StPO für Ermittlungskosten zu seiner Ergreifung und zum Nachweis von Tat und Täterschaft zu denken, welche mit dem nemo tenetur-Grundsatz zu kollidieren scheint.[21] Ähnlich umstritten ist die Frage nach einer Ausnahme vom Verwertungsverbot der früheren Zeugenaussage in der Hauptverhandlung nach § 252 StPO bei richterlichen Vernehmungspersonen.[22] Der zweite Senat des BGH verlangt seit 2015 zumindest eine qualifizierte Belehrung über die Ausnahme, wenn nicht sogar von einer kompletten Unzulässigkeit auszugehen sein

---

[18] Gegenüber einer derartigen Pflicht kritisch Franck, RDV 2013, 287 (289).
[19] Zum Ganzen Bock, FS-Wessing, 159 (172).
[20] BVerfG Beschl. v. 25.08.2014 - 2 BvR 2048/13, Rn. 15: „Damit ist aus der Perspektive des Angeklagten das Festhalten an der Freiheit von Selbstbelastung nur noch um den Preis der Aufgabe der Gelegenheit zu einer das Gericht bindenden Verständigung und damit einer (vermeintlich) sicheren Strafobergrenze zu erlangen. Die Erwartung der Bindung des Gerichts bildet dementsprechend Anlass und Grundlage der Entscheidung des Angeklagten über sein prozessuales Mitwirken; damit entsteht eine wesentlich stärkere Anreiz- und Verführungssituation als es - mangels Erwartung einer festen Strafobergrenze - etwa in der Situation von § 136 Abs. 1 oder § 243 Abs. 5 Satz 1 StPO der Fall ist. Der Angeklagte muss deshalb wissen, dass die Bindung keine absolute ist, sondern unter bestimmten Voraussetzungen - die er ebenfalls kennen muss - entfällt. Nur so ist es ihm möglich, Tragweite und Risiken der Mitwirkung an einer Verständigung autonom einzuschätzen."; BVerfGE 133, 168-241; BVerfG, 2 BvR 85/13 vom 30.06.2013; siehe zur Bedeutung des Geständnisses im Rahmen des vergleichbaren § 153a StPO Fahl, JR 2016, 241 (242 ff.).
[21] Magold, Kostentragungspflicht, S. 77 und insbesondere 162: „Obwohl das Recht des Straftäters auf Nicht-Mitwirkung an der ihm selbst geltenden Strafverfolgung einerseits umfänglich grundrechtlich geschützt ist, vermag andererseits genau diese Nichtmitwirkung des Täters aufwändige Ermittlungen zu seiner Ergreifung und zum Nachweis von Tat und Täterschaft auszulösen, deren Kosten ihm dann nach dem geltenden § 465 Abs. 1 S. 1 StPO (in Verbindung mit § 464a Abs. 1 StPO) zwingend qua Urteilsspruch aufgebürdet werden."
[22] Beulke, Strafprozessrecht, Rn. 465.

sollte.²³ Die Belehrung soll demnach auch umfassen, dass eine gemachte Aussage auch dann verwertbar bleibt, wenn er in einer späteren Hauptverhandlung vom Recht der Aussageverweigerung Gebrauch macht.²⁴ Nur so kann sich der Zeuge über die Tragweite seines Handelns für seine kommunikative Autonomie im Klaren sein.²⁵ In der strafgerichtlichen Prüfung niedriger Beweggründe könnte des Weiteren ein zusätzliches Problem liegen, da es nach dem BGH eine echte Indizwirkung hat, wenn der Richter zu der Auffassung gelangt, dass der Beschuldigte kein Motiv für die Tat hatte.²⁶

Über den strafrechtlichen Bereich hinaus gewinnt der Grundsatz auch in anderen Rechtsgebieten an Bedeutung. Im Steuerrecht werden der Zusammenhang mit der gescheiterten Selbstanzeige²⁷ und der abgaberechtlichen Schätzung²⁸ diskutiert, im Bürgerlichen Recht die Informationspflichten beim Behandlungsvertrag nach § 630c Abs. 2 S. 2, 3 BGB²⁹.

Trotz dieser vielfältigen Probleme, zu welchen der nemo tenetur-Grundsatz zur Argumentation herangezogen wird, ist bislang noch kein Konsens, weder hinsichtlich des Schutzgegenstandes noch darüber hinaus der Schutzreichweite des Grundsatzes, erzielt worden. Besonders bemerkenswert ist dabei, dass niemand in der deutschen Strafverfahrenswissenschaft daraus den Schluss zieht, die Geltung des nemo tenetur-

---

[23] BGH, NStZ 2015, 710 (712); die übrigen Senate vertreten in BGH, Beschl. v. 14.01.2015 – 1 Ars 21/14; BGH, Beschl. v. 08.01.2015 – 3 Ars 20/14; BGH, Beschl. v. 16.12.2014 – 4 Ars 21/14; BGH, Beschl. v. 27.01.2015 – 5 Ars 64/14 die Gegenauffassung.
[24] BGH, NStZ 2015, 710 (712).
[25] BGH, NStZ 2015, 710 (713).
[26] Stam, JURA 2016, 293 (294 ff., 299): Ist dem Richter kein Motiv für eine Tötung erkennbar, legt ihm dies nach ständiger Rechtsprechung einen niedrigen Beweggrund nahe. Der Leitsatz von BGHSt 47, 128 behauptet eine „echte Indizwirkung". Mord aus niedrigen Beweggründen kann auch dann vorliegen, wenn der Täter in dem Bewusstsein handelt, keinen Grund für eine Tötung zu haben oder zu brauchen […]. Dies führt zu einem mittelbaren Zwang gegen den Beschuldigten Auskunft über die Motivlage zu geben.
[27] BVerfG, NJW 2005, 352 (353); Beckemper, ZIS 2012, 221 (221 ff.).
[28] Siehe mit weiteren Nachweisen BGH, wistra 2016, 363 (364); BGH, wistra 1986, 65.
[29] Rogall, FS-Beulke, 973 (974 ff.).

Grundsatzes prinzipiell in Frage zu stellen.[30] Ganz anders verhält sich dies in der angloamerikanischen Literatur[31]; dort wird seit dem 19. Jahrhundert durchgehend vertreten, dass ein Strafverfahrenssystem, in welchem ein Schweigerecht des Beschuldigten nicht vorgesehen ist, „gerechter" wäre, da mehr Beschuldigte ihre Straftaten gestehen würden.[32]

## II Forschungsstand

Der Forschungsstand wurde in der strafverfahrensrechtlichen Literatur im Laufe der Zeit ganz unterschiedlich bewertet. In der jungen Bundesrepublik hatte sich anfangs bereits eine Meinung herausgebildet, nach welcher dem Grundsatz kein besonderer Wert mehr zukommen sollte, er ein Gemeinplatz geworden sei.[33] Der nemo tenetur-Grundsatz galt als „prozessuale Binsenweisheit"[34] und wurde dementsprechend nicht als interessantes Forschungsobjekt angesehen. Von der Binsenweisheit ausgehend, untersuchte Rogall im Jahr 1977 den nemo tenetur-Grundsatz erstmals vertieft in einer Monographie „Der Beschuldigte als Beweismittel gegen sich selbst", fokussierte in der Arbeit jedoch eine rechtshistorische Grundlegung.

Von der Binsenweisheits-These hinsichtlich der Geltung und des Schutzzwecks wurde sodann ab den 1980er Jahren teilweise in der Art Abstand

---

[30] Rogall, FS-Beulke, 973 (974).
[31] Wigmore, Harvard Law Review 1891, 71 (85 f.), welcher bereits im 19. Jahrhundert nach der Begründbarkeit des nemo-tenetur-Satzes fragte und zu dem Schluss kam, dass mit dem Wegfall der früheren Besonderheiten wie Hexenverfolgung und ähnlichem jener Satz zu einem „Relikt" wurde; Chiesa, Boston College Third World Law Journal 2010, 35 (41 ff.); Redmayne, OJLS 2007, 209 (210): „Yet it is difficult, if not impossible, to provide a compelling rationale for the privelege." Siehe auch S. 231 f.:„The point, simply, is that we should not regard the privilege against self-incrimination as indefeasible."; Caplan, Vanderbilt Law Review 1985, 1417 (1418, 1449: „Was it now wrong for the police to urge a person to confess [...] ?"); Dolinko, UCLA Law Review 1986, 1063 (1064).
[32] Mit weiteren Nachweisen Seidmann/Stein, Harvard Law Review 2000, 431: „the criminal justice system would do better without the right of silence".
[33] Auch Wimmer, ZStW 1930, 538 (538) hielt nemo tenetur bereits für einen allgemein anerkannten Grundsatz.
[34] Niese, ZStW 1951, 199 (219).

genommen, dass behauptet wurde, der nemo tenetur-Grundsatz sei geltungstheoretisch auf dem Rückzug.[35] In diesem Kontext sah Lackner zu jener Zeit zutreffend voraus, dass es noch großer Anstrengungen bedürfen werde, um die mit nemo-tenetur auftretenden Konfliktlagen angemessen bewältigen zu können, damit keine unvertretbaren Interessenverluste in Kauf zu nehmen sind.[36] Im Laufe der 1990er Jahre nimmt die Anzahl kleinerer Aufsätze und größerer Monographien zu dem nemo tenetur-Grundsatz zu. Über den spezifischen Schutzgegenstand des Grundsatzes bestehe jedoch nach Lorenz „keine hinreichende Klarheit".[37] Ähnlich spricht Verrel von einer gewissen „Prinzipienunsicherheit" und stellt die Frage, ob die „Herausarbeitung des eigentlichen Prinzipieninhalts" bisher nicht zu kurz gekommen sei.[38] Die „hinter dem nemo-tenetur-Prinzip stehenden Überzeugungen"[39] sollten nach Weßlaus im Jahr 1998 erhobener Forderung prioritär ermittelt werden, damit sich der Grundsatz aus seiner „erheblichen Bedrängnis"[40] befreien kann. Im Gegensatz zu diesen Auffassungen stellte Ranft jedoch eine „Überhöhung des nemo tenetur-Grundsatzes" fest.[41] Zwischen beiden Polen - Feststellen einer „Erosion"[42] oder einer Überhöhung des Grundsatzes - bewegt sich die Diskussion bis heute. In den letzten Jahrzehnten ist der Grundsatz zwar Gegenstand verschiedener Urteile und wissenschaftlicher Untersuchungen geworden, diese sind jedoch vom - so im Jahr 2015 konstatiert - „ohnehin schwer fassbaren Wesen der Selbstbelastungsfreiheit"[43] geprägt.

In der Rechtsprechung des Bundesverfassungsgerichts hat sich die Floskel des „selbstverständlichen Ausdrucks einer rechtsstaatlichen

---

[35] Die Befürchtung ist beispielsweise bei Eidam, Selbstbelastungsfreiheit, S. 119, 379 sowie bei Ransiek, Polizeivernehmung, S. 62 und Grünwald, StV 1987, S. 453 (455) zu lesen.
[36] Lackner, NStZ 1983, 254 (254); ähnlich Dingeldey, JA 1984, 407 (407 ff.); Wolfslast, NStZ 1987, 103 (103).
[37] Lorenz, JZ 1992, 1000 (1006).
[38] Verrel, NStZ 1997, 361 (364); vgl. zum Inhalt Lorenz, JZ 1992, 1000 (1006); Wolfslast, NStZ 1987, 103 (103 f.); Reiß, Besteuerungsverfahren, S. 173.
[39] Weßlau, ZStW 1998, 1 (23).
[40] Safferling/Hartwig, ZIS 2009, 784 (784).
[41] Ranft, Strafprozeßrecht, Rn. 344.
[42] Dannecker, ZStW 2015, 991 (1015).
[43] Sarhan, wistra 2015, 449 (450).

Grundhaltung"[44] verbreitet. Angesichts der schier endlosen Diskussionen um den nemo tenetur-Grundsatz erscheint eine derart lakonische Feststellung äußerst beachtenswert. Sind Selbstverständlichkeiten doch Umstände, welche keiner Begründung bedürfen, sie sind aus sich selbst heraus bereits verständlich. Sollte - aus welchen Gründen auch immer - doch einmal eine Begründung versucht werden, bereitet sie meist keine allzu großen Anstrengungen. Als eine derartige Selbstverständlichkeit erscheint der nemo tenetur-Grundsatz angesichts seiner Probleme hinsichtlich des Existenzgrundes, seiner dogmatischen Reichweite und der ganz verschiedentlichen Ausgestaltung in den jeweiligen nationalen, rechtsstaatlichen Rechtsordnungen jedoch ganz und gar nicht.

Im Jahr 2017 befindet sich der Forschungsstand zur Rechtsethik des nemo tenetur-Grundsatzes im Ergebnis in einem desolaten Zustand. Die Herleitung des Grundsatzes gilt in Teilen der Literatur bereits als „Suche nach einem Geltungs-Alibi"[45]: Kölbel kritisiert dabei insbesondere die induktive Arbeitsweise und das beziehungslose Anhäufen oder gar Austauschen von Rechtsgrundlagen in der höchstrichterlichen Rechtsprechung.[46] In die Richtung stößt auch Eisenhardt, nach welcher die Forschung nach der Geltung und dem normativen Gehalt einer „strafverfahrensrechtlichen Chaosforschung" gleicht.[47] Auch Ransiek/Winsel sehen den nemo tenetur-Grundsatz vor vielen „Ungereimtheiten und Fragen" hinsichtlich des Geltungsgrundes und der Reichweite.[48] Im Ergebnis kann mit dem englischen Professor Redmayne kurz und knapp, aber in treffender Form, festgehalten werden, dass die Begründung der Selbstbelastungsfreiheit – sowohl im englischsprachigen Raum als auch in Deutschland – nach wie vor „mysteriös" ist.[49]

---

[44] BVerfGE 56, 37 (43); BVerfGE 38, 105 (113).
[45] Kölbel, Selbstbelastungsfreiheiten, S. 262.
[46] Kölbel, Selbstbelastungsfreiheiten, S. 263 mit weiteren Nachweisen.
[47] Eisenhardt, nemo tenetur-Prinzip, S. 181.
[48] Siehe Ransiek/Winsel, GA 2015, 620 (622 ff.).
[49] Redmayne, OJLS 2007, 209 (232).

## III Bestimmung des Untersuchungsgegenstandes

Auch wenn durchgehend die Rolle des Beschuldigten untersucht wird, gilt entsprechendes auch für die des Zeugen, denn hinsichtlich der rechtsethischen Werthaltigkeit des nemo tenetur-Grundsatzes sind die Rollen identisch.[50] So kann nach §§ 55, 52 StPO kein Zeuge gezwungen werden, eine Auskunft zu geben, deren Beantwortung ihm selbst oder einem Angehörigen die Gefahr zuziehen würde, wegen einer Straftat oder einer Ordnungswidrigkeit verfolgt zu werden. § 55 StPO schützt den Zeugen, indem es ein Auskunftsverweigerungsrecht[51] normiert: Nur die Beantwortung einzelner Fragen, nicht die ganze Aussage, darf verweigert werden.[52] Voraussetzung dafür ist, dass eine Auskunft die Gefahr der Offenbarung von Tatsachen begründen würde, die nach den Grundsätzen der Mosaiktheorie[53] insgesamt einen Anfangsverdacht ergeben könnten.[54] Lediglich in Ausnahmefällen, beispielsweise weil der Zeuge selbst an der Tat beteiligt war, ist die Verweigerung der Gesamtaussage zulässig.[55] Mindestens § 55 Abs. 1 Alt. 1 StPO ist damit ein Ausdruck des nemo tenetur-Grundsatzes,[56] sodass die nachfolgenden Untersuchungen auch immer den Zeugen als mitumfasst ansehen.

## IV Systemtranszendente Betrachtung

Während die systeminterne Beurteilung vom richtigen Recht sich Rechtsdogmatik nennt, soll hier im Schwerpunkt eine systemtranszendente Beurteilung, das heißt eine rechtsethische, angestrengt werden.[57]

---

[50] BVerfG, NStZ-RR, 2004, 18 (19); BGH, NStZ 2015, 710 (712); Dingeldey, NStZ 1984, 529 (533).
[51] Solche finden sich auch in vielen Verwaltungsgesetzen, beispielsweise in § 38 Abs. 3 S. 2 BDSG.
[52] Bosch, JURA 2012, 33 (37).
[53] BGH, StV 1987, 328 (328); BGH, NJW 1999, 1413 (1413); BVerfG, wistra 2010, 299 (300): An diese Voraussetzung sind geringe Anforderungen zu stellen. Es reicht aus, wenn sich erst verschiedene Offenbarungen wie ein Mosaik zum Tatverdacht verdichten.
[54] LR-StPO/Ignor/Bertheau, § 55, Rn. 10; Sommer, StraFo 1998, 8 (11).
[55] BVerfG, wistra 2010, 299 (300); BGH, NJW 1989, 2703.
[56] Verrel, Selbstbelastungsfreiheit, S. 274; BeckOK-StPO/Huber, § 55, Rn. 1; SK-StPO/Rogall, § 55, Rn. 3.
[57] Pfordten, Rechtsethik, S. 1.

Denn die aufgezeigten Herausforderungen für den nemo tenetur-Grundsatz scheinen daher zu rühren, dass weder die Praxis noch die Wissenschaft den Gewährleistungsinhalt - auf rechtsdogmatischem Wege - ermittelt hat.[58]

Die rechtsethische Begründbarkeit des nemo tenetur-Grundsatzes wurde zwar vereinzelt immer wieder behauptet, so stellte bereits Rogall in seiner oben erwähnten, bedeutungsvollen und grundlegenden Dissertation 1977 die These auf, dass dem nemo tenetur-Grundsatz ein „hohes ethisches Konzept" zugrunde liege, eine Begründung ist dabei jedoch nie erfolgt.

Auch das Bundesverfassungsgericht geht von einer derartig rechtsethischen Fundierung aus, wenn es den nemo tenetur-Grundsatz zu den „übergeordneten Grundsätzen des Verfahrensrechts" zählt.[59] Daneben vertreten auch höchste Fachgerichte eine rechtsethische Fundierung, wenn sie den nemo tenetur-Grundsatz in den Status eines „Grundprinzips" des rechtsstaatlichen Strafverfahrens[60] oder „zu den übergeordneten Rechtsgrundsätzen"[61] erheben.

Der von diesen Seiten vorgezeichnete Weg, die Rechtsethik, scheint imstande, einen entscheidenden Beitrag zur Konturierung des Grundsatzes zu leisten. Für das Strafverfahrensrecht ist es notwendig und erkenntnisfördernd, sich um die rechtsphilosophische, genauer rechtsethische, Begründung zu bemühen.[62]

Das Außerachtlassen der Rechtsethik im Kontext mit dem nemo tenetur-Grundsatz kann als Teil des die gesamte Rechtswissenschaft erfassenden Verzichts auf eine vertiefende philosophische Reflexion verstanden werden,[63] obwohl doch die Rechtsphilosophie dem bemühten Strafrechtler eine Fülle von Anregungen bietet.[64] Die Bedeutung der Rechtsphilosophie für das positive Recht hat bereits von Liszt umschrieben, indem

---

[58] Rogall, FS-Beulke, 973 (973).
[59] BVerfG, NJW 1996, 2940 (2941 ff.).
[60] BGHSt 58, 301 (304).
[61] OLG Brandenburg, NStZ-RR 2015, 53 (53).
[62] Siehe auch Kahlo, KritV 1997, 183 (199).
[63] Pfordten, Rechtsethik, S. 32.
[64] Pawlik, ZStW 2015, 737 (737 f.).

er deren Fähigkeit, der Geltung und Genese von Rechtsnormen „festen, bodenständigen Halt" geben zu können, betonte.[65]
Als zentrales Anliegen dieser Arbeit sollen demnach „rechtsethische Prinzipien, die hinter einer Regelung stehen"[66], untersucht werden. Dabei wird sowohl auf die zweitrangige subjektiv-historische, als auch die erstrangige objektive Gestalt der Prinzipien Bedacht genommen.[67] In der Methodenlehre wird angenommen, dass rechtsethische Prinzipien „richtunggebende Maßstäbe rechtlicher Normierung [sind], die vermöge ihrer eigenen Überzeugungskraft rechtliche Entscheidungen zu ‚rechtfertigen' vermögen. Sie unterscheiden sich von den auf Zweckmäßigkeitsgründen beruhenden rechtstechnischen Prinzipien durch ihren materialen Gerechtigkeitsgehalt; sie können deshalb als besondere Ausprägungen, Spezifikationen der Rechtsidee verstanden werden, so wie diese sich dem ‚allgemeinen Rechtsbewusstsein' auf dieser historischen Entwicklungsstufe darstellt."[68] Der Gegenstand der systemtranszendenten Betrachtung ist damit die Gerechtigkeit als Ausprägung der Rechtsidee.[69] Es gilt, die gesetzesübersteigende Rechtsfortbildung des nemo tenetur-Grundsatzes mit Rücksicht auf dessen rechtsethisches Fundament zu untersuchen.[70] Daher soll vorliegende Arbeit einen ersten Beitrag dazu leisten, den Fokus der deutschen Strafverfahrensrechtswissenschaft wieder auf die theoretischen Grundlagen des Rechts zu lenken, indem der ehrwürdige Verfahrensgrundsatz „nemo tenetur se ipsum accusare" eine rechtsethische Konturierung erlangt.[71]
Dazu wird anfangs der Grundsatz hermeneutisch abgesteckt und seine Geltung und Genese in den verschiedenen Ausprägungen rekonstruiert. Auf Grundlage der daran anschließenden rechtshistorischen Darstellung

---

[65] v. Liszt, Lehrbuch des Deutschen Strafrechts, S. 5.
[66] Larenz/Canaris, Methodenlehre, S. 154; siehe zum Ethikbegriff als Frage nach dem guten Leben Kühler, Moral und Ethik, S. 72 ff.
[67] Larenz/Canaris, Methodenlehre, S. 139 f.
[68] Larenz/Canaris, Methodenlehre, S. 240.
[69] Zur Geltungsbegründung auf fundamentalethischer Ebene kritisch Sandkühler, Recht und Staat, S. 108, 109: eine solche Begründung sei überflüssig, sofern die Norm positiviert ist; siehe hierzu auch Pawlik, ZStW 2015, 737 (741).
[70] Larenz/Canaris, Methodenlehre, S. 241; Siehe zum Weg der Rechtsfortbildung J. Esser, Rechtsfindung, S. 174 ff.
[71] Larenz/Canaris, Methodenlehre, 3. Aufl., S. 241.

des Grundsatzes soll im Hauptteil eine umfassende rechtsethische Untersuchung erfolgen, die dazu dienen soll, die Diskussion um den nemo tenetur-Grundsatz zu systematisieren und neue Anstöße für eine Schutzbereichsbestimmung zu liefern.

Angeregt wird die nachfolgende Untersuchung durch die Frage, wieso dem potenziellen Straftäter ein so weitgehender Schutz seiner persönlichen Interessen zukommen sollte. Bei der Kritik des nemo tenetur-Grundsatzes wird selbstverständlich keines der geschriebenen Grundrechte in Zweifel gezogen. Die unter II. vorgenommene Bestandsaufnahme des nemo tenetur-Grundsatzes deutet jedoch einen sehr viel weiteren Schutz an. Bedingt durch die Frage werden viele weitere Problemstellungen aufgeworfen: Kann man zugunsten der Opfer der konkreten Straftat und der Gesellschaft nicht vom Täter verlangen, dass er zu seinen Verfehlungen steht und sie zugibt? Kann nicht erst diese Einsicht die Annahme begründen, er werde zukünftig von weiteren Straftaten Abstand nehmen? Oder auch: Könnte angesichts der vielfältigen Eingriffsbefugnisse der StPO bei Vorliegen eines Anfangverdachts nicht auch eine Pflicht zur Mitwirkung an der Aufklärung der Tat - zumindest in einem bestimmten Rahmen - begründet werden?[72]

---

[72] Ransiek/Winsel, GA 2015, 620 (622).

# B  Normative Bestandsaufnahme

In diesem grundsteinlegenden Kapitel soll anhand einer Bestandsaufnahme der Ausprägungen des nemo tenetur-Grundsatzes ein Untersuchungsgegenstand umrissen werden.

Zu berücksichtigen ist dabei, dass eine Begriffsbestimmung des nemo tenetur-Grundsatzes nicht vom Wortlaut einer Rechtsnorm ausgehend vorgenommen werden kann, da eine positiv-rechtliche Regelung fehlt.[73] Auch in der bereits weit fortgeschrittenen Debatte um eine grundlegende Reformierung der StPO im 21. Jahrhundert fand eine Auseinandersetzung mit der Positivierung des Grundsatzes nicht statt.[74]

Zentraler normativer Anknüpfungspunkt im deutschen Recht sind deshalb die verschiedenen Belehrungspflichten in der Strafprozessordnung: Während die §§ 136 Abs. 1 S. 2, 243 Abs. 5 S. 1 StPO noch vorgeben, der Beschuldigte sei darauf hinzuweisen, dass es ihm „nach dem Gesetz freistehe" auszusagen, spricht der neuere § 115 Abs. 3 S. 1 StPO bereits ausdrücklich von einem dahingehenden „Recht". Hier besteht normtheoretisch insoweit ein Unterschied, als dass § 136 StPO von einer fehlenden Verpflichtung, § 115 StPO hingegen von einer Erlaubnis spricht.[75]

Etwas konkreter scheinen die Vorschriften im internationalen Recht formuliert zu sein. Dort ist der nemo tenetur-Grundsatz – zumindest in Teilen[76] – in Art. 14 Abs. 3 lit. g des Internationalen Paktes über bürgerliche und politische Rechte vom 19.12.1966 in Verbindung mit dem Zustimmungsgesetz zu diesem Pakt vom 15.11.1973 normiert.[77] Der IPBPR ist

---

[73] So auch MüKo-StPO/Schuhr, vor § 133, Rn. 79; Eschelbach, GA 2015, 545 (548).
[74] Bericht der Expertenkommission zur effektiveren und praxistauglicheren Ausgestaltung des allgemeinen Strafverfahrens und des jugendgerichtlichen Verfahrens, Hrsg. von BMJV, 2015, passim.
[75] Kritisch zu dieser unzureichenden, einfachgesetzlichen Umsetzung Lorenz, StV 1996, 172 (173).
[76] Ob Art. 14 Abs. 3 lit. G IPBPR als Grundlage für den nemo-tenetur-Grundsatz tauglich ist, ist umstritten: Befürwortend Salger, Schweigerecht, S. 7; Bährle, Aussagefreiheit, S. 73; Müller-Boysen, Rechtsstellung, S. 101; andere Ansicht Queck, Geltung, S. 105; Bosch, JURA 1998, 236 (241); kritisch Reiß, Besteuerungsverfahren, S. 143.
[77] Vergleiche zu den internationalen Bezügen des Schweigerechts Safferling/Hartwig, ZIS 2009, 784 (786 ff.).

© Springer Fachmedien Wiesbaden GmbH 2018
M. Buchholz, *Der nemo tenetur-Grundsatz*, Juridicum – Schriftenreihe zum Strafrecht, https://doi.org/10.1007/978-3-658-21365-7_2

ein völkerrechtlicher Vertrag und steht nach Art. 25 S. 1 GG im Rang eines Bundesgesetzes.[78] Nach seinem Wortlaut darf ein Angeklagter „nicht gezwungen werden, gegen sich selbst als Zeuge auszusagen oder sich schuldig zu bekennen." Die Bezugnahme auf den „Zeugen" ist der US-amerikanischen Bundesverfassung entnommen.[79] Im deutschen Strafprozess gibt es keine Aussage des Beschuldigten als Zeugen, daher muss die Norm aus teleologischen und systematischen Gründen erweiternd ausgelegt werden.[80]

Nach Magold soll auch die UN-Generalversammlung den nemo tenetur-Grundsatz in Art. 11 Abs. 1 sowie Art. 29 Abs. 2 der Allgemeinen Erklärung der Menschenrechte normiert haben.[81] Aufgrund des allgemein gehaltenen Wortlauts lässt sich dies jedoch bezweifeln. Art. 11 Abs. 1 der Allgemeinen Erklärung der Menschenrechte statuiert nämlich lediglich die Unschuldsvermutung: „Jeder, der wegen einer strafbaren Handlung beschuldigt wird, hat das Recht, als unschuldig zu gelten, solange seine Schuld nicht in einem öffentlichen Verfahren, in dem er alle für seine Verteidigung notwendigen Garantien gehabt hat, gemäß dem Gesetz nachgewiesen ist." Andererseits ist zu beachten, dass Art. 6 EMRK ähnlich weit gefasst ist und dennoch als gesetzliche Normierung des nemo tenetur-Grundsatzes angesehen wird. Jedenfalls ist diese Verankerung nicht sehr aussagekräftig, da sie dem nemo tenetur-Grundsatz nahezu keine Konturen verleiht. Art. 29 Abs. 2 der Allgemeinen Erklärung der Menschenrechte schreibt vor: „Jeder ist bei der Ausübung seiner Rechte und Freiheiten nur den Beschränkungen unterworfen, die das Gesetz ausschließlich zu dem Zweck vorsieht, die Anerkennung und Achtung der Rechte und Freiheiten anderer zu sichern und den gerechten Anforderungen der Moral, der öffentlichen Ordnung und des allgemeinen Wohles in einer demokratischen Gesellschaft zu genügen." Unter einen derart weiten Wortlaut fällt jedes noch so unbedeutende strafprozessu-

---

[78] Rogall, Der Beschuldigte, S. 119 ff.; Magold, Kostentragungspflicht, S. 85.
[79] Bosch, Aspekte, S. 25; Rogall, Der Beschuldigte, S. 117; Salger, Schweigerecht, S. 7.
[80] Rogall, Der Beschuldigte, S. 118; Magold, Kostentragungspflicht, S. 85; Salger, Schweigerecht, S. 7; andere Ansicht Schlauri, Verbot des Selbstbelastungszwangs, S. 87 ff.
[81] Magold, Kostentragungspflicht, S. 87 f.

ale Recht des Beschuldigten und so trägt auch dies nichts zur Konturierung bei. Die Allgemeine Erklärung der Menschenrechte taugt daher nicht als gesetzliche Grundlage des nemo tenetur-Grundsatzes.
Dagegen ist der nemo-tenetur-Grundsatz auch im Römischen Statut des Internationalen Gerichtshofs[82] der Vereinten Nationen vom 01. Juni 2002[83] verankert. Der das Ermittlungsverfahren regelnde Art. 55 Abs. 1 lit. a und b lautet: „Bei Ermittlungen aufgrund dieses Statuts a) darf eine Person nicht gezwungen werden, sich selbst zu belasten oder sich schuldig zu bekennen; b) darf eine Person nicht Zwang, Nötigung oder Drohung, Folter oder einer anderen Form grausamer, unmenschlicher oder erniedrigender Behandlung oder Strafe unterworfen werden". Art. 67 Abs. 1 lit. g, welcher das Hauptverfahren regelt, normiert, „er (Der Beschuldigte) darf nicht gezwungen werden, gegen sich selbst als Zeuge auszusagen oder sich schuldig zu bekennen, und er darf schweigen, ohne dass sein Schweigen bei der Feststellung von Schuld und Unschuld in Betracht gezogen wird".

Aus den nationalen und internationalen Vorschriften lässt sich daher nur ableiten, dass der Beschuldigte in Strafverfahren gegen sich ein Aussageverweigerungsrecht hat. Übt er sein Schweigerecht aus, kann dies nicht auf Ebene der Schuldfeststellung nachteilig gewürdigt werden. Einer Berücksichtigung des Schweigens auf der Ebene der Strafzumessung stehen die Vorschriften prima facie hingegen nicht im Wege.
Zur näheren Begriffsbestimmung ist daher auf die ungeschriebenen Grundformeln des nemo tenetur-Grundsatzes zurückzugreifen.[84] Es werden zwei verschiedene Formeln verwendet: zum einen „nemo tenetur se ipsum accusare" (Niemand ist verpflichtet sich selbst anzuklagen) und zum anderen „nemo tenetur se ipsum prodere" (Niemand ist verpflichtet sich selbst zu verraten). Auch wenn es scheint, dass mit dem Begriff „prodere" etwas ausgedrückt werden soll, das inhaltlich weiter ist

---

[82] Siehe zum Komplementaritätsprinzip, welches das Verhältnis von internationaler und staatlicher Strafgerichtsbarkeit prägt Werle, Völkerstrafrecht, Rn. 263; zum Schweigerecht vor UN-Tribunalen siehe Safferling/Hartwig, ZIS 2009, 784 (789 ff.).
[83] Zur Bedeutung des Römischen Statuts siehe Werle, Völkerstrafrecht, Rn. 66: Bis 2012 hatten bereits 120 Staaten das Statut ratifiziert.
[84] Vergleiche auch Verrel, NStZ 1997, 415 (415).

als der Begriff „accusare", da dieser nur die Selbstanklage umfasst, vertritt niemand eine derartige unterschiedliche Auslegung der Formeln.

## I Persönlicher Schutzbereich

Während die Geltung des Grundsatzes für natürliche Personen nicht im Zweifel steht, ist die für juristische Personen streitig.[85] Dieser Streitstand, welcher insbesondere von Art. 19 Abs. 3 GG und der verfassungsrechtlichen Verankerung des nemo tenetur-Grundsatzes abzuhängen scheint, ist jedoch für die vorliegend angestrebte rechtsethische Analyse unerheblich.

## II Sachlicher Schutzbereich

Im Folgenden soll der Schutzbereich des nemo tenetur-Grundsatzes skizziert werden, soweit es für die rechtsethische Untersuchung erforderlich ist. Dabei soll nicht der Eindruck entstehen, dass damit sämtliche Fragestellungen im Zusammenhang mit dem nemo tenetur-Grundsatz umrissen sind, sondern es gilt, einen strafprozessualen Gegenstand in seinen elementaren Bestandteilen zu beschreiben, um ein greifbares Bezugsobjekt für die Rechtsethik herzustellen. Eine Darstellung aller diskutierten Positionen würde zu einer Zerfaserung des Grundsatzes führen, die eine Analyse der hinter dem Grundsatz stehenden Ethik erheblich erschweren, vielleicht sogar unmöglich machen würde.

Die verschiedenen Bestandteile des nemo tenetur-Grundsatzes sollen dabei in ein Modell, welches die Bestandteile nach ihrer Bedeutung für die Rechtsstellung des Beschuldigten skizziert, eingefügt werden. Dieses Modell besteht aus einem Kernbereich, einem Zentrum, das den nemo tenetur-Grundsatz in seiner elementarsten Form widerspiegelt. Darüber hinaus sollen zwei verschiedene Randbereiche, sogenannte

---

[85] Vergleiche zur Diskussion um die Geltung des Nemo-Tenetur-Grundsatzes für juristische Personen nur BVerfGE 95, 220 ff.; Rogall, Beulke-FS, S. 973 (984 f.); Eidam, Selbstbelastungsfreiheit, S. 5 ff.; so wie die bejahende Forderung des § 13 Abs. 1 i. V. m. § 18 Abs. 1 des Gesetzesentwurfs des Landes Nordrhein-Westfalen zur Einführung der strafrechtlichen Verantwortlichkeit von Unternehmen und Verbänden, siehe dazu die Begründung des Entwurfs, S. 73 ff.

Peripherien, nachgezeichnet werden, welche je nach Entfernung zum Zentrum an Bedeutung verlieren.

## 1. Die Selbstanzeige

Das Zentrum des Grundsatzes „nemo tenetur se ipsum accusare" bildet in diesem Modell, dass niemand gehalten ist, sich selbst anzuklagen. Diese Aussage ist im deutschen strafrechtlichen Verständnis des 21. Jahrhunderts unbestritten, jedoch ein interessanter Ausgangspunkt. Dem Wortlaut nach zielt der Grundsatz damit nicht auf eine verfahrensinterne Handlung ab, sondern normiert, dass niemand vorgelagert verpflichtet ist, ein Verfahren gegen sich selbst einzuleiten. Der Kern des nemo tenetur-Grundsatzes besteht damit in dem Verbot des Zwangs zur Selbstanklage.[86] Dabei gilt es, den Zwang zur Selbstanklage als einer der Eröffnung eines Strafverfahrens vorgelagerten Handlung zu verbieten.

## 2. § 136 StPO

In § 136 Abs. 1 S. 2 StPO wird die Ermittlungsperson verpflichtet, den Beschuldigten zu Beginn der ersten Vernehmung darüber zu belehren, dass es ihm freistehe, sich zu der Beschuldigung zu äußern oder nicht zur Sache auszusagen. Der nemo tenetur-Grundsatz wird durch die Belehrungspflicht in § 136 Abs. 1 S. 2 StPO nicht konstituiert, stattdessen setzt die Vorschrift jenen bereits voraus.[87] Denn die Verpflichtung zu einer Belehrung über ein strafprozessuales Recht erfordert dessen Existenz.[88] Ausdrücklich und am deutlichsten als Recht wird die Aussagefreiheit in §§ 114b Abs. 2 Nr. 2 und 115 Abs. 3 S. 1 StPO genannt. Belehrungspflichten wie in §§ 136 Abs. 1 S. 2, 163a Abs. 4 S. 2 StPO haben den Sinn und Zweck, den Beschuldigten vor der irrtümlichen Annahme einer Aussagepflicht zu bewahren.[89] Der Schutz vor einem Irrtum

---

[86] BVerfG, NJW 2013, 1058 (1061); so auch im angloamerikanischen Rechtsraum Dennis, Cambridge Law Journal 1995, 342 (345).
[87] Bruns, FS-Schmidt-Leichner, 1 (8); Kühl, JuS 1986, 115 (117); Petry, Beweisverbote, S. 39; Hoffmann, Selbstbegünstigung, S. 55; Quentmeier, JA 1996, 215 (216).
[88] Schaefer, Der Nemo-Tenetur-Grundsatz, S. 151.
[89] BGH NJW 2007, 3138 (3139); ähnlich Schroeder/Verrel, Strafprozessrecht, Rn. 118; Ostendorf, FS-Roxin, 2011, 1329 (1335 f.); andere Ansicht Salditt, FS-Beulke, 999

ist in der Systematik der Strafprozessordnung jedoch eine Ausnahme, da ansonsten grundsätzlich jeder für die Kenntnis und Ausübung seiner Rechte selbst verantwortlich ist.
Die Rechtsfolge eines Unterlassens der Belehrung ist gesetzlich nicht geregelt. Früher galt es als umstritten, ob ein Beweisverwertungsverbot nur bei Verstößen in Vernehmungen innerhalb der Hauptverhandlung in Frage kommt, oder bei jeder Art der hoheitlichen, insbesondere bei der polizeilichen, Vernehmung. Seit 1992 hat sich die Rechtsprechung dabei der herrschenden Ansicht in der Literatur im Wesentlichen angeschlossen und ein Beweisverwertungsverbot auch bei Fehlern in Vernehmungen außerhalb der Hauptverhandlung angenommen.[90] Jedoch schränkt die Rechtsprechung die Wirkkraft des Grundsatzes wiederum ein, indem sie vom verteidigten Angeklagten einen Widerspruch hinsichtlich der Verwertung seiner ohne Belehrung zustande gekommenen Aussage bis zu dem in § 257 StPO genannten Zeitpunkt verlangt.[91] Des Weiteren bleibt eine Aussage verwertbar, wenn der Beschuldigte sein Recht zu schweigen gekannt hat.[92] An die Kenntnis der Belehrungspflicht sind wegen deren Bedeutung für den weiteren Verfahrensverlauf hohe Anforderungen zu stellen.[93]
Dadurch wird zum Ausdruck gebracht, dass die Aussagefreiheit, oder auch Äußerungsfreiheit, ein wichtiger Bestandteil des nemo tenetur-Grundsatzes ist.[94] In der Äußerungsfreiheit, die der Belehrungsverpflich-

---

(1000), nach welchem die Belehrung zwei Schutzrichtungen aufweist. Zum einen ist sie Warnung an den Beschuldigten, jedoch zugleich dient sie als Mahnung an den Vernehmenden.

[90] BGHSt 38, 214 ff.
[91] BGHSt 38, 214 (218).
[92] BGHSt 47, 172 f.
[93] Siehe zur Problematik der Verwertung einer Aussage gegen Dritte, beispielsweise Mitbeschuldigte, die Rechtskreistheorie der Rechtsprechung BGH, StV 1995, 231 mit ablehnender Anmerkung Dencker, StV 1995, 232 (232 ff.); BayObLGSt 1993, 207 (208); Beulke, Strafprozessrecht, Rn. 468; ablehnend auch Roxin/Schünemann, Strafverfahrensrecht, § 24 Rn. 24, 32.
[94] BGHSt 34, 39 (46); 36, 328 (332); 40, 66 (71); Roxin, NStZ 1997, 18; SK-StPO/Rogall, vor § 133, Rn. 66; Haas, GA 1995, 230 (232); Degener, GA 1992, 443 (455); andere Ansicht Lesch, ZStW 1999, 624 (638); Gneist, Vier Fragen zur Deutschen Strafproceß-ordnung, 1874, 133 (140): Die Aussagefreiheit basiert auf dem „Recht auf freie Bestimmung über die Art und Weise der Verteidigung im Strafverfahren. Nemo-tenetur soll

tung aus § 136 Abs. 1 S. 2 StPO zugrunde liegt, kommt auch die Selbstbezichtigungsfreiheit zum Ausdruck. Unter der aus der Äußerungsfreiheit fließenden Prämisse, dass der Beschuldigte überhaupt nicht aussagen muss, keine Äußerung zur Sache abgeben muss, muss gelten, dass er dann erst recht nicht gehalten ist, etwas konkret Inhaltliches, insbesondere gegen sich selbst, aussagen zu müssen, sich selbst bezichtigen zu müssen.

In der ersten Peripherie liegt das Verbot des Zwangs zur Selbstbezichtigung in einem bereits eröffneten Strafverfahren sowie - genereller - das Verbot des Zwangs zu einer Aussage mit be- oder entlastendem Inhalt und damit das Schweigerecht. Die erste Peripherie zeichnet sich nach der Rechtsprechung des Bundesverfassungsgerichts dadurch aus, dass ihr ein Menschenwürdegehalt zukommt, welche bei einem Zwang, „durch eigene Aussagen die Voraussetzungen für eine strafgerichtliche Verurteilung oder die Verhängung entsprechender Sanktionen liefern zu müssen", betroffen sein soll.[95]

### 3. Beweisrechtliche Verwertung des Schweigens

Die in § 261 StPO verankerte freie richterliche Beweiswürdigung wird nach mittlerweile herrschender Meinung[96] durch das Recht des Beschuldigten, nicht gegen seinen Willen zur eigenen Überführung beitragen zu müssen, beschränkt.[97]

Eine Berücksichtigung des Schweigens wäre sowohl in der Schuldfrage[98] als auch in der Strafzumessungsfrage[99] möglich. Jedoch soll nach höchstrichterlicher Rechtsprechung das Schweigerecht illusorisch sein, wenn der Beschuldigte befürchten müsste, dass sein Schweigen

---

auf die Aussagefreiheit bei förmlichen Vernehmungen in einem Strafverfahren beschränkt sein und darüber hinaus keinen spezifischen Inhalt haben.
[95] BVerfGE 56, 37 (49); BVerfGK 1, 156 (157); BVerfGK 4, 105 (108); BVerfGK 15, 457 (471); jüngst BVerfG, Beschl. v. 06.09.2016, 2 BvR 890/16, Rn. 35.
[96] Siehe zum Streitstand BGHSt 49, 57 f.; Rogall, Der Beschuldigte, S. 249; Fischer, Selbstbelastungspflichten, passim.
[97] Volk, Grundkurs StPO, S. 276 ff.; Rogall, Der Beschuldigte, S. 249; BGH, Beschl. v. 28.07.2009, 3 StR 80/09, Rn. 5; OLG Brandenburg, NStZ-RR 2015, 53 (53).
[98] BVerfG, NStZ 1995, 555; BGHSt 20, 281; BGH, NJW 1974, 2295; OLG Brandenburg, NStZ-RR 2015, 53 (53).
[99] Siehe zum vergleichbaren Common-Law Roberts/Zuckerman, S. 397.

später bei der Beweiswürdigung zu seinem Nachteil verwendet wird. Die Gefahr der Verwertung des vollständigen Schweigens übe mittelbar unzulässigen psychischen Aussagezwang auf den Beschuldigten aus und dürfe daher nicht als belastendes Indiz gegen ihn verwendet werden. Andernfalls würde das Schweigerecht entwertet werden.[100]

Dabei begrenzt das Bundesverfassungsgericht die Erwägung zwar auf die Verwertung des Schweigens zum Schuldnachweis, da nur diese den Beschuldigten mittelbar einem unzulässigen psychischen Aussagezwang aussetzen würde.[101] Der Bundesgerichtshof hat das Beweiswürdigungsverbot jedoch auf die Ebene der Strafzumessung ausgeweitet.[102] Zu beachten ist nach der Rechtsprechung, dass die Ausübung des Schweigerechts auch hinsichtlich Fragen zu den persönlichen Verhältnissen nicht in der Strafzumessung zu negativen Rückschlüssen führen darf.[103] Der Grund bestehe insbesondere darin, dass das Schweigen eine ambivalente Verhaltensweise darstellt und daher keine Schlussfolgerungen zulässig sein können.[104]

In der zweiten Peripherie liegt im Ergebnis das Verbot, das Aussageverhalten des Beschuldigten nachteilig in der Beweiswürdigung - sowohl hinsichtlich der Schuld- als auch der Strafzumessungsfrage - zu berücksichtigen.[105]

---

[100] BVerfGK 14, 295 (303); BVerfG, Beschl. v. 06.09.2016, 2 BvR 890/16, Rn. 35. Darüber hinaus darf ein wahrheitswidriges Vorgehen nicht strafschärfend berücksichtigt werden, siehe BGH, StV 2013, 697 (697).

[101] BVerfG, NStZ 1995, 555; so auch BGHSt 32, 140 (144); BGHSt 38, 302 (305); BGH, NJW 2000, 1426 (1426); BGH, NStZ 2014, 666 (667).

[102] BGH, Beschl. v. 22.05.2013, 4 StR 151/13, Rn. 5.

[103] BGHSt 38, 302 (305); 42, 139 (152); OLG Brandenburg, NStZ-RR 2015, 53 (53); noch für eine eingeschränkte Berücksichtigung bei „hartnäckigen Leugnen" BGHSt 1, 103 (105); BGHSt 1, 342.

[104] Siehe Roberts/Zuckerman, S. 437; Meyer, GA 2007, 15 (15 ff.).

[105] BVerfG, Beschl. v. 06.09.2016, 2 BvR 890/16, Rn. 34 mit zahlreichen Nachweisen aus der bundesverfassungsgerichtlichen Rechtsprechung: Der Grundsatz im Ganzen ist im Rechtsstaatsprinzip verankert. Dabei ist der Schutz vor Zwang zur Selbstbezichtigung als Teil des Grundsatzes sogar Ausprägung des allg. Persönlichkeitsrechts, Art. 2 Abs. 1 iVm Art. 1 Abs. 1 GG und besitzt damit einen Menschenwürdekern.

### a) Teilschweigen

In bestimmten Konstellationen des sogenannten Teilschweigens können nach bundesverfassungsgerichtlicher Rechtsprechung aus dem Aussageverhalten des Beschuldigten im Rahmen der Beweiswürdigung Schlüsse zu dessen Nachteil gezogen werden[106], obgleich auch in derartigen Fällen die Selbstbelastungsfreiheit berührt ist und ein gewisser Aussagedruck entstehen kann.[107] Aus dem Teilschweigen, also der Weigerung eines grundsätzlich aussagenden Angeklagten, bei der Aufklärung eines bestimmten Punktes mitzuwirken, darf jedenfalls dann ein ihm nachteiliger Schluss gezogen werden, wenn er sich im Übrigen zum Anklagevorwurf eingelassen habe. Denn der Angeklagte macht sich durch seine Einlassung zur Sache selbst zu einem Beweismittel und hat so seine Erklärungen der freien Beweiswürdigung durch den Tatrichter unterstellt.[108] Da die Vernehmung nach herrschender Auffassung[109] eine Doppelfunktion hat und damit auch der Beweiserhebung dient, müsse der Angeklagte auf Nachfragen reagieren, wenn er eine Verteidigung vorbringt, sonst droht ihm eine negative Beweiswürdigung seines Aussageverhaltens.[110] Die Möglichkeit der Komplettverweigerung schütze ausreichend vor einer Selbstbelastung.[111]

---

[106] BVerfGK 17, 223 (227); BGHSt 32, 140 (142); BGHSt 20, 298 (300); Schneider, NStZ 2017, 73 (75) mit weiteren Nachweisen.

[107] BVerfG, Beschl. v. 06.09.2016, 2 BvR 890/16, Rn. 36.

[108] BGH, Urteil v. 22.12.1999, 3 StR 401/99, Rn. 8; siehe auch BVerfG, NJW 2005, 1640 (1641); BGHSt 20, 298 f.; BGH, NJW 2002, 2260; BGH, NStZ-RR 2011, 118 nwN; BGH, NStZ 2015, 601 (601): „Zwar dürfe auch aus einem Teilschweigen nachteilige Schlüsse für einen Angeklagten gezogen werden. Dies gilt aber nur dann, wenn nach den Umständen Angaben zu diesem Punkt zu erwarten gewesen wären, andere mögliche Ursachen des Verschweigens ausgeschlossen werden können und die gemachten Angaben nicht ersichtlich lediglich fragmentarischer Natur sind."; siehe auch SK-StPO/Rogall, vor §§ 133 ff., Rn. 204 ff.; Miebach, NStZ-RR 2016, 329 (332).

[109] BGHSt 2, 269 (270); BGHSt 28, 196 (198); LR-Gleß, § 136 Rn. 57; Kindhäuser, Strafprozessrecht, § 6 Rn. 28.

[110] BGH, NJW 2002, 2260; siehe auch Schneider, NStZ 2017, 126 (126 f.); andere Ansicht SK-StPO/Rogall, vor §§ 133 ff., Rn. 209.

[111] Beulke, StV 1990, 180 (182); andere Ansicht Schneider, NStZ 2017, 73 (75).

## b) Zeitpunkt des Schweigens

Hingegen darf die Inanspruchnahme des Schweigerechts nicht nachteilig für den Beschuldigten verwendet werden.[112] Wenn eine grundlegende Prüfung und Bewertung der Motive für das Aussageverhalten vorgenommen werden würde, wäre der unbefangene Gebrauch des Schweigerechts nicht mehr gewährleistet.[113] Weder aus der durchgehenden noch aus der nur anfänglichen Aussageverweigerung dürfen nachteilige Schlüsse gegen den Beschuldigten gezogen werden. Dies impliziert auch das Verbot, den Zeitpunkt der erstmaligen Einlassung des Beschuldigten negativ zu berücksichtigen.[114] Macht der zeugnisverweigerungsberechtigte Zeuge wesentliche entlastende Angaben erstmals in der Hauptverhandlung und nicht bereits zu einem früheren Zeitpunkt, ergeben sich allein daraus keine Anhaltspunkte für die Unglaubwürdigkeit des Zeugen.[115]

## c) Die Nichtentbindung von der Schweigepflicht von Berufsgeheimnisträgern

In weiten Teilen der Literatur und der Rechtsprechung wird der die Beweiswürdigung nach § 261 StPO betreffende Bestandteil des nemo tenetur-Grundsatzes extensiv ausgelegt, sodass nicht nur das Schweigen nicht in die Beweiswürdigung einfließen dürfe, sondern auch verwandtes Verhalten. So dürfen mit dem Schweigerecht unmittelbar zusammenhängende, strafprozessuale Handlungen nicht als Indiz für den Beweis der vorgeworfenen Straftat gewertet werden. Die Weigerung des Beschuldigten, seinen Arzt oder Verteidiger von der Schweigepflicht zu entbinden, ist deshalb der richterlichen Beweiswürdigung entzogen, soweit

---

[112] BGH, NStZ 2016, 59 (59, 60); BGHSt 32, 140 (144); BGH, NStZ 2000, 494 (495); Beulke, Strafprozessrecht, Rn. 125; Kindhäuser, Strafprozessrecht, § 6 Rn. 14.
[113] So sind keine nachteiligen Schlüsse zu ziehen, wenn der Angeklagte Alibizeugen erst kurz vor dem Ende der Beweisaufnahme benennt (BGH, NStZ 2016, 59 f.), wenn der Beschuldigte eine Zeit in Untersuchungshaft auf sich nimmt, statt den aus seiner Sicht wahren Tatablauf zu schildern (BGH, NStZ 2007, 414 (419)) oder auch, wenn der Beschuldigte schweigt, obwohl es ihm ein Leichtes gewesen wäre, seine Unschuld durch Angabe von Details zu untermauern (BGHSt 20, 281).
[114] BGH, NStZ 2016, 301 (301); BGH, NStZ 2016, 59 (60); BGH, NStZ 2016, 220 (221); BGH, NStZ 2014, 666 (667); BGH, NStZ-RR 2002, 72.
[115] BGH, NStZ 2016, 301 (301).

sie in ihren Einlassungen zuvor nicht zu den Punkten, auf die sich die Weigerung der Schweigepflichtentbindung bezieht, verhalten hat.[116] Hat der Beschuldigte sich hingegen zum beweisthematischen Bezugspunkt der Weigerung der Schweigepflichtentbindung eingelassen, ist die im weiteren Verlauf des Strafverfahrens getätigte Weigerung ein tauglicher, dem Teilschweigen vergleichbarer Gegenstand der richterlichen Beweiswürdigung.[117]

### 4. § 136a StPO

Umstritten ist die Bedeutung des bestimmte Vernehmungsmethoden mittels eines Beweiserhebungsverbots untersagende § 136a StPO für den nemo tenetur-Grundsatz. Dem strafverfolgenden Staat werden alle Maßnahmen verboten, die auf den Willen des Beschuldigten zur Entschließung oder Betätigung seines Willens hinsichtlich einer Aussage einwirken. Die Aufzählung der Methoden in der 1950 mit dem Vereinheitlichungsgesetz eingeführten[118] Norm ist nicht abschließend zu verstehen.[119]

Nach einer Ansicht soll auch § 136a StPO eine Ausprägung des nemo tenetur-Grundsatzes darstellen.[120] Die Vorschrift sei geradezu das Ausführungsgesetz zum Art. 1 GG[121] und soll es verbieten, den Beschuldigten unter Verletzung seines sozialen Wert- und Achtungsanspruchs zum bloßen Objekt der Verbrechensbekämpfung zu degradieren.[122] Nach diesem Verständnis soll § 136a StPO sogar die Kernvorschrift zum

---

[116] BGHSt 45, 363 (364); Eisenberg, Beweisrecht, S. 351; Keiser, StV 2000, 633 (633 ff.); Kühne, JZ 2000, 684 (684); Schneider, NStZ 2017, 126 (135); zu einem eingeschränkterem Verständnis des nemo tenetur-Grundsatzes siehe KMR-Lesch, § 136 Rn. 14; Böse, GA 2002, 98; Verrel, NStZ 1997, 415 (415).
[117] BGHSt 45, 367 (369 f.); Schneider, NStZ 2017, 126 (135).
[118] BGBl. I S. 455 ff., Gesetz zur Wiederherstellung der Rechtseinheit auf dem Gebiete der Gerichtsverfassung, der bürgerlichen Rechtspflege, des Strafverfahrens und des Kostenrechts vom 01.10.2015.
[119] So auch Beulke, Strafprozessrecht, Rn. 141.
[120] BGHSt 1, 387 (387); SK-StPO/Rogall, § 136a, Rn. 4; Seebode JR 1988, 427 (428); Sternberg-Lieben, JURA 1995, 299 (306); Mahlstedt, Verdeckte Befragung, S. 200 ff.; Puppe, GA 1978, 289 (305); Eisenhardt, nemo tenetur-Prinzip, S. 172; Beulke, Strafprozessrecht, Rn. 467.
[121] Roxin/Schünemann, Strafverfahrensrecht, § 24 Rn. 20.
[122] BGHSt 1, 387; BGHSt 45, 228; SK-StPO-Rogall, § 136a, Rn. 4; Seebode, JR 1988, 427 (428); Jahn, JuS 2005, 1057 (1057); Puppe, GA 1978, 289 (305).

Schutz der Aussagefreiheit darstellen, mindestens – so Eidam – bildet § 136a StPO in seiner Gesamtheit jedoch einen wichtigen Teil des nemo tenetur-Grundsatzes ab, wenngleich auch Verstöße gegen den Grundsatz unterhalb der hohen Schwelle des § 136a StPO möglich sein sollen.[123] § 136a StPO schöpfe nur die „gröbsten Fälle" denkbarer Verstöße gegen den nemo tenetur-Grundsatz ab und ist nur insoweit deckungsgleich.[124]

Nach anderer Ansicht ist § 136a StPO nicht in der Pauschalität dem nemo tenetur-Grundsatz zuzuordnen.[125] Es stehe der Schutz des Ansehens des Rechtsstaates im Zentrum,[126] indem die Vorschrift der Ausschaltung von Fehlerquellen im Interesse der Wahrheitsfindung diene.[127] Rogall betont, dass er den Grundsatz nicht in der Vorschrift positiv-rechtlich verankert, sondern in § 136a StPO nur ein „flankierendes Schutzrecht" sieht.[128] Maßgebliches Argument ist der systematische Verweis auf § 136a StPO in Vorschriften aus dem Recht der Zeugen. Aufgrund der in den §§ 69 III und 72 StPO ausgesprochenen Verweisungen gelten die Verbote des § 136a StPO auch für die Vernehmung von Zeugen und Sachverständigen, die ihrerseits aber gerade zur Aussage verpflichtet sind und gemäß § 70 StPO auch zur Aussage gezwungen werden können.[129] Darüber hinaus normiert § 136a StPO als Ausführungsgesetz zum Art. 1 Abs. 1 GG das Folterverbot einfachgesetzlich und gerade keine fehlende Aussagepflicht.[130] Der nemo tenetur-Grundsatz und das

---

[123] Eidam, Selbstbelastungsfreiheit, S. 368; so auch Rogall, Der Beschuldigte, S. 106 f.
[124] Rogall, Der Beschuldigte, S. 106.
[125] Lesch, ZStW 1999, 624 (640); Dencker, StV 1994, 667 (673).
[126] LR-StPO/Hanack, 25. Aufl., § 136a, Rn. 3; SK-StPO/Rogall, § 136a, Rn. 3; Seebode, JR 1988, 427 (428); Sternberg-Lieben, JURA 1995, 299 (307); Neuhaus, NStZ 1997, 312 (314 f.); insoweit kritisch Lesch, ZStW 1999, 624 (641).
[127] So auch Lesch, ZStW 1999, 624 (644).
[128] Rogall, Der Beschuldigte, S. 107.
[129] SK-StPO/Rogall, vor §§ 133, Rn. 137; Peres, Beweisverbote und Beweisverwertungsverbote, S. 120; Lesch, ZStW 1999, 624 (640); kritisch Reiß, Besteuerungsverfahren, S. 144.
[130] Rogall, Der Beschuldigte, S. 106; Bährle, Aussagefreiheit, S. 71; Kleinheisterkamp, Kreditwesengesetz, S. 158.

Folterverbot sind unabhängig voneinander gewachsen[131] und existieren nebeneinander.[132] Dagegen wird vorgebracht, dass § 136a StPO einen Schutz vor jeglicher unfreiwilligen Selbstbelastung statuiert, indem die Norm nicht nur die Folter in Form von unmittelbarer Zwangseinwirkung verbietet, sondern auch ein umfassendes Verbot jeder Beeinträchtigung der Freiheit der Willensentschließung und der Willensbetätigung des Beschuldigten, insbesondere auch durch Ermüdung und vor allem durch Täuschung, einführt.[133]

Es ist jedoch durchaus ein Verfahrensrecht denkbar, welches eine Aussagepflicht des Beschuldigten kennt, sie jedoch nicht durch Methoden der Folter erzwingt, sondern beispielsweise durch einen mittelbaren psychischen Druck, indem ein Nichtaussagen in die freie Beweiswürdigung Eingang findet. Das Folterverbot schützt damit nicht vor besonders schweren Verstößen gegen nemo tenetur, sondern hat eine unterschiedliche Zielrichtung hinsichtlich des Schutzgegenstandes. Es wird daher im Folgenden davon ausgegangen, dass § 136a StPO nicht zum einfachgesetzlichen Bestand des nemo tenetur-Grundsatzes gehört.

5. Ergebnis

Die Kombination aus dem Verbot des Zwangs zur Selbstbelastung, der Aussagefreiheit des Beschuldigten sowie dem schweigebezogenen Be-

---

[131] Nemo-Tenetur entstammt dem englischen Strafverfahrensrecht, welches die Folter nicht kannte, sondern auf dem Offizialeid basierte. Nach Abschaffung der Folter blieb die Pflicht zur wahrheitsgemäßen Aussage bestehen. (s.o.)
[132] Rogall, Der Beschuldigte, S. 106; Schaefer, Der Nemo-Tenetur-Grundsatz, S. 154, 172 f.; Verrel, NStZ 1997, 415 (416); Doege, nemo-tenetur-Grundsatz, S. 123 mit weiteren Nachweisen; andere Ansicht Merten, JR 2003, 404 (406); Stübinger, Notwehr-Folter und Notstands-Tötung, S. 169: „klassische Konstellation einer Geständniserzwingung ist die erfolterte Aussage". Siehe zur Begründung des Folterverbots auch Kahlo, FS-Hassemer, 383 (413, 416); ders., Strafrecht in der Zeitenwende, S. 58 f.; Kahlo/Vanda, Wege zur Menschenwürde, S. 387 f.; kritisch zur kantischen Herleitung Pfordten, Menschenwürde, S. 32 ff.; Lohmann, zfmr 2010, 57 (57 ff.); Wesche, in: Würde und Autonomie, 55; Eine Kritik dieser Position findet sich wiederum bei Stübinger, Notwehr-Folter und Notstands-Tötung, S. 86.
[133] So auch Schroeder/Verrel, Strafprozessrecht, Rn. 117, 361.

weiswürdigungsverbot konstituiert den Grundsatz nemo tenetur se ipsum accusare. § 136a StPO ist keine originäre Ausprägung des nemo tenetur-Grundsatzes.

## C Historische Entstehung und Entwicklung

Mit der vorliegenden Arbeit zu den rechtsethischen Grundlagen des nemo tenetur-Grundsatzes soll nicht der Versuch unternommen werden, die umfangreiche rechts- und ideengeschichtliche Entwicklung und Rekonstruktion des Grundsatzes angemessen tief zu untersuchen, vielmehr beschränkt sich die folgende Betrachtung der Entstehung und Entwicklung des nemo tenetur-Grundsatzes auf die für die ethische Betrachtung förderlichen, wesentlichen Leitlinien in der deutschen, europäischen und US-amerikanischen Rechtsgeschichte.

Zwar hat der nemo tenetur-Grundsatz im internationalen Recht breite Zustimmung erfahren, seine Entstehung ist dabei jedoch umstritten geblieben. Mittlerweile scheint es immerhin nach ganz herrschender Auffassung festzustehen, dass der nemo tenetur-Grundsatz entgegen dem ersten sprachlichen Anschein keine entscheidenden Wurzeln im Römischen Recht hat.[134] Im Wesentlichen haben sich als konkurrierende Ursprünge des Grundsatzes vielmehr das talmudische Recht sowie das englische Recht des 17. Jahrhunderts herausgebildet.

---

[134] Bis zur Kaiserzeit herrschte im Römischen Reich ein streng adversatorisches Verfahren. Es oblag dem Ankläger die Beweisführung. Eine Vernehmung des Beschuldigten fand nicht statt. Er konnte folglich schweigen. Lediglich zu Beginn des Verfahrens musste er sich für unschuldig erklären, ansonsten galt das Schweigen zu Beginn als Geständnis. In der Kaiserzeit vollzog sich dann eine Wandlung unter inquisitorischen Einflüssen. Der Beschuldigte wurde unter Auferlegung einer Wahrheitspflicht im Verfahren vernommen. Der Foltereinsatz war gegen Sklaven und später gegen Freie zulässig. Vergleiche hierzu Wiederholdt, Folter, S. 100; Mommsen, Zum ältesten Strafrecht der Kulturvölker, S. 5, 14, 26 und 43 f.; Stalinski, Aussagefreiheit, S. 6; Mittermaier, Das Deutsche Strafverfahren I, S. 496 ff.; Glaser, Handbuch, S. 67; Ambos, JURA 2008, 586 (587); Walder, Vernehmung, S. 30; Kunkel, Kleine Schriften, S. 11 ff.; Kallmann, GA 1907, 230 (230). Im Ergebnis so auch: Wigmore, Harvard Law Review 1891, 71 (84); Rogall, Der Beschuldigte, S. 69; Alschuler, Michigan Law Review 1996, 2625 (2639); andere Ansicht wohl Müller, EuGRZ 2001, 546 (546).

© Springer Fachmedien Wiesbaden GmbH 2018
M. Buchholz, *Der nemo tenetur-Grundsatz*, Juridicum – Schriftenreihe zum Strafrecht, https://doi.org/10.1007/978-3-658-21365-7_3

## I Entstehung des Grundsatzes

### 1. Talmudische Recht

Nach insbesondere im US-amerikanischen Schrifttum verbreiteter Ansicht ist das Recht, nicht an der eigenen Verfolgung mitwirken zu müssen, in Grundzügen im talmudischen Recht[135] angedeutet und gilt daher als dort entstanden.[136] Als Anknüpfungspunkt der Ansicht dienen verschiedene Textstellen in den Fünf Büchern Moses.

---

[135] Der Talmud ist eine Zusammenfassung des Rechts in Form der Darstellung von Rechtsstreitigkeiten, Auslegungsfragen und biblischen Interpretationen von jüdischen Gelehrten und Rechtsschulen und stellt damit die Grundlage jüdischen Rechts dar, siehe den kurzen Überblick bei Rosenberg/Rosenberg, NYU Law Review 1988, 955 (967 f.); sowie Mahlmann, Rechtsphilosophie und Rechtstheorie, § 2 Rn. 7; zur soziokulturellen Bedeutung des Talmuds im Judentum siehe Levine, ILR 2006, 257 (260 ff.). Ansätze des nemo-tenetur-Grundsatzes könnten auch in der Blütezeit des Islams in der Zeit vom 8. bis zum 13. Jahrhundert zu finden sein. In der Sekundärliteratur findet sich, dass das Gesetz des Islam Zwangsmittel im Beweisverfahren absolut ausschließt. Es soll nicht gestattet sein, jemanden, der des Diebstahls oder eines anderen Deliktes verdächtigt ist, mit Schlägen, Drohungen oder Ängstigung zum Geständnis zu veranlassen. Würde sich jemand eines Deliktes schuldig bekennen, nachdem solche Mittel vorangegangen waren, wäre ein solches Geständnis mit einem Beweisverwertungsverbot belegt. Bei Al-Mawardi, einem bis heute bedeutenden Rechtsgelehrten des 10. und 11. Jahrhunderts, wird der Unterschied gemacht, ob der Angeklagte das Geständnis nach empfangener Züchtigung oder unter dem gleichzeitigen Eindruck derselben ablegt. In seinem Hauptwerk finden sich bei Abu Yusuf darüber hinaus verschiedene Passagen, in denen er von Strafverfahren berichtet, in denen der Beschuldigte seine zwangsfreie Selbstbelastung bis zu viermal wiederholen musste, damit dieser ein Beweiswert zukam, Abu Yusuf, Kitab al-Harag, S. 163, 169, 170. Vergleiche zu diesem Ansatz Abu Yusuf 107, 4 ff. (8. Jahrhundert) und Al-Mawardi 377, 9 (11. Jahrhundert), zitiert nach Mommsen, Zum ältesten Strafrecht der Kulturvölker, S. 108; siehe zu Abu Yusuf auch Schacht, Muhammadan Jurisprudence, S. 301 ff. Siehe zur Geschichte des islamischen Rechts und seiner Bezüge zum 21. Jahrhundert Rohe, Das islamische Recht, S. 21 ff. Das islamische Recht gewährt auch heutzutage eine Selbstbelastungsfreiheit. Niemand darf von irgendeiner, nicht nur staatlicher, Autorität zu einem Geständnis gezwungen werden. Der Beschuldigte darf schweigen. Siehe zur aktuellen Reichweite der Selbstbelastungsfreiheit im islamischen Recht Haleem/Sherif/Daniels, Criminal Justice in Islam, S. 116, 50 mit weiteren Nachweisen.

[136] Levy, Origins, S. 434 ff.; Rosenberg/Rosenberg, NYU Law Review 1988, 955 (976 f.); Magold, Kostentragungspflicht, S. 79; Rogall, Der Beschuldigte, S. 67, 68; Wolff, Selbstbelastung, S. 22; Schlauri, Verbot des Selbstbelastungszwangs, S. 39 f.; Ott, Der Grundsatz, S. 7; Dingeldey JA 1984, 407 (407 ff.); andere Ansicht Mandelbaum, American Journal of Comparative Law 1956, 115 (117), welcher England im 17. Jahrhundert als Ursprung mit weiteren Nachweisen nennt; Kraft, nemo tenetur-Prinzip, S. 36, Fn. 14; Nothhelfer, Selbstbezichtigungszwang, S. 3; krit. auch Peters, ZStW 1979, 121 (123).

### a) Textliche Grundlagen

Die von Levy begründete und von Rogall ins deutsche Recht rezipierte Ansicht stützt sich auf wenige, stark auslegungsbedürftige Passagen in den Büchern Moses. Ausgangspunkt dieser geistesgeschichtlichen Verortung soll der folgende Satz sein: „Jeder steht sich nahe und macht sich selbst nicht zum Frevler."[137] Die hieran anknüpfende These, der Grundsatz habe seinen Ursprung im Talmud, lässt sich im Wesentlichen auf zwei Argumentationslinien zurückführen.

Erstens brauchte es nach Deuteronomium 17,6 sowie 19,15 je nach vorgeworfenem Delikt mindestens zwei oder drei Zeugenaussagen[138], um einen Angeklagten zur (Todes-)Strafe zu verurteilen. Im jüdischen Recht[139] kam den belastenden Zeugen neben ihrer Stellung als Zeugen auch die des das Urteil ausführenden Henkers zu.[140] Würde der Angeklagte sich durch sein eigenes Geständnis (mit-)überführen, müsste er folglich zum eigenen Henker werden und sich selbst töten. Diese Konsequenz soll in einem unauflöslichen Konflikt mit höherwertigen Verpflichtungen stehen. Denn an verschiedenen Stellen in den Fünf Büchern Moses wird der Selbstmord als Frevel gegen Gott gesehen und daher verboten.[141] Das Verbot folgt im Wesentlichen aus der Idee der Gottesebenbildlichkeit, welche der Eigenwert des Menschen im Judentum bildet.[142] Der sich selbst Belastende würde somit in jedem Fall zum Frevler, indem er bereits durch seine Aussage den ersten Schritt eines Selbstmordversuchs vollzieht.

---

[137] Zitiert nach Rogall, Der Beschuldigte, S. 67; siehe zum talmudischen Beweisrecht Rosenberg/Rosenberg, NYU Law Review 1988, 955 (1028 f.).

[138] An diese Aussagen wurden dann sehr hohe Anforderungen gesellt. So waren Zeugen vom Hörensagen strikt ausgeschlossen und die Zeugenaussagen mussten sich nahezu vollständig decken, um als Grundlage einer Verurteilung dienen zu können, vgl. Levy, Origins, S. 434.

[139] Siehe Deuteronomium 17,7.

[140] So auch Levy, Origins, S. 436; dies steht entgegen Mommsen, Zum ältesten Strafrecht der Kulturvölker, S. 97 nicht in Deuteronomium 19, 15-21, sondern am angegebenen Ort.

[141] Siehe Genesis 9,5: „für euer eigenes Blut werde ich Rechenschaft fordern"; Deuteronomium 4,15: „und bewahret gar sehr euer Leben".

[142] Vergleiche Mahlmann, Rechtsphilosophie und Rechtstheorie, § 2 Rn. 8.

Daneben soll nach Deuteronomium 24,16 kein Vater das Kind und kein Kind den Vater hinrichten dürfen. Dieser Satz konstituiere nach Mandelbaum ein Hinrichtungsverbot, denn wenn dafür bereits nahe Verwandtschaftsverhältnisse ausreichen sollen, müsse Vergleichbares erst recht für den Verurteilten selbst gelten, denn niemand ist sich selbst näher.[143] Zweitens könnte in der obengenannten Aussage auch ein Mittel gesehen werden, etwaige Zeugen zum Einhalten ihrer Zeugenpflicht zu bewegen. Die für den Erhalt der Rechtsordnung aufgrund der Beweisregeln so wichtige Zeugenpflicht war aus zwei Gründen unbeliebt.

Zum einen soll nach Deuteronomium 19,9 mit dem „falschen Zeugen", welcher einen Meineid begeht, „so verfahren [werden], wie er mit seinem Bruder verfahren wollte". So drohte einem Zeugen gegebenenfalls, selbst zum Tode verurteilt zu werden. Zum anderen war der Zeuge auch zur eigenhändigen Hinrichtung verpflichtet. Um mögliche Nachteile zu umgehen, sollen viele Zeugen deshalb versucht haben, sich durch eine Selbstanklage und ein Geständnis irgendeines geringen Vergehens zum Straftäter zu machen. Schließlich waren nach talmudischen Recht Straftäter des Zeugnisses unfähig.[144] So hätte die Zeugenpflicht leicht suspendiert werden können, was durch den nemo tenetur-Grundsatz verhindert werden sollte.

In der Literatur werden die genannten Textstellen mit unterschiedlicher Gewichtung und Kombination vertreten. Rosenberg/Rosenberg betonen beispielsweise die Kombination aus Deuteronomium 19,15 und 24,16 als den Kernbereich des nemo tenetur-Grundsatzes – und zwar sowohl für den Zeugen als auch den Beschuldigten.[145]

Andere zeitgenössische Rechtsgelehrte sollen das Verbot, sich selbst zu beschuldigen, als Ausfluss einer unwiderlegbaren Vermutung, dass niemand freiwillig beabsichtigt, gegen sich selbst auszusagen, angesehen

---

[143] Rosenberg/Rosenberg, NYU Law Review 1988, 955 (976); Mandelbaum, American Journal of Comparative Law 1956, 115 (117); Levy, Origins, S. 437: „was intended as a statement in his own interest, to relieve him of the burden of giving testimony. Consequently he was not believed."; zur Todesstrafe im Talmud siehe auch Mahlmann, Rechtsphilosophie und Rechtstheorie, § 2 Rn. 8.
[144] Vergleiche Rogall, Der Beschuldigte, S. 69.
[145] Rosenberg/Rosenberg, NYU Law Review 1988, 955 (976 f.).

haben.¹⁴⁶ Die biblischen sowie talmudischen Fundstellen, auf die sich Mandelbaum hier bezieht, lassen derartiges jedoch nicht erblicken.

b) Bedeutung im 21. Jahrhundert

Die US-amerikanische und deutsche Literatur hat im Ergebnis mehrere biblische Textstellen ausfindig gemacht und behauptet, in diesen den Ursprung des nemo tenetur-Grundsatzes gefunden zu haben. Fraglich ist jedoch, ob in den Fundstellen tatsächlich die Wurzel des heutigen Grundsatzes gesehen werden kann. Im Folgenden soll deshalb ausgehend von der Frage, ob der talmudische und der neuzeitliche Grundsatz einen vergleichbaren Regelungsinhalt haben, geprüft werden, inwieweit die Normen des Talmuds Eingang in die neuzeitliche Gesetzeslage finden konnten.

(1) Regelungsinhalt

Das talmudische Recht soll nach Rogall einen der „Nemo-Tenetur-Maxime gleichwertigen Grundsatz" kennen.¹⁴⁷ Die vielschichtigen Ausprägungen des Grundsatzes im deutschen Strafverfahrensrecht können jedoch nicht durch derart kurze, auslegungsbedürftige Textstellen in Gänze dargestellt werden. Dieser Vergleich kann höchstens auf die Herausbildung des Grundsatzes in seinem Kern - die Selbstanklage - beschränkt gezogen werden. Insofern ließe sich die These mit Rosenberg/Rosenberg und Mandelbaum auf die Kombination aus Deuteronomium 19,15 und 24,16 zurückführen. Dabei erscheinen der Konflikt, sich selbst zum Frevler machen zu müssen, sowie die Verwandtschaftsthese als Grundlage eines subjektiven Verständnisses des neuzeitlichen Grundsatzes.

Dagegen sprechen jedoch vielfältige Gründe. Im Gegensatz zum deutschen Strafprozess war der talmudische Strafprozess streng akkusatorisch strukturiert, weswegen sich der Verletzte und der mutmaßliche Täter der Straftat wie im heutigen Zivilprozess gegenüberstanden.¹⁴⁸ Die

---

¹⁴⁶ Zum Ganzen Mandelbaum, American Journal of Comparative Law 1956, 115 (117) mit weiteren Nachweisen.
¹⁴⁷ Rogall, Der Beschuldigte, S. 67; ähnlich Magold, Kostentragungspflicht, S. 79.
¹⁴⁸ Levy, Origins, S. 433.

Grundsätze haben aufgrund der verschiedenen Verfahrenssysteme daher grundlegend unterschiedliche Funktionen. Des Weiteren gibt es im deutschen Recht keine derartige Suspendierung der Zeugnispflicht durch das Begehen irgendeiner Straftat, vielmehr existiert eine solche Pflicht für den Beschuldigten ohnehin nicht. Auch die Strafandrohung für Meineid im deutschen Recht löst aufgrund ihrer niedrigen Höhe keine sogenannte Freveltat mehr aus. Der Täter eines Meineides muss ferner nicht besorgen, die gleiche Strafe wie der von ihm Beschuldigte zu erhalten.

Hält man die Abwägungsfestigkeit des Schutzes für ein konstituierendes Merkmal des Grundsatzes widerspricht dies der Kombinationsthese ferner, denn nach talmudischem Recht gab es keinen absoluten Schutzbereich.[149] Für jedermann konnte der Grundsatz zumindest in Zeiten des Notstandes außer Kraft gesetzt werden.[150] Darüber hinaus fand der Grundsatz keine Anwendung in Mordfällen und bei Wiederholungstätern.[151] Zusammengefasst bestimmte sich der Schutzbereich folglich durch eine abstrakte Abwägung zwischen Privatinteressen und Strafverfolgungsinteressen. Das Strafverfolgungsinteresse an der Aufklärung schwerer Straftaten oder Taten gefährlicher, weil wiederholt auffällig gewordene Verdächtiger überwiegt auf einer abstrakten Ebene das Interesse von Bürgern, sich nicht zum Frevler machen zu müssen. Auf eine Betrachtung auf der Ebene konkreter Beeinträchtigungen kam es demnach im talmudischen Recht nicht an.

Zudem unterscheidet sich der Grundsatz nach talmudischem Recht sogar hinsichtlich der deontischen Rechtsnatur von dem heutigen Verständnis des nemo tenetur-Grundsatzes. Denn während der Talmud dem Beschuldigten sogar die Freiheit zum Geständnis nahm, will der nemo tenetur-Grundsatz im neuzeitlichen Sinne lediglich staatlichen Zwang zu einem Geständnis bzw. einer Aussage ausschließen.[152] Der

---

[149] Rosenberg/Rosenberg, NYU Law Review 1988, 955 (1018).
[150] Rosenberg/Rosenberg, NYU Law Review 1988, 955 (1019).
[151] Rosenberg/Rosenberg, NYU Law Review 1988, 955 (1022).
[152] So auch Mandelbaum, American Journal of Comparative Law 1956, 115 (118); Levy, Origins, S. 435.

Talmud statuierte entgegen dem neuzeitlichen Verständnis ein Verbot der Aussage. Die Behandlung von selbstinkriminierenden Aussagen in außerstrafrechtlichen Verfahren im talmudischen Recht scheint jedoch insoweit stark an den Gemeinschuldnerbeschluss des Bundesverfassungsgerichts zu erinnern,[153] als auch im Talmud derartige Aussagen bereits durch ein Beweisverwertungsverbot geschützt wurden. So wird ein Sachverhalt geschildert, in dem eine Frau, deren Mann bereits einige Zeit vermisst wurde, plante erneut zu heiraten. Sie beantragte zum Beweis, dass ihr Mann gestorben sei, die Zeugenaussage einer Bekannten, welche selbstbelastend vortrug, sie habe den Mann getötet. Entsprechend der Grundlinien der bundesverfassungsgerichtlichen Rechtsprechung verwertete das talmudische Gericht die Aussage lediglich in dem familienrechtlichen Verfahren und leitete im Anschluss daran kein Strafverfahren gegen die Frau wegen eines Tötungsdelikts ein.[154]

Diese Ähnlichkeit reicht jedoch nicht aus, um über die Problematik der unterschiedlichen Rechtsnatur hinwegzukommen. Während nemo tenetur nach heutigem Verständnis ein Recht zu Schweigen gewährt, verboten die Passagen des Talmuds eine Aussage.

Über den Vergleich des Regelungsinhalts hinaus, existieren ferner noch talmud-interne Unstimmigkeiten, die der Auffassung, der Grundsatz sei dort entstanden, entgegenstehen. Die oben genannten Zwei-Zeugen-Regel und Zeugnis-Unfähigkeits-Regel führen nämlich zu keiner eindeutigen normativen Begründung.

Während die Zwei-Zeugen-Regel nicht erklären kann, warum die freiwillig abgegebene Aussage des Beschuldigten nicht als eine der zwei erforderlichen Zeugenaussagen gelten kann, leuchtet die Zeugnis-Unfähigkeits-Regel nur ein, soweit von unwiderlegbaren Zweifeln an der

---

[153] BVerfGE 56, 37 (41): „Durch rechtlich vorgeschriebene Auskunftspflichten kann die Auskunftsperson in die Konfliktsituation geraten, sich entweder selbst einer strafbaren Handlung zu bezichtigen oder durch eine Falschaussage gegebenenfalls ein neues Delikt zu begehen oder aber wegen ihres Schweigens Zwangsmitteln ausgesetzt zu werden."; jüngst Kasiske, Jura 2017, 16 (21).

[154] Mit weiteren Nachweisen Mandelbaum, American Journal of Comparative Law 1956, 115 (119); Rosenberg/Rosenberg, NYU Law Review 1988, 955 (1002 f.).

Glaubwürdigkeit des Beschuldigten ausgegangen wird. Solche liegen jedoch nicht vor, wenn der Beschuldigte gegen sich selbst aussagen will, sondern nur, wenn er im eigenen Interesse handelt.[155] Die von Maimonides begründeten Glaubwürdigkeitszweifel aufgrund von Todeswünschen des Beschuldigten, wodurch das Geständnis zur Sünde werde und das Recht Gottes verletze[156], vermögen nicht zu überzeugen. Der Rechtsgelehrte Rosh begründete das Selbstbelastungsverbot im Zusammenhang mit der menschlichen Indisponibilität des Lebens, da über dieses nur Gott verfügen dürfe. Geständnisse, die zu einem Todesurteil führen können, müssen daher wirkungslos bleiben. Es solle kein Mensch das Recht haben, sich durch ein Geständnis selbst zu töten. Jedoch fehlt eine Begründung für Fälle, in denen keine Todesstrafe droht. Um diese Begründung nicht leisten zu müssen, bezieht sich Rosh auf ein göttliches Recht, das der Mensch nicht hinterfragen dürfe.[157]

Der nemo tenetur-Grundsatz nach heutigem Verständnis ist folglich zu unterschiedlich von den in der Literatur vorgestellten Konzepten strafprozessualer Grundsätze im talmudischen Recht, als dass diese dessen historische Quelle darstellen könnten.

(2) Verbindung
Die Vertreter der Auffassung, der Talmud stelle den Ursprung des nemo tenetur-Grundsatzes dar, bleiben darüber hinaus die Antwort auf die Frage schuldig, inwiefern eine Verbindung zwischen talmudischem Recht und Neuzeit besteht. Denn erst durch eine solche Verbindung könnte unser heutiges Verständnis ideentheoretisch durch den Talmud geprägt worden sein. Dabei ist zu berücksichtigen, dass das talmudische Recht ein sehr weites Verständnis von Prinzipien hatte, weswegen sie

---

[155] Vergleiche zum Ganzen Levy, Origins, S. 438.
[156] Levy, Origins, S. 438.
[157] Mit weiteren Nachweisen Levy, Origins, S. 439.

vage formuliert und daher hinsichtlich ihres Inhalts nicht sonderlich greifbar waren.[158] Die US-amerikanische Literatur ist daher bei der Heranziehung talmudischer Quellen vorsichtig.[159] Die zurückhaltende Vorsicht ist im 21. Jahrhundert auch in Deutschland weitverbreitet und kann mittlerweile als herrschend angesehen werden. Insbesondere wird dabei ausgeführt, dass sich ein Zusammenhang nicht nachweisen lasse und deshalb zweifelhaft erscheine.[160] Der fehlende Zusammenhang wird insbesondere am hier untersuchten Regelungsinhalt des nemo tenetur-Grundsatzes talmudischer Prägung deutlich, da dieser sich klar von dem des deutschen Strafprozessrechts unterscheidet.

## 2. Vereinigtes Königreich

In der rechtsgeschichtlichen Forschung zum nemo tenetur-Grundsatz ist ferner die Ansicht weit verbreitet, dass der Grundsatz im Vereinigten Königreich entstanden sei.[161] Der Ursprungszeitpunkt soll im 17. Jahrhundert liegen und wird mit der Abschaffung des Offizialeides 1641, der Star Chamber sowie der High Commission verknüpft.[162]

---

[158] So beispielsweise auch von dem Prinzip, dass niemand sich selbst zu einer bösen Person machen dürfe. Das Prinzip galt in strafrechtlichen, aber auch in strafähnlichen Verfahren, für Beschuldigte und Zeugen, gerichtlich und außergerichtlich, unter Zwang, aber auch freiwillig, Rosenberg/Rosenberg, NYU Law Review 1988, 955 (956); krit. zu den unterschiedlichen Reichweiten der Grundsätze auch Levy, Origins, S. 434.
[159] Siehe Levy, Origins, S. 440; andere Ansicht Mandelbaum, American Journal of Comparative Law 1956, 115 (119).
[160] Doege, nemo-tenetur-Grundsatz, S. 36; Kraft, nemo-tenetur-Prinzip, S. 36; Nothhelfer, Selbstbezichtigungszwang, S. 5.
[161] Wigmore, Evidence, S. 794 ff.; Wigmore, Harvard Law Review 1891, 71 (75); Levy, Origins, passim; Rogall, Der Beschuldigte, 72 ff.; Nothhelfer, Selbstbezichtigungszwang, S. 4 ff.; Kraft, nemo tenetur-Prinzip, S. 38 ff.; Wolff, Selbstbelastung, S. 23 ff.; Salditt, GA 1992, 51 (52); Eisenhardt, nemo tenetur-Prinzip, S. 189; siehe zum Streitstand um den genauen Zeitpunkt der Entstehung Dennis, Cambridge Law Journal 1995, 342 (342). Nach einer anderen Ansicht ist die Selbstbelastungsfreiheit in Kontinentaleuropa entstanden, siehe hierzu Macnair, OJLS 1990, 66 (67). Kritisch Levy, Cardozo Law Review 1997, 821 (836 ff.), da Zwang, insbesondere in Form der Folter, institutionell zum kontinentaleuropäischen Strafprozess gehörten. Zu bedenken ist die unterschiedliche Auffassung zum Schutzbereich. Während Macnair von einer Freiheit vor jeder Befragung ausgeht, meint Levy eine Freiheit die Beantwortung einzelner Fragen ablehnen zu dürfen.
[162] Ott, Der Grundsatz, S. 18; Wigmore, Harvard Law Review 1891, 71 (82); Wigmore, Harvard Law Review 1902, 610 (633 f.); Roberts/Zuckerman, S. 392; bezogen auf das kirchliche Rechte, nicht jedoch das Common Law, so auch Levy, Origins, S. 282.

Hier ist eine Besonderheit des englischen Strafprozessrechtsgeschichte zu beachten, nach welcher lange Zeit zwei Verfahrensarten um die Vorrangstellung in allgemeinen Strafverfahren rangen: eine nach dem Common Law und eine nach kirchlichem Recht.[163] Im Common Law bestand im sogenannten Jurytrial zwar eine Aussagepflicht, es reichte aber aus, sich schuldig oder unschuldig zu bekennen.[164] Darüber hinaus wurde dem Angeklagten der strafrechtliche Vorwurf schriftlich in einer Anklage mitgeteilt.[165] Im inquisitorischen Kirchenrecht gab es hingegen, insbesondere vor dem 1487 zur Verfolgung von Staatsschutzdelikten eingerichteten Court of Star Chamber[166] und dem 1558 zur Verfolgung von Ketzerei eingerichteten Court of High Commission, eine eidbewehrte und umfassende Aussagepflicht des Beschuldigten.[167] Eine formelle Anklage wie im Common Law war vor den kirchlichen Gerichten nicht notwendig, der kirchliche Richter konnte das Verfahren von Amts wegen einleiten, soweit ein sogenanntes Gerücht vorlag. Die Entscheidung lag in seinem freien Ermessen und bot daher keinen wirksamen Schutz vor obrigkeitlichen Eingriffen.[168]

Als Katalysator des nemo tenetur-Grundsatzes gilt das Verfahren nach kirchlichem Recht gegen John Lilburne aus dem Jahr 1637. Nach der rechtsgeschichtlichen Dokumentation verweigerte er als Beschuldigter erstmals in einem Verfahren vor der Star Chamber bereits das Ableisten eines Eides für die Antwort auf die dem gerichtlichen Verfahren vorgelagerte Frage, ob er schuldig oder unschuldig sei.[169] Vor dem Ablegen des

---

[163] Rogall, Der Beschuldigte, S. 73; Schlauri, Verbot des Selbstbelastungszwangs, S. 44 ff.; Levy, Origins, S. 46 ff.; Levy, Cardozo Law Review 1997, 821 (822 ff.).
[164] Eine Vereidigung des Angeklagten gab es vor den Gerichten des Common Law nicht, siehe Gerlach, Der Angeklagte, S. 11; Schlauri, Verbot des Selbstbelastungszwangs, S. 66.
[165] Doege, nemo-tenetur-Grundsatz, S. 45.
[166] Siehe zum Verfahren Wigmore, Harvard Law Review 1902, 610 (624 f.); Levy, Origins, S. 271 ff.; Aselmann, Die Selbstbelastungs- und Verteidigungsfreiheit, S. 26; Rogall, Der Beschuldigte, S. 79.
[167] Roberts/Zuckerman, S. 392; Erdmann, strafprozessuale Garantien, S. 126.
[168] Doege, nemo-tenetur-Grundsatz, S. 45; Schlauri, Selbstbelastungszwang, S. 43; Ott, Der Grundsatz, S. 13.
[169] Rogall, Der Beschuldigte, S. 79; Ott, Der Grundsatz, S. 22; Aselmann, Die Selbstbelastungs- und Verteidigungsfreiheit, S. 26.

Eides wollte Lilburne Kenntnis von dem genauen strafrechtlichen Vorwurf erlangen.[170]
Jenem sogenannten Offizialeid[171] aus dem kanonischen Recht, welcher im 13. Jahrhundert in England entstand[172], kommt im Zusammenhang mit der Entstehung des nemo tenetur-Grundsatzes daher besondere Bedeutung zu.[173] Der mit der Todesstrafe bewehrte Eid umfasste eine wahrheitsgemäße Beantwortung nicht nur der Schuldfrage, sondern jeder gestellten Frage, ohne Kenntnis der erhobenen Vorwürfe.[174]
Nachdem Lilburne im weiteren Prozessverlauf der Inhalt des Vorwurfs, das Drucken und Einführen ketzerischer Bücher, mitgeteilt wurde, verweigerte er nun nicht nur die Ableistung des Eides, sondern die Beantwortung sämtlicher selbstbelastender Fragen, woraufhin er ausgepeitscht und an den Pranger gestellt wurde. Diese Sanktionen wurden sodann durch das House of Lords im Jahr 1646 wegen eines Verstoßes gegen die Magna Charta aufgehoben und Lilburne zum Schadensersatz berechtigt.[175] Seit dem Verfahren wurde die bis dahin klare Unterscheidung zwischen Fragen, die auf die Aufklärung einer bestimmten vorgeworfenen Tat zielten, und Fragen, die eine noch unbekannte Tat aufdecken sollten, aufgegeben.[176]
Im Laufe des 17. Jahrhunderts soll sich der nemo tenetur-Grundsatz sodann in der Praxis durchgesetzt haben.[177] Die weltlichen Gerichte hoben

---

[170] Wigmore, Harvard Law Review 1902, 610 (623); Levy, Origins, S. 274 f.
[171] Siehe für einen Überblick zum Eid ex officio Levy, Cardozo Law Review 1997, 821 (822).
[172] Levy, Origins, S. 46 ff.; Erdmann, strafprozessuale Garantien, S. 126.
[173] Rogall, Der Beschuldigte, S. 72.
[174] Queck, Geltung, S. 169; Schlauri, Selbstbelastungszwang, S. 51, 55; Doege, nemo-tenetur-Grundsatz, S. 46 f.
[175] Siehe zum Ganzen Ott, Der Grundsatz, S. 22; Rogall, Der Beschuldigte, S. 79; Doege, nemo-tenetur-Grundsatz, S. 48 mit weiteren Nachweisen; kritisch Wigmore, Harvard Law Review 1902, 610 (633); siehe hierzu auch Levy, Cardozo Law Review 1997, 821 (844).
[176] Erdmann, strafprozessuale Garantien, S. 129.
[177] Wigmore, Harvard Law Review 1891, 71 (77 ff.); Schroeder/Verrel, Strafprozessrecht, Rn. 360; Roberts/Zuckerman, S. 392; Levy, Cardozo Law Review 1997, 821 (841); siehe auch Ott, Der Grundsatz, S. 18 f.; Macnair, OJLS 1990, 66 (83) geht davon aus, dass spätestens Anfang des 18. Jahrhunderts Fälle, in denen nemo tenetur eine Rolle spielt, zu finden sind.

kirchengerichtliche Urteile unter Berufung auf den nemo tenetur-Grundsatz auf, um die Abschaffung des Offizialeides zu erreichen.[178] Der Beschuldigte sollte in der Vernehmung zwar weiterhin seine Straftaten einräumen, jedoch nur die, die ohnehin schon gerichtsbekannt waren.[179] Teilweise wird zu der Wirksamkeit des Grundsatzes in der Praxis bemerkt, dass er nur in Einzelfällen, in denen die Richter sich besonders fair zeigen wollten, Anwendung fand.[180] Zwar war die gerichtliche Praxis zu diesem Zeitpunkt durch den vollständigen beweisrechtlichen Ausschluss der Einlassung des Beschuldigten in der Hauptverhandlung (sog. disqualification of interest)[181] geprägt. Gleichwohl wurde er regelmäßig in einer Art Vorverfahren vernommen und zu selbstbelastenden Angaben gedrängt (sog. justice of peace)[182]. Gestützt wird der Einwand dadurch, dass das Selbstbelastungsprivileg in keine Rechte-Sammlung, wie beispielsweise der Bill of Rights von 1689, aufgenommen wurde. Eine überragende Rolle als fundamentales Recht spielte der Grundsatz im 17. Jahrhundert daher ersichtlich nicht.[183]

Auch die Relevanz des Grundsatzes in der Wissenschaft ist nicht ganz eindeutig. Eine erste theoretische Begründung soll bei Nicholas Fuller im Jahr 1607 zu finden sein.[184] Die Ausführungen Fullers richten sich jedoch nur gegen den Offizialeid im Allgemeinen und sind deshalb als Begründung zumindest fragwürdig. Fuller lehnte den Offizialeid jedenfalls aus zwei Gründen ab: Zum einen bringe er Seelen in die Verdammnis, indem er eine Selbstzerstörung befördere[185], zum anderen führe er zu Fehlurteilen.[186] Unabhängig von der Frage nach dem Einfluss von Fuller, kann konstatiert werden, dass der nemo tenetur-Grundsatz erst ab dem 18.

---

[178] Erdmann, strafprozessuale Garantien, S. 127.
[179] Erdmann, strafprozessuale Garantien, S. 128.
[180] Macnair, OJLS 1990, 66 (82).
[181] Böse, GA 2002, 98 (112); Gerlach, FS-Hanack, 117 (127); Langbein, Mich. Law Review 1994, 1047 (1048).
[182] Böse, GA 2002, 98 (112); Doege, nemo-tenetur-Grundsatz, S. 51.
[183] Erdmann, strafprozessuale Garantien, S. 129.
[184] Rogall, Der Beschuldigte, S. 78.
[185] „principle of self-preservation to buttress his contention that the oath was against the law of nature because it tended to self-destruction", zitiert nach Levy, Origins, S. 234.
[186] „That oath, he said, brought souls to damnation, was illegal, and caused many miscarriages of justice." Zitiert nach Levy, Origins, S. 233.

Jahrhundert in strafprozessualen Lehrbüchern flächendeckend verbreitet ist.[187]

Der nemo tenetur-Grundsatz erlangte im 19. Jahrhundert sodann derart verbreitet gesellschaftliche Zustimmung, dass es im Jahr 1848 zur Normierung einer richterlichen Belehrungspflicht hinsichtlich eines Schweigerechts kam.[188] In der Folge setzte sich die Auffassung durch, nach welcher der Polizei nicht erlaubt sein könne, was dem Richter verboten ist, daher war auch die Polizei fortan verpflichtet, im Ermittlungsverfahren zu belehren.[189] In diesem Zusammenhang ist ferner die Abschaffung der disqualification of interest im Jahr 1898 und die Normierung der confession rule, nach der erzwungene Geständnisse unverwertbar sind[190], zu nennen, welche dem nemo tenetur-Grundsatz hinsichtlich seiner praktischen Wirksamkeit endgültig zum Durchbruch verholfen und als ein prägendes Element des Strafprozesses etablierten haben.[191] Bereits hier sei erwähnt, dass der dargestellte strafprozessuale Paradigmenwechsel nach herkömmlicher Auffassung gerade nicht aus Gründen des Beschuldigtenschutzes, sondern wegen der Gefahren für die Wahrheitsermittlung eingeleitet wurde.[192]

### 3. Stellungnahme zum Ursprung

Der nemo tenetur-Grundsatz hat seinen Ursprung im Strafverfahrensrecht des Vereinigten Königreichs. Somit kann die These Rogalls, der Grundsatz sei ein „uralter Grundsatz"[193] nicht überzeugen. In seiner neuzeitlichen Ausprägung hat der nemo tenetur-Grundsatz weder Wurzeln im talmudischen Recht, noch im römischen Recht, noch im arabischen Recht.

---

[187] Mit weiteren Nachweisen Levy, Cardozo Law Review 1997, 821 (843 f.).
[188] Vgl. Eser, ZStW 1967, 565 (588 f.).
[189] Vgl. Eser, ZStW 1967, 565 (588 f.).
[190] Ott, Der Grundsatz, S. 28.
[191] Doege, nemo-tenetur-Grundsatz, S. 51; Böse, GA 2002, 98 (112); Gerlach, FS-Hanack, 117 (127); Queck, Geltung, S. 175.
[192] Doege, nemo-tenetur-Grundsatz, S. 51; Queck, Geltung, S. 174; Ott, Der Grundsatz, S. 28; Böse, GA 2002, 98 (112). Wobei das Verfahrensziel im Vereinigten Königreich vielmehr in der Schaffung und Stärkung der generalpräventiven Wirkkraft strafgerichtlicher Urteile zu finden ist, siehe hierzu bereits Neumann, ZStW 1930, 1 (16, 23).
[193] Rogall, Der Beschuldigte, S. 103.

Im nemo tenetur-Grundsatz ist ein auf der Magna Charta beruhendes Aussageverweigerungsrecht zu sehen,[194] wobei jedoch zu berücksichtigen ist, dass der Grundsatz einen erheblichen inhaltlichen Wandel vollzogen hat. Zwar wird die Selbstbelastungsfreiheit im Common Law seit Mitte des 17. Jahrhunderts nicht mehr in ihrer Gültigkeit bestritten,[195] sie hatte jedoch bis weit ins 18. Jahrhundert einen erheblich anderen Inhalt.[196] Ein Schweigen sorgte für das Zugrundelegen des unwidersprochenen Vortrags des Anklägers im adversatorischen Verfahren, was in aller Regel zu einer Verurteilung führte.[197] Demnach war das Schweigen hinsichtlich der Schuld- und Straffrage nachteilsbeladen. Die heute verwendete, verkürzte Form, „nemo tenetur se ipsum prodere/accusare", begann zwar bereits im Laufe des 17. Jahrhunderts, sich im Volksmund durchzusetzen.[198] Vollständig lautete das Prinzip damals jedoch wie folgt: „Licet nemo tenetur seipsum prodere, tamen proditus per famam tenetur seipsum ostendere utrum possit suam innocentiam ostendere et seipsum purgare."[199] Der Beschuldigte war infolge einer Anzeige verpflichtet, die Umstände vorzubringen, welche seine Unschuld bewiesen und günstig für die Verteidigung war.[200] Unterließ er die Erfüllung dieser Pflicht, fiel es aufgrund der Beweislastverteilung auf ihn zurück. Es bestand – solange die Wahrheitsermittlung nicht im Vordergrund stand – folglich gar kein Bedürfnis für einen Zwang zur Selbstbelastung. Fehlte eine derartige Anzeige musste der Beschuldigte von sich aus hingegen

---

[194] Vgl. Gerlach, Der Angeklagte, S. 11.
[195] Wigmore, Harvard Law Review 1891, 71 (82 f.); Levy, Origins, S. 333; Levy, Cardozo Law Review 1997, 821 (832 f.).
[196] Levy, Origins, S. 265; Langbein, Mich. Law Review 1994, 1047 (1047 f.); Böse, GA 2002, 98 (110); Macnair, OJLS 1990, 66 (79); auch Wigmore, Harvard Law Review 1902, 610 (635 f.) ist hinsichtlich der Wirkkraft bis zum Ende des 18. Jahrhundert kritisch.
[197] Levy, Origins, S. 264; Langbein, Mich. Law Review 1994, 1047 (1048, 1055 f.); Rogall, Der Beschuldigte, S. 73; Queck, Geltung, S. 173; Böse, GA 2002, 98 (110); Ott, Der Grundsatz, S. 29; Gerlach, FS-Hanack, 117 (126); Wigmore, Harvard Law Review 1891, 71 (83), welcher aus einem zeitgenössischen Praktiker-Handbuch aus dem Jahre 1749 zitiert; Macnair, OJLS 1990, 66 (82).
[198] Wigmore, Harvard Law Review 1891, 71 (85).
[199] Siehe dazu Wigmore, Harvard Law Review 1891, 71 (83).
[200] Wigmore, Harvard Law Review 1891, 71 (83).

keine eigenen Straftaten aufdecken, er konnte folglich nicht zur Selbstanzeige gezwungen werden.[201] Erst die strafprozessrechtliche Einführung eines Verteidigers ab dem ausgehenden 18. Jahrhundert sorgte für eine Änderung des Prozesstelos von einem Verfahren, das dem Beschuldigten ein Äußerungsrecht gewährte, hin zu einem Verfahren zur Überprüfung der Vorwürfe.[202]

## II Entwicklung in Deutschland

Aufgrund der Zerstückelung des Rechtssystems auf deutschem Boden bis zum Erlass der Reichsstrafprozessordnung 1877, ist es ausgesprochen schwierig die Entstehung des nemo tenetur-Grundsatzes in Deutschland zeitlich und räumlich zu lokalisieren. Dennoch soll hier der Versuch unternommen werden, die Entstehung zeitlich möglichst exakt zu bestimmen und die Entwicklung bis in die Nachkriegszeit nachzuzeichnen.

### 1. Germanisches Recht
Eine Analyse der damals herrschenden Rechtssysteme belegt, dass es bis mindestens 1740 in Deutschland einen mit dem heutigen Verständnis vergleichbaren nemo tenetur-Grundsatz nicht gegeben hat.

#### a) Der Akkusationsprozess
Das Rechtssystem war bis ins 12. Jahrhundert durch die fehlende Differenzierung zwischen Zivil- und Strafverfahren geprägt. Das daraus resultierende privatrechtliche Strafrechtsverständnis bestimmte das Gerichtsverfahren nicht zuletzt durch die Betonung der Parteimaxime.[203] Es war nicht die Obrigkeit, sondern der Verletzte, welcher mit dem Schädiger durch Rache, Fehde oder Sühnevertrag - ohne obrigkeitliche Hilfe -

---

[201] Wigmore, Harvard Law Review 1891, 71 (84).
[202] Langbein, Mich. Law Review 1994, 1047 (1048, 1069 f.); ähnlich Amar, The Constitution and Criminal Procedure, S. 79.
[203] Mit weiteren Nachweisen Plöger, Mitwirkungspflichten des Beschuldigten, S. 8; Wolff, Selbstbelastung, S. 25; Schmidt, Geschichte, S. 38.

ein Verfahren durchführen konnte. Neben außergerichtlichen Rechtsgängen gab es noch die Möglichkeit für den Verletzten, einen Antrag auf Einleitung eines Things, einer öffentlichen Versammlung aller freien Stammesgenossen[204], zu stellen. Das Thing hatte jedoch nicht die Funktion, das Geschehen aufzuklären, sondern diente allein der Bekämpfung des auf Rache basierenden Strafrechtssystems, welche eine Gefahr für den öffentlichen Frieden darstellte.[205]

Im Hinblick auf den nemo tenetur-Grundsatz war in diesem Verfahren die Beschränkung der Verfahrenshandlungen des Beschuldigten wesentlich. Er konnte entweder vollumfänglich gestehen oder der Klage wortgetreu widersprechen.[206] Dabei hatte der Beschuldigte nach dem Sachsenspiegel im 13. Jahrhundert ein „heyliges recht, daz nymande twingit czu eyme bekenntnisse".[207] Es durfte folglich kein Zwang angewendet werden, um ein Bekenntnis zu erlangen, eine Vernehmung im engeren Sinne wurde nicht durchgeführt.[208] Jedoch war dem Beschuldigten die Pflicht auferlegt, alle Anschuldigungen, welchen er widersprechen wollte, ganz genau zu benennen und ausdrücklich zu negieren.[209] Demgemäß wurde ein Schweigen als (Teil-) Geständnis gewertet, insbesondere auch weil daus dem Fehlen einer zur Auslegung berechtigten Instanz der Grundsatz der strikten Buchstabeninterpretation folgte.[210]

In jedem Fall wurde nach der Wahl des Beschuldigten zwischen Geständnis und Widerspruch sofort ein Urteil in Form eines Sühnevertrages gefällt.

---

[204] Neben Rechtsfragen wurden hier auch alle anderen öffentlichen Angelegenheiten besprochen, v. Hippel, Deutsches Strafrecht, S. 106.
[205] Plöger, Mitwirkungspflichten des Beschuldigten, S. 8.
[206] Schmidt, Geschichte, § 29.
[207] Sachsenspiegel (um 1230) und Schwabenspiegel (um 1275) gewannen bis ins 14. Jahrhundert entscheidende Bedeutung und wurden infolge dessen gar für kaiserliche Gesetze gehalten; siehe zum Ganzen v. Hippel, Deutsches Strafrecht, S. 126; Walder, S. 38 ff. Nach Rogall, Der Beschuldigte, S. 88 weckt diese Passage aus dem Sachsenspiegel Assoziationen an den heutigen nemo tenetur-Grundsatz.
[208] Zachariä, Handbuch, Bd. 2, S. 233 f.; Nickl, Schweigen, S. 7.
[209] Plöger, Mitwirkungspflichten des Beschuldigten, S. 12.
[210] Gerland, Strafprozess, S. 16; Plöger, Mitwirkungspflichten des Beschuldigten, S. 12.

Sollte der Beschuldigte gestanden haben, wurde er zur Sühneleistung verurteilt, sollte er jedoch widersprochen haben, bestimmte der Thing einen Sühnevertrag, nach welchem Beweis zu erbringen ist.[211] Ab diesem Zeitpunkt nahm sich das Thing zurück, sodass insbesondere die Erfüllung der Beweisverpflichtung ohne dessen Mitwirkung erfolgte. Da hier somit eine beweiswürdigende Instanz fehlte, kamen im germanischen Prozessrecht nur formale Beweismittel in Betracht: der Reinigungseid[212], das Gottesurteil[213] und der Zweikampf[214], wobei Gottesurteil und Zweikampf subsidiär Anwendung fanden.

Bediente sich der Beschuldigte nun keines der Beweismittel oder misslang der Beweisversuch, so war er zur Leistung der Sühne aus dem

---

[211] Plöger, Mitwirkungspflichten des Beschuldigten, S. 14; vergleiche auch v. Hippel, Deutsches Strafrecht, S. 154.

[212] Der Reinigungseid hatte die Bedeutung, die eigene Glaubwürdigkeit zu bekräftigen. Der Schwörende brachte durch den Eid zum Ausdruck, dass er seinen eigenen Tod für die Wahrhaftigkeit seiner Aussage einsetzt. Im germanischen Kulturkreis galt die Ehre als wichtigstes Charakteristikum eines freien Mannes. Den Eid konnte er jedoch nicht allein leisten, sondern nur mit Unterstützung von sogenannten Eidhelfern. Die Anzahl der benötigten Eidhelfer richtete sich nach dem durch Urteil auferlegten Sühnevertrag. Die Eidhelfer hatten jedoch nicht über eigene Wahrnehmungen zu berichten und waren daher auch keine Tatzeugen im heutigen strafprozessualen Verständnis, sondern sie hatten die Aufgabe, die Glaubwürdigkeit des Beschuldigten zu bekräftigen. Schwört der Beschuldigte, wird die Klage abgewiesen. Des Weiteren hielt sich der Gedanke, dass auf eine unwahre Aussage sicher eine Beeinträchtigung folgt, im Bewusstsein der Germanen. Der Reinigungseid war folglich im Prozessrecht äußerst bedeutungsvoll. Allein in Verfahren, in welchen der Beschuldigte auf frischer Tat angetroffen wurde, überwog das Gewicht des tatsächlichen Augenscheins die Kraft des Eides. In diesen Verfahren war ein Reinigungseid daher nicht möglich. Siehe Plöger, Mitwirkungspflichten des Beschuldigten, S. 15 f.

[213] Im Gottesurteil ließen die Germanen die Elemente über Schuld und Unschuld entscheiden. Es herrschte die Auffassung, dass derjenige, welcher Unrecht getan hatte, den Kontakt mit den ihm daher nicht länger gewogenen Elementen nicht ohne Zeichen seiner Schuld überstehen werde. Das Gottesurteil basierte auf unterschiedlichen Methoden. So gab es beispielsweise die Probe mit siedendem Wasser übergossen zu werden, wobei die natürliche Verheilung der Wunden als Unschuldsbeweis angesehen wurde, sowie den Kesselfang, bei welchem ein Ring oder ein Stein aus einem mit kochendem Wasser befüllten Kessel zu bergen ist. Siehe hierzu Plöger, Mitwirkungspflichten, S. 18; Zwengel, Strafverfahren in Deutschland, S. 44.

[214] Der Zweikampf unterschied sich darin, dass es den Elementen vorbehalten sein sollte, denjenigen zum Sieg des Zweikampfes zu führen, welcher die Wahrheit spricht. So musste der Beschuldigte mit seinem Ankläger um die Wahrheit kämpfen. Siehe Plöger, Mitwirkungspflichten des Beschuldigten, S. 18.

Sühnevertrag verpflichtet[215] - ein weiteres Geständnis war nicht notwendig.[216]
Rechtsfolge einer Nichtleistung war die Friedloslegung, welche zur Folge hatte, dass der Beschuldigte als Person seine Rechtsfähigkeit verlor. Jedermann war deshalb berechtigt, ihn zu töten, sein Haus wurde abgebrannt und sein Eigentum kam der Gemeinschaft zu.[217]
Im Ergebnis geriet der Beschuldigte folglich unter Zwang seitens des Things, entweder zu gestehen - auch ein Schweigen wurde als Geständnis gewertet - oder die körperlich stark zusetzenden Gottesurteile oder den Zweikampf zu überstehen. Bis zu diesem Zeitpunkt deutscher Geschichte war die Funktion des nemo-tenetur-Grundsatzes dem Strafverfahren demnach wesensfremd.[218] Es bestand - im Gegenteil - sogar mittelbar eine Aussagepflicht, denn aus dem Fehlen einer Vernehmung im engeren Sinne kann nicht auf das Fehlen einer faktischen Aussageverpflichtung geschlossen werden. Immerhin musste der Beschuldigte, allein um die Folgen eines Schweigens zu umgehen, der Anklage widersprechen.[219]

b) Kanonisches Recht
Neben dem weltlichen Recht existierte in Deutschland lange Zeit parallel das kanonische Recht, welches in erster Linie Anwendung auf Verstöße gegen kirchliche sowie weltliche Vorschriften durch Angehörige des Klerus fand. Daneben konnten auch Nicht-Kleriker nach kanonischen Recht verfolgt werden, wenn sie Glaubens-Delikte begangen haben sollten,[220] wobei diese Anwendung auf Laien ab dem 13. Jahrhundert durch die

---

[215] Schmidt, Geschichte, § 29.
[216] Schmidt, Geschichte, § 29; Plöger, Mitwirkungspflichten des Beschuldigten, S. 20.
[217] Plöger, Mitwirkungspflichten des Beschuldigten, S. 9.
[218] Nickl, Schweigen, S. 7; Glaser, Beiträge, S. 283; Lohsing, Geständnis, S. 31; Wolff, Selbstbelastung, S. 25; andere Ansicht Nothhelfer, Selbstbezichtigungszwang, S. 4; Höra, Wahrheitspflicht, S. 43; diff. Kölbel, Selbstbelastungsfreiheiten, S. 216.
[219] Rogall, Der Beschuldigte, S. 87 ff.; Nickl, Schweigen, S. 7; Lohsing, Geständnis, S. 31; Doege, nemo-tenetur-Grundsatz, S. 38; andere Ansicht Höra, Wahrheitspflicht, S. 44.
[220] Gerland, Strafprozess, S. 17; Doege, nemo-tenetur-Grundsatz, S. 39.

Kirche forciert wurde, um der massenhaft auftretenden Häresie entgegenzutreten.[221] Eine besondere Rolle kam hierbei Thomas von Aquin zu, unter dessen Einfluss zwar keine Offenbarungspflicht für bisher unbekannt gebliebene Sachumstände,[222] jedoch eine Wahrheitspflicht hinsichtlich aller zur Anklage gebrachten Punkte eingeführt wurde[223]. Moraltheologisch beruhen die Ausführungen von Aquin auf der These des absolut geltenden Lügeverbots des Augustinus, welches gelockert werden sollte, indem er eng umgrenzte Ausnahmesituationen zu begründen versuchte, die unter dem Begriff Nutz- und Notlüge zusammengefasst werden können.[224] Auch wenn die Stellung des Beschuldigten nach kanonischem Recht ohne diese Reformansätze zwar kein Schweigerecht kannte, so hatte jener zumindest keine Pflicht zur wahrheitsgemäßen Aussage. Thomas von Aquin betrieb jedoch einen Wandel,[225] welcher dazu führte, dass sämtliche Bestandteile des nemo tenetur-Satzes nach heutigem Verständnis aus dem kirchlichen Strafprozess verbannt wurden.[226]

Während der Strafprozess in diesem Rechtssystem anfangs akkusatorisch aufgebaut war und die Beweislast damit beim Ankläger lag,[227] wurde spätestens ab dem 13. Jahrhundert das Recht aquin'scher Prägung angewendet.

---

[221] Vgl. Levy, Origins, S. 21; siehe zum Geltungsbereichs des kanonischen Recht auch Henkel, Strafverfahrensrecht, S. 35; Gerland, Strafprozess, S. 17; Buschmann, FS-Kleinheyer, S. 67 (68).
[222] Wolff, Selbstbelastung, S. 22; Rogall, Der Beschuldigte, S. 70 f.; Magold, Kostentragungspflicht, S. 80; Levy, Cardozo Law Review 1997, 821 (822); kritisch Schlauri, Verbot des Selbstbelastungszwangs, S. 43.
[223] Aquin, Summa Theologiae II-II, Band 18, Frage 69, Art. 1.
[224] Siehe zu weiteren Nachweisen Alkofer, Quellen der Moralität, 35 (58 f.).
[225] Rogall, Der Beschuldigte, S. 70, 72; Walder, Vernehmung, S. 31, 32; Dingeldey JA 1984, 407.
[226] Andere Ansicht Rogall, Der Beschuldigte, S. 70 f.; Magold, Kostentragungspflicht, S. 80, nach welchen in der Begrenzung der Aussagepflicht ein nemo tenetur-Grundsatz des kanonischen Rechts gefunden werden kann.
[227] Wolff, Selbstbelastung, S. 22; Rogall, Der Beschuldigte, S. 71; Kraft, nemo tenetur-Prinzip, S. 36.

Das kanonische Recht kannte zwar keine Selbstanklage, aber eine Aussage- und Wahrheitspflicht,[228] eine zum heutigen Recht vergleichbare Selbstbelastungsfreiheit gab es somit auch im kirchlichen Recht nicht.[229]

c) Der Inquisitionsprozess

Der sich um die Jahrhundertwende 1200 im weltlichen Recht etablierende Inquisitionsprozess ist auf eine Rezeption des kanonischen Rechts zurückzuführen.[230] Das IV. Laterankonzil im Jahr 1215 beschloss eine Beschuldigtenpflicht, die Wahrheit seiner Aussage zu beschwören - und zwar im Voraus, ohne Kenntnis darüber, welche Tat ihm vorgeworfen und welche Fragen ihm gestellt werden.[231]

Nach einigen regionalen Kodifizierungen, insbesondere der Bambergensis von 1507, wurde der Inquisitionsprozess durch die Normierung seiner Besonderheiten in dem bis dahin bedeutendsten Gesetz zum deutschen Strafverfahrensrecht - der Peinlichen Halsgerichtsordnung Kaiser Karls V.[232] - verankert,[233] wodurch dem italienisch-kanonischen Inquisitionsprozess die Vormachtstellung im Strafverfahren auf deutschem Gebiet gesichert wurde.[234]

---

[228] Rogall, Der Beschuldigte, S. 71.
[229] Schlauri, Verbot des Selbstbelastungszwangs, S. 42; Rogall, Der Beschuldigte, S. 70; Stalinski, Aussagefreiheit, S. 5; siehe auch Aquin, Summa Theologiae II-II, Band 18, Frage 69, Art. 1; kritisch Wolff, Selbstbelastung, S. 22; Dingeldey, JA 1984, 407; Kraft, nemo tenetur-Prinzip, S. 36; Nothhelfer, Selbstbezichtigungszwang, S. 3 f.
[230] Jerouschek, ZStW 1992, 328 (335); Ignor, Geschichte des Strafprozesses, S. 17; Oehler, GS-Kaufmann, 847 (847 ff., 860) mit weiteren Nachweisen.
[231] Rogall, Der Beschuldigte, S. 72; Wolff, Selbstbelastung, S. 23; Levy, Origins, S. 23; nach Zachariää soll dieser Eid jedoch in der deutschen Rechtspraxis nicht relevant gewesen sein.
[232] Die Carolina beruht nicht nur inhaltlich hinsichtlich der Rechtsideen, sondern in weiten Teilen sogar wortwörtlich auf der 1507 maßgeblich von Johann von Schwarzenberg geschaffenen Constitutio Criminalis Bambergensis, Geppert, JURA 2015, 145 f.
[233] Ignor, Geschichte des Strafprozesses, S. 17; Schroeder/Verrel, Strafprozessrecht, Rn. 392.
[234] v. Hippel, Deutsches Strafrecht, S. 208; Die maßgebende Bedeutung der Carolina geht schon aus der Zahl ihrer Ausgaben hervor: vom 16. bis zum 18. Jahrhundert mindestens 60 und zusätzlich noch etliche Carolina-Kommentare, v. Hippel, Deutsches Strafrecht, S. 220 f.; Geppert, JURA 2015, 144.

Obwohl nach der Vorrede der Carolina territoriale Strafgesetzgebungen ausdrücklich zulässig waren und sie daher lediglich subsidiär zum jeweiligen Landesrecht galt,[235] bildete sie dennoch die maßgeblichen Grundlagen heraus und prägte jedes Landesrecht entscheidend.[236]
Trotz daraus resultierender, leichter regionaler Unterschiede beruhte der Inquisitionsprozess stets auf dem Offizialprinzip[237], dem Untersuchungsprinzip[238] und dem Prinzip der materiellen Wahrheit[239].[240] Aus diesen Prinzipien erwuchs ein neuer Verfahrensabschnitt, den es so vorher nicht gab und der daher das Prägende des Inquisitionsprozesses darstellt: das Ermittlungsverfahren, die sog. Inquisitio.[241]
Im Recht des Inquisitionsverfahrens manifestierte sich eine grundlegende Abkehr der Strafjustiz vom deutsch-traditionellen Beweisrecht hin zu der Indizienlehre oberitalienischer Prägung.[242] Das formale, auf Reinigungseiden, Gottesurteilen und Zweikampf basierende Beweisrecht des Akkusationsverfahrens wurde durch ein differenzierendes System ersetzt. Die Ausgestaltung dieses Systems umfasst den größten Teil der Carolina, maßgeblich für das Strafverfahrensrecht war fortan die Ausrichtung auf die Wahrheitsermittlung, was zu einer Rationalisierung des Beweisrechts führte.[243]

---

[235] Ignor, Geschichte des Strafprozesses, S. 41 ff.; Koch, in: Feuerbach, 39 (41).
[236] Mit einer detaillierten Aufstellung der Unterschiede siehe v. Hippel, Deutsches Strafrecht, S. 222 ff.
[237] Vgl. Art. 6 CCC: „von ampts halben".
[238] Vgl. Art. 8 CCC: Untersuchung des Sachverhalts „so zu erfindung der warheyt dinstlich".
[239] Vgl. auch Art. 8 CCC; streitig, siehe mit weiterem Nachweis Binding, Strafrechtliche und strafprozessuale Abhandlungen, S. 173.
[240] Ignor, Geschichte des Strafprozesses, S. 17; Schmidt, Geschichte, S. 86 f.; Sellert, FS-Scupin, 161 (163 f.).
[241] Ignor, Geschichte des Strafprozesses, S. 18; siehe zur Einleitung eines Inquisitionsprozesses v. Hippel, Deutsches Strafrecht, S. 208; Geppert, JURA 2015, 150.
[242] Schmidt, Geschichte, S. 127; Geppert, Jura 2015, 151.
[243] Sickor, Geständnis, S. 109. Diese Ausrichtung wird nicht nur an verschiedenen Stellen, in denen die Carolina für eine Strafbarkeit des Beschuldigten den Beweis seiner Schuld verlangt, sondern auch in der ausdrücklichen Forderung in Art. 56 CCC, der Wahrheit auf den Grund zu kommen, zum Ausdruck gebracht. Des Weiteren verlangt Art. 16 CCC vom Richter die Anstrengung ein „bekantnuß der warheyt" zu erlangen. In Einklang mit dieser Ausrichtung auf die Ermittlung der materiellen Wahrheit hat die CCC Verurteilungsvoraussetzungen normiert. Siehe hierzu Zwengel, Strafverfahren in Deutschland, S. 41; Koch, ZStW 2010, 741 (748 f.).

In der sich herausbildenden strafprozessualen Beweislehre galt das Geständnis als das entscheidende, zu erreichende Beweismittel,[244] auf dessen Erlangung die Strafpraxis geradezu fixiert war:[245] Es galt der Grundsatz „confessio est regina probationum"[246].

Zumindest auch hatte dies seinen Grund in der rechtlichen Beweissituation eines gewöhnlichen, strafrechtlich zu bewertenden Sachverhalts. Nach Art. 22 CCC wurde nämlich entweder ein Geständnis oder eine „beweisung", welche nach Art. 23 CCC allein durch die Aussagen zweier Zeugen geschehen konnte, gefordert. Jedoch fanden die wenigsten Verbrechen vor zwei Augenzeugen statt, deshalb blieb sodann als Voraussetzung einer Verurteilung nur das vom Beschuldigten abgelegte Geständnis.[247]

Doch fehlten sowohl Geständnis als auch zwei Zeugen, hatte dies nicht zwingend einen Freispruch zur Folge., denn der weiterhin bestehende indizielle Verdacht konnte nach der Carolina die Voraussetzung für eine Durchführung der „peinlichen Frage" erfüllen.[248] Für die Anordnung und den Vollzug der peinlichen Frage, als begriffliche Umschreibung der Folter, existierten dabei genaue Vorschriften,[249] welche in großen Teilen mit den Standards der modernen Aussagepsychologie vergleichbar sind. Zu bemerken ist hierbei, dass dem Strafverfahren nach der StPO, insbesondere nach § 267 Abs. 1 S. 2 StPO, viele dieser die Folter eröffnenden

---

[244] Radbruch, Strafrecht und Strafverfahren, zit. nach Gesamtausgabe Bd. 8, 1998, S. 114: „So führte die allzu große Vorsicht der gesetzlichen Beweistheorie zu der größten Unvorsichtigkeit, deren sich ein Strafprozessgesetzgeber überhaupt schuldig machen kann."

[245] Jerouschek, ZStW 1992, 344 ff.; Henkel, Das Deutsche Strafverfahren, S. 55 f.; Kleinheyer, in: GS-Conrad, 367 (378); v. Hippel, Lehrbuch des Strafrechts, 1932, S. 34; Schmidt, Geschichte, S. 95; Ignor, Geschichte des Strafprozesses, S. 66; Plöger, Mitwirkungspflichten des Beschuldigten, S. 70.

[246] Sehr kritisch zur Bedeutung des Geständnisses im Strafverfahren des 21. Jahrhunderts Malek, StV 2011, 559 (566); Hammerstein, StV 2007, 48 (52); Rode, StraFo 2007, 98 (101 ff.); König, NJW 2012, 1915 (1917).

[247] v. Hippel, Deutsches Strafrecht, S. 229.

[248] Vgl. Geppert, JURA 2015, 152; siehe auch Schroeder/Verrel, Strafprozessrecht, Rn. 392.

[249] Siehe nur Art. 8, 10, 20, 27, 29, 32, 35, 60. Zwengel, Strafverfahren in Deutschland, S. 47; vergleiche auch Schröder, FS-Spinellis, 983 (986); v. Hippel, Deutsches Strafrecht, S. 210; siehe zur Folter bis zum Ende des 13. Jahrhunderts Kantorowicz, Albertus Gandinus, S. 100.

Indizien nach ihrer Gesamtwürdigung sogar zu einer Verurteilung ausreichen würden,[250] der Indizienbeweis damit in der deutschen Strafrechtspraxis der Regelfall ist[251]. Die Carolina deshalb - wie Hsu - als eine „Magna Charta des Verbrechers"[252] anzusehen,[253] mag prima facie zwar zynisch klingen, hat jedoch durchaus seine Berechtigung. Hatte die Folter kein Geständnis zur Folge, bestand im Weiteren die Möglichkeit einer Verurteilung zu einer Verdachtsstrafe, welche jedoch hinsichtlich der Rechtsfolge milder sein musste als die gesetzliche Strafe.[254] War der Verdacht wiederum nicht stark genug für eine derartige Strafe, die Unschuld jedoch auch nicht sicher, so wurde zur vorläufigen Instanzenentbindung gegriffen, die jederzeit ein neues Vorgehen ermöglichte.[255]

Bedingt durch die Stufenfolge der möglichen Sanktionen und die Folterexzesse, haben sich ab dem 17. Jahrhundert vermehrt Widerstände gegen jenes Mittel der Erkenntniserlangung formiert. Als Vorkämpfer sind Friedrich Spee von Langenfeld mit seiner 1631 veröffentlichten Schrift „Cautio Criminalis" und Christian Thomasius mit zahlreichen eigenen Veröffentlichungen und der Betreuung der Dissertation von Martin Bernhardi „De tortura ex foris Christianorum proscribenda" von 1705 anzusehen.[256] Diese Entwicklung gipfelte in der Kabinettorder von Friedrich dem Großen am 03.06.1740, durch welche die Abschaffung der Folter in Preußen erfolgte.[257]

Insbesondere die Geständnisfixierung und der Einsatz der Folter veranlassen zu dem Schluss, dass das Carolina auf die Erzwingung einer Selbstbelastung ausgelegt war.[258] Im Ergebnis ist der nemo tenetur-

---

[250] Siehe nur Liebhart, NStZ 2016, 134 (135 ff.).
[251] Liebhart, NStZ 2016, 134 (134).
[252] v. Liszt, Strafrechtliche Vorträge und Aufsätze, Bd. 1, S. 80.
[253] Hsu, Geständnis, S. 24.
[254] v. Hippel, Deutsches Strafrecht, S. 230.
[255] v. Hippel, Lehrbuch des Strafrechts, S. 34.
[256] Schroeder, FS-Spinellis, 983 (989); Hippel, Deutsches Strafrecht, S. 261.
[257] Acta Borussia, Berlin 1901, Bd VI, 2. Hälfte, S. 8: "Behördenorganisation und die allgemeine Staatsverwaltung"
[258] v. Hippel, Deutsches Strafrecht, I, S. 210; Plöger, Mitwirkungspflichten des Beschuldigten, S. 109.

Grundsatz nicht mit der Geständnis- und Wahrheitspflicht (Art. 46 CCC) der Carolina vereinbar.[259]

## 2. Der nemo-tenetur-Grundsatz bis 1740

Aufgrund der bisherigen Ausführungen kann festgestellt werden, dass der nemo tenetur-Grundsatz im deutschen Strafprozessrecht bis mindestens 1740 keine Anwendung gefunden hat.[260]

## 3. Reform des Strafprozesses als Anfang

Der Selbstbelastungsfreiheit der heutigen Ausgestaltung kam bis zum 18. Jahrhundert keine Bedeutung zu. Nach hier vertretener Auffassung entwickelten sich erste Bestandteile, nämlich der Kern, der heute gültigen Selbstbelastungsfreiheit in den deutschen Territorialstaaten im Laufe des 19. Jahrhunderts. Die Erörterung dieser These erfolgt anhand einer kurzen Einführung in die Grundlagen des sich herausbildenden reformierten Strafprozesses.

### a) Die Grundlagen der Reform

Der rechtstheoretisch einschneidenste Unterschied durch die den Erkenntnissen der Aufklärung dienenden Reformierung[261] des Strafprozesses nach der Carolina war der Verzicht auf die Folter zur Geständniserzwingung ab dem 18. Jahrhundert.[262] Die Rolle des Beschuldigten erschöpfte sich von nun an nicht mehr in einer reinen Objektstellung, das heißt in der Rolle eines Beweismittels, sondern er wurde fortan in erster Linie Prozesssubjekt wahrgenommen.[263] Neben dem Richter, der Staatsanwaltschaft und der Verteidigung wurde er als eigenständiger Verfahrensbeteiligter anerkannt und mit eigenen, anfangs einfachge-

---

[259] So auch Rogall, Der Beschuldigte, S. 78; Doege, nemo-tenetur-Grundsatz, S. 44.
[260] Vergleiche Rogall, Der Beschuldigte, S. 87 f.; Doege, nemo-tenetur-Grundsatz, S. 52; Seebode, JA 1980, 496.
[261] Queck, Geltung, S. 177; Kölbel, Selbstbelastungsfreiheiten, S. 234; Mahlstedt, Verdeckte Befragung, S. 32; Koch, ZIS 2009, 542 (543); Reiß, Besteuerungsverfahren, S. 147.
[262] Koch, Feuerbach, 39 (62); siehe auch v. Sonnenfels, Über die Abschaffung der Tortur, Zürich 1775, S. 47 ff.
[263] Lesch, ZStW 1999, 624 (643).

setzlichen, ab dem 20. Jahrhundert auch grundgesetzlichen Prozessrechten ausgestattet.[264] Die Prinzipien der Reform, namentlich das Mündlichkeitsprinzip, das Öffentlichkeitsprinzip und das Anklageprinzip, wurden dem englischen und französischen Recht entliehen.[265] Begrifflich meint Reform hier wortgetreu Weiterentwicklung und gerade keine umstürzende Revolution, denn die neuen Prinzipien galten nur für das neugestaltete Verfahrensstadium der Hauptverhandlung. An der Inquisitio, dem Ermittlungsverfahren, änderte sich hinsichtlich der Prinzipien der Mündlichkeit und der Öffentlichkeit hingegen nichts; es wurde lediglich ein mündlich-öffentliches Verfahren angereiht.[266]

Darüber hinaus änderte sich mit der Reform nur die Methode, nicht aber das Ziel der inquisitorischen Beweistätigkeit.[267] Die Inquisition blieb das zentrale Prozesselement, welches auf dem Geständnis als Hauptbeweismittel und den Missständen der Verdachtsstrafe und der Instanzentbindung beruhte.[268]

Es bildete sich in den Ermittlungsbehörden geradezu eine Wissenschaft[269], die das Ziel verfolgte, einen Weg zum Geständnis ohne den Einsatz von Folter zu finden. Zum Handwerkszeug gehörten Wiederholungen des Verhörs und Versuche, den Beschuldigten in Widersprüche zu verwickeln. Während Ermittlungsergebnisse nur unter größter Zurückhaltung mitgeteilt wurden, sollte der Beschuldigte mit Überraschungs- und Überrumpelungsmanövern sowie mit unerwarteten Gegenüberstel-

---

[264] Roxin/Schünemann, Strafverfahrensrecht, § 25 Rn. 1.
[265] Schroeder/Verrel, Strafprozessrecht, Rn. 397; Lesch, ZStW 1999, 624 (630); Schmidt, Geschichte, S. 324 ff.; Koch, ZIS 2009, 542 (542); siehe auch v. Hippel, Lehrbuch des Strafrechts, S. 41.
[266] Ignor, Geschichte des Strafrozesses, S. 20.
[267] Lesch, ZStW 1999, 624 (629) mit weiteren Nachweisen; Koch, in: Feuerbach, 39 (63).
[268] Hippel, Deutsches Strafrecht, S. 285; siehe auch Eisenhardt, nemo tenetur-Prinzip, S. 190.
[269] Köstlin, Wendepunkt, S. 94: „perfide Jagdwissenschaft".

lungen zermürbt werden. Zusätzlich kam es zur Anwendung von Foltersubstituten[270], sogenannten Ungehorsams- und Lügenstrafen. Ungehorsams-[271] und Lügenstrafen[272] waren einmalige Strafmittel, deren Wiederholung bei fortdauernder Weigerung nicht statthaft war, da ansonsten eine absurde Steigerung möglich gewesen wäre.[273] In den §§ 292 ff. der preußischen Kriminalordnung von 1805 waren als Strafen zum einen Auspeitschen und zum anderen Freiheitsentzug vorgesehen. Voraussetzung für die Lügenstrafe war „kauderwelsche Antworten" oder „freches Leugnen" und für die Ungehorsamsstrafe das gänzliche oder teilweise Verschweigen der Antwort.[274] Der ausgeübte körperlich wirkende Zwang zur Gewinnung einer selbstbelastenden Aussage sollte keine Methode zur Geständniserlangung, sondern lediglich ein Ordnungsmittel darstellen. Vergleichbare Bestimmungen fanden sich in fast allen deutschen Territorialstaaten, wodurch sich deutschlandweit die Bezeichnung „Lügenstrafe" herausbildete.[275] Da die Betroffenen noch nicht überführt waren, war der Vorwurf der Lüge eine Unterstellung, und es handelte sich um eine reine Verdachtsstrafe, ja um eine Fortsetzung der Folter unter anderem Etikett.[276]

---

[270] Köstlin, Wendepunkt, S. 104; Rogall, Der Beschuldigte, S. 90 f.; Reiß, Besteuerungsverfahren, S. 148. Nach Ansicht von Fels, Strafprozeß der Preussischen Criminal-Ordnung, S. 56 hat der Gesetzgeber mit den Ungehorsams- und Lügenstrafen „etwas ganz anderes" als die Folter schaffen wollen. Während die Folter ein Geständnis des Beschuldigten erstrebte, sollte durch Ungehorsams- und Lügenstrafen lediglich die Wahrheit ermittelt werden. Dieser gesetzgeberische Wille hat sich nach Fels jedoch nie realisiert.

[271] Knapp, Ungehorsamsstrafe, S. 28 ff.; Köstlin, Wendepunkt, S. 96; Zachariae, Strafprozess, Band 2, S. 252; Blusch, Das bayerische Strafverfahren von 1813, S. 107; Willenberg, Lügen- und Ungehorsamsstrafen, 115 (143 ff.); siehe zu den Voraussetzungen und Grenzen der Ungehorsamsstrafe in Preußen und Bayern Zopfs, in: Feuerbach, 69 (76); Fels, Strafprozeß der Preussischen Criminal-Ordnung, S. 55 f.

[272] Nach Schroeder, FS-Spinellis, 983 (989) ein „beschämender Etikettenschwindel"; eingehend Mauß, Lügenstrafe, passim; Siehe zur aktuellen Bedeutung von Lügenstrafen Pollähne, FS-Beulke, S. 39 (42).

[273] Zachariae, Strafprozess, Band 2, S. 185.

[274] Zachariae, Strafprozess, Band 2, S. 257; Siehe Sellert, Inquisitionsprozess, S. 10; Koch, in: Feuerbach, 39 (63); Lesch, ZStW 1999, 624 (629) mit weiteren Nachweisen zur Ungehorsamsstrafe.

[275] Mauß, Lügenstrafe, passim.

[276] Zachariae, Strafprozess, Band 2, S. 258; Schroeder, Staat als Lügner, 151 (151).

Der Widerstand gegen diese Rechtsinstitute formierte sich Anfang des 19. Jahrhunderts,[277] weswegen die Territorialstaaten dieser Rechtspraxis zögerlich entgegenstehende Verbote erließen. So sahen beispielsweise die §§ 285 ff. der preußischen Kriminalordnung von 1816 und Art. 186 des bayerischen Strafgesetzbuchs von 1813 ein Verbot, Zwang zur Erlangung eines Geständnisses anzuwenden, sowie ein entsprechendes Verwertungsverbot vor.[278]

Eine praktisch wirksame Selbstbelastungsfreiheit existierte zu dieser Zeit dennoch nicht. Der Staat hatte gegen den Beschuldigten nach herrschender Auffassung bis weit ins 19. Jahrhundert hinein, ein Recht auf wahrheitsgemäße Beantwortung der seitens des Gerichts vorgelegten Fragen, soweit sie einen Bezug zur vorgeworfenen Straftat hatten.[279] Zwar musste der Beschuldigte sich nicht selbst anklagen und hatte ein Schweigerecht, er war jedoch dazu verpflichtet, seine Beweggründe für sein Schweigen substanziell offenlegen. Vom Schweigerecht konnte er daher nur bis zu dem Zeitpunkt wirksam Gebrauch machen, in dem das Gericht konkrete, fallbezogenen Fragen gestellt hat. In der das Schweigerecht begründenden Erklärung über die Berechtigung musste er sich sodann unweigerlich selbst belasten.[280]

b) Der nemo tenetur-Grundsatz im 19. Jahrhundert

Vorausgegangen war der Reform des Strafverfahrensrechts ein durchgreifender sozialer und politischer Wandel in der Mitte des 19. Jahrhunderts unter dem Einfluss des politischen Liberalismus der Französischen Revolution. Strafrecht wurde nicht länger als ein Mittel zur Verwirklichung absolutistischer Staatsauffassungen begriffen, welche den Kerngehalt

---

[277] Siehe nur Mittermaier, Das Deutsche Strafverfahren I, S. 507; Zachariae, Gebrechen, S. 112.
[278] Schroeder, FS-Spinellis, 983 (990); Fels, Strafprozeß der Preussischen Criminal-Ordnung, S. 55.
[279] Hohbach, NArchCrimR 1832, 449 (462) mit weiteren Nachweisen; Kleinschrod, ArchCrimR 1802 (4), 83 (95 f.); siehe auch Rogall, Der Beschuldigte, S. 92; Kölbel, Selbstbelastungsfreiheiten, S. 233, 243; Reiß, Besteuerungsverfahren, S. 147; Bosch, JURA 1998, 236 (242); Schaefer, Nemo-Tenetur-Grundsatz, S. 65.
[280] §§ 260, 261, 264 Criminalordnung von 1805; siehe zur Stellung des Beschuldigten in Preußen im Jahre 1805 Fels, Strafprozeß der Preussischen Criminal-Ordnung, S. 52 ff.

strafrechtlichen Unrechts in der Sünde gegen Gott oder den Herrscher sahen, sondern als Rechtsmaterie zum Schutz des Gesellschaftsvertrages vor dem Straftäter sowie zur Sicherung individueller Freiheit vor dem Staat.

Es setzte sich im 19. Jahrhundert die Ansicht durch, dass den Ergebnissen eines inquisitorischen Verhörs kein Beweiswert zukomme, da dieses nicht auf eine Wahrheitserforschung abziele und das Inquirieren zu einer „perfiden Jagdwissenschaft"[281] verkümmere.[282] Als Grundlage des Inquisitionsprozesses sollte daher der Fokus auf die Erlangung eines Geständnisses im Verhör des Beschuldigten überwunden werden.[283] Dabei blieb streitig, ob nach englischem Vorbild dem Anklageverfahren entsprechend gänzlich auf das Verhör verzichtet[284] oder dem Inquisitionsverfahren französischer Prägung an der Vernehmung grundsätzlich festgehalten und lediglich die Aussagepflicht des Beschuldigten beseitigt werden solle[285].[286]

(1) Die Rolle der Wissenschaft

„Eine neue große Epoche hat begonnen. Das Alte liegt zertrümmert da."[287] Mit diesen Worten aus dem Jahr 1810 umschreibt Feuerbach den Abschied von der Constitutio Criminalis Carolina von 1532 und ihren Lehren.[288] Er lenkte die Aufmerksamkeit von der aus seiner Sicht mangelhaften französischen Prozessordnung auf das englisch-liberale Strafverfahren. Die Folgen der freiheitlichen Orientierung an dem englischen Recht erfreuten sich damals großer Beliebtheit in der Wissenschaft, denn dort bestand stets ein weit verbreiteter Konsens darüber, dass dem Beschuldigten im künftigen Strafprozess ein Schweigerecht zukommen

---

[281] Köstlin, Wendepunkt, S. 94.
[282] Stellvertretend Zachariae, Strafprozess, Band 2, S. 252 ff.
[283] Köstlin, Wendepunkt, S. 93; vgl. auch Mittermaier, Das Deutsche Strafverfahren II, S. 226.
[284] Mittermaier, GS I/1 (1849), S. 17 ff.; ders., GS II/2 (1859), S. 473 f.; Glaser, ArchCrim 1851, 70 (88 f.).
[285] Sundelin, GA 1858, 624 (624 ff.); Planck, Systematische Darstellung, S. 246 ff., 357 ff.
[286] Vergleiche Lesch, ZStW 1999, 624 (630 f.).
[287] Feuerbach, Kleine Schriften vermischten Inhalts, S. 172; ders., Öffentlichkeit und Mündlichkeit, S. 366.
[288] Koch, in: Feuerbach, 39 (39).

sollte, um die Abkehr vom auf Geständnisse fixierten Inquisitionsprozess zu vollziehen.[289] So vertrat Zachariae 1846, dass der Angeklagte nicht verpflichtet sei, gegen sich selbst Zeugnis abzulegen.[290] Der Beschuldigte sollte in keiner Weise mehr dazu verpflichtet sein, „dem Angriffe zu dienen, oder sich zum Beweise desselben gebrauchen zu lassen".[291] Bei der Beweisermittlung (auch im Vorverfahren) sollte jede Unterstützung der Strafverfolgungsbehörden unerzwingbar werden. Der Grund dafür wurde in dem fortan verfolgten akkusatorischen Prinzip gesehen.[292] „Denn nur dieses entspricht der Natur des bürgerlichen Strafrechts in seiner vernünftig notwendigen und in das Bewusstsein der gebildeten Völker getretenen Auffassung. Nur das akkusatorische Prinzip macht einen das öffentliche Interesse und den Angeschuldigten gleichmäßig sichernden Organismus des Strafverfahrens möglich."[293] Die Abschaffung des Zwangs in vielen Partikularrechtsordnungen sollte nach Zachariae ferner dem Zweck der Beweiskraftsteigerung dienen.[294] Mittermaier sah - auf einer abstrakteren Ebene - in der Herstellung der Funktionsweise strafgerichtlicher Entscheidungen das Metaziel dieser Gesetzesänderungen. Strafurteile hätten nicht die nötige präventive Wirksamkeit, „wenn nicht das Vertrauen begründet ist, dass das Strafverfahren auf voller Gleichheit der Waffen des Anklägers und des Angeklagten beruhte"[295]. Die Selbstbelastungsfreiheit wurde damals als notwendige Bedingung einer solchen Waffengleichheit wahrgenommen. Mittermaier kommt zusätzlich der Verdienst zu, auf ein solches Schweigerecht im

---

[289] Mittermaier, Deutsches Strafverfahren I, S. 467; ders., Die Lehre vom Beweise, S. 233 f.; ders., Gesetzgebung, S. 273 f.; Zachariae, Gebrechen, S. 54 ff; Leue, Anklageprozess und Untersuchungsprozess, S. 96; Köstlin, Wendepunkt, S. 91 ff.
[290] Zachariae, Gebrechen, S. 107, 120.
[291] Zachariae, Strafprozess, Band 1, S. 43.
[292] Zachariae, Strafprozess, Band 1, S. 43; Mittermaier, Das Deutsche Strafverfahren I, S. 503, 588; ders., Gesetzgebung, S. 285 ff.; ders., Englisches Strafverfahren, S. 28 f., 63, hier betont Mittermaier den Bezug des nemo-tenetur-Grundsatzes zum Folterverbot; Planck, Systematische Darstellung, S. 246; Glaser, ArchCrimR 1851, 70 ff.
[293] Zachariae, Strafprozess, Band 1, S. 44.
[294] Zachariae, Strafprozess, Band 2, S. 435.
[295] Mittermaier, Gesetzgebung, S. 286.

angloamerikanischen Rechtsraum hingewiesen und erste Schritte einer Rezeption gemacht zu haben.[296]

Neben Zachariae und Mittermaier tat sich ab der Mitte des 19. Jahrhundert auch Glaser hervor, indem er ein Recht des Beschuldigten, im Strafverfahren schweigend bleiben zu dürfen, einforderte.[297] Er verbreitete das Schweigerecht insbesondere durch ein Gutachten zum 7. Deutschen Juristentag im Jahr 1868. Dort schlug er jedoch nur vor, den Beschuldigten über ein Schweigerecht zu belehren,[298] unternahm es aber ausdrücklich nicht, über die Einbürgerung des nemo-tenetur-Satz in Deutschland zu sprechen.[299] Auf dem Juristentag setzte sich dann die Meinung durch, dass der nemo tenetur-Grundsatz in heutiger Form mit seinen beiden peripheren Schutzbestandteilen nicht gewollt sei:[300] Zwar solle der Beschuldigte schweigen dürfen, als „Verdachtsgrund" könne sein Verhalten jedoch weiterhin gewertet werden.[301]

Entgegen der hier vertretenen Ansicht soll die Idee eines nemo tenetur-Grundsatzes in Deutschland nach Rogall im Rechtssystem des reformierten Strafprozesses bereits um das Jahr 1800 entstanden sein.[302] Er rekurriert auf Bergk als Vertreter erster neuzeitlicher Ansätze zu einer Selbstbelastungsfreiheit, da in dessen Ausführungen um 1800 ein naturrechtliches Gebot der Selbsterhaltung zu finden ist. In diesen wendet sich Bergk jedoch nicht gegen die Pflicht des Beschuldigten, Zeuge in eigener Sache sein zu müssen, sondern gegen die Abkürzung des eigenen Lebens, was sodann gegen eine Tugendpflicht zur Selbsterhaltung verstoßen soll. Die Pflicht zur Selbsterhaltung war nach Bergk jedoch als „thierische Pflicht" gegen sich selbst zu verstehen,[303] welche das Leben als Grundbedingung der tugendlichen Existenz sichern solle. Entgegen Rogall wandte er sich weder mit der Selbsterhaltungspflicht noch an anderer Stelle gegen die Angeklagtenpflicht, Zeuge in eigener Sache zu

---

[296] Glaser, ArchCrimR 1851, 70 (82, 89, 207); Mittermaier, Englisches Strafverfahren, S. 29, 63; ders., Gesetzgebung, S. 286.
[297] Glaser, ArchCrimR 1851, 70 (70).
[298] Verh. des 7. DJT, Berlin 1868, Bd. 1, S. 90 f.
[299] Verh. des 7. DJT, Berlin 1868, Bd. 1, S. 87; Rogall, Der Beschuldigte, S. 101.
[300] Verh. des 7. DJT, Bd. 1, S. 109 ff.
[301] Mittermaier, Das Deutsche Strafverfahren I, S. 508.
[302] Rogall, Der Beschuldigte, S. 93, 103.
[303] Bergk, Theorie der Gesetzgebung, S. 110 ff.

sein.³⁰⁴ Vielmehr machte Bergk sich für das Akkusationsverfahren stark, forderte die Einrichtung eines Geschworenengerichts und bezweifelte eine Zwangspflicht des Angeklagten, seine Unschuld zu beweisen.³⁰⁵ Insgesamt bleibt er allerdings zu vage, um als erster Vertreter des nemo tenetur-Grundsatzes in Deutschland gelten zu können.³⁰⁶ Diese Rolle ist nach dem gerade Aufgezeigten vielmehr Zachariae, Glaser und Mittermaier ab der Mitte des 19. Jahrhunderts vorbehalten.

(2) Die Gesetzgebung

Eine erste vorsichtige normative Verankerung eines Teils des nemo tenetur-Grundsatzes kann in dem Entwurf der Strafprozessordnung für das Großherzogtum Baden von 1835, indem ein Verbot hinsichtlich jeder Maßnahme, die den Beschuldigten zu irgendwelchen Angaben bewegen sollte (§ 181) statuiert wurde, gesehen werden. Diese Regelung blieb jedoch noch hinter den Forderungen der Wissenschaft zurück und beinhaltet noch keine oben beschriebene, heutige Ausgestaltung. Ab der Gesetzesänderung in Baden änderten sich die Prozessordnungen fast aller deutschen Länder in jene Richtung.³⁰⁷ In den einflussreichen Ländern Bayern und Preußen wurden die Lügen- und Ungehorsamsstrafen jedoch erst 1848 endgültig abgeschafft.³⁰⁸ Preußen erklärte - in Anlehnung an Baden - die Anwendung von Mitteln jeder Art zur Erzwingung irgendeiner Erklärung des Angeklagten sodann durch Verordnung vom 3.1.1849 für unzulässig und stellte den Anklageprozess her.³⁰⁹ Lügenstrafen waren damit zwar abgeschafft, das Verhör mit dem Ziel der Wahrheitsermittlung jedoch geblieben.³¹⁰ Da der Angeklagte nach vielen Partikularrechtsordnungen weiterhin zur Wahrheit verpflichtet blieb, kann

---

[304] So Rogall, Der Beschuldigte, S. 93.
[305] Bergk, Theorie der Gesetzgebung, S. 287 ff., insbesondere 293.
[306] Siehe auch Salditt, GA 1992, 51 (51): Die Aussagefreiheit im deutschen Raum sei eine „Frucht der Revolution des Jahres 1848".
[307] Art. 298-300 Württembergische StPO 1843; § 266 Österreichische StPO 1853; Rogall, Der Beschuldigte, S. 96.
[308] Koch, in: Feuerbach, 39 (63).
[309] Rogall, Der Beschuldigte, S. 96 f.
[310] Glaser, ArchCrimR 1851, 70 (70 ff.).

hierin nur ein halber Fortschritt gesehen werden.[311] Die StPO-HH vom 30.4.1869 sah gar noch eine Aussage- und Wahrheitspflicht vor. Lediglich die braunschweigische StPO vom 22.08.1849 enthielt eine für damalige Verhältnisse radikale Verankerung des nemo tenetur-Grundsatzes. In § 43 BraunschweigStPO war normiert, dass der Richter dem Beschuldigten beim ersten Verhör zu eröffnen habe, dass er zu keiner Antwort oder Erklärung auf die ihm vorzulegenden Fragen gehalten sei.[312] Die Belehrung war vom Richter, dem Beschuldigten und vom Protokollführer zu unterzeichnen. Als Sanktion gegen den unterlassenden Richter konnte jedoch lediglich eine Geldstrafe verhängt werden, sodass ein verfahrenswidrig erlangtes Geständnis weiterhin im Prozess verwendet werden durfte und der nemo tenetur-Grundsatz damit nur in seiner Ausprägung als Schweigerecht geschützt wurde.

(3) Ergebnis
Der nemo tenetur-Grundsatz in neuzeitlicher Form begann sich ab Mitte des 19. Jahrhunderts langsam in Deutschland zu verbreiten.[313] Bis dahin war der Beschuldigte zur wahrheitsgemäßen Erklärung und zur Mitwirkung an der Wahrheitsermittlung verpflichtet,[314] zu dessen Erreichung staatlicherseits Zwang eingesetzt werden konnte. Das Geständnis stand weiterhin im Mittelpunkt, wobei lediglich statt der Folter andere Verhörmethoden angewendet wurden.[315] Unter Mitwirkung bedeutender Vertreter der Wissenschaft hat sich sodann in vielen Partikularordnungen durchgesetzt, dass der Angeklagte keinem Zwang mehr ausgesetzt werden solle, um ihm eine Erklärung in einem Strafverfahren zu entlocken.

---

[311] Sundelin, GA 1858, 624 (624 ff.); Rogall, Der Beschuldigte, S. 97; Bayerische StPO, Art. 36; Thüringische StPO, Art. 121; Österreichische StPO § 179; Sächsische StPO, Art. 168; insbesondere noch Hamburger StPO vom 30.04.1869, § 72.
[312] Vgl. Verh. Des 7. DJT, Bd 2, S. 118; Zachariae, Strafprozess, Band 2, S. 239.
[313] Rogall, Der Beschuldigte, S. 87; Eisenhardt, nemo tenetur-Prinzip, S. 189; Doege, nemo-tenetur-Grundsatz, S. 52.
[314] Siehe § 263 der preuß. Criminalordnung von 1805: „Ein Jeder, der eines Verbrechens wegen zur Untersuchung gezogen worden, ist verbunden, die Fragen des Richters deutlich, bestimmt und vollständig zu beantworten."; Rogall, Der Beschuldigte, S. 88.
[315] Stümpfler, DAR 1973, 1 (2); Rogall, Der Beschuldigte, S. 90; Aselmann, Die Selbstbelastungs- und Verteidigungsfreiheit, S. 29; Kölbel, Selbstbelastungsfreiheiten, S. 228 ff.

Dabei sollte der nemo tenetur-Grundsatz – wie im englischen Strafverfahrensrecht – die präventive Wirkkraft strafgerichtlicher Entscheidungen stärken, indem er in Kombination mit anderen Rechten für Waffengleichheit herzustellen versucht. Daneben sollte die Abschaffung von Zwang zur Aussagegewinnung die Beweiskraft erhöhen.
Angesichts des Umstandes, dass der nemo tenetur-Grundsatz bis heute um seine exakte Konturierung ringt, ist eine zeitliche Lokalisierung schwierig. Erste Spuren in Form einer Selbstanzeigefreiheit und einer Aussagefreiheit lassen sich zwar bereits im frühen 19. Jahrhundert finden, da sie jedoch nie durch ein Beweiswürdigungsverbot bezogen auf eben dieses Schweigen flankierend geschützt wurden, hatte der nemo tenetur-Grundsatz noch nicht seine heute prägende Ausgestaltung.

4. Reichsstrafprozessordnung
a) Prä-Kodifikationszeit
In dem Bericht der Beratungskommission des Entwurfs einer StPO für das Deutsche Reich aus dem Jahr 1876 heißt es, dass das künftige Strafverfahren den Beschuldigten weder als Beweismittel – wie im Inquisitionsverfahren –, noch als Partei – wie in einem Zivilverfahren – behandeln solle.[316] Die Forderung, wonach die Vernehmung des Angeschuldigten zu untersagen und dieser lediglich eine Erklärung darüber abzugeben verpflichtet sein soll, ob er sich schuldig bekenne oder nicht, wurde abgewiesen. Dies würde „weder den Bedürfnissen der Praxis, noch den Interessen des Angeschuldigten, noch den Rechtsanschauungen im Deutschen Volke" entsprechen.[317] Gegen ein Aussageverbot spreche, dass die Vernehmung zu wichtig für die Wahrheitsermittlung sei, der Beschuldigte sich insbesondere hinsichtlich subjektiver Tatbestandsmerkmale oftmals entlasten wolle und befürchtet wurde, dass das Strafverfahren dadurch an Legitimationswirkung verlieren würde.[318]
Heinze betonte daher, dass das „gerichtliche Geständnis, mit dem der Beschuldigte in der Hauptverhandlung zur Erklärung über Schuld und Unschuld aufgefordert von freien Stücken hervortritt, [...] allseitig als ein

---
[316] Hahn, Materialien, II, S. 1531.
[317] Hahn, Materialien, II, S. 1531.
[318] Hahn, Materialien, II, S. 1531.

Beitrag der werthvollsten Art zu Beantwortung der Thatfrage betrachtet"[319] werde. Nachdem ein Aussageverbot abgelehnt wurde, hat die Reformbewegung der Vernehmung des Angeklagten die Funktion als Verteidigungsmittel des Angeklagten zugesprochen.[320] „Jeder Versuch, dem Verhör des Beschuldigten eine weiterreichende Bedeutung beizulegen, verbietet sich schon durch den selbstverständlichen, in manchen Gesetzgebungen noch ausdrücklich ausgesprochenen Grundsatz, daß Zwangsmittel, durch welche ein Beschuldigter zu einer Erklärung genötigt werden soll, unstatthaft seien."[321]

b) Reichsstrafprozessordnung

Endgültig durchgesetzt hat sich die Selbstbelastungsfreiheit sodann auch mit dem Erlass der freiheitlichen, vernunftsorientierten Reichsstrafprozessordnung nicht.[322] Den Beratungen der Kommission folgend wurde in den §§ 136 I, 242 III RStPO zwar normiert, dass der Beschuldigte in der richterlichen Vernehmung gefragt werden solle, „ob er etwas auf die Beschuldigung erwidern wolle".[323] In dieser wurde mit der am 1.10.1879 in Kraft getretenen Reichsstrafprozessordnung[324] die Aussagepflicht in Gesamtdeutschland endgültig abgeschafft.[325] Das Verbot,

---

[319] Heinze, Strafprocessuale Erörterungen, S. 32.
[320] Greco, GA 2016, 1 (8); Degener, GA 1992, 443 (456 ff., 462 f.); Schünemann, FS-Wolter, S. 1123; Weßlau, ZStW 1998, 1 (34); andere Ansicht Lesch, ZStW 1999, 624 (626 f.).
[321] Motive zu dem Entwurf einer Deutschen Strafprozeß-Ordnung, Berlin 1872, S. 93; siehe auch Schubert/Regge, Entstehung und Quellen der Strafprozeßordnung von 1877, S. 186; Nothhelfer, Selbstbezichtigungszwang, S. 6, Wolff, Selbstbelastung, S. 26.
[322] Andere Ansicht Doege, nemo-tenetur-Grundsatz, S. 54; zum inneren Geist der RStPO Liszt, Lehrbuch des Deutschen Strafrechts, S. 63.
[323] Rogall, Der Beschuldigte, S. 101 f.; Eser, ZStW 1974 Beiheft, 136 (140 ff.); Motive bei Hahn, Materialien, I, S. 139, 703.
[324] Vergleiche dazu Exner, Strafprozeßrecht, 1947, S. 4 f., 37; Birkmeyer, Deutsches Strafprozeßrecht, 1898, S. 335 f.; Gerland, Strafprozess, S. 138.
[325] Hahn, Materialien, I, S. 138 ff.; Zu Dohna, Das Strafprozessrecht, 3. Auflage, 1929, S. 106; Rogall, Der Beschuldigte, S. 43.

eine Aussage durch Zwang zu gewinnen, galt fortan sogar als „selbstverständlich"[326] und von einer rechtlichen Aussagepflicht könne „nicht die Rede sein" [327]. Wenn dem Zeugen ein solches Recht (vgl. § 55 StPO n.f.) eingeräumt wird, müsse der Beschuldigte erst recht über ein derartiges verfügen dürfen.[328]

Auf eine Normierung der Aussagefreiheit wurde dabei jedoch ausdrücklich verzichtet, um nicht den Anschein zu erwecken, es gebe auch keine „moralische Pflicht" zur Wahrheit.[329] Von einer solchen ging auch das Reichsgericht am Anfang des 20. Jahrhundert noch aus, als es die richterliche Ermahnung zur Wahrheit für zulässig erachtete.[330]

Trotz der Abschaffung der Aussagepflicht war jedoch weiterhin die Annahme herrschend, dass Beschuldigte sich in aller Regeln äußern werden, da aus dem Schweigen nachteilige Schlussfolgerungen auf Ebene der Schuld sowie der Strafzumessung gezogen werden durften.[331] Ein schweigebezogenes Beweiswürdigungsverbot existierte auch damals noch nicht.

Bis zum Anfang des 20. Jahrhunderts musste derjenige, der sich auf sein Zeugnisverweigerungsrecht wegen selbstinkriminierender Antworten berief, sogar die Umstände, auf die er die Aussageverweigerung stützte, glaubhaft machen, was im Kern einer Aufdeckung der selbstbelastenden Sachlage gleichkam.[332] Die beschriebenen, nur sehr begrenzten rechtspraktischen Auswirkungen dürften auch der Grund dafür gewesen sein, dass, nachdem der nemo tenetur-Grundsatz in der Phase der Kodifizierung der Reichsstrafprozessordnung noch existentiell in Frage gestellt wurde, die Kritik in den darauffolgenden Jahrzehnten verstummte.[333]

---

[326] Keller, StPO, 1882, S. 155; Motive zu dem Entwurf einer Deutschen Strafprozeß-Ordnung, Berlin 1872, S. 93; von Schwarze, StPO, 1878, S. 272; siehe auch Hahn, Materialien, I, S. 138.
[327] Wahlberg, Kritik des Entwurfs einer Strafproceßordnung, 1873, S. 65.
[328] Wahlberg, Kritik des Entwurfs einer Strafproceßordnung, 1873, S. 66.
[329] Hahn, Materialien, I, S. 139; Binding, DJZ 1909, 161 (164); Wessels, JuS 1966, 169 (173); Henkel, Strafverfahrensrecht, S. 177; Fezer, FS-Stree/Wessels, 663 (667).
[330] Siehe Löwe/Rosenberg, StPO, 16. Auflage, 1925, § 136 Rn. 4 mit Nachweisen.
[331] Hahn, Materialien, I, S. 139 f., 705 ff.; Mittermaier, Das Deutsche Strafverfahren I, S. 508; Löwe/Rosenberg, StPO, 16. Auflage, 1925, § 136 Rn. 3; Günther, JR 1978, 89 (89); Rieß, FS-Reichsjustizamt, 373 (418).
[332] Siehe hierzu §§ 54, 55 RStPO; Intrator, Strafprozeßentwurf, 1934, S. 37.
[333] Heinze, Strafprocessuale Erörterungen, S. 32 f.

Im Ergebnis ist in diesem Zeitpunkt zwar ein Teil des nemo tenetur-Grundsatzes in Gesamtdeutschland verwirklicht, er bleibt hinsichtlich seiner Schutzreichweite aber noch weit hinter der des 21. Jahrhunderts zurück. Die Pflicht zur Glaubhaftmachung und die Möglichkeit, das Schweigen in die Beweiswürdigung einfließen zu lassen, entwerten den nemo tenetur-Grundsatz ganz erheblich.

c) Nemo tenetur im Dritten Reich

Im Deutschen Reich ab dem 30.01.1933 änderte sich das Prozessrecht in vielerlei Hinsicht, jedoch meist nicht durch Änderungen der gesetzlichen Grundlagen der RStPO, sondern durch eine Anwendung restriktiver Auslegungen und die Einführung von Sonderverfahren im Verordnungswege.[334] Das möglichst weitgehende Aufrechterhalten einer rechtsstaatlichen Fassade ist dabei geradezu als typisch für den nationalsozialistischen Gesetzgeber zu bezeichnen.[335] So galt selbst im totalitären Dritten Reich ein Beweisverwertungsverbot in Verfahren vor den seit 1939 zur Regelinstanz aufgewerteten Sondergerichten[336] hinsichtlich Aussagen, die auf verbotenen Vernehmungsmethoden basierten.[337] Dennoch wurde auch ohne ausdrückliche gesetzliche Anerkennung Folter durchgeführt.[338] Zwar bestand daneben auch das Schweigerecht

---

[334] Rieß, StraFo 2010, 401 (401); Rüping/Jerouschek, Strafrechtsgeschichte, Rn. 277; siehe zu den einzelnen Verordnungen die Übersicht bei Naucke, Zerbrechlichkeit des rechtsstaatlichen Strafrechts, S. 338 ff.; siehe auch S. 364 ff., wo Naucke zu bedenken gibt, dass die rechtsstaatlichen Einbrüche hinsichtlich des Rückwirkungsverbots, des Analogieverbots, der Einrichtung von Sondergerichten oder gar der Wahlfeststellung nur Endpunkte jahrzehnte langer Entwicklungen in der Strafrechtstheorie waren.
[335] Ostendorf, Strafprozessrecht, Rn. 487; siehe jedoch die erschreckenden Fälle bei Müller, FS-Landwehr, 293 (299 ff.).
[336] Müller, FS-Landwehr, 293 (298 f.).
[337] Schwarz, Sondergerichte, S. 90; siehe auch Rüping/Jerouschek, Strafrechtsgeschichte, Rn. 290 ff.
[338] Schroeder, in: FS-Spinellis, 983 (991); Kölbel, Selbstbelastungsfreiheiten, S. 255; Wodrich, Verbot von Vernehmungsmethoden, S. 170 ff.; fraglich dann die These Rieß', dass das damals entstehende Strafverfahrensrecht konzeptionell und in vielen Einzelfragen der Rechtslage beim Inkrafttreten der Reichsjustizgesetze am 01.02.1879 entsprach, siehe Rieß, StraFo 2010, 401 (402); eingehender ders., FS-Helmrich, 127 (127 ff.).

fort,[339] es verbreiteten sich jedoch auch Einschränkungs- und Abschaffungsforderungen, um die Wahrheitsfindung in größtmöglichem Umfang zu fördern.[340]
Die Normierung einer Pflicht zur Einlassung wurde insbesondere von Stock gefordert.[341] In hegelscher Tradition verlangte Stock eine inhaltlich umfassende Aussage als ersten Schritt einer Entsühnung vom Straftäter, durch welche er seine Zugehörigkeit zum gesellschaftlichen Ganzen wiederherstellt.[342] Hinsichtlich der Zulässigkeit des Einsatzes von Zwangsmitteln zwecks Durchsetzung einer solchen Pflicht war jedoch auch Stock kritisch.[343] Dem Vorschlag Stocks stand Engelhard aufgrund der mangelhaften Glaubhaftigkeit von Aussagen[344], die unter Druck zustande gekommen sind, und wegen des fehlenden praktischen Bedürfnisses, da die allermeisten Beschuldigten sich ohnehin zur Sache einließen, kritisch gegenüber.[345] Aber auch Engelhard hielt es für zulässig, wenn der Richter für den aussageverweigernden Angeklagten nachteilige Schlussfolgerungen aus dessen Aussageverhalten ziehen möchte. Dabei differenzierte Engelhard nicht zwischen der Schuld- und der Strafzumessungsfrage.[346]
§ 136 Abs. 1 S. 2 StPO nach damals geltender Fassung verlangte, dass der Beschuldigte befragt wird, „ob er etwas auf die Beschuldigung erwidern wolle". Diese Norm hat die Praxis im Dritten Reich nach Möglichkeit restriktiv ausgelegt. Das Schweigerecht galt nur hinsichtlich der Aussage

---

[339] Aselmann, Selbstbelastungs- und Verteidigungsfreiheit, S. 33; Reiß, Besteuerungsverfahren, S. 147; Hoffmann, Selbstbegünstigung, S. 20; Kölbel, Selbstbelastungsfreiheiten, S. 255.
[340] Kölbel, Selbstbelastungsfreiheiten, S. 255 f. mit weiteren Nachweisen; Henkel, DJZ 1935, 530 (535 f.); differenzierend Siegert, ZStW 1935, 14 (23 f.); zurückhaltend Exner, ZStW 1935, 1 (11 ff.). Zur Wahrheitsermittlung als damaliges Verfahrensziel siehe Exner, ZStW 1935, 1 (2 f.); Aselmann, Selbstbelastungs- und Verteidigungsfreiheit, S. 33; Reiß, Besteuerungsverfahren, S. 147; Hoffmann, Selbstbegünstigung, S. 20.
[341] Stock, Zur Strafprozesserneuerung, 1935, S. 16 f.; siehe weitere Nachweise bei Engelhard, ZStW 1939, 324 (354).
[342] Stock, Zur Strafprozesserneuerung, 1935, S. 13 f.
[343] Stock, Zur Strafprozesserneuerung, 1935, S. 17.
[344] Zur Unterscheidung von Glaubwürdigkeit einer Person und der Glaubhaftigkeit von Aussagen in der Vernehmungspsychologie, siehe Nestler, JA 2017, 10 (13); Nack, StV 1994, 555 (555 f.).
[345] Engelhard, ZStW 1939, 324 (343).
[346] Engelhard, ZStW 1939, 324 (343 f.).

zur Sache und nicht zur Person, es gab keine entsprechende Belehrungspflicht und aus dem Schweigen konnten bei der Beweiswürdigung und der Strafzumessung für den Beschuldigten nachteilige Schlüsse gezogen werden.[347] Ähnlich konnte insbesondere hinsichtlich der Strafzumessung bei Verstößen gegen eine Wahrheitspflicht, welche nicht nur sittlich, sondern auch rechtlich galt, verfahren werden.[348] Jedoch galt auch im Dritten Reich ein Verbot, unmittelbaren Zwang anzuwenden, um den Beschuldigten zu einer wahrheitsgemäßen Aussage zu drängen.[349] Eine Selbstbezichtigung sei nach einem Teil der Literatur nicht erwartbar, da der Beschuldigte nicht zu einer solchen „Selbstüberwindung fähig" sein dürfte, da er andernfalls die Straftat nicht begangen hätte.[350] Der nemo tenetur-Grundsatz galt für die Strafverfahren sowohl vor den ordentlichen Gerichten als auch den Sondergerichten weiter in seiner Gestalt nach der Reichsstrafprozessordnung. Ein ganz erheblicher Unterschied liegt jedoch in der Zulässigkeit von Zwangsanwendungen zur Aussagegewinnung im Rahmen der Folter.

5. Der nemo tenetur-Grundsatz im neuzeitlichen Gewande

In der Prozessrechtswissenschaft der Nachkriegszeit wurde der nemo tenetur-Grundsatz weiterhin auf seinen Kern und die erste Peripherie und damit auf verbales Aussageverhalten beschränkt vertreten. Die Rechtsstellung des Beschuldigten wies eine Doppelnatur auf: Er war zugleich Berechtigter und Verpflichteter des Strafverfahrens. Berechtigter war er insoweit, als er über ein Schweigerecht, ein Recht auf Verteidigerbestellung und das Beweisantragsrecht verfügte. Verpflichteter war er als Beweismittel, da seine freiwillige Aussage dem Beweis diente, er

---

[347] Vgl. Henkel, Das deutsche Strafverfahren, S. 249. Hinzu kommt, dass in einem Strafrechtssystem, welches nicht auf Tatbeständen, sondern einer Wesensbetrachtung, gebaut ist und keine Unschuldsvermutung kennt, Schweigen über alle Maßen untaktisch scheint. Siehe hierzu Dahm, Verbrechen und Tatbestand, S. 89 f.

[348] Die Meinung der Strafrechtswissenschaft zusammenfassend Henkel, ZStW 1935, 35 (42); siehe auch ders., Das deutsche Strafverfahren, S. 249 f.

[349] Kölbel, Selbstbelastungsfreiheiten, S. 255; Henkel, Das deutsche Strafverfahren, S. 250; siehe auch Engelhard, ZStW 1939, 335 (343).

[350] Siegert, ZStW 1935, 14 (23 f.).

Erscheinens- sowie Anwesenheitspflichten unterlag und als Augenscheinsobjekt in Anspruch genommen werden konnte.[351] Die Reform zur Wiederherstellung der Rechtseinheit auf dem Gebiete der Gerichtsverfassung, der bürgerlichen Rechtspflege, des Strafverfahrens und des Kostenrechts änderte nichts am Inhalt des Grundsatzes, sondern beschränkte sich auf eine ausdrückliche Klarstellung der Aussagefreiheit.[352] Der Gesetzgeber äußert sich dahingehend, dass der Beschuldigte als Prozesssubjekt am Verfahren zu beteiligen sei, es ihm jedoch nach dem Gesetz freistehe, sich selbst zu belasten oder zu schweigen.[353] Dabei ließ der Entwurf eines Gesetzes zur Wiederherstellung der Rechtseinheit den § 136 Abs. 1 StPO im Hinblick auf die RStPO unverändert: „Bei Beginn der ersten Vernehmung ist dem Beschuldigten zu eröffnen, welche strafbare Handlung ihm zu Last gelegt wird. Der Beschuldigte ist zu befragen, ob er etwas auf die Beschuldigung erwidern wolle."[354] Darüber ist er sowohl durch den Richter nach § 136 Abs. 1 S. 2 StPO als auch durch die Staatsanwaltschaft und die Polizei nach §§ 163a Abs. 4 S. 2, 136 Abs. 1 S. 2 StPO zu belehren.[355]

Nachdem beweisrechtliche Problematiken, insbesondere Beweisverbote und damit auch der nemo tenetur-Grundsatz als Beweiserhebungsverbot, nach Sarstedt seit den entsprechenden Untersuchungen Belings[356] ein halbes Jahrhundert lang kein Gegenstand strafverfahrenswissenschaftlicher Betrachtungen waren, wurde der Grundsatz ab den 1960er Jahren wieder lebhaft diskutiert.[357]

Auch in der Rechtsprechung des BGHs finden sich in den 1960er und 1970er Jahren vermehrt Entscheidungen zum nemo tenetur-Grundsatz. Das Schutzniveau des Grundsatzes lag in den frühen 1950er Jahre noch

---

[351] Siehe nur Exner, Strafverfahrensrecht, S. 37 ff.
[352] BGHSt 20, 281 (282); vergleiche auch Lang, in: Kaiser, S. 42.
[353] BT-Drs. IV/178, S. 32.
[354] BT-Drs 1/530, Anlage 3, S. 16.
[355] BT-Drs. IV/178, S. 33; Eser, ZStW 1967, 565 (573); Rieß, FS-Kleinknecht, 355 (355 ff.).
[356] Beling, Beweisverbote, passim.
[357] Siehe hierzu den Tagungsbericht des 46. Deutschen Juristentages, NJW 1966, 2049 (2051), auf welchem Sarstedt ein Referat zum Thema „Beweisverbote im Strafprozeß" hielt.

in der Gewährung eines Schweigerechts. Darüber hinaus durfte „hartnäckiges Leugnen" unter der Voraussetzung, dass daraus ein ungünstiger Schluss auf die Persönlichkeit des Angeklagten, insbesondere auf dessen innere Haltung zur Tat, zu ziehen ist, strafschärfend berücksichtigt werden.[358] Eine maßgebliche Stärkung des nemo tenetur-Grundsatzes erfolgte in den Entscheidungen des BGHs, als dieser Beweisverwertungsverbote hinsichtlich des Schweigens eines Beschuldigten selbst[359] und als Folge von Belehrungsverstößen sowohl in der Hauptverhandlung[360] als auch im Ermittlungsverfahren[361] annahm. Das BVerfG und der BGH statuierten in dem Kontext, dass der Grundsatz, dass niemand im Strafverfahren gegen sich selbst auszusagen braucht, mithin ein Schweigerecht hat, zu den anerkannten Prinzipien des Strafprozesses gehört.[362] Deshalb ist der nemo tenetur-Grundsatz in seiner heutigen, wesensbestimmenden Form - einem Kernbereich und zwei Peripherien - erst durch die höchstrichterlichen Vorstöße ab den 1980er Jahren entstanden.

6. Ergebnis

Ab der Reformierung des Strafprozessrechts und der Einführung der RStPO soll der Grundsatz „unangefochtene Geltung erlangt"[363] haben. Dieser Geltungsthese lag jedoch noch gar kein konkret umrissener Inhalt des nemo tenetur-Grundsatzes zugrunde. Rogall beschäftigt sich in seiner Monographie erst im der rechtshistorischen Untersuchung nachfolgenden Kapitel mit eben diesen Inhalten des Verbots der Selbstbelastung. Ohne Kenntnis vom exakten Inhalt eines Grundsatzes lässt sich dessen unangefochtene Geltung jedoch kaum behaupten. Es ist Rogall aber insoweit zuzustimmen, dass der nemo tenetur-Grundsatz in einer rudimentären Form, das heißt als Selbstanklagefreiheit und schwach ausgeprägte Aussagefreiheit, bereits Eingang in die strafprozessuale Gesetzgebung und Wissenschaft des 19. Jahrhunderts gefunden hat.

---

[358] BGHSt 1, 103 (105); BGHSt 1, 342.
[359] BGHSt 20, 281 (282 f.).
[360] BGHSt 25, 325.
[361] BGHSt 38, 214.
[362] BVerfGE 56, 37 (43); BGHSt 38, 220.
[363] Rogall, Der Beschuldigte, S. 103.

Die Verbreitung des Grundsatzes in dieser Form ist in Deutschland den Stafrechtswissenschaftlern Mittermaier, Zachariae und Glaser zu verdanken. Diese haben unter dem aus dem angloamerikanischen Recht rezipierten[364] nemo tenetur-Grundsatz jedoch lediglich verstanden, dass eine inquisitorische Vernehmung, insbesondere unter Anwendung von Folter, nicht stattfinden dürfe.

Der nemo tenetur-Grundsatz in neuzeitlicher Form, das heißt insbesondere flankiert durch ein schweigebezogenes Beweiswürdigungsverbot, ist hingegen erst nach der kleinen Strafrechtsreform entstanden.[365] Dementsprechend wurde der lateinische Begriff „nemo tenetur se ipsum accusare/prodere" in dem zentralen StPO-Kommentar Schmidts[366] aus dem Jahr 1952 noch nicht erwähnt. Er scheint daher zumindest begrifflich in der deutschen Strafverfahrensliteratur ein Produkt der letzten Jahrzehnte zu sein.

Im Ergebnis wird hier – entgegen der noch verbreiteten Auffassung[367] – die von Skepsis getragene These vertreten, dass die geschichtliche Entstehung und mit Abstrichen auch die Genese sowohl für die Konturierung des Schutzbereichs als auch der rechtsethischen Betrachtung kaum einen Mehrwert bringt.[368] Dies erklärt sich zum einen daraus, dass die Entstehung noch weitgehend ungeklärt ist[369], und zum anderen daraus, dass der Schutzbereich sich an dem Normprogramm der jeweiligen Zeit orientiert[370]. Dabei soll nicht in Abrede gestellt werden, dass der Rechtstradition für das Verständnis der inhaltlichen Reichweite eines Rechtsgrundsatzes maßgebliche Bedeutung zukommt.[371] Insbesondere ist das

---

[364] Rogall, Der Beschuldigte, S. 99.
[365] So auch Doege, nemo-tenetur-Prinzip, S. 54.
[366] Schmidt, StPO I und II, passim.
[367] Eidam, Selbstbelastungsfreiheit, S. 365: Die historischen Grundlagen des nemo tenetur-Grundsatzes seien „unverzichtbar" in den Überlegungen der abstrakten Schutzrichtung; Reiß, Besteuerungsverfahren, S. 171 f.; Matt, GA 2006, 323 (324).
[368] So auch Doege, nemo-tenetur-Grundsatz, S. 56 ff.; vergleiche auch Kölbel, Selbstbelastungsfreiheiten, S. 259.
[369] Siehe nur die lange - und vor allem scharf geführte - Diskussion, die Levy noch 1997 führte, Levy, Cardozo Law Review 1997, 821 (822-860).
[370] Kölbel, Selbstbelastungsfreiheiten, S. 259; Fezer, NStZ 1996, 289 (290); Bosch, JURA 1998, 236 (241); Meurer, FS-Roxin, 2001, 1281 (1288 f.); siehe zum Bedeutungswandel von Normen Hoerster, Ethik und Interesse, passim.
[371] So auch BVerfG, NJW 1996, 2940 (2943).

Strafverfahrensrecht im Ganzen, aber auch hinsichtlich seiner Aufgaben und seiner Ausformungen, erst exakt aus seiner Geschichte zu verstehen.[372] Mögen diese Erwägungen in ihrer Grundsätzlichkeit sicherlich richtig sein, ist bei der Untersuchung des nemo tenetur-Grundsatzes jedoch Vorsicht geboten.

Nichtsdestotrotz hilft das Nachzeichnen der verschiedenen ideengeschichtlichen Stränge dem Verständnis und der Einordnung der nun nachfolgenden, rechtsethischen Betrachtung, indem diese immer wieder einen Rückgriff auf die Rechtsgeschichte des Grundsatzes unternehmen kann.

---

[372] Siehe für einen groben Überblick über die Geschichte und die moderne Entwicklung des Strafprozesses Schroeder/Verrel, Strafprozessrecht, Rn. 389 ff.

# D Rechtsethische Begründung

Im Zentrum der Arbeit liegt die Ermittlung des abstrakten Schutzgegenstandes des nemo tenetur-Grundsatzes. In der strafwissenschaftlichen Literatur verläuft diese bislang unvollständig und unstrukturiert, daher soll hier erstmals der Versuch unternommen werden, die Schutzbereichsbestimmung durch das Verfolgen rechtsethischer Fragestellungen zu konturieren.

Die Rechtsethik als Teildisziplin sowohl der Rechtswissenschaft, als auch der Philosophie wurde in Deutschland durch den Strafrechtler Hans Welzel ab den 1950er Jahren bekannt gemacht.[373] Wird der Begriff der Rechtsethik im strafprozessualen Schrifttum und der Rechtsprechung verwendet, weist dieser Terminus eine offene begriffliche Struktur auf:[374] Dabei hat bisher keine bestimmte Rechtfertigungstheorie den Begriff der Rechtsethik usurpieren können, jedoch hat sich immerhin ein Grundkonsens über die Aufgabenstellung der Rechtsethik und ihre Rolle innerhalb der Wissenschaftsstruktur durchgesetzt. Die Rechtsethik nimmt dort eine Zwitterstellung ein, ist aber als Wissenschaftsdisziplin eher der Philosophie, als dem Recht zuzuordnen.[375]

Eine rechtsethische Betrachtung des nemo tenetur-Grundsatzes kann daher nur derart vorgenommen werden, dass er unter die einzelnen Rechtfertigungsmodelle zu subsumieren versucht wird. Im Gegensatz zu dogmatischen oder auch verfassungsrechtlichen Betrachtungen, welche die Reichweite und die Grenzen des nemo tenetur-Grundsatzes lediglich systemimmanent kritisch hinterfragen können, leistet die rechtsphilosophische, ethische Annäherung an den Grundsatz eine systemtranszendente Kritik.[376] Während sich die normative Ethik im Allgemeinen der

---

[373] Welzel, Naturrecht und Materiale Gerechtigkeit, 1951, passim.
[374] Siehe Pfordten, Rechtsethik, S. 60 f.
[375] Während die Rechtsethik in der Rechtswissenschaft ein Schattendasein fristet, wurde sie in der Philosophie und Soziologie wiederentdeckt und von diesen in der Fachdiskussion maßgeblich geprägt, siehe dazu Pfordten, Rechtsethik, S. 32.
[376] Vgl. Arthur Kaufmann, Rechtsphilosophie, Rechtstheorie, Rechtsdogmatik, S. 2; Pfordten, Rechtsethik, S. 22 f.

Frage widmet, welches menschliche Handeln gerechtfertigt sei, versucht die Rechtsethik zu ergründen, welches Recht „gerecht" sei.[377] Dabei erlangt die rechtsexterne Betrachtung der Rechtsordnung umso mehr Bedeutung, desto weniger rechtsinterne Bewertungen vorhanden oder eindeutig sind.[378] Mangels umfassender positiver Regelungen sowie mangels eines konsensfähigen Konzepts des Grundsatzes erscheint die Rechtsethik bei der Begründung und der Reichweitenbestimmung des nemo tenetur-Grundsatzes deshalb im besonderen Maße relevant.

Es ist zu berücksichtigen, dass rechtsethische Betrachtungen nicht an existente Rechtsordnungen gebunden sind. Die von Rechtsethikern eingenommene externe Perspektive auf das geltende Recht kann daher durch den Einbezug verschiedener, sogar nur hypothetischer, Rechtsordnungen bereichert werden.[379] Insbesondere US-amerikanische Tendenzen eröffnen wegen der gleichen ideengeschichtlichen Herkunft des Grundsatzes[380] bei der Interpretation des deutschen Rechts interessante Perspektiven.[381] Wesentlich erleichtert wird die Rezeption durch eine relativ stark ausgepägte kulturelle, insbesondere wirtschaftliche und soziale, Homogenität.[382] Die Strukturunterschiede zwischen angloamerikanischem Common Law und kontinental-europäischem Recht fallen deshalb nicht ins Gewicht, da lediglich Rechtsinstitute verfassungsgerichtlicher Rechtsprechung von einer ausländischen Rechtsordnung aufgenommen werden.[383] Aus diesem Grunde wird in der folgenden rechtsethischen Untersuchung insbesondere die angloamerikanische Literatur herangezogen.

---

[377] Pfordten, Rechtsethik, S. 7.
[378] Pfordten, Rechtsethik, S. 101. Kommen dagegen die rechtsinternen Ressourcen bereits zu eindeutigen, rechtssystemkohärenten Ergebnissen ist dementsprechend eine Selbstrestriktion der rechtsethischen Einflussnahme geboten, vergleiche Pfordten, Rechtsethik, S. 103 ff.
[379] Pfordten, Rechtsethik, S. 23.
[380] Salditt, GA 1992, 51 (52): „Der unterschiedliche, aber in gemeinsame Grundüberzeugungen mündende historische Prozeß macht es reizvoll, die beiden Rechtsordnungen zu vergleichen."
[381] Lorenz, StV 1996, 172 (172).
[382] Kramer, JZ 2017 (1 (4).
[383] Kramer, JZ 2017 (1 (4, 8 f.). Siehe zur Rezeption Mittermaier, Englisches Strafverfahren, S. 28 f. Fn 17, 62 f.; ferner rekurriert Mittermaier, Gesetzgebung, S. 286 auf das englische Strafverfahren.

Die Begründung, die Reichweite und die Grenzen des nemo tenetur-Grundsatzes[384] sind seit seiner Entstehung umstritten.[385] Für Bentham, der sich als erster umfassend um die theoretischen Grundlagen der Selbstbelastungsfreiheit bemühte[386], war diese eine „bemerkenswerte Eigenartigkeit"[387]. Trotzdessen wurde die Diskussion um den Schutzzweck anfangs nur von Wenigen geführt; mittlerweile zwar vermehrt, jedoch zunehmend ohne nachhaltige Struktur.[388] Das schon deutlich länger mit dem nemo tenetur-Grundsatz befasste US-amerikanischen Schrifttum fasst die sich verstärkende Tendenz wie folgt zusammen: „This is not easy."[389] Wissenschaftliche Zusammenfassungen theoretischer Grundlagen der Selbstbelastungsfreiheit bezeichnen sich demgemäß schonungslos offen als enttäuschend.[390]

Gleichwohl lässt der in vielen internationalen und nationalen Rechtsordnungen normierte Schutzbereich trotz seiner höchst unterschiedlichen Reichweite und Ausprägungen einen vorgelagerten rechtsethischen Schutzgegenstand vermuten.[391] Es gilt, die Existenz und die Begründung dieser Rechtsethik zu analysieren. Dabei ist die Beschränkung sowohl auf das Strafverfahren und vergleichbare Verfahren als auch auf das Recht zur Passivität zu erklären. Warum hat der Beschuldigte nicht ein Recht auf jede Verhinderung der eigenen Strafverfolgung? Oder - umgekehrt - wieso unterliegt der Beschuldigte nicht einer Einlassungspflicht, welche gegebenenfalls noch durch eine Wahrheitspflicht ergänzt werden könnte. Und als Extrempunkt ließe sich eine Pflicht des Beschul-

---

[384] Siehe zum hier nicht passenden Begriff des Grundsatzes Alexy, Theorie der Grundrechte, S. 75 f.
[385] Siehe bis zum Stand der 1960er Jahre nur Levy, Origins, S. 433.
[386] Zu dieser Einschätzung kommen auch Roberts/Zuckerman, S. 408.
[387] Bentham, A Treatise on Judicial Evidence, S. 240: „remarkable singularity".
[388] Schlauri, Verbot des Selbstbelastungszwangs, S. 93; Pawlik, GA 1998, 389; Verrel, 2001, S. 4; Lorenz, JZ 1992, 1000 (1005 f.); Ransiek, Polizeivernehmung, S. 47.
[389] Ashworth/Redmayne, S. 133.
[390] Roberts/Zuckerman, S. 425.
[391] Wolff, Selbstbelastung, S. 29; Reiß, Besteuerungsverfahren, S. 140 f.; kritisch Kölbel, Selbstbelastungsfreiheiten, S. 262 ff.; Neumann, FS-Wolff, 373 (383). Auf die verfassungsrechtliche Verankerung des Grundsatzes kommt es für die Rechtfertigungsbedürftigkeit indes nicht an. Jede freiheitsbeschränkende Norm steht vor dieser Notwendigkeit, siehe Pfordten, Rechtsethik, S. 70.

digten vorstellen, nach welcher er die von ihm begangene Tat selbst anzeigen und alle relevanten Beweismittel, die in seinem Herrschaftsbereich stehen, ausliefern muss. Denkbar wäre es ebenfalls die strafprozessuale Situation des Beschuldigten mit der des unberechtigterweise schweigenden Zeugen gleichzustellen, denn schließlich werden dem Zeugen die durch sein Schweigen entstandenen Kosten auferlegt (§ 70 Abs. 1 S. 1 StPO). Des Weiteren kann gegen ihn sogar ein Ordnungsgeld festgesetzt werden, welches darüber hinaus durch eine Ordnungshaft ersetzt wird, sollte der Zeuge der Zahlungspflicht nicht nachkommen (§ 70 Abs. 1 S. 2 StPO). Der Arbeit liegt also auch die Frage zugrunde, warum die zwecks Erhaltung der Rechtsordnung und zwecks Wahrheitsermittlung so unentbehrliche Zeugenpflicht[392] eigentlich nicht den Beschuldigten treffen sollte, da dieser der Tat schließlich regelmäßig am nächsten steht.

## I  Theoretische Grundfragen

Den Anstoß zu der hier geführten Schutzbereichsbestimmung hat Rogall in der ersten wissenschaftlichen Untersuchung zum nemo tenetur-Grundsatz im Jahr 1977 durch das Aufstellen der These, der Grundsatz beruhe „auf einem hohen ethischen Konzept"[393], gegeben. Die daran anschließende Literatur hat in den folgenden 40 Jahren jedoch keinen Konsens gefunden und ist nach wie vor auf der Suche nach einem rechtsethischen Fundament. So wird zwar behauptet, dass das „Selbstbestimmungsrecht des Beschuldigten", frei über eine Selbstbelastung zu entscheiden, „genetisch einen Bezug zur Menschenwürdegarantie und zum Rechtsstaatsprinzip" aufweisen soll.[394] Und dabei liegt es nahe, „genetisch" mit „rechtsethisch" gleichzusetzen. Das rechtsethische oder auch genetische Konzept wird jedoch durch den Bezug zur Menschenwürde bestenfalls nur angedeutet.

Auch in der obergerichtlichen Rechtsprechung werden rechtsethische Bezüge des Grundsatzes schlicht behauptet. So rechnet beispielsweise

---

[392] Zachariae, Handbuch, Band 2, S. 181, 182.
[393] Rogall, Der Beschuldigte, S. 260.
[394] Eschelbach, GA 2015, 545 (550)

das OLG Brandenburg das Recht[395] des Angeklagten, grundsätzlich nicht aktiv zur Sachaufklärung in eigener Sache beitragen zu müssen, „zu den übergeordneten Rechtsgrundsätzen".[396] Bei verständiger Betrachtung stellt die Rechtsprechung hier auf einen übergesetzlichen Grundsatz ab, welcher aus rechtsethischen Überlegungen heraus abgeleitet wird. Zum weiteren Verständnis ist es daher unerlässlich, den Hintergrund und die Rechtfertigung der zugrunde gelegten Rechtsethik näher zu beleuchten, indem die durch den nemo tenetur-Grundsatz geschützten Handlungsweisen an den Kategorien „gut" und „gerecht"[397] gemessen werden.

Unter Rechtsethik ist mit dem sozialdemokratischen Strafrechtler Radbruch zuallererst die wertende Betrachtung des Rechts zu verstehen[398]. In der radbruch'schen Hermeneutik steht die Wertbetrachtung im Sinne des Methodendualismus als in sich geschlossener Bereich neben der

---

[395] Das Oberlandesgericht Brandenburg spricht hier vom Fehlen einer dahingehenden Pflicht. Inwieweit eine fehlende Pflicht einem Recht gleichzustellen ist, richtet sich nach der logischen Deontologie. Vergleiche hierzu auch Ott, Moralbegründungen, S. 47 ff.: Nach dem Permissivitätsgrundsatz ist alles erlaubt, was nicht ausdrücklich verboten ist. Dieser Grundsatz ist das Zentrum deontischer Logik. Abseits davon stehen sich Handlungsweisen und deontische Operatoren gegenüber und bedürfen einer Zuordnung. Wer sodann eine Zuordnung vorschlägt, erhebt damit einen Sollgeltungsanspruch. Diese Anspruchserhebung wirft die Frage nach der normativen Richtigkeit auf, welche durch Argumente gerechtfertigt werden muss. Fraglich sind die deontischen Operatoren, durch die der nemo tenetur-Grundsatz ausgedrückt werden kann. Das Schweigerecht als Kernbereich des Grundsatzes könnte als eine unilaterale Erlaubnis, nicht handeln zu müssen, verstanden werden.
[396] OLG Brandenburg, NStZ-RR 2015, 53 (53).
[397] Vergleiche zum Streit um das Begriffsverständnis solcher „Wertebezeichnungen" Kelsen, Was ist Gerechtigkeit, S. 2 ff., 43; Tammelo, Theorie der Gerechtigkeit, S. 51, 52 mit weiteren Nachweisen; Dworkin, Gerechtigkeit für Igel, S. 24 ff.; siehe auch Hart, Recht und Moral, S. 51 ff.: Während der platonistisch-idealistischer Wertnaturalismus die These vertritt, es gäbe eine objektive Wahrheit von Werten, aus der Universalität und Ubiquität fließen, vertritt der Wertsubjektivismus in verschiedenen Ausprägungen die These, Urteile über gerecht oder ungerecht seien bloßer Ausdruck bestimmter Einstellungen und Emotionen, Empfehlungen, persönlicher Festlegungen oder vorgeschlagener Richtlinien für das eigene Leben.
[398] Radbruch, Rechtsphilosophie, S. 13. Diese Suche nach einem objektiven Rechtswert ist unbedingt von den rechtsimmanenten Wertungen zu unterscheiden, welche der Gesetzgeber oder die Rechtsprechung aussprechen können, die jedoch noch keine Aussage über den dahinterstehenden Wert des Rechts aussagt, vergleiche Pfordten, Rechtsethik, S. 99 ff. sowie Mahlmann, Rechtsphilosophie und Rechtstheorie, § 14 Rn. 5.

Seinsbetrachtung:[399] Das Sein ist vom Sollen, die Wirklichkeit vom Wert zu unterscheiden. Deshalb kann ein Sollen stets nur auf ein höheres Sollen, niemals aber auf ein Seiendes zurückgeführt werden.[400] Gemeint ist damit die Überwindung der klassischen, idealistischen Naturrechtslehre, nach welcher Sein und Sollen bestenfalls identisch, zumindest jedoch auseinander ableitbar,[401] sind.

Der Bruch der Radbruch'schen Formel[402] mit dem Methodendualismus liegt dabei freilich auf der Hand. Radbruch selbst umgeht diesen Widerspruch jedoch, indem er einen Dualismus der Rechtsbegriffe einführt und insoweit von einem geltenden Nicht-Recht spricht.[403]

Der zur Reflektion unternomme, rechtsethische Rückgriff auf die Teleologie der strafverfahrensrechtlichen, positiven Normen ist daher nur seinem Anschein nach ein Verstoß gegen den Methodendualismus, denn diese geben nur einen Hinweis auf die hinter dem nemo tenetur-Grundsatz stehende Ethik und die aus ihr folgenden Auslegung der positiven Normen.

### 1. Das Verhältnis von Recht und Rechtsethik

Bevor die Arbeit sich der obengenannten These Rogalls zuwendet, ist die Frage zu klären, inwieweit es überhaupt relevant ist, dass ein positivrechtlicher Grundsatz auf einem rechtsethischen Konzept beruhen soll. Es drängt sich die Fragestellung danach auf, ob und gegebenenfalls wie ethische Konzepte das Recht beeinflussen können. Angesprochen ist damit das Verhältnis zwischen positivem Recht und rechtsethischer bzw.

---

[399] Radbruch, Rechtsphilosophie, S. 13; siehe zur Entwicklung der Position Radbruchs zum Methodendualismus Neumann, ARSP 2015 Beiheft 145, 25 (26 ff.). Vergleiche zum radbruch'schen Methodendualismus auch Pfordten, Rechtsethik, S. 182.
[400] Differenzierend Kaufmann/Pfordten, Problemgeschichte der Rechtsphilosophie, S. 157.
[401] Vergleiche Mahlmann, Rechtsphilosophie und Rechtstheorie, § 3 Rn. 14.
[402] Radbruch, SJZ 1946, 105 (105 ff.) (abgedruckt auch im Anhang des Lehrbuchs zur Rechtsphilosophie); kritisch Dworkin, Gerechtigkeit für Igel, S. 24..
[403] Mit weiteren Nachweisen Neumann, ARSP 2015 Beiheft 145, 25 (35 f.).

moralischer Rechtfertigung des Rechts. Nach Pfordten ist dabei die Dichotomie von Naturrecht und Rechtspositivismus[404] aufgrund ihrer binären Codierung begriffshistorisch veraltet.[405] Dementsprechend ist die Moral und in reflektierter Form die Rechtsethik nach hiesiger Ansicht gleichzeitig ein rechtlicher und ein außerrechtlicher Maßstab.[406] Die das Recht analysierende Rechtsdogmatik beschränkt sich zwar bei der Auslegung der Rechtsordnung auf einige wenige Auslegungsmethoden, insoweit spielt die Rechtsethik bei der Interpretation des positiven Normbestandes - auf den ersten Blick - keine Rolle.[407] Jedoch gewinnt eine rechtsethische Betrachtung in vielen Zweifelsfällen der Rechtsanwendung im Gewande der juristischen Auslegungsmethodik verstärkt Bedeutung. Dabei sollte sie nicht zur Bestärkung der eigenen Auffassung in die Wertung der Rechtsanwendung „gleichsam eingesogen"[408], sondern als erweiterte Normauslegungsmöglichkeit verstanden werden, welche mindestens die rechtsinternen Grundlegungsmuster stützt.[409]

---

[404] Austin, The Province of Jurisprudence Determined, S. 184: „The existence of law is one thing; ist merit or demerit is another."; Kelsen, General theory of law and state, S. 113: „Rechtsnormen können jeden beliebigen Inhalt haben"; ders., Reine Rechtslehre, S. 201; Somló, Juristische Grundlehre, S. 308: „Es gilt unumstößlich die Wahrheit, dass die Rechtsmacht (oder nach anderer Terminologie: der Gesetzgeber, der Staat, die souveräne Macht) jeden beliebigen Rechtsinhalt setzen kann."

[405] Pfordten, Rechtsethik, S. 107 ff., 120.

[406] BVerfGE 20, 331: „Zur Rechtsstaatlichkeit gehört […] die […] Gerechtigkeit."; sowie BVerfGE 45, 228: „Auf dem Gebiet der Strafrechtspflege (werden) höchste Anforderungen an die Gerechtigkeit gestellt."; BVerfG, NJW 2013, 1058 (1060) mit weiteren Nachweisen; Naucke, Strafrecht – Eine Einführung, S. 85; Stuckenberg, GA 2016, 689 (690). Andere Ansicht Hart, Der Begriff des Rechts, S. 242; Hart, Law, Liberty and Morality, S. 21 ff.; noch weitergehend Kelsen, General theory of law and state, S. 374-376, 407-410: Recht und Moral sind grundlegend unterschiedliche Systeme.

[407] Pfordten, Rechtsethik, S. 22; andere Ansicht Kantorowicz, Der Kampf um die Rechtswissenschaft, S. 18, 34, 37, nach welchem insoweit von „freiem Recht" gesprochen werden kann, welches den Richtigkeitsmaßstab bildet und damit das notwendige Supplement des formalen staatlichen Rechts darstellt: Das Freirecht ist nach Kantorowicz „der Boden, aus dem staatliches Recht hervorgeht". Nahezu alle gesetzgeberischen Gedanken haben nach Kantorowicz vorher als Sätze des Freirechts existiert. „Alle Kritik des staatlichen Rechtes, aus der seine Fortbildung erwächst, muß begriffsnotwendig den Maßstab aus freiem Recht entnehmen." Siehe zur Differenzierung verschiedener Spielarten förmlichen Rechts und Freirechts Kantorowicz, Der Kampf um die Rechtswissenschaft, S. 88, 93.

[408] Pfordten, Rechtsethik, S. 29.

[409] Siehe zu diesem Zusammenhang zwischen Recht und Ethik auch Stübinger, Notstands-Folter und Notstandstötung, S. 74 f. mit weiteren Nachweisen.

Rechtliche Bedeutung erlangt die Rechtsethik somit - im Sinne von Gerechtigkeit[410] - in Form der teleologischen Auslegung rechtspositiver Begriffe.[411] Denn nach verbreiteter Ansicht sind die rechtsethischen Prinzipien einer Norm in der objektiv-teleologischen Auslegung zu berücksichtigen.[412] Kollisionen verschiedener Prinzipien sind sodann in der Auslegung aufzulösen, indem exakt geprüft wird, wie weit die verschiedenen Prinzipien in der zu untersuchenden, gesetzlichen Regelung wirken.[413] Eine nach der Systematisierung des Rechts strebende Methodenlehre setzt aufgrund der Vagheit der Sprache und der Unvollkommenheit und Lückenhaftigkeit des geschriebenen Rechts[414] zwangsläufig eine rechtsethische Untersuchung in Form der teleologischen Auslegung des Rechts voraus.[415]

Daneben ist zu berücksichtigen, dass der Gerechtigkeit als Bezugspunkt[416] jeder Rechtsethik im Rahmen der verfassungskonformen Auslegung Bedeutung zukommen kann, da sie Teil[417] des Rechtsstaatsprinzips ist.[418] Der Rückgriff auf rechtsimmanente Wertungen bleibt der

---

[410] Mahlmann, Konkrete Gerechtigkeit, § 14 Rn. 1; Hoerster, Recht und Moral, S. 10: „Verhältnis von Moral und Recht als das Verhältnis von Gerechtigkeit und Recht"; siehe in diesem Sinne auch Kelsen, Reine Rechtslehre, S. 68.
[411] So ähnlich auch Mastronardi, ARSP 2004 Beiheft 101, 93 (104).
[412] Larenz/Canaris, Methodenlehre der Rechtswissenschaft, S. 154; Bydlinski, Juristische Methodenlehre und Rechtsbegriff, S. 132; Mahlmann, Konkrete Gerechtigkeit, § 5 Rn. 23; Lindner, JURA 2016, 8 (12), welcher sich nicht nur auf den Inhalt der Normen bezieht, sondern gar auf ihre Geltung; siehe auch Mastronardi, ARSP 2004 Beiheft 101, 93 (104); andere Ansicht zuletzt Nowrousian, NStZ 2015, 625 (628): „rechtsfremde ethische Erwägungen".
[413] Larenz/Canaris, Methodenlehre der Rechtswissenschaft, S. 157.
[414] Mahlmann, Konkrete Gerechtigkeit, § 8 Rn. 12 ff.
[415] Mahlmann, Konkrete Gerechtigkeit, § 5 Rn. 67: „Die Rechtsphilosophie und –theorie sind deshalb reflexive Kerndisziplinen der Rechtswissenschaft."
[416] Pfordten, Rechtsethik, S. 231 ff.
[417] Das Rechtsstaatsprnzip ist ferner Grundlage des fair-trial-Grundsatzes, es dient dem Schutz der Beschuldigtenrechte, der Rechtssicherheit, der Gerechtigkeitund auch der Effektivität der Strafverfolgung, vergleiche auch Landau, NStZ 2015, 665 (668).
[418] Andere Ansicht Bäcker, Gerechtigkeit im Rechtsstaat, S. 113 ff. mit weiteren Nachweisen: Gerechtigkeit ist nur vereinzelt in den Art. 1 Abs. 2, Art. 14 Abs. 3 S. 3 und Art. 56 GG explizit genannt. Und diese Vorschriften sind aus unterschiedlichen Gründen nicht tauglich als Verankerung eines verfassungsrechtlichen Gebots materieller Gerechtigkeit. Ferner könnte Gerechtigkeit als Bestandteil des Rechtsstaatsprinzips Eingang in die Verfassung gefunden haben. An dieser Stelle liegt der Kernstreit der Diskussion um eine Gerechtigkeitsinklusion oder -exklusion. Die Gerechtigkeitsexklusionsthese

Rechtsprechung unabhängig vom Verhältnis zwischen dem positivem Recht und der Rechtsethik erhalten.[419] Unter den rechtsethischen Prinzipien, an denen die Auslegung sich zu orientieren hat, kommen denjenigen, welche in Verfassungsrang erhoben wurden, besonderes Gewicht zu.[420] Somit prägt die Ethik in Form des Begriffs der Gerechtigkeit die juristische Methodik.

Nach der rechtsethischen essentialistischen Verbindungsthese[421] fließt die Rechtsethik nicht nur über die teleologische oder verfassungskonforme Auslegung in die das positive Recht interpretierende Rechtsdogmatik ein, sondern ist sogar ontisch notwendiger Bestandteil des Rechts.[422] Der Rechtsbegriff hat hiernach drei Voraussetzungen: Er muss (1) einen Anspruch auf Richtigkeit erheben, (2) aus der Gesamtheit der Normen bestehen, die zu einer im Großen und Ganzen sozial wirksamen Verfassung gehören und nicht extrem ungerecht sind, sowie aus der Gesamtheit der Normen, die gemäß dieser Verfassung gesetzt sind, ein Minimum an sozialer Wirksamkeit oder Wirksamkeitschance aufweisen und nicht extrem ungerecht sind, und zu ihm gehören (3) die Prinzipien und die sonstigen normativen Argumente, auf die sich die Prozedur der Rechtsanwendung stützt und/oder stützen muss, um den Anspruch auf Richtigkeit zu erfüllen.[423]

---

wird ferner insbesondere vertreten von Böckenförde, FS-Arndt, 53 (74). Siehe zur Gerechtigkeitsinklusionsthese BVerfGE 20, 331: „Zur Rechtsstaatlichkeit gehört […] die […] Gerechtigkeit."; sowie BVerfGE 45, 228: „Auf dem Gebiet der Strafrechtspflege (werden) höchste Anforderungen an die Gerechtigkeit gestellt."; BVerfG, NStZ 2016, 49; BVerfGE 7, 89 (92); BVerfGE 74, 129 (152); siehe auch Hoyer, in: FS-Alexy, 2015, S. 11: „[…] der ebenfalls im Rechtsstaatsprinzip verankerten materiellen Gerechtigkeit […]"; Naucke, Strafrecht – Eine Einführung, S. 85; Landau, NStZ 2015, 665 (668); J. Esser, Rechtsfindung, S. 160. In diese Richtung geht auch der von Rottleuthner, Gustav Radbruch im Nationalsozialismus und im ARSP, 101 (114) zitierte Ausspruch Adolf Hitlers „von nun an gibt es keinen Unterschied mehr zwischen Recht und Moral".

[419] Pfordten, Rechtsethik, S. 204.
[420] Larenz/Canaris, Methodenlehre der Rechtswissenschaft, S. 159, 184.
[421] Radbruch, Rechtsphilosophie, § 4 (S. 34); siehe auch Anhang 3 dieser Ausgabe; Dworkin, Gerechtigkeit für Igel, S. 684 ff.; siehe zu einer eher „weichen", d.h. nicht begriffskonstituierende, Verbindung von Recht und Moral Hart, Der Begriff des Rechts, S. 218 ff. sowie Hart, Recht und Moral, S. 17 ff.
[422] Siehe auch Mahlmann, Rechtsphilosophie und Rechtstheorie, § 23 Rn. 3 ff.
[423] Alexy, Begriff und Geltung des Rechts, S. 201.

Im Verhältnis zur Gerechtigkeit hat das Recht jene zu verfolgen und darf dabei zumindest nicht extrem ungerecht werden.[424] Ferner ist zu berücksichtigen, dass Moral und Recht ein gemeinsames Bezugsobjekt haben: das auf die Erreichung von Gerechtigkeit abzielende Werturteil.[425] Deshalb ist die Gerechtigkeit das verbindende Element in der Verbindungsthese.[426] Diese Ansicht, der rechtsethische Essentialismus, ist in der folgenden abgeschwächten Form vorzugswürdig: Die Verwirklichung der Bestandteile der Rechtsidee - Gerechtigkeit, Rechtssicherheit und Zweckmäßigkeit[427] - ist nicht nur ein der Gesetzgebung aufgegebenes Ziel, sondern es ist davon auszugehen, dass sie tatsächlich darauf ausgerichtet ist.[428] Nur eine solche Prämisse ermöglicht das Ermitteln einer angemessenen Lösung im Wege der Auslegung im Einzelfall.[429]

Neben der normativen Funktion kann der Rechtsethik darüber hinaus eine externe, rechtfertigende Rolle zukommen, welche insbesondere für die rechtspolitische Diskussion von Bedeutung ist.[430]

Festzuhalten ist damit, dass der nemo tenetur-Grundsatz als Antwort auf die Frage nach der Zulässigkeit gemeinschaftlichen Zwanges hinsichtlich einer Selbstbelastung im Strafverfahren und einer Aussagefreiheit ein rechtsethisch relevantes Bezugsobjekt ist.[431]

2. Methodik der Rechtsfindung

Die gedankliche Strukturierung der Rechtsfindung findet im Spektrum der Rechtswissenschaft im Bereich der juristischen Methodenlehre statt. Dort werden in abstrakter Form unterschiedliche wissenschaftsmethodische Analysewege beschritten, welche auch in der Diskussion um den

---

[424] Zum Anspruch auf Richtigkeit als Bestandteil des Rechtsbegriffs kritisch Pfordten, Rechtsethik, S. 206 ff.
[425] Tammelo, Theorie der Gerechtigkeit, S. 103.
[426] Mahlmann, Konkrete Gerechtigkeit, § 4 Rn. 9.
[427] So bereits Radbruch, Rechtsphilosophie, S. 77.
[428] Bydlinski, Juristische Methodenlehre und Rechtsbegriff, S. 454; siehe auch Tammelo, Theorie der Gerechtigkeit, S. 75.
[429] Larenz/Canaris, Methodenlehre der Rechtswissenschaft, S. 153.
[430] Pfordten, Rechtsethik, S. 120 ff.
[431] Siehe Pfordten, Rechtsethik, S. 246 f.

nemo tenetur-Grundsatz bemüht werden. Die sich dabei gegenüberstehenden Methoden Deduktion und Induktion sind in ihrer Struktur derart verschieden, dass es notwendig erscheint, sich zu positionieren.

a) Der Stufenbau des Rechts
Grundlegend zu beachten ist, dass das Recht sich auf drei Stufen verwirklicht: Auf der ersten Stufe stehen die abstrakt-allgemeinen, überpositiven und übergeschichtlichen Rechtsprinzipien, auf der zweiten Stufe die konkretisiert-allgemeinen, formell-positiven, nicht übergeschichtlichen, aber doch für einen mehr oder minder langen Zeitabschnitt geltenden Rechtsnormen und auf der dritten Stufe steht das konkrete, materiell-positive, geschichtliche Recht. Diese drei Stufen können durch die Begriffe Rechtsprinzip, Rechtsnorm und Rechtsentscheidung prägnant beschrieben werden.[432] Grundlegend für das Verständnis des Stufenverhältnisses ist die Prämisse, dass die Rechtsverwirklichung auf keine der drei Stufen verzichten kann.[433] Denn ohne ein Rechtsprinzip hat eine Rechtsnorm keine teleologische Grundlage, die darüber Aufschluss geben kann, in welchem Maß eine Rechtsnorm Geltung beanspruchen könnte, sofern der Anspruch noch von dessen Wortlaut gedeckt ist. In gleicher Weise folgen aus der sodann entwickelten Rechtsnorm die Grenzen der Rechtsentscheidung. In diesem Sinne ist zu klären, ob der nemo tenetur-Grundsatz ein derartiges Rechtsprinzip darstellt und welchen Aufschluss eine derartige Erkenntnis über die rechtsnormativen Ausprägungen des Grundsatzes gibt.

b) Das Rechtsprinzip
Damit ist das hinter dem nemo tenetur-Grundsatz stehende Rechtsprinzip näher zu erforschen. Hierzu stehen grundlegend zwei Methoden zur Verfügung: die Induktion und die Deduktion.

---

[432] Kaufmann/Pfordten, Problemgeschichte der Rechtsphilosophie, S. 121.
[433] Kaufmann/Pfordten, Problemgeschichte der Rechtsphilosophie, S. 121.

Die bislang herrschende, wenngleich stark kritisierte Methodik in der deutschen Rechtswissenschaft zum nemo tenetur-Grundsatz ist die Induktion.[434] Es wurde oftmals versucht aus einzelnen Ausprägungen des Grundsatzes, die mehr oder minder anerkannt sind, einen Rückschluss auf das dahinterstehende Prinzip zu ziehen. Das Problem hierbei liegt in der sich ergebenden - bestenfalls mangelhaften, eher fehlenden - Systematik. Die Induktion[435] akkumuliert lediglich Erfahrungswissen aus einer breiten Kasuistik und ist nicht in der Lage ein axiologisch geschlossenes System zu konstruieren.[436] Radbruch kritisierte die Induktion anhand seines Methodendualismus: „Sollenssätze, Werturteile, Beurteilungen können nicht induktiv auf Seinsfeststellungen, sondern nur deduktiv auf andere Sätze gleicher Art gegründet werden."[437] Nach dem Methodendualismus dürfen die selbstständigen, geschlossenen Kreise der Wert- und Seinsbetrachtung sich nicht überschneiden. Nimmt der Rechtssuchende eine Induktion vor, verliert er sich in einem Begründungszirkel, indem er erst aus den Rechtsnormen ein Rechtsprinzip induziert, um danach aus diesem Rechtsprinzip konkretisierende Aussagen über eben die der Induktion dienenden Normen vornehmen zu wollen. Problematisch ist ein solches methodisches Vorgehen auch deshalb, weil die der Induktion zugrunde liegenden Normen zunächst vollständig festgestellt werden müssen. Durch die Missachtung des Stufenbaus des Rechts wird die Methode der Induktion sodann fehleranfällig.[438] Das Abstellen auf Einzelfragen, welche ein Ergebnis induzieren sollen, führt nahezu zwangsläufig zur Zerfaserung.[439] Die Induktion stellt daher im Ergebnis keinen rechtslogisch gültigen Schluss im strengen Sinne dar. Als

---

[434] Rogall, Der Beschuldigte, S. 104 ff.; Eidam, Selbstbelastungsfreiheit, passim; Reiß, Besteuerungsverfahren, S. 140; Böse, Wirtschaftsaufsicht, S. 115; Nothhelfer, Selbstbezichtigungszwang, S. 18; Verrel, Selbstbelastungsfreiheit, S. 8; kritisch Wolff, Selbstbelastung, S. 29; Bosch, Aspekte, S. 352; Kölbel, Selbstbelastungsfreiheiten, S. 265 ff.; Eisenhardt, nemo tenetur-Prinzip, S. 186 f.; mittlerweile auch Rogall, StV 2008, 219 (220).
[435] Während die Deduktion die in Kontinentaleuropa herrschende, rechtslogische Ansicht darstellt, ist es im anglo-amerikanischen Rechtsraum die Induktion, Somek, JZ 2016, 481 (482).
[436] Jahn, ZStW 2015, 549 (569); Berkemann, JR 1989, 221 (222).
[437] Radbruch, Rechtsphilosophie, 3. Aufl., 1932, S. 6.
[438] Torka, Nachtatverhalten, S. 48.
[439] Siehe auch Verrel, Selbstbelastungsfreiheit, S. 4; Rogall, StV 2008, 219 (220).

Beispiel ist dabei an ein Naturgesetz zu denken, welches auch nicht durch noch so viele positive Experimente als bewiesen angesehen werden kann.[440]
Demnach kann nur die deduktiv-analogische Rechtsfindung, also die Ableitung des richtigen Rechts aus höheren Rechtsssätzen,[441] die für die Inhaltsbestimmung erforderliche Klarheit verschaffen.[442] Der Grund für den bisher nahezu fehlenden Versuch einer Deduktion, obwohl sie als die zentrale Methode der europäischen Rechtslogik gilt,[443] mag darin liegen, dass die Deduktion ein Vorverständnis erfordert.[444] Dem ungeschriebenen Rechtssatz fehlt jedoch das (verfassungs-)rechtliche Bezugsobjekt, nach dem Ende des Naturrechts ist eine Deduktion daher nur schwerlich darstellbar.[445] Hier soll jedoch die weitere Untersuchung anknüpfen und die Rechtsethik zur Quelle der Deduktion erwählen.

## II Eine hypothetische Einlassungspflicht

Als Dichotom des nemo tenetur-Grundsatzes ließe sich eine Pflicht zur Beteiligung an der eigenen Strafverfolgung verstehen, da eine erzwingbare Rechtspflicht zur Selbstanzeige und zur Aussage gegen sich selbst den Kernbereich des verbotenen Zwangs darstellen würde.[446] Auf den ersten Blick erscheint ein Aussagezwang als Ausdruck eines totalitären Systems,[447] doch ist eine in verschiedentlicher Weise rechtsstaatlich

---

[440] Pfordten, Rechtsethik, S. 209.
[441] Mit weiteren Nachweisen Kaufmann/Pfordten, Problemgeschichte der Rechtsphilosophie, S. 119.
[442] Eisenhardt, nemo tenetur-Prinzip, S. 186 ff. Zu der deduktiv-induktiv-analogischen Rechtsfindung siehe Kaufmann/Pfordten, Problemgeschichte der Rechtsphilosophie, S. 120.
[443] Somek, JZ 2016, 481 (482); vergleiche Braun, Deduktion und Invention, S. 53 ff.; einführend Neumann, JZ 2017, 416 (416 ff.).
[444] Böse, Wirtschaftsaufsicht, S. 115; Dannecker, ZStW 2015, 370 (380); Kölbel, Selbstbelastungsfreiheiten, S. 269; Verrel, NStZ 1997, 361 (364); Bosch, Aspekte, S. 31; Lorenz, JZ 1992, 1000 (1006).
[445] Hassemer, FS-Maihofer, 183 (200).
[446] BVerfG, NJW 2005, 352 (353); Doege, nemo-tenetur-Grundsatz, S. 109; Kopf/Szalai, NJ 2010, 363 (364); Lucke, Schutzrechte, S. 282 ff.; Schaefer, Nemo-Tenetur-Grundsatz, S. 150.
[447] Siehe Kinzig, ZStW 2003, 791 (794).

ausgestaltete Prägung nicht gänzlich undenkbar. Vorstellbar wäre beispielsweise eine einfache Einlassungspflicht: Der Beschuldigte müsse sich - in irgendeiner Form - zur Sache einlassen. Ferner könnte sie in einer weiteren Spielart mit einer Wahrheitspflicht kombiniert werden. Über diese verbalen Pflichten hinaus wäre auch eine allgemeine, sowohl verbale als auch nonverbale, Mitwirkungspflicht vorstellbar, nach welcher beispielsweise Dokumente herausgegeben oder Proben jeglicher Körpersubstanzen abgegeben werden müssten. Die unterlassene Mitwirkung könnte sodann als Indiz für eine bestimmte Sachverhaltswürdigung sprechen.[448] Wobei ein Indiz lediglich einen Wahrscheinlichkeitsschluss auf eine zu beweisende Haupttatsache zulässt, aber nicht zum vollständigen Nachweis der behaupteten Tatsache führt.[449] Die unterlassene Mitwirkung wäre daher lediglich Anknüpfungspunkt für weitere Ermittlungsmaßnahmen. Abgeschwächt ließe sich auch darüber nachdenken, die Grenzen des nemo tenetur-Grundsatzes so eng zu ziehen, dass nur das gänzliche Schweigen als prozessrechtlich geschützt angesehen wird. Dies könnte dadurch geschehen, dass der Beschuldigte zwar schweigen dürfte, jedes andere verbale Verhalten, insbesondere das qualifizierte Schweigen (Leugnen), aber Gegenstand der Beweiswürdigung sein kann.[450]

Beachtenswert ist es gerade auch, dass derartigen Aussagepflichten sowohl im öffentlichen Recht, wie dem Abgabenrecht, als auch im Zivilrecht, wie dem Insolvenzrecht, eine enorme Bedeutung zukommt. In diesen Verfahren hat der Betroffene eine Pflicht auszusagen, profitiert im Strafprozess dann jedoch grundsätzlich von einem Beweisverwertungsverbot hinsichtlich seiner Aussage. Ein ähnliches Rechtsinstitut, Aussagepflicht plus Beweisverwertungsverbot, wäre auch im Strafverfahrens-

---

[448] So im nationalsozialistischen Strafrecht von Freisler, Grundsätzliches zur Strafverfahrenserneuerung, S. 11, 35 vertreten; kritisch Stuckenberg, Untersuchungen zur Unschuldsvermutung, S. 524.
[449] Meixner, Der Indizienbeweis, S. 48; Ceffinato, ZStW 2016, 804 (808) mit weiteren Nachweisen.
[450] In diese Richtung insbesondere siehe auch Eser, ZStW 1967, 565 (573 Fn. 35); Dingeldey, JA 1984, 408; Wessels, JuS 1966, 169 (173); Puppe, GA 1978, 289 (301); Peters, Strafprozess, S. 207.

recht denkbar. Die Härte der Aussagepflicht könnte durch die Kombination mit einem Verwertungsverbot für den Beschuldigten abgemildert werden. Da hiermit jedoch noch kein Verwendungsverbot konstruiert wäre, könnten die staatlichen Strafverfolgungsorgane aufgrund der Einlassung weitere Ermittlungen anstellen. Verweigert sich der Beschuldigte einer Aussage, könnte das Prozessverhalten in einer etwaigen späteren Strafzumessung entsprechend gewürdigt werden.

Diese Konstruktionen hypothetischer Strafverfahrensordnungen sollen den Blick dafür schärfen, dass das deutsche Strafverfahrensrecht sich für eine unter zahlreichen Möglichkeiten hinsichtlich der Mitwirkung des Beschuldigten entschieden hat. Dabei stellt sich die Frage, inwiefern die durch das geltende Recht gewählte Möglichkeit - in rechtsethischen Kategorien ausgedrückt - „gerecht" sei.

## 1. Erste Spuren des Ansatzes

Bei der Suche nach den ersten Spuren einer derartigen Einlassungsverpflichtungsthese zu Zeiten der reichsdeutschen Strafprozessordnung rückt aufgrund seiner Bedeutung und seines Einflusses Karl Binding in den Fokus. Und tatsächlich scheint er Anfang des 20. Jahrhunderts Überlegungen angestellt zu haben, die auf eine Einlassungspflicht hindeuten: In seinen strafrechtlichen und strafprozessualen Abhandlungen von 1915 beschreibt er nämlich den denkbar „einfachsten Fall, in dem jeder seine Rechte und Pflichten verwirklicht"[451]. Hier hätte der Angeklagte „der Anklage gestanden, wozu allein er verpflichtet war"[452]. Insbesondere im Gesamtkontext der binding'schen Straftheorie, nach welcher die Verurteilung wegen einer Straftat eine höchstpersönliche Pflicht des verurteilten Straftäters, sich der Strafe nicht zu entziehen, erscheint dies naheliegend.[453]

Fraglich ist bei Binding allerdings, ob er mit einer Einlassungspflicht tatsächlich eine Zeugnispflicht oder nur eine Erscheinenspflicht meint. Der

---

[451] Binding, Strafrechtliche und strafprozessuale Abhandlungen, S. 314 f..
[452] Binding, Strafrechtliche und strafprozessuale Abhandlungen, S. 315; siehe auch Dochow, Zeugniszwang, S. 28.
[453] Binding, Handbuch des Strafrechts, Leipzig, 1885, § 102 II, 38 I 5 b.

Unterschied zwischen den Pflichten liegt im Umfang des erfassten Pflichtenkatalogs. Die Erscheinenspflicht ist in der Regel in der Zeugnispflicht enthalten, darüber hinaus sind in ihr jedoch auch eine Pflicht zur Abgabe einer Aussage und eine Wahrheitspflicht bezüglich der Aussage enthalten, wodurch die Zeugnispflicht zu einem Mehr im Verhältnis zur Erscheinenspflicht wird.[454] Soweit Binding dem Beschuldigten zur Einlassung verpflichtet,[455] meint er damit jedoch nur, dass jener nicht wie eine Partei im Zivilprozess auf ein Erscheinen verzichten und eine Art „Versäumnisurteil"[456] auf sich nehmen könne. Diese auch heute noch geltende Rechtslage folgt aus dem Grundsatz der Wahrheitserforschung. Aus dem Nichterscheinen des Beschuldigten kann jedoch nicht ohne weiteres darauf geschlossen werden, dass er sich schuldig bekennt.[457]

Eindeutig wird Binding an anderer Stelle: „Eine Pflicht zur Aussage besteht für ihn [den Beschuldigten] nicht, er ist nicht verpflichtet, etwa gar zu seinen Ungunsten zur Aufklärung der Sache thätig zu werden."[458] Er betont anderenorts gar eine Aussagefreiheit.[459] Ferner beruht die Aussagefreiheit nach Binding „auf dem für das moderne Recht grundlegenden Gedanken, dass er als Partei verteidigungsberechtigt, dagegen nicht verpflichtet ist, zu seiner Überführung mitzuwirken."[460] So soll gegen Beteiligte einer Straftat gegeneinander weder Zeugniszwang noch ihre Vereidigung stattfinden.[461]

Binding geht im Ergebnis sogar noch weiter als das heute geltende Recht. Jeder, der durch seine Aussage die Gefahr einer Strafverfolgung

---

[454] Zeugnispflicht meint die „Pflicht, auf Erfordern vor einer Behörde zu erscheinen, eine Aussage zu machen und die Wahrheit derselben durch Eid oder was der Ableistung eines Eides gesetzlich gleich geachtet ist zu bekräftigen". Siehe hierzu Dochow, Zeugniszwang, S. 1; Bar, Strafproceßordnung, S. 54 ff.
[455] Bennecke/Binding, Reichs-Strafprozessrecht, S. 118.
[456] Vgl. Bennecke/Binding, Reichs-Strafprozessrecht, S. 118: „Er kann sich anders als der Beklagte im Civilprozess nicht dem Prozess entziehen und wie jener die Folgen der Nichteinlassung, etwa das Versäumnisurteil, auf sich nehmen."
[457] Roxin/Schünemann, Strafverfahrensrecht, §15 Rn. 4.
[458] Bennecke/Binding, Reichs-Strafprozessrecht, S. 118 f.
[459] Siehe auch Bennecke/Binding, Reichs-Strafprozessrecht, S. 374: „Insonderheit ist der Beschuldigte in keiner Weise zur Aussage verpflichtet."
[460] Bennecke/Binding, Reichs-Strafprozessrecht, S. 375; Binding, Grundriss Strafprozessrecht, S. 157.
[461] Binding, Grundriss Strafprozessrecht, S. 157.

gegen sich, aber auch lediglich die Gefahr der Schande oder der Vermögensbeschädigung, begründet, ist aussageverweigerungsberechtigt.[462] Bis zur Zeit der Weimarer Republik lassen sich damit keine bedeutsamen Versuche einer Etablierung von Einlassungs- und/oder Mitwirkungspflichten ausfindig machen.

## 2. Die neuzeitliche Einlassungs- und Mitwirkungspflicht

Mangels erkennbarer Vertreter während der Zeit des Kaiserreichs und der Weimarer Republik findet die Idee einer Einlassungs- oder gar einer Mitwirkungspflicht damit erst im nationalsozialistischen Strafverfahrensrecht Anhänger. Nach Teilen des Schrifttums sollte eine neue Verfahrensordnung geschaffen werden, die fester an die Verfahrensfunktion gebunden und auf der Grundlage einer Erklärungs- und Wahrheitspflicht des Beschuldigten aufgebaut sein sollte.[463] Henkel nähert sich dabei der Frage experimentiell, indem er verschiedene Fallkonstellationen betrachtet und Billigkeits- und Zumutbarkeitserwägungen anstellt:

„Wenn man sich die drei möglichen Fälle vor Augen hält, dass ein Strafverfahren gegen einen zu Unrecht Verdächtigten, gegen einen zwar Unschuldigen, aber immerhin Verdächtigen, endlich gegen einen Schuldigen geführt wird, so erscheint es für keinen der möglichen Fälle unbillig, eine Pflicht des Beschuldigten zur Erklärung anzunehmen."[464] Der Beschuldigte solle deshalb der strafprozessualen Verfahrensaufgabe dienen.[465]

---

[462] Binding, Grundriss Strafprozessrecht, S. 161; andere Ansicht hinsichtlich der Gefahr der Schande Zachariae, Strafprozess, Band 2, S. 195; Beling, Beweisverbote, S. 12 f. und 37, welcher in der Selbstbelastungsfreiheit ein Schutz der Persönlichkeit sieht und eine derart weite Freiheit mit dem Schutz vor einer „Demütigung" dieser Persönlichkeit begründet.
[463] Henkel, DJZ 1935, 530 (535).
[464] Henkel, DJZ 1935, 530 (535 f.).
[465] Henkel, DJZ 1935, 530 (535).

In der aktuellen strafverfahrensrechtlichen Literatur sind Verrel[466] und Schlauri[467] als Vertreter zumindest einer teilweisen, nonverbalen Mitwirkungspflicht zu nennen.[468] Von Schlauri werden zur Begründung einer Mitwirkungspflicht im Zusammenhang mit körperlichen Untersuchungen im Wesentlichen zwei Argumente angeführt: Zum einen solle die Effizienz der Strafverfolgung erhöht und zum anderen die Ermittlung der materiellen Wahrheit gefördert werden.[469] Eine verbale Mitwirkungspflicht in Form der Aussagepflicht wird aktuell im Strafverfahrensrecht im engeren Sinne nicht gefordert, jedoch im Kontext des Untersuchungsausschussrechts befürwortet, sofern diese an ein strafprozessuales Beweisverwertungsverbot gekoppelt wird.[470]

3. Diskussion im angloamerikanischen Rechtsraum

Noch deutlich intensiver wird um eine verbale Mitwirkungspflicht im angloamerikanischen Rechtsraum gestritten.[471] Eine Pflicht, sich als Beschuldigter wahrheitsgemäß zur Sache einzulassen, wird zumeist aus moralischer Perspektive diskutiert.[472] Dies ist angesichts des Umstandes, dass der nemo tenetur-Grundsatz dort eine erheblich längere Tradition aufweist, umso bemerkenswerter.[473]

---

[466] Verrel, Selbstbelastungsfreiheit, S. 255 ff.
[467] Schlauri, Verbot des Selbstbelastungszwangs, S. 181.
[468] Andere Ansicht Reiß, Besteuerungsverfahren, 155; Gerlach, FS-Hanack, 117 (132): Aus der staatlichen Aufgabe, die öffentliche Ordnung sicher zu stellen, lässt sich keine Befugnis entnehmen, dem Staatsbürger eine Aussagepflicht aufzuerlegen und ihn für die Wahrheitsermittlung einzuspannen.
[469] Schlauri, Verbot des Selbstbelastungszwangs, S. 181.
[470] Danckert, ZRP 2000, 476 (477); siehe auch Buchholz, Der Betroffene im parlamentarischen Untersuchungsausschuss, S. 102; andere Ansicht Kölbel/Morlok, ZRP 2000, 217 (220).
[471] Donagan, in: Paul (Hrsg.), passim; Greenawalt, William and Mary Law Review 1981, 23 (53); Duff, Trials and Punishments, S. 132; Bronaugh, Newsletter on Philosophy and Law 1998, 22 (22 ff.); vergleiche aber zum deutschen Recht auch BGHZ 41, 318 ff.; hinsichtlich des Ordnungswidrigkeitenrechts Stümpfler, DAR 1973, 1 (9 f.).
[472] Affirmativ Lippke, New Criminal Law Review 2010, S. 90 (91 f.); ablehnend Winston, Criminal Justice Ethics 2003, 3 (7 f.) mit einem Verweis auf die rechtlichen und gesellschaftlichen Verhältnisse vom US-amerikanisch geprägten japanischen Strafprozessrecht, in welchem eine moralische Geständnispflicht bestehen soll.
[473] Mit weiteren Nachweisen Rosenberg/Rosenberg, NYU Law Review 1988, 955 (1044): „Concerns of dignity and individuality seem a small price to pay if more confessions mean more effective law enforcement, which in turn means a better way of life." Siehe

Als erster einflussreicher Kritiker der Selbstbelastungsfreiheit gilt Jeremy Bentham. Der Grund seiner Ablehnung lag darin, dass er nur für den Schuldigen Vorteile durch die Freiheit erkannte, da er vermutete, ein Unschuldiger mache von ihr keinen Gebrauch. Dem Schuldigen sollte nach Bentham jedoch kein derart weiter Schutz im Strafverfahren zukommen. Diese Ansicht sowie die Folgerung, ein rationaler Grund für den nemo tenetur-Grundsatz existiere daher nicht,[474] haben sich bis heute im angloamerikanischen Rechtsraum gehalten.[475] Vielmehr scheint eine Einlassungspflicht durchaus vorstellbar. Dolinko betont dabei scheinbar lakonisch, dass Selbstbelastungen im übrigen Leben verbreitet und oftmals das moralisch gewünschte Verhalten sind. Dabei rekurriert er auf die förderliche Wirkung eines Geständnisses auf das moralische Gespür einer Person, welches gerade bei Kindern durch den Druck zur Selbstbelastung erzwungen werden soll. Dadurch soll das Kind in die Lage versetzt werden, Verantwortung zu übernehmen.[476] Nach Dolinko stellt sich deshalb die Frage, warum ein „criminal" nicht wie ein Kind, dessen moralischer Charakter unterentwickelt ist, behandelt werden sollte.[477] Unabhängig von der rechtlichen oder auch ethischen - sicherlich kritischen - Beurteilung der Position des US-amerikanischen Schrifttums, gilt es hier

---

auch Caplan, Vanderbilt Law Review 1986, 1417 (1472), nach welchem das Geständnis den Angeklagten wieder zurück in die Gesellschaft führt. Dies erinnert stark an die Negation der Negation im hegel'schen Sinne, siehe Hegel, Grundlinien der Philosophie des Rechts, § 82. Eine Belehrungspflicht hält Caplan jedoch nicht für erforderlich. Nach Kölbel, Selbstbelastungsfreiheiten, S. 85 ff. treten Selbstanzeigepflichten im deutschen Recht nur vereinzelt auf. Insbesondere geht er bei der Darstellung auf die Selbstgestellungspflicht des § 142 Abs. 2 StGB ein.

[474] Dolinko, UCLA Law Review 1986, 1063 (1068).

[475] Zum Ganzen Bentham, Treatise on Judicial Evidence, S. 241: „If all the criminals of every class had assembled and framed a system after their own wishes, is not this rule the very first they would have established for their security? Innocence never takes advantage of it. Innocence claims the right of speaking as guilt invokes the privilege of silence."; Caplan, Vanderbilt Law Review 1986, 1417 (1467); Dennis, Cambridge Law Journal 1995, 342 (342, 359); siehe auch Amar, The Constitution and Criminal Procedure, S. 70, welcher alle Begründungsansätze der Selbstbelastungsfreiheit für unzureichend erachtet; siehe auch Safferling/Hartwig, ZIS 2009, 784 (786) mit weiteren Nachweisen.

[476] Siehe zum Verantwortungsprinzip Weber, Politik als Beruf, S. 69 ff.: Politische Betätigung hat sich stets an einer Art Verantwortungsethik zu orientieren, andernfalls geschiehe sie kindlich naiv und führe zum Übergang der Verantwortung auf den Politiker.

[477] Dolinko, UCLA Law Review 1986, 1063 (1127).

bereits zu konstatieren, dass die Auffassung, eine Spielart aus Einlassungspflicht und Wahrheitspflicht sei denkbar, im angloamerikanischen Rechtsraum durchaus verbreitet ist.[478] Sie hat im 20. Jahrhundert sogar Eingang in die Rechtsprechung des US-Supreme Courts gefunden, welcher die These vertrat, dass die Verwirklichung von Gerechtigkeit nicht davon abhänge, ob den Beschuldigten eine Antwortpflicht (bei der polizeilichen oder richterlichen Vernehmung) treffe.[479] Eine durch eine Aussagepflicht bedingte Verletzung der hier angesprochenen Beitragsgerechtigkeit, welche das Verhältnis zwischen einzelnen Subjekten und der Gemeinschaft bestimmt und nach dem Anteil, den jeder der Gemeinschaft schuldet, fragt, sei zumindest prima facie nicht anzunehmen.[480]

4. Stellungnahme

Eine kombinierte Einlassungs- und Wahrheitspflicht steht vor dem Problem der Vereinbarkeit mit der Rechtsethik. Diesem Problem soll im weiteren Verlauf der Arbeit nachgegangen werden, dabei hat der vorherige Abschnitt das Ziel, die verschiedenen Möglichkeiten der gesetzlichen Ausgestaltung des Strafverfahrens zu vergegenwärtigen und den nemo tenetur-Grundsatz auch im Kernbereich, in seinem Geltungsgrund, einer eingehenden Kritik zu unterziehen.

Neben rechtsethischen kommen jedoch auch rein praktische Gründe gegen eine Einlassungspflicht in Betracht. So könnten Beschuldigte sich bei der Erfüllung ihrer hypothetischen Pflicht stets auf Erinnerungslücken berufen und es wäre bei jeder Vernehmungsfrage zu erwarten, dass sich der Beschuldigte hinter einem vorgeblichen Unwissen verbirgt. Da die staatlichen Ermittlungspersonen dabei weiterhin an die Grundrechte und insbesondere das Folterverbot gebunden wären, könnte die Pflicht zur

---

[478] Die Einlassungspflicht soll nach Dolinko, UCLA Law Review 1986, 1063 (1129 f.) auch ohne Folter auskommen können. Andere Ansicht Heinze, Strafprocessuale Erörterungen, S. 32.
[479] So auch US-Supreme Court, Palko vs. Connecticut, 302 U.S. 319, 326 (1937): „Justice, however, would not perish if the accused were subject to a duty to respond to orderly inquiry."
[480] Vergleiche zur Beitragsgerechtigkeit Pfordten, Rechtsethik, S. 221.

Einlassung wirkungslos, weil nicht zwangsbewehrt, bleiben.[481] Unabhängig davon, dass jedoch auch Zwangsmittel denkbar wären, die zumindest auf den ersten Blick nicht gegen die geschriebenen Grundrechte verstoßen, wie beispielsweise eine Geldbuße, böte eine Einlassungspflicht auch in den Fällen, in denen auf Zwangsmittel verzichtet wird, staatlicherseits zwei Vorteile. Zum einen hätte die jeweilige Vernehmungsperson dann immerhin die Möglichkeit, durch geschickte Frage- und Vernehmungstechnik die Erinnerungslücken zu schließen und den Beschuldigten in Widersprüche zu verwickeln.[482] Zum anderen wäre es dem Gericht mangels Beweiswürdigungsverbots nicht verwehrt, das Prozessverhalten in der Überzeugungsbildung nach § 261 StPO oder der Strafzumessung zu berücksichtigen.

Verrel macht in diesem Zusammenhang darauf aufmerksam, dass der Beschuldigte der Einlassungspflicht auch wahrheitswidrig nachkommen könnte und die so entstandenen Aussagen oftmals kaum widerlegbar sein dürften. Eine wahrheitsgemäße Aussage sei nur von besonders gewissenhaften Personen zu erwarten.[483] Dagegen ist jedoch einzuwenden, dass eine Einlassungspflicht immerhin eine wahrheitswidrige Aussage des Beschuldigten als einen Anknüpfungspunkt fördert, der es unter Umständen ermöglicht, den leugnenden Beschuldigten in Widersprüche zu verwickeln und zu überführen, während das geltende Schweigerecht die Strafverfolgungsbehörden auf die übrigen Beweismittel verweist.[484] Darüber hinaus bemerkt Verrel, dass selbst im Falle der Widerlegung keinesfalls die Schuld erwiesen sei, da Lügen ganz verschiedene Gründe haben und den anderweitig zu führenden Tatnachweis daher nicht ersetzen könne.[485] Daraus schließt er jedoch nur auf die Unzulässigkeit einer Einlassungspflicht, einer Mitwirkungspflicht hinsichtlich körperlicher Untersuchungen steht Verrel hingegen aufgeschlossen gegen-

---

[481] In diese Richtung bereits Heinze, Strafprocessuale Erörterungen, S. 32.
[482] Siehe hierzu Tondorf, in: Hamm/Lohberger, S. 370 ff.
[483] Verrel, Selbstbelastungsfreiheit, S. 258.
[484] Siehe auch Schneider, Grund und Grenzen, S. 383 f.
[485] Meyer, GA 2007, 15 (15 ff.).

über, da sie regelmäßig sehr verlässliche Feststellungen ermöglichten.[486] Da Verrel jedoch auf die Güte der Ergebnisse naturwissenschaftlicher Analyseverfahren abstellt,[487] wäre eine Einlassungspflicht spätestens dann denkbar, wenn ein solches Verfahren auch für die Würdigung von Aussagen gefunden ist. Ein Gedankenlese-Gerät, welches ähnliche Sicherheit böte, wie die Analyse der Blutalkoholkonzentration, würde nach Verrels Konzeption nicht gegen den nemo tenetur-Grundsatz verstoßen. Und bereits jetzt kann eine Einlassungspflicht trotz der naturwissenschaftlichen Widrigkeiten den oben aufgezeigten Vorteil bieten, den Angeklagten zur Wahrheit anzuhalten, indem droht, dass ein lügenhaftes Verhalten in der Strafzumessung berücksichtigt wird. Selbstverständlich hat Verrel insoweit Recht, dass die widerlegte Lüge nicht den vollständigen Tatnachweis ersetzen kann, es leuchtet jedoch nicht ein, wieso sie nicht als ein Indiz unter mehreren ausreichen sollten. Darüber hinaus ist der Wertungswiderspruch des geltenden Strafverfahrensrechts nicht zu rechtfertigen, welcher dadurch entsteht, dass zur Wahrheitsermittlung einerseits Hausdurchsuchungen und ähnliches durchgeführt werden, andererseits auf die gewaltärmere Variante der Einlassungspflicht nicht zurückgegriffen wird.[488] Bereits Bentham nannte dies die Vorliebe für den schlechten Beweis: unsicherer und gewaltsamer.[489]

Im Ergebnis bleibt festzuhalten, dass der nemo tenetur-Grundsatz in der Literatur, insbesondere der angloamerikanischen, auch in seiner Existenz bekämpft wird. Dem liegt der Gedanke zugrunde, dass der nemo tenetur-Grundsatz die staatliche Strafverfolgung immens erschwert, indem die Vernehmung des Beschuldigten, welche nach empirischen Untersuchungen als wichtigste Ermittlungsmaßnahme gilt,[490] ausgeschlossen wird, während den Schuldigen, denen zugemutet werden müsste, Verantwortung für ihr Handeln zu übernehmen, ein Vorteil zuteil wird. Das diesem Gedanken zugrunde liegende Verantwortungsprinzip nimmt

---

[486] Verrel, Selbstbelastungsfreiheit, S. 258.
[487] Verrel, Selbstbelastungsfreiheit, S. 258.
[488] Bentham, Rationale of Judicial Evidence, S. 452.
[489] „Predilection for bad evidence".
[490] Mit weiteren Nachweisen Roberts/Zuckerman, S. 418 f.; Caplan, Vanderbilt Law Review 1986, 1417 (1467 f.); siehe auch Meixner, Der Indizienbeweis, S. 15.

auch in der Rechtsprechung des Bundesverfassungsgerichts eine bedeutende Rolle ein: Hinsichtlich § 142 StGB urteilte es, dass der Staatsbürger es hinnehmen muss, „wenn die Rechtsordnung von ihm verlangt, daß er für die Folgen seines menschlichen Versagens einsteht und die Aufklärung der Unfallursachen wenigstens nicht durch die Flucht erschwert oder gar vereitelt"[491].
Angesichts der vorgebrachten Argumente verdeutlicht sich die Erforderlichkeit, den rechtsethischen Grund der Geltung des nemo tenetur-Grundsatzes herauszuarbeiten.

## III Ausgangspunkt der rechtsethischen Untersuchung

1. Keine normative Begründung

Als Ausgangspunkt der rechtsethischen Untersuchung dienen zwei Ansätze, welche gar keinen individualistischen, rechtsethischen Gehalt aufweisen. Sie stellen entweder nicht die normative Frage, welches Recht gerecht sei, sondern begnügen sich mit einer deskriptiv-historischen, empirie-geprägten Feststellungen,[492] oder beantworten die Frage nicht auf individual-normativem Boden, sondern setzen die Rechtsethik in einen theologischen Kontext. Der Mensch ist weder als Individuum noch als Kollektiv der Gegenstand der legitimatorischen Letztbegründung, sondern ein - welcher Religion auch immer zugrunde liegender - Gott.

a) Phänomenologischer Historismus

Ethische Wertvorstellungen sind nach dem Historismus im Wesentlichen aus der Unrechtserfahrung und dem Geschichtsbewusstsein zu entwickeln.[493] Nach Savigny ist das Recht kein Erzeugnis der Vernunft, sondern des in der Geschichte wurzelnden „Volksgeistes".[494] Ein unwandelbares, in allen Rechtsordnungen geltendes Recht kann nicht existieren, da die sich dem Recht unterwerfenden Gesellschaften je eine eigene, historische Individualität vorzuweisen haben. Alle Wertungen sind dabei

---

[491] BVerfGE 16, 191 (194).
[492] Vergleiche Pfordten, Rechtsethik, S. 25.
[493] Kirchhof, JZ 2015, 105 (105).
[494] Kaufmann/Pfordten, Problemgeschichte der Rechtsphilosophie, S. 57.

zwar als grundsätzlich überholbar zu verstehen, das schließt jedoch nicht aus, dass sich einige Wertungen als universal und transepochal erweisen.[495] Jene Individualität ist für die Entwicklung der Rechtsgrundsätze verantwortlich, durch sie wird das Recht geprägt. Dem Gesetzgeber kommt sodann lediglich die Aufgabe zu, derartiges (Gewohnheits-) Recht zu formulieren und zu redigieren.[496]

Die Selbstbelastungsfreiheit stelle dementsprechend ein Ergebnis der Erfahrungen mit den auf der Folter basierenden Inquisitionsprozessen dar.[497] Die dort herrührenden Erkenntnisse über die Foltermethoden sind tief in das sozio-kulturelle Rechtsverständnis eingeflossen.

Nach dem phänomenologischen Historismus kann die Selbstbelastungsfreiheit zwar historisch erklärt, aber nicht begründet werden.[498] Als erster Vertreter der These trat der US-Amerikaner Wigmore im 19. Jahrhundert auf. Der nemo tenetur-Satz sei lediglich ein Produkt der Zeit, in der die Strafverfolgung zur Unterdrückung missbraucht wurde, indem beispielsweise Hexerei einen Straftatbestand darstellte, und habe daher heute als ein Relikt des 17. Jahrhunderts zu gelten.[499] Wigmore plädierte daher für eine radikale Neuausrichtung und war 1891 auf der Suche nach einem neuen Geltungsgrund des nemo tenetur-Satzes.[500] Da ein solcher aber nicht zu finden sei, sollte der nemo tenetur-Satz de lege ferenda abgeschafft werden und stattdessen ein Fragerecht der Ermittlungsbehörden eingeführt werden, dem der Beschuldigte auch nachzukommen hatte. Jedoch sollte das Fragerecht zu mindestens einer Beschränkung unterliegen: Selbstbelastende Aussagen durften nicht erfragt werden, sofern deren Inhalte nicht bereits zum Gegenstand der Ermittlungen gehörten.[501]

---

[495] Tammelo, Theorie der Gerechtigkeit, S. 107.
[496] Kaufmann/Pfordten, Problemgeschichte der Rechtsphilosophie, S. 57.
[497] Ansätze bei: Dannecker, ZStW 2015, 370 (381); Lorenz, JZ 1992, 1000 (1006); ähnlich Paeffgen, Vorüberlegungen, S. 72; Queck, Geltung, S. 196, Reiß, Besteuerungsverfahren, S. 156 f.
[498] So eine weitverbreitete Ansicht im angloamerikanischen Rechtsraum Dolinko, UCLA Law Review 1986, 1063 (1147); Stuntz, Columbia Law Review 1988, 1227 (1228).
[499] Wigmore, Harvard Law Review 1891, 71 (86); Rogall, Der Beschuldigte, S. 69.
[500] Wigmore, Harvard Law Review 1891, 71 (87).
[501] Wigmore, Harvard Law Review 1891, 71 (87).

Der Grundsatz wird daher als Ausdruck des Wandels vom Inquisitionsprozess zum Anklageverfahren mit der damit einhergehenden Aufwertung des Beschuldigten zum Prozesssubjekt verstanden.[502] Ein Zwang zum Geständnis ist im Akkusationsverfahren ausgeschlossen und gilt als Handlung, die diesem, jedoch nicht dem Inquisitionsverfahren, fremd ist.[503] So wurde bereits Mitte des 19. Jahrhunderts vertreten, der nemo tenetur-Grundsatz sei ein Wesensmerkmal des Anklageprozesses und die Zeugnisfreiheit daher eine Konsequenz des Akkusationsprinzips.[504] Grundlegend hierfür ist die Bedeutung der Wahrheitsermittlung im Strafverfahren als oberstes Verfahrensziel des Inquisitionsprozesses.[505] An der Ermittlung sollte jeder, auch der Angeklagte, mit allen zur Verfügung stehenden Möglichkeiten mitwirken. Wie bereits beschrieben, änderte sich durch Verordnung vom 3. Januar 1849 die strafprozessuale Zielrichtung sodann wesentlich, da das Inquisitionsprozess abgeschafft wurde.[506] Es galt fortan nach § 18:

„Zwangsmittel jeder Art, durch welche der Angeklagte zu irgendeiner Erklärung genötigt werden soll, sind unzulässig."[507]

Es sollte dadurch der erkannte innere Zusammenhang zwischen dem Zwangseinsatz und der Geständnisfixierung aufgelöst werden.[508]

Zeitgenössisch erweist sich insbesondere Redmayne als Vertreter dieser These, ihm zufolge liegt die Sinnbegründung des nemo tenetur-Grundsatzes in der Verfestigung des Akkusationsprinzips. Der Beschuldigte könne daher nicht Zeuge in einem gegen ihn selbst gerichteten

---

[502] Nickl, Schweigen, S. 24; Pieth, FS-Eser, S. 607; Wimmer, ZStW 1930, 538 (545).
[503] Meyer, Parteien im Strafproceß, 1873, S. 18.
[504] Zachariä, Gebrechen, 1846, S. 107 ff., 120.
[505] Wessels, JuS 1966, 169 (170); Kraft, nemo tenetur-Prinzip, S. 49; Mahlstedt, Verdeckte Befragung, S. 30.
[506] Siehe auch Goltdammer, GA 1863, 816 (820).
[507] Goltdammer, GA 1863, 504 (505 f.).
[508] Goltdammer, GA 1863, 504 (505 f.); Heinze, Strafprocessuale Erörterungen, S. 33; siehe auch Roberts/Zuckerman, S. 413: Die aufgrund des Prozessrechts ohnehin schwächere Partei soll nicht auch noch gezwungen werden, „Eigentore" zu erzielen. Zu Recht kritieren Roberts/Zuckerman gleichzeitig derartige Metaphern aus dem Sport wegen ihrer verharmlosenden Wirkkraft. Siehe zum angloamerikanischen Rechtsraum, insbesondere zur Bill of Rights Levy, Origins, S. 332, 432.

Strafverfahren sein,[509] da diesem ein gewandeltes Staat-Bürger-Verständnis zugrunde liege,[510] in welchem sich der Bürger durch die Wirkkraft des nemo tenetur-Grundsatzes von der staatlichen Strafverfolgungsaufgabe lösen könne.[511] Redmayne gesteht zu, dass dem Grundsatz damit keine rechtlich hohe Teleologie zugewiesen wird, und betont ferner, dass durch die Abschaffung des Grundsatzes nicht viel gewonnen wäre, da kaum ein Beschuldigter einer Pflicht zur wahrheitsgemäßten Aussage nachkommen würde.[512] Tatsächlich wird dem Grundsatz bei Redmayne aber gar keine Existenzberechtigung zugewiesen; die Behauptung, dass er eine Distanz zwischen Bürger und Staat herstellt, ist nicht mehr als eine deskriptive Feststellung.[513]

b) Naturrechtlicher Historismus
Statt des phänomenologischen könnte der naturrechtliche Historismus als theoretische Grundlage des nemo tenetur-Grundsatzes in Betracht kommen. Der naturrechtliche Historismus basiert auf einem konkret-individualisierenden materiellen Naturrecht, in welchem das Naturrecht zum Recht der Emipirie wird: Die naturrechtlichen Rechtssätze sind allein durch historische und empirische Gegebenheiten geprägt, welche sich in aller Regel im gesetzten Recht niederschlagen.[514] Nach Baumann soll der naturrechtliche Historismus daher dem Rechtspositivismus von Kelsen sehr nahe stehen.[515] Dies ist jedoch gerade nicht der Fall. Kelsens reine Rechtslehre beschreibt im Sinne des Methodendualismus das Recht, wie es ist, ohne jedoch eine Aussage darüber zu treffen, wie

---

[509] Ashworth/Redmayne, S. 130.
[510] Schneider, Grund und Grenzen, S. 40 ff. nimmt als Nebengrund noch eine Absicherung der Unschuldsvermutung an; Ashworth/Redmayne, S. 133: „This reflects the common intuition that the privilege is connected to the proper relationship between State and citizen."
[511] Redmayne, OJLS 2007, 209 (225).
[512] Redmayne, OJLS 2007, 209 (226).
[513] Amar, The Constitution and Criminal Procedure, S. 67. Redmayne, OJLS 2007, 209 (232): „While the privilege is valuable, it is not so valuable that we should not be prepared to recognize exceptions to it."
[514] Siehe Baumann, Narkoanalyse, S. 101 mit weiteren Nachweisen.
[515] Zu Kelsen Mahlmann, Rechtsphilosophie und Rechtstheorie, § 13 Rn. 8 ff.

das Recht sein sollte. Dies überlässt Kelsen ausdrücklich der Gerechtigkeitslehre.[516]
Die Aussagefreiheit ist nach Hassemer Bestandteil der Ebene „Rechtskultur". Rechtskultur ist die Gesamtheit der Rechtswerte, die zwar geschichtlich wandelbar, für uns heute jedoch unverzichtbar sind. Jene Werte sind nicht deduzierbar, kennzeichnen aber das normative Niveau des Rechtssystems in der Weise, dass ihre Verletzung die historischen Erfahrungen und Traditionen zur Entwicklung eines gerechten Rechts umkehren würde.[517] Nach dieser Ansicht taugen lediglich historische Erfahrungen als Grundlage eines Universalismus der strafprozessualen Garantien.[518] Die aus der historisch-sozial kontingenten Wirklichkeit ableitbaren Erfahrungen werden hier zu relevanten Faktoren normativer Erkenntnis.[519] Rechtsphilosophische Inhalte sollen nicht rein aus der Form gewonnen werden können, denn sie sind immer auch geprägt durch Erfahrungen.[520] Auch ein Recht allein aus Einsichten des Verstandes kann es nicht geben, da Vernunft bereits Synthese menschlicher Empirie darstellt und somit nicht a priori bestehen kann.[521] Der Unterschied zum Phänomenologismus ist darin zu sehen, dass der naturrechtliche Historismus unwandelbar erscheint. Eine naturrechtliche Norm als Reaktion auf sozio-historische Erfahrungen gilt fortan ubiquitär und universell. Ein Unterschied hinsichtlich der mangelnden Tauglichkeit als Begründung des nemo tenetur-Grundsatzes erwächst hieraus jedoch nicht.
Eine Relativierung der Aussagefreiheit im Rahmen von Abwägungen würde nach Hassemer - vergleichbar zum Folterverbot - die Institution Strafverfahren zerstören.[522] „Die Absolutheit des Folterverbots stützt sich

---

[516] Kelsen, JW 1929, 1723 (1723); Mahlmann, Rechtsphilosophie und Rechtstheorie, § 13 Rn. 10.
[517] Hassemer, FS-Maihofer, 183 (200, 203).
[518] Günther, in: Kontinuität und Wandel, S. 168 ff.
[519] Bogner, Das Recht des Politischen, S. 258, 319; Jellinek: Gerinnungsprozess von Gepflogenheiten und Gebräuchen zu Rechtsnormen: „normative Kraft des Faktischen"; Radbruch, Rechtsphilosophie, S. 22.
[520] Siehe zum empirischen Rechtspositivismus Kaufmann/Pfordten, Problemgeschichte der Rechtsphilosophie, S. 109 f.
[521] Das Erreichen synthetischer Urteile a priori hielt Kant nur im Bereich der Mathematik für möglich: Kant, Kritik der reinen Vernunft, AA III, S. 143 ff.
[522] Hassemer, FS-Maihofer, 183 (203).

nicht nur auf normative Überlegungen, sondern zugleich auf konkrete Unrechtserfahrungen. Immer wieder hat sich dabei gezeigt, dass die Folter nicht nur eine Missachtung der Menschenwürde darstellt (wie dies bei allen Menschenrechtsverletzungen der Fall ist),[523] sondern die vollständige und systematische Negierung der Menschenwürde bedeutet."[524] Im naturrechtlichen Historismus droht damit ein Zirkelschluss, indem die geltende Rechtsordnung zum Maßstab der Rechtsethik wird. Es ist nämlich zu beachten, dass der Historismus sich gerade nicht auf die deskriptive Ebene beschränkt: Über das Da-Sein und das So-Sein wird hier auch eine Aussage über das Sein-Sollen getroffen, indem das Seiende zum Sein-Sollenden erhoben wird. Diese normative Ambition erschöpft sich jedoch zur Gänze in der Empirie, wenn „das Seiende als ein geschichtlich Gewordenes" und zugleich als das „Seinsollende" aufgefasst wird[525]. Franz von Liszt vertritt insofern: „Indem wir das Seiende als ein geschichtlich Gewordenes betrachten und danach das Werdende bestimmen, erkennen wir das Seinsollende."[526]

## 2. „Göttliches Recht"

Neben diesen historistischen Ansätzen gibt es in der US-amerikanischen Literatur Strömungen, die, sich auf den Talmud stützend, eine vernunftbegründete-normative Herleitung des nemo tenetur-Grundsatz für überflüssig halten, da der nemo tenetur-Grundsatz aus dem „divine law", mithin aus göttlichem Recht, herrührt. So haben schon Maimonides und Radbaz, zwei der einflussreichsten, jüdischen Rechtsgelehrten,[527] die talmudische Rechtsregel gegen eine Selbstbelastung, welche an nemo-tenetur erinnert, mit göttlicher Rechtssetzung begründet, die für die Menschen nicht nachvollziehbar sei.[528]

---

[523] Bielefeldt, Folterverbot im Rechtsstaat, S. 5; Hassemer, FS-Maihofer, 183 (202 f.).
[524] Bielefeldt, Folterverbot im Rechtsstaat, S. 6.
[525] v. Liszt, ZStW 1906, 553 (556 ff.).
[526] v. Liszt, ZStW 1906, 553 (556).
[527] Levine, ILR 2006, 257 (265, 273), nach welchem Rechtsansichten von Maimonides beispielsweise vom Chief Justice Warren im Verfahren Miranda vs. Arizona zitiert wurden.
[528] Mit weiteren Nachweisen Rogall, Der Beschuldigte, S. 69; Rosenberg/Rosenberg, NYU Law Review 1988, 955 (1033 f.); Levine, ILR 2006, 257 (266); ganz ähnlich nach Aquin, Summa Theologiae II-II, Band 18, Frage 69, Art. 1.

Obwohl göttliches Recht nicht begründet werden müsste, versucht Maimonides dies, indem er auf den Schutz von „confused minds" und daraus resultierenden Suiziden abstellt.[529] Man müsse die Selbstbelastungsfreiheit nicht allein rechtlich, sondern auch religiös und kulturell begreifen. Während der Mensch über seine Besitztümer autonom bestimmen dürfe, sei ihm dies bezüglich seines Lebens und Körpers untersagt, ein Suizid stellt demnach ein Verbrechen an Gott dar. Die Abgabe eines Geständnisses musste in Zeiten von Körperstrafen damals folgerichtig als mittelbare Selbsttötung angesehen werden[530] und eine Selbstbelastungsfreiheit daher ausscheiden.[531]

Noch weitergehend muss es konsequenterweise verboten sein, in Selbstverletzungen einzuwilligen und durch ein Geständnis Leben, Körper oder Freiheit zu riskieren:[532] Es besteht mithin ein auf die Göttlichkeit jedes menschlichen Wesens rekurrierendes Selbstbelastungsverbot.[533] Dieser Schutz des Göttlichen muss sodann absolut gelten, da jede Relativierung die Gefahr eines Dammbruchs berge.[534]

Diese talmudische Rückkopplung des Grundsatzes soll nach Mandelbaum durch das Lilburne-Verfahren in die Moderne rezipiert worden sein,[535] denn auch Lilburne soll sich auf Gott berufen haben: „I know it is warrantable by the law of God, and I think by the law of the land, that I may stand on my just defence, and not answer your interrogatories, and that my accusers ought to be brought face to face, to justify what they accuse me of."[536]

Diese Ansicht lässt sich auch in der deutschsprachigen Literatur finden. So begründete Wiederholdt im Jahr 1739 das Recht auf Zwangsfreiheit hinsichtlich der Geständniserlangung als göttliches Recht.[537] Niemand

---

[529] Mit weiteren Nachweisen Levine, ILR 2006, 257 (266); krit. Rosenberg/Rosenberg, NYU Law Review 1988, 955 (1034).
[530] Rosenberg/Rosenberg, NYU Law Review 1988, 955 (1037).
[531] Levine, ILR 2006, 257 (268).
[532] Rosenberg/Rosenberg, NYU Law Review 1988, 955 (1037 f.).
[533] Nachweise bei Rosenberg/Rosenberg, NYU Law Review 1988, 955 (1040).
[534] Rosenberg/Rosenberg, NYU Law Review 1988, 955 (1043, 1045).
[535] So auch Mandelbaum, American Journal of Comparative Law 1956, 115 (119); kritisch zum Einfluss des Talmud auf das anglo-amerikanische Recht Levy, Origins, S. 440.
[536] Zitiert nach Rogall, Der Beschuldigte, S. 79.
[537] Wiederholdt, Folter, S. 125.

darf gezwungen werden, sich zum „Selbstverräther"[538] zu machen. Er müsste andernfalls seinen eigenen Tod und Untergang befördern und damit gegen das von Gott vorgegebene Suizidverbot verstoßen.[539]

### 3. Stellungnahme

Den beiden Spielarten des Historismus liegt jeweils ein Sein-Sollens-Fehlschluss zugrunde. Empirische Entdeckungen über die Beschaffenheit der Welt, Enthüllungen über den Gang der Geschichte, Einsichten in das fundamentale Wesen der Materie oder Wahrheiten über die menschliche Natur können niemals irgendwelche Schlussfolgerungen darüber rechtfertigen, was sein soll, ohne dass dafür eine zusätzliche Prämisse oder Annahme darüber, was sein soll, hinzugezogen wird.[540] Aus der Genese erwächst demnach keine hinreichende Erklärung für die Richtigkeit der Geltung.[541]

Auch eine Art göttliches Recht genügt zur Begründung nicht. Das Rechtssystem und auch die Ethik im säkularen Deutschland des 21. Jahrhunderts entbehren einer religiösen Legitimation.[542] Ein Axiom jeder heute vertretenen normativen Legitimierung, sowohl im Recht als auch in der Ethik, ist ein Mensch oder eine Gesamtmenge an Menschen als letzte Quelle für die Norm-Rechtfertigung.[543] Des Weiteren gilt nach heutiger Rechtsanschauung der Grundsatz der religiösen Neutralität der Verfassungsordnung.[544] Die Behauptung einer Entscheidung Gottes genügt als bloße Faktizität lediglich im überkommenen theologischen Dezisionismus als rechtsethische Legitimität. Diese Form des Dezisionismus verschiebt die Problematik der Legitimation jedoch nur um eine Stufe, da sich nun diese göttliche Entscheidung als legitimationsbedürftig darstellt,[545] wodurch ein infiniter Regress entstehen würde,[546] in dem

---

[538] Wiederholdt, Folter, S. 103.
[539] Wiederholdt, Folter, S. 102 f., 124 f.
[540] Dworkin, Gerechtigkeit für Igel, S. 40.
[541] Dreier, Säkularisierung und Sakralität, S. 50; affirmativ Duttge, ARSP 2015 Beiheft 142, 145 (149 f.).
[542] Siehe auch Luhmann, unverzichtbare Normen, S. 3.
[543] Pfordten, Normative Ethik, S. 211.
[544] Vergleiche Art. 4, 140 GG i.V.m. 173 Abs. 1 WRV.
[545] Pfordten, Rechtsethik, S. 170.
[546] Siehe auch Pfordten, Rechtsethik, S. 305 ff.

jeder Grund seinerseits nach einer Begründung verlangt[547]. Deshalb muss die scheinbare Reinkarnation des theologischen Sprachgebrauchs beim BGH in den jungen Jahren der Bundesrepublik[548] und durch den „Leib-Seele-Dualismus"[549] in der Literatur irritieren. Eine derartige allein religiöse Herleitung normativer Sätze schien längst überwunden.

## IV Konkrete rechtsethische Rechtfertigung

Geht man folglich davon aus, dass das positive Recht formal einer rechtsethischen Reflexion bedarf, stellt sich im Folgenden die Frage nach dem materiellen Gehalt der für erforderlich gehaltenen, rechtsethischen Rechtfertigung.[550] Dabei greift die Rechtsethik auf die in der allgemeinen Ethik geläufigen Theorietypen, wie beispielsweise kantianische, utilitaristische und vertragstheoretische, zurück.[551]

Bisherige Systematisierungen der verschiedenen überpositiven Erklärungsmodelle des nemo tenetur-Grundsatzes erfolgten – wenn überhaupt – anhand der Dichotomie subjektiv und funktionalistisch.[552] Als subjektive Ansätze wurden dabei der Rekurs auf die Autonomie[553], den Selbsterhaltungstrieb sowie eine Rückkopplung an das Folterverbot[554] bezeichnet. Funktionalistische Ansätze, nach denen der nemo tenetur-

---

[547] Braun, Deduktion und Invention, S. 110.
[548] BGH, NJW 1954, 649 (650) – Lügendetektor: „Zur Erhaltung und Entwicklung der Persönlichkeit gehört ein lebensnotwendiger und unverzichtbarer seelischer Eigenraum, der auch im Strafverfahren unangetastet bleiben muss."
[549] Verrel, Selbstbelastungsfreiheit, S. 254; Neumann, FS-Wolff, 373 (384 f.); Eisenhardt, nemo tenetur-Prinzip, S. 56.
[550] Mahlmann, Rechtsphilosophie und Rechtstheorie, § 23 Rn. 13 ff.; Braun, Deduktion und Invention, S. 155.
[551] Pfordten, Rechtsethik, S. 231.
[552] Siehe auch Roberts/Zuckerman, S. 408, 409; Dennis, Cambridge Law Journal 1995, 342 (348).
[553] Siehe zu der umfangreichen angloamerikanischen Literatur nur die Nachweise bei Dolinko, UCLA Law Review 1986, 1063 (1066).
[554] Chiesa, Boston College Third World Law Journal 2010, 35 (36): „The main evil the Nemo tenetur principle seeks to avoid is the official use of torture as a means for obtaining incriminating testimony."

Grundsatz unterstützende Wirkung entfaltet, knüpfen an andere, umstrittene Prinzipien wie die Unschuldsvermutung[555], das Fairnessgebot[556] oder die Prozessstruktur sowie an andere - nicht minder umstrittene - Werte wie den Schutz des Unschuldigen, die Wahrheitsfindung (vermutete Unzuverlässigkeit des Beweismittels[557], Schutz des Verfahrens vor falschen Geständnissen, Disziplinierung der Wahrheitserforschung) oder die Sicherung der präventiven Wirkkraft[558] an. Die Schwäche dieser Systematisierung liegt in ihrer Konturlosigkeit, wobei es scheint, dass jene durch die eingehenden Untersuchungen der allgemeinen Ethik zu den rechtsethischen Rechtfertigungstheorien beseitigt werden könnte. Die daraus gewonnenen Erkenntnisse bleiben bei der Systematisierung anhand subjektiver und funktionalistischer Ansätze bisher oftmals unberücksichtigt. Daher soll der nemo tenetur-Grundsatz im Folgenden anhand der klassischen Großtheorien der normativen Ethik diskutiert werden.

## 1. Nemo tenetur-Grundsatz als Naturrecht

Bei dem Versuch rechtsphilosophischer Begründung einer absolut geltenden Norm fällt der Blick quasi zwangsläufig auf das Naturrecht,[559] insbesondere wegen der Bedeutung der Naturrechtslehre[560], da sie den Begriff der Rechtsphilosophie bis zum 19. Jahrhundert komplett ausgefüllt hat: Rechtsphilosophie war gleichbedeutend mit der Naturrechtslehre.[561] Angesichts der tiefgreifenden Wandlung der Naturrechtslehre um 1900, stellt sich jedoch die Frage, ob das Naturrecht im 21. Jahrhundert noch

---

[555] Kritisch Redmayne, OJLS 2007, 209 (218 f.).
[556] Insbesondere eine Unangemessenheit für einen Rechtsstaat, der diese Methoden verwendet Chiesa, Boston College Third World Law Journal 2010, 35 (39) versteht diese Unangemessenheit aus der der Folter abgeleitet.
[557] Amar, The Constitution and Criminal Procedure, S. 47; andere Ansicht Chiesa, Boston College Third World Law Journal 2010, 35 (41 ff.).
[558] Dolinko, UCLA Law Review 1986, 1063 (1070 ff.).
[559] So auch Luhmann, Unverzichtbare Normen, S. 8, 11, nach welchem das Naturrecht jedoch nicht zu einer vollendeten Begründung führen kann.
[560] Siehe zu den historischen Grundlagen des Naturrechts insbesondere Aristoteles, Nikomachische Ethik, 1130b ff., 1134b; Aquin, Summa Theologiae II-II, Band 18, Frage 57, Art. 1 ff.; Überblick bei Seelmann, Rechtsphilosophie, § 8 Rn. 5 ff.; Biskup, FS-Landwehr, 449 (450 ff.).
[561] Radbruch, Rechtsphilosophie, S. 21; Pfordten, Rechtsethik, S. 39 ff.

taugliche Begründungslinien bieten kann, denn die Idee eines „Naturrechts" soll nach Frommel zu jener Zeit bereits überholt gewesen sein.[562] Braun statuiert im Jahr 2016 daher: „Lange Zeit war hierbei an ein raum- und zeitlos geltendes ‚Natur-, oder ‚Vernunftrecht' gedacht. Dieser Traum ist mittlerweile ausgeträumt."[563]

Auf Grund des Normtextes des Art. 1 Abs. 2 GG, der höchstrichterlichen Rechtsprechung[564] bundesrepublikanischer Gerichte und der Literatur[565] der Nachkriegszeit ist jedoch zu differenzieren.[566] Gerade die Arbeit „Der Naturrechtsgedanke in der Rechtsprechung des Bundesgerichtshofes in Strafsachen" von Kerkau listet zahlreiche gerichtliche Entscheidungen auf, welche auf das Naturrecht rekurrieren.[567] Auch nach Baumann „erstarkte in Deutschland der Naturrechtsgedanke"[568] ab 1945 wieder. In diesem Kontext ist insbesondere an die naturrechtlich anmutende Radbruch'sche Formel zu denken, welche sowohl in die Prozesse zum NS-Unrecht als auch in die Mauerschützenprozesse Eingang gefunden hat.[569]

Jedenfalls ist Frommel - und so auch Kerkau - insoweit zuzustimmen, dass der BGH nur eine Vielzahl nicht miteinander zu vereinbarender Naturrechtsgedanken äußert, die sich in einem bloßen Bekenntnis zu einem irgendwie gearteten Naturrecht erschöpfen.[570] Eine Naturrechtslehre der Aufklärung hätte den Anspruch, die Rechtsbeziehungen der Menschen detailliert zu regeln, und eine derartige Lehre wird – soweit ersichtlich – seit 1900 nicht mehr vertreten. Hier geht es aber um eine naturrechtliche

---

[562] Frommel, JZ 2016, 913 (914); kritisch auch Rommen, Die ewige Wiederkehr des Naturrechts, passim.
[563] Braun, Deduktion und Invention, S. 143.
[564] Siehe BVerfGE 95, 96 ff. (Rn. 82).
[565] Baumann, Narkoanalyse, S. 94 spricht von einer „Rehabilitierung des Naturrechts".
[566] Mahlmann, Rechtsphilosophie und Rechtstheorie, § 3 Rn. 1: „Das ist die Idee des Naturrechts, die seit der Antike bis in die Gegenwart lebendig geblieben ist."
[567] Kerkau, Naturrechtsgedanke, S. 193.
[568] Baumann, Narkoanalyse, S. 96.
[569] Biskup, FS-Landwehr, 449 (452) mit Verweisen auf BGHSt 2, 173 (177) und BVerfGE 23, 98 (106). Zu den Mauerschützenprozesses siehe BVerfGE 95, 96 (96 ff.); BGHSt 39, 1 (1 ff.); BGHSt 39, 168 (168 ff.).
[570] Frommel, JZ 2016, 913 (914); Kerkau, Naturrechtsgedanke, S. 212, 216; so auch Hassemer, FS-Maihofer, 183 (192 ff.).

Legitimierung geltenden Rechts, die auf die Nikomachische Ethik Aristoteles'[571] zurückzuführen ist und keineswegs als überholt gilt.[572]

a) Grundlegung

Der Begriff Naturrecht war stets mit dem Bemühen verbunden, aus der natürlichen Ordnung eine normative Ordnung zu deduzieren - mithin aus dem Sein auf ein Sein-Sollen zu schließen. Folglich sollen die Grundsätze dieser normativen Ordnung als Konsequenzen der Deduktion von einem rationalen Menschen erkannt werden[573] und den Anspruch auf Richtigkeit und Gerechtigkeit erheben können. Daraus folgt auch die für naturrechtliche Normen charakteristische Verbindlichkeit im Falle eines Konfliktes mit dem positiven Recht,[574] denn das Naturrecht hat den Anspruch, universell geltende und inhaltlich bestimmte Rechtssätze abzuleiten.[575] In der deutschen Rechtspraxis spielen naturrechtliche Menschenrechte eine untergeordnete Rolle, jedoch sind die vorstaatlichen und universell geltenden Menschenrechte in dem sich zur Geltung des Naturrechts bekennenden Art. 1 Abs. 2 GG als Ausfluss der Menschenwürde kodifiziert.[576]

Die Frage nach der naturrechtlichen Begründbarkeit eines Grundsatzes kann in zwei Richtungen von Nutzen sein. Zum einen kann so eine positive, vom Naturrecht abweichende Norm existentiell oder zumindest in einer bestimmten Reichweite in Frage gestellt werden. Zum anderen – und nicht weniger entscheidend – kann positives Recht durch die Übereinstimmung mit einem naturrechtlichen Grundsatz argumentativ gestärkt und darüber hinaus legitimiert werden.[577]

---

[571] Aristoteles, Nikomachische Ethik, 1130b ff., 1134b.
[572] So differenzierend auch Frommel, JZ 2016, 913 (915); Mahlmann, Rechtsphilosophie und Rechtstheorie, § 3 Rn. 2.
[573] Seelmann, Rechtsphilosophie, § 8 Rn. 2.
[574] Seelmann, Rechtsphilosophie, § 8 Rn. 2; Biskup, FS-Landwehr, 449 (450).
[575] Radbruch, Rechtsphilosophie, S. 21; kritisch Kelsen, JW 1929, 1723 (1724): „... dass Rechtswissenschaft nicht Rechtsquelle sein könnte, dass die Deduktion von Rechtsnormen aus Rechtsbegriffen nacktes Naturrecht ist ...".
[576] BeckOK-GG/Hillgruber, Art. 1, Rn. 53, 54.
[577] Seelmann, Rechtsphilosophie, § 8 Rn. 3.

Eigenes, neben oder statt dem positiven Recht geltendes Recht kann Naturrecht dagegen nach überwiegender Ansicht nicht begründen.[578] Die naturrechtliche These, dass richtiges Recht existiert, welches die Geltung von zweifelsfrei als ungerecht erkanntem Recht annulliert, führe zu einer Auflösung des gesetzten Rechts durch das richtige Recht.[579] Somit entfiele die selbstständige Daseinsberechtigung des gesetzten Rechts neben dem Naturrecht.[580] Daher ist Frommel hinsichtlich des Naturrechts ab dem 20. Jahrhundert auch zuzustimmen: Das Naturrecht erlangt neben der rechtlichen Ordnung des Grundgesetzes keine Rechtsgeltung und kann grundsätzlich keine Rechtsquelle darstellen.[581] Demgemäß erklärt sich auch die sehr begrenzte Anwendung des Naturrechts, welches nach Biskup in Deutschland nur in zwei Fällen gerichtlicherseits geltungsbegründende Bedeutung gewann - zur Aufarbeitung des extremen staatlichen Unrechts im Dritten Reich und an der innerdeutschen Mauer.[582]

b) Auffassung der Literatur

Einen naturrechtlichen Bezug behauptet insbesondere Rogall in seinem Zentralwerk zum nemo tenetur-Grundsatz aus dem Jahr 1977.[583] Dabei beruft er sich auf Beccaria, bei welchem erste naturrechtliche Gedanken zum nemo tenetur-Grundsatz zu finden sein sollen.[584] Tatsächlich stammt der Bezugstext jedoch nicht von Beccaria selbst, sondern von Hommel, einem Kommentator des zentralen Werks Beccarias „Von Verbrechen und Strafe". Hommel schreibt: „Ich glaube nicht, dass einer das Paradoxe so hoch treiben und fordern werde, der Verbrecher solle sich selbst anzeigen […]. Aber was die Strafe betrifft, soll er seinen Leib der

---

[578] zu Dohna, Strafprozessrecht, S. 110; Seelmann, Rechtsphilosophie, § 8 Rn. 3.
[579] Weitere Kritik bei Bachof, Archiv des öffentlichen Rechts 2014, 1 (1 ff.); Coing, Die obersten Grundsätze des Rechts, passim.
[580] Radbruch, Rechtsphilosophie, S. 22.
[581] Frommel, JZ 2016, 913 (914).
[582] Biskup, FS-Landwehr, 449 (462).
[583] Rogall, Der Beschuldigte, S. 17, wobei er sich nicht auf das Naturrecht zur Begründung beschränkt.
[584] Rogall, Der Beschuldigte, S. 89; Beccaria, Von Verbrechen und Strafen, § XXXVIII, S. 161.

Geißel, soll er seinen Hals dem Stricke darbieten? Wer das verlangt, empört sich wider die Natur und kennt den Menschen nicht."[585]
Dieser Bezug zur Natur des Menschen in der Begründung eines Verbots der Selbstanklage als eines Kernbereichs des nemo tenetur-Grundsatzes könnte als naturrechtlicher Ansatz aufgefasst werden. Eine Deduktion aus der menschlichen Natur, aus seiner Psychologie, um die Grenzen des Rechts zu bestimmen, erscheint den Vertretern dieser Ansicht im Falle der Selbstanklage möglich. Das Recht auf sich selbst als „erstes Urrecht des Menschen" würde der Deduktion als oberstes abstraktes Prinzip zur Verfügung stehen.[586] Sofern die Selbstanklage eine existenzbedrohende Strafe heraufbeschwöre, kann dem Menschen keine Normbefolgung mehr abverlangt werden. Selbstverständlich ist dies kein umfassendes Konzept einer naturrechtlichen Strafverfahrensordnung, es bietet jedoch Anknüpfungspunkte zur Begründung des Kernbereichs des nemo tenetur-Grundsatzes. Hommel hat mit seiner Kommentierung aus dem Jahr 1778 damit den Grundstein einer naturrechtlichen Begründung gelegt.

Unmittelbar bei Beccaria lässt sich derartiges nicht finden, obwohl die Ablehnung der Folter unter Berufung auf ein solches Gebot im vom Naturrecht geprägten Zeitgeist eindrucksvoll hätte begründet werden können. Dennoch knüpfte Beccaria in erster Linie an utilitaristisch-pragmatische Gründe an, als er die Folter als ein untaugliches Beweismittel hinsichtlich der Wahrheitserforschung darstellt.[587] Auf die aufklärerische Autorität Beccarias kann sich die Ansicht daher nicht berufen.

Nach der Kodifizierung der RStPO hat sich insbesondere Hauck der Naturrechtsthese angeschlossen: Er nahm Anfang des 20. Jahrhunderts

---

[585] Hommel, in: Lekschas (Hrsg.), Beccaria, Von Verbrechen und Strafen, 1966, § XV, S. 78.
[586] Schmalz, Das reine Naturrecht, 1792, S. 12, 47, 39, welcher sich rühmt als erster das Naturrecht im kantischen Sinne umgeformt zu haben.
[587] Beccaria, Von Verbrechen und Strafen, übers. und hrsgg. von Alff, 1966, § XVI, S. 92 f.; zustimmend Wiederholdt, Folter, S. 101 f.; Vormbaum, Beccaria und die strafrechtliche Aufklärung, 305 (313).

an, dass das Recht auf Leugnen ein Naturrecht des Beschuldigten darstelle.[588] Das Naturrecht statuiere einen Bereich der Persönlichkeit, der dem Zugriff des Staates entzogen ist.
Auch in der Rechtsprechung des BGH der 1950er-Jahre wurde der nemo tenetur-Grundsatz als ein natürliches Recht auf Selbstschutz beschrieben.[589] Eine Begründung leistete der Gerichtshof jedoch leider nicht. In der Folge bekennt sich der BGH sodann zwar nochmals zur naturrechtlichen Begründung, aber auch in dieser Entscheidung bleibt er eine Begründung schuldig.[590]
Nach Rogall beruht „das unantastbare Recht eines jeden Menschen, nicht zur eigenen Überführung beitragen zu müssen", auf „einer naturrechtlich begründeten Einsicht".[591]
Und selbst der bundesdeutsche Gesetzgeber habe - so scheint es - bei der Begründung des Gesetzentwurfes EStGB 1962 auf naturrechtliche Gedanken zurückgreifen wollen. Es existiere ein in der allgemeinen Rechtsüberzeugung verwurzelter Grundsatz, nach welchem ein dem natürlichen Freiheitsdrang der Menschen entspringendes Verhalten nicht unter Strafe gestellt werden könne.[592]
Ein weiterer Vertreter der naturrechtlichen These aus dem 21. Jahrhundert ist Mahlstedt. Zwar stellt er nicht ausdrücklich klar, ob er eine naturrechtliche oder verfassungsrechtliche Einordnung[593] vornimmt, wenn er die These aufstellt: „Es entspricht auch allgemeiner Auffassung, dass die

---

[588] Hauck, ZStW 1907, 926 (927). Im Weiteren vertritt Hauck jedoch auch, dass das Leugnen unter Umständen als Strafschärfungsgrund in die Strafzumessung Eingang finden kann.
[589] BGHSt 3, 18 (19).
[590] So auch von Kerkau, Naturrechtsgedanke, S. 220 kritisert.
[591] Rogall, Der Beschuldigte, S. 17.
[592] BT-Drs. IV/650, S. 610: „Die Straflosigkeit der Selbstbefreiung entspricht dem in der allgemeinen Rechtsüberzeugung verwurzelten Grundsatz, daß ein dem natürlichen Freiheitsdrang des Menschen entspringendes Verhalten nicht unter Strafdrohung gestellt werden sollte."
[593] Siehe zur Bedeutung des Naturrechts im Grundgesetz nur BeckOK-GG/Hillgruber, Art. 1 Rn. 53, 54 mit weiteren Nachweisen.

Strafprozessordnung diesen Grundsatz nicht beinhaltet, sondern voraussetzt."[594] Er stellt die These jedoch in unmittelbarem Zusammenhang zur Erkenntnis der Nichtnennung des Grundsatzes im Grundgesetz auf, was für eine naturrechtliche Einordnung sprechen dürfte.
Diese naturrechtliche Auffassung ist auch im angloamerikanischen Schrifttum verbreitet. Dort heißt es: „Our Law in this differs from the Civil Law, that it will not force any Man to accuse himself; and in this we do certainly follow the Law of Nature, which commands every Man to endeavour his own Preservation [...]."[595]

c) Stellungnahme
Nach Jahn sollen zwei Umstände grundsätzlich gegen naturrechtliche Begründungen strafprozessualer Prinzipien sprechen. Zum einen sei das Naturrecht – wenn überhaupt – nur in Ausnahmesituationen in der Lage, konkrete Rechtsfolgen zu entwickeln und zum anderen solle eher das Markenzeichen deutschen Rechts, die Dogmatik des positiven Rechts als „stolzes Rückgrat der deutschen Rechtswissenschaft", gestärkt werden.[596] Dem ersten Einwand ist zuzustimmen. Naturrechtliche Ansätze bleiben in aller Regel einen enormen Teil des Begründungsaufwandes schuldig. Meist erschöpfen sie sich – wie auch hier – in Beteuerungen der eigenen Überzeugung und bleiben abstrakt sowie vage.
Der zweite Einwand ist jedoch unzutreffend. Zum einen kann es bei der Begründung von Prinzipien nur um argumentative Richtigkeit gehen und nicht um die Verhinderung von Stolzverletzungen. Zum anderen kann die Möglichkeit einer naturrechtlichen Begründung einen positiv-existierenden Rechtssatz in seiner Reichweite stärken, indem sie Einfluss auf die teleogische Auslegung nimmt.
Darüber hinaus ist bezüglich der Naturrechtsthese mit Welzel zu statuieren: „Das ‚natürliche Recht auf Selbstschutz bei Gefahr der Bestrafung' hat bisher so selbstverständlich als ein berechtigtes Interesse gegolten,

---

[594] Mahlstedt, Verdeckte Befragung, S. 62.
[595] Gilbert, Law of Evidence, S. 99, zitiert nach Macnair, OJLS 1990, 66 (84).
[596] Jahn, ZStW 2015, 549 (560).

dass es niemals besonders betont und, wenn überhaupt, dann als fragloses Axiom erwähnt worden ist."[597] Welzels Kritik scheint auch heute noch berechtigt, da kein Vertreter der Naturrechtsthese den Versuch unternimmt, eine naturrechtliche Legitimierung durch das Auffinden eines übergeordneten Rechtssatzes, aus dem dann eine Deduktion speziellerer Rechtssätze möglich ist, zu finden.

Daneben bringt Wimmer gegen eine naturrechtliche Begründung des nemo tenetur-Grundsatzes vor, dass ein derartiger Grundsatz im Naturrecht nicht existieren könne, da dort ein ausnahmslos geltendes Lügeverbot herrsche.[598] Inwieweit dieses Lügeverbot im Naturrecht tatsächlich eine derart überstrahlende Wirkung entfaltet und darüber hinaus ausnahmslos gilt, muss angesichts des Umstandes, dass die Vertreter einer naturrechtlichen Legitimierung nicht über die Behauptung einer solchen hinausgekommen sind, nicht entschieden werden. Noch immer gilt die Feststellung Welzels zum Forschungsstand der naturrechtlichen Legitimierung, dass das Naturrecht als „fragloses Axiom" gehalten werde. Der nemo tenetur-Grundsatz ist nicht naturrechtlich begründet.

Ferner ist bei der Deduktion aus naturrechtlichen Rechtssätzen zu beachten, dass das Ergebnis an Allgemeingültigkeit verliert, je weiter es sich vom Ursprungsrechtssatz entfernt.[599] Mit jedem von der Deduktionsquelle wegführenden Schritt wird der Einfluss der Empirie stärker und entsprechend schwächer wird die Wirkung der Quelle,[600] denn mit jeder weiteren Deduktion lässt die Evidenz nach und die Ergebnisse erscheinen zufälliger.[601] Sollte eine oberste naturrechtliche Norm, aus welcher der nemo tenetur-Grundsatz deduziert werden kann, gefunden werden, wäre diese abschwächende Wirkung zu berücksichtigen.

2. Kantianismus

Gerade in neuerer Zeit erfreut sich zur Begründung des ethischen nemo tenetur-Konzepts ein Rekurs auf den kantianischen Autonomiebegriff

---

[597] Welzel, JZ 1958, 494 (496).
[598] Wimmer, ZStW 1930, 538 (538).
[599] Baumann, Narkoanalyse, S. 101.
[600] Baumann, Narkoanalyse, S. 107, 110.
[601] Rommen, Die ewige Wiederkehr des Naturrechts, S. 230.

hoher Beliebtheit, wobei der Bezug zur Philosophie Kants gleichwohl in aller Regel unausgesprochen bleibt. Dies mag daran liegen, dass die Rechtsethik als Bestandteil der Rechtsphilosophie als eines der schwierigsten Teile der kantischen Philosophie insgesamt gilt[602] und deshalb versucht wird, dieses umstrittene Feld zu umgehen. Im Folgenden soll daher die Verbindung des Kantianismus mit dem nemo tenetur-Grundsatz untersucht werden. Dazu bedarf es einer für das Strafprozessrecht geeigneten, hermeneutischen Grundlegung, welche bislang nicht vorgelegt wurde, weswegen es mitunter schwierig ist, die auf Kant rekurrierenden Auffassungen nachvollziehen zu können.

a) Grundlegung
(1) Begriffsklärung Kantianismus
Der Kantianismus lässt sich als Ethik lakonisch dadurch beschreiben, dass er rationalistisch, formal und deontologisch ist. Das rationalistische Element ist geprägt durch die Differenzierung zwischen Verstand und Vernunft. Maßgeblich für die Ethik soll die Entscheidungsfindung anhand reiner Vernunft sein. Während der Verstand die Gesamtheit der Regeln und deren korrekte Anwendung besorgt und aufgrund von empirisch nachweisbaren Interessen, Gewohnheiten und Traditionen moralische Maximen gründet, nimmt die Vernunft eine reflexive und präskriptive Stellung hinsichtlich dieser Maximen ein und ermöglicht eine Beurteilung ihrer Moralität.[603] Formal ist die Kantische Ethik wegen der Begründung des Prinzips aller Moralität auf dem Kategorischen Imperativ[604], welcher von konkreten Inhalten frei ist. Die Deontologie dieser Ethik basiert darauf, dass sie zu kategorischen, das heißt unbedingten, Pflichten führt.[605]

---

[602] Pfordten, Rechtsethik, S. 378 mit weiteren Nachweisen.
[603] Ott, Moralbegründungen, S. 79.
[604] Mahlmann, Rechtsphilosophie und Rechtstheorie, § 6 Rn. 11.
[605] Zur Differenzierung von hypothetischen und kategorischen Imperativen siehe Kant, Grundlegung zur Metaphysik der Sitten, S. 414: „Alle Imperativen nun gebieten entweder hypothetisch oder kategorisch. Jene stellen die praktische Notwendigkeit einer möglichen Handlung als Mittel zu etwas anderem, was man will (oder doch möglich ist, dass man es wolle), zu gelangen vor. Der kategorische Imperativ würde der sein, welcher eine Handlung als für sich selbst, ohne Beziehung auf einen anderen Zweck, als objektiv-notwendig vorstellte." Siehe zum Unbedingtheitsanspruch des kategorischen

Ferner bezieht sich die Kantische Ethik lediglich auf die Innenseite, das heißt die tragende Gesinnung, einer Handlung,[606] nur sie ist der ethischen Beurteilung zugänglich, da nur diese durch die Vernunft beeinflusst werden kann. Hingegen ist die Ausführung, insbesondere die Folge einer Handlung, nach Kant von äußeren Faktoren abhängig und nicht bestimmbar durch die Vernunft des Handelnden.[607]

(2) Begriffsklärung Würde
Im Zentrum der Rechtsethik nach Kant steht der Begriff der Autonomie, welchem der der Würde übergeordnet ist.[608] Der Würdebegriff unterlag einer geschichtlichen Wandlung:[609] War er erst noch quantifizierbar, abwägbar, abhängig von sittlichen Verdiensten[610], ist er heute ein statusanzeigender Begriff.[611] Dabei ist der Begriff der Würde mehrdimensional, mindestens hat er eine rechtliche, eine ethische und eine religiöse Ebene, welche strikt voneinander zu trennen sind.[612] Die ethische Würde des Menschen wird aus der Natur des Menschen abgeleitet, die durch

---

Imperativs Craemer-Ruegenberg, Neue Hefte für Philosophie 1983, 45 (49 f.); Vergleiche zum Ganzen Kant, Metaphysik der Sitten, AA VI, S. 221 ff.: Notwendige Handlungen, mithin Pflichten, sind wegen des kategorischen Imperativs der Vernunft für jedes Subjekt bindend. Erlaubt sind lediglich die Handlungen, denen kein kategorischer Imperativ entgegensteht.

[606] Schwemmer, Neue Hefte für Philosophie 1983, 1 (2 ff.).
[607] Schwemmer, Neue Hefte für Philosophie 1983, 1 (4).
[608] Mahlmann, Rechtsphilosophie und Rechtstheorie, § 31 Rn. 23.
[609] Jüngst dazu Kipke/Gündüz, JURA 2017, 9 (10 ff.); siehe zum vergleichbaren inhaltlichen Wandel des Personenbegriffs Hattenhauer, in: Der Mensch als Person, S. 39 ff. mit weiteren Nachweisen. „Person" soll nach Hattenhauer noch im 18. Jahrhundert als Statussymbol sprachlich verwendet worden sein. Der Personenstatus nach diesem vormodernen Begriffsverständnis eröffnete dem Menschen unterschiedliche Rechte und Pflichten. Er bestimmte folglich das quantifizierbare Ausmaß der gesellschaftlichen Teilhabe eines Menschen. Siehe hierzu bereits Glafey, Grundsätze der bürgerlichen Rechtsgelehrsamkeit, 1720, S. 53.
[610] Hutcheson, Beauty and Virtue, 1725, S. 125 f., 191; im Ausgangspunkt diff. Pufendorf, Über die Pflicht, S. 78 f., welcher jedem Menschen zumindest bei Geburt dieselbe Würde zuerkennt; siehe zur anthropologisch allgemeinen und zur politische Dimension in der Antike auch Zucca-Soest, ARSP 2015 Beiheft 142, 117 (120).
[611] Stoecker, ARSP 2015 Beiheft 142, 91 (105) stellt die Frage, ob die Wandlung bereits abgeschlossen ist und falls nicht, wohin diese noch führen wird.
[612] Siehe auch Mastronardi, ARSP 2004 Beiheft 101, 93 (93).

seine vernunftsgeprägte Autonomie geprägt ist, sodass er seine Handlungen am Kategorischen Imperativ auszurichten vermag.[613] Aus der Kraft zur Selbstbestimmung des Menschen erwächst sodann der Anspruch auf Achtung dieser Selbstbestimmung.[614] Bezeichnend ist jedoch, dass der Würdebegriff in der Grundlegung zur Metaphysik der Sitten lediglich in der Reich-der-Zwecke-Formel zum kategorischen Imperativ Erwähnung findet.[615] Er ist dort als Dichotom des Preisbegriffs zu verstehen:[616] Was einen Preis hat, an dessen Stelle kann ein Äquivalent gesetzt werden, was dagegen über jeden Preis erhaben ist, mithin kein Äquivalent hat, das hat Würde.[617] In den Worten Kants: „Allein der Mensch als Person betrachtet, d.i. als Subject einer moralisch-praktischen Vernunft, ist über allen Preis erhaben; denn als ein solcher (homo noumenon) ist er [...] als Zweck an sich selbst zu schätzen, d.i. er besitzt eine Würde (einen absoluten innern Werth)."[618] Auf ethischer Ebene zwingt die Achtung vor der Würde der Menschen[619] zu einer respektvollen Distanz, die dem Menschen als moralischem Subjekt die Freiheit zu moralischem Handeln sichert.[620] Auf rechtlicher Ebene ist die wechselseitige Anerkennung autonomer Persönlichkeit und Würde konstitutiv für den kantischen Rechtsbegriff.[621] Sie sind gleichermaßen tragender normativer Grund und unüberschreitbare Grenze des Rechts.[622]

---

[613] Kant, Grundlegung zur Metaphysik der Sitten, AA IV, S. 440.
[614] Mastronardi, ARSP 2004 Beiheft 101, 93 (94).
[615] Pfordten, Menschenwürde, S. 33.
[616] Kalscheuer, Autonomie als Grund und Grenze des Rechts, S. 62; siehe auch Kipke/Gündüz, JURA 2017, 9 (11).
[617] Kant, Grundlegung zur Metaphysik der Sitten, AA IV, S. 434.
[618] Kant, Metaphysik der Sitten, AA VI, S. 434 f.
[619] Kant's Menschenwürdebegriff soll nach einer im Vordringen befindlichen Ansicht in der Tradition der Stoischen Philosophie – namentlich im Begriff der Erhabenheit - stehen, siehe Sensen, in: Abwägende Vernunft, 220 (225 ff.); ders., Kant-Studien 2009, 309 (309 ff.); ders., in: Kant-Studien 2015, 107 (107 ff.); affirmativ Horn, Nichtideale Normativität, 101 ff.; krit. hingegen Sandkühler, Menschenwürde, S. 114.
[620] Baranzke, zfmr 2010, 10 (19).
[621] Vgl. Kant, Grundlegung zur Metaphysik der Sitten, AA IV, S. 434; ders., Metaphysik der Sitten, AA VI, S. 223; Mastronardi, ARSP 2004 Beiheft 101, 93 (101 f.); Linke, JuS 2016, 888 (888); siehe auch Enders, Die Würde des Rechtsstaats liegt in der Würde des Menschen, 133 (133 ff.); Stübinger, Notwehr-Folter und Notstands-Tötung, S. 163.
[622] Kalscheuer, Autonomie als Grund und Grenze des Rechts, S. 228; Bielefeldt, Neuzeitliches Freiheitsrecht und politische Gerechtigkeit, S. 109.

## (3) Begriffsklärung Autonomie

Der inhaltliche Kern der Würde in der Konzeption Kants stellt die Autonomie des vernunftbegabten Wesens dar.[623] Damit werden die Bestimmungsgründe einer Handlung zum ethisch relevanten Kriterium erklärt, da nur diese wirklich gut sein können, nicht hingegen das menschliche Handeln selbst, da dessen Folgen unabsehbar sind.[624] Der Begriff ist diffizil, dennoch lässt sich die Selbstgesetzgebung des eigenen Willens durch die Vernunft als hermeneutischer Kern auffassen.[625] Der Anspruch jeder Person, das heißt eines jeden vernünftigen Wesens, das sich autonom entsprechend dem kategorischen Imperativ zu sittlichem Verhalten entschließen kann, auf Behandlung als Subjekt, nicht Objekt, folgt – wie oben beschrieben – aus der subjekteigenen Würdigkeit.[626]

Dabei gilt die Grundvorstellung, dass Autoren und Adressaten von moralischen Normen letztlich identisch sein sollen. Jeder einzelne soll nur die Gebote befolgen, die er sich selbst in der Rolle eines jeden anderen aus vernünftiger Einsicht gegeben hätte. Der ethischen Idee der Autonomie liegt somit die Vorstellung zugrunde, dass es Beschränkungen des eigenen Verhaltens gibt, denen man freiwillig beipflichten kann.[627]

---

[623] Mahlmann, Rechtsphilosophie und Rechtstheorie, § 31 Rn. 24.
[624] Vergleiche Kant, Metaphysik der Sitten, AA VI, S. 214: „Diese Gesetze der Freiheit heißen, zum Unterschiede von Naturgesetzen, moralisch. So fern sie nur auf bloße äußere Handlungen und deren Gesetzmäßigkeit gehen, heißen sie juridisch; fordern sie aber auch, dass sie (die Gesetze) selbst die Bestimmungsgründe der Handlungen sein sollen, so sind sie ethisch, und alsdann sagt man: die Übereinstimmung mit den ersteren ist die Legalität, die mit den zweiten die Moralität der Handlung." Siehe auch Mahlmann, Rechtsphilosophie und Rechtstheorie, § 6 Rn. 13.
[625] Baranzke, zfmr 2010, 10 (19).
[626] Hoyer, in: FS-Rolinski, 81 (86); Pfordten, Normative Ethik, S. 79. Es ist sehr kritisch an dem Verständnis, die Menschenwürde sei eine Art Prämie für durch Vernunft geprägte Autonomie, zu sehen, dass damit die Autonomielosen, welche besonders schützenswert erscheinen, gerade nicht ethisch relevant sind.
[627] Ott, Moralbegründungen, S. 36.

Kant begründet das Prinzip aller Moralität auf dem Kategorischen Imperativ[628]: „Handle so, dass die Maxime deines Willens jederzeit zugleich als Prinzip einer allgemeinen Gesetzgebung gelten könne."[629] Er entwickelt im zweiten Abschnitt der Grundlegung zur Metaphysik der Sitten unterschiedliche Konkretisierungsformeln des Kategorischen Imperativs, die seinem Verständnis förderlich sind:[630]
(1) Die Universalisierungsformel: „Handle nur nach der Maxime, durch die du zugleich wollen kannst, dass sie ein allgemeines Gesetz werde."[631] Damit wird die Universalisierbarkeit zum Richtigkeitskriterium.[632] Grundlage des Prinzips der allgemeinen Gesetzgebung ist das Vernunftwesen, welches seinen Willen durch reine Vernunft selbst bilden kann. Für dieses Prinzip muss, da die Vernunft über eine universelle Identität verfügt, eine Allgemeinverbindlichkeit verlangt werden. Das „reine" Vernunftwesen stellt somit einen Gesetzgeber dar. Jedermann, der die reine Vernunft zur Grundlage zur Begründung und Beurteilung seines Willens macht, wird dieselbe moralische Maxime aufstellen.[633] „Ein Wille ist demnach vernünftig, wenn er den vernünftigen Willen aller anderen anerkennt und mit diesem übereinstimmt."[634]

---

[628] Zum Begriff des Imperativs siehe Kant, Grundlegung zur Metaphysik der Sitten, AA IV, S. 413: „Die Vorstellung eines objektiven Prinzips, sofern es für einen Willen nötigend ist, heißt ein Gebot (der Vernunft), und die Formel des Gebotes heißt Imperativ. Alle Imperative werden durch ein Sollen ausgedrückt und zeigen dadurch das Verhältnis eines objektiven Gesetzes der Vernunft zu einem Willen an, der seiner subjektiven Beschaffenheit nach dadurch nicht notwendig bestimmt wird (eine Nötigung). Sie sagen, dass etwas zu tun oder zu unterlassen gut sein werde, allein sie sagen es einem Willen, der nicht immer darum etwas tut, weil ihm vorgestellt wird, dass es zu tun gut sei."
[629] Kant, Kritik der praktischen Vernunft, AA V, S. 30.
[630] Vergleiche Mahlmann, Rechtsphilosophie und Rechtstheorie, § 6 Rn. 11.
[631] Kant, Grundlegung zur Metaphysik der Sitten, AA IV, S. 421. Die Möglichkeit der Verallgemeinerung eines Tuns führt nicht zu einem Gebot, sondern nur zu seiner Erlaubnis. Diese steht sodann nur unter den Regeln der Klugheit. Siehe hierzu Birnbacher, Analytische Einführung in die Ethik, S. 139; M. Singer, Verallgemeinerung in der Ethik, S. 279; Pfordten, Normative Ethik, S. 175 mit weiteren Nachweisen.
[632] Vgl. Tschentscher, Gerechtigkeit, S. 198.
[633] Vgl. Schwemmer, Neue Hefte für Philosophie 1983, 1 (11).
[634] Schwemmer, Neue Hefte für Philosophie 1983, 1 (21).

(2) Die Selbstzweckformel: „Handle so, dass du die Menschheit sowohl in deiner Person, als in der Person eines jeden anderen jederzeit zugleich als Zweck, niemals bloß als Mittel brauchst."[635] Aus juristischer Sicht ist der Selbstzweckformel deshalb besondere Bedeutung zugekommen, weil aus ihr die Objektformel[636] entstanden ist: Es ist mit der Würde des Menschen nicht vereinbar, ihn zum bloßen Objekt der Staatsgewalt zu instrumentalisieren.[637]

(3) Die Reich-der-Zwecke-Formel: „Im Reich der Zwecke hat alles entweder einen Preis oder eine Würde. Was einen Preis hat, an dessen Stelle kann auch etwas anderes als Äquivalent gesetzt werden; was dagegen über allen Preis erhaben ist, mithin kein Äquivalent verstattet, das hat Würde."[638] Im Reich der Zwecke unterscheidet Kant zwischen Markt- und Affektionspreis.[639] „Demnach muss ein jedes vernünftiges Wesen so handeln, als ob es durch seine Maximen jederzeit ein gesetzgebendes Glied im allgemeinen Reich der Zwecke wäre."[640]

Der Mensch lebt als Individuum neben der sinnlich wahrnehmbaren Welt zugleich im Reich der Zwecke, in welchem niemand zu einer moralischen Handlung genötigt werden muss, sondern die Menschen allein als Vernunftwesen existieren und daher das Handeln aus eigener Vernunft wollen.[641] „Allein der Mensch, als Person betrachtet, d. i. ein Subjekt einer moralisch-praktischen Vernunft, ist über allen Preis erhaben; denn als ein solcher (homo noumenon) ist er nicht bloß als Mittel zu anderen ihren, ja selbst seinen eigenen Zwecken, sondern als Zweck an sich selbst zu schätzen, d. i. er besitzt eine Würde (einen absoluten inneren Wert), wodurch er allen anderen vernünftigen Weltwesen Achtung für ihn abnötigt, sich mit jedem Anderen dieser Art messen und auf den Fuß der

---

[635] Kant, Grundlegung zur Metaphysik der Sitten, AA IV, S. 429.
[636] Dürig, AöR 1956, 117 (117 ff.); kritisch zum Nutzen dieser Formel Schramm, Abwassereinleiter, S. 49; Jahn, StV 1998, 653 (654 Fn. 13); Rogall, Der Beschuldigte, S. 141.
[637] vgl. BVerfGE 30, 1 (25 f., 39 ff.); BVerfGE 96, 375 (399); vergleiche hinsichtlich des Strafverfahrens BVerfGE 45, 187 (228); BVerfGE 72, 105 (116); BVerfG, NJW 2004, 999 (1001); mit weiteren Nachweisen BVerfG, NJW 2013, 1058 (1060).
[638] Kant, Grundlegung zur Metaphysik der Sitten, AA IV, S. 434.
[639] Kant, Grundlegung zur Metaphysik der Sitten, AA IV, S. 434 f.; Cattaneo, ARSP 2004 Beiheft 101, 24 (26).
[640] Kant, Grundlegung zur Metaphysik der Sitten, AA IV, S. 438.
[641] Schwemmer, Neue Hefte für Philosophie 1983, 1 (14).

Gleichheit schätzen kann."[642] „Achtung, die ich für andere trage, oder die ein anderer von mir fordern kann, ist die Anerkennung einer Würde an anderen Menschen, d.i. eines Werths, der keinen Preis hat, kein Äquivalent."[643]

(4) Das Verhältnis von Autonomie, Würde und Kantianismus

Der innere Bestand der rechtsethischen Zwecksetzung im Kantianismus ist die Autonomie, sie ist daher „Grund der Würde"[644]. Aus der Freiheit des Willens fließt die Selbstgesetzgebung, die Autonomie[645] und als autonomes Wesen ist der Mensch Mitglied im Reich der Zwecke und hat insofern Würde.[646] Damit ist nicht die Würde der eigentliche Ausgangspunkt der kantischen Ethik, sondern die daraus folgende autonome Fähigkeit des Menschen, selbstbestimmt zu existieren.[647]

Die Reflexion eigener Handlungspflichten hat nicht die Gewohnheit, eine Autorität, die Erwartung künftigen Nutzens oder Vergleichbares zur Grundlage, sondern ist allein anhand von nach dem Kategorischen Imperativ verallgemeinerungsfähigen Maximen vorzunehmen.[648] Sollte die Maxime einer dahingehenden Untersuchung standhalten und als allgemeines Gesetz gedacht und gewollt sein, ist von einer autonomen Willensbildung zu sprechen. Die abstrakte Fähigkeit zur Maximenbildung und Zwecksetzung macht die Autonomie aus, deren Ausschluss nach der kantischen Rechtsethik unzulässig ist.[649]

In der ethischen Argumentation des Kantianismus ist die Selbstgesetzgebung des Willens das „alleinige Prinzip aller moralischen Gesetze und

---

[642] Kant, Grundlegung zur Metaphysik der Sitten, AA IV, S. 434 f.
[643] Kant, Grundlegung zur Metaphysik der Sitten, AA IV, S. 429. Siehe zum ganz ähnlichen soziologischen Autonomiebegriff Zucca-Soest, ARSP 2015 Beiheft 142, 117 (127) mit weiteren Nachweisen: „Für das Individuum [besteht] im Kontext der Bedrohung durch die Gesellschaft die Chance, im Rahmen bestehender kultureller und rechtlicher Schranken bestimmte Orientierungs- und Verhaltensmuster aus einem Repertoire von Werten und Verhaltensmustern auszuwählen und somit zwischen Konformität und Nonkonformität frei zu entscheiden."
[644] Kant, Grundlegung zur Metaphysik der Sitten, AA IV, S. 436; siehe auch Kalscheuer, Autonomie als Grund und Grenze des Rechts, S. 62.
[645] Mahlmann, Rechtsphilosophie und Rechtstheorie, § 6 Rn. 13 ff..
[646] Pfordten, Menschenwürde, Recht und Staat bei Kant, S. 20 f.
[647] Schopenhauer, Die beiden Grundprobleme der Ethik, Werke III, Anm. 523.
[648] Vergleiche auch Zucca-Soest, ARSP 2015 Beiheft 142, 117 (126).
[649] Pfordten, Rechtsethik, S. 403.

der ihnen gemäßen Pflichten. [...] Also drückt das moralische Gesetz nichts anderes aus als die Autonomie der reinen praktischen Vernunft."[650] Die Autonomie des Menschen, das heißt dessen Selbstgesetzgebung, ist das Fundament der kantischen Ethik.

b) Der nemo tenetur-Grundsatz und Autonomie
Dem Autonomiebegriff wird in der Diskussion um den Schutzgegenstand des nemo tenetur-Grundsatzes enorme Bedeutung zugeschrieben.[651] Dabei wird seit mehreren Jahrzehnten versucht, eine Verbindung zwischen dem nemo tenetur-Grundsatz und dem Autonomiebegriff herzustellen. So heißt es, ein Zwang zu einer Aussage im Strafverfahren würde den Menschen um die Selbstgesetzgebung berauben, er träte nur noch als bloßes Mittel im Rahmen einer Untersuchung auf.[652] Es solle daher durch den nemo tenetur-Grundsatz die verfahrensrechtliche Autonomie geschützt werden.[653] Im Folgenden wird der Versuch unternommen, die verschiedenen Autonomiekonzeptionen aufzuschlüsseln und zu ordnen. Eine exakte Strukturierung der einzelnen Auffassungen ist dabei mitunter nur durch Ergänzungen des Autonomiebegriffs zu erreichen.

(1) Die Verbindung zwischen dem nemo tenetur-Grundsatz und der kantischen Ethik
In der Rechtswissenschaft taucht die Verknüpfung von dem nemo tenetur-Grundsatz mit der Autonomie in dessen rechtsbegrifflicher Ausprägung der Menschenwürde[654] ganz verbreitet auf.[655] Jedoch bemühten

---

[650] Kant, Kritik der praktischen Vernunft, AA V, S. 33; siehe zur Autonomie als Grund moralischer Rechtfertigung Wesche, ARSP 2015 Beiheft 142, 41 (51 f.).
[651] Doege, nemo-tenetur-Grundsatz, S. 99 ff.; Eschelbach, GA 2015, 545 (548); Kasiske, StV 2014, 423 (425).
[652] Bereits Rüping, JR 1974, 135 (136): „Anlehnung an den Kantischen Autonomiebegriff".
[653] Rüping, JR 1974, 135 (139).
[654] Siehe zu der nicht mehr überschaubaren Literatur zum Ideologieverdacht des Begriffs Menschenwürde nur Duttge, ARSP 2015 Beiheft 142, 145 (145); Linke, JuS 2016, 888 (889), welcher in der begrifflichen Unbestimmtheit auch einen Vorteil hinsichtlich der gesellschaftlichen Wandelbarkeit sieht.
[655] BGHSt 14, 358 (364); Doege, nemo-tenetur-Grundsatz, S. 99 ff.; Eschelbach, GA 2015, 545 (548); Kasiske, StV 2014, 423 (425); Kahlo, KritV 1997, 183 (205); Höfling, JuS 1995, 857 (857 ff.); Vitzthum, JZ 1985, 201 (201 ff.); Kraft, nemo tenetur-Prinzip,

sowohl das Bundesverfassungsgericht als auch der Bundesgerichtshof auch rechtsethisch aufgeladene Begrifflichkeiten, die an die kantische Autonomie erinnern, wenn sie konstatieren, dass der nemo tenetur-Grundsatz darin wurzeln solle, „dass selbst der Tatverdächtige und Straffällige der Gesamtheit stets als selbstverantwortliche, sittliche Persönlichkeit gegenübersteht."[656] Jüngst hat der BGH in seiner Rechtsprechung den Schutzgegenstand des Grundsatzes weiter konkretisiert, indem er die Mitteilungs- und Dokumentarpflichten beim Deal nach §§ 257c, 243 Abs. 4 S. 2 StPO und § 273 Abs. 1a StPO sowie die Belehrungspflicht des § 257c Abs. 5 StPO mit der Fähigkeit zur autonomen Willensbildung des Angeklagten begründete[657] - wobei der rechtlich herangezogene Begriff der Autonomie aus der kantischen Ethik entlehnt sein dürfte.

(a) Der nemo tenetur-Grundsatz als Ausprägung der Autonomie
In der Literatur ist der rechtsethische Begründungsversuch hinsichtlich des nemo tenetur-Grundsatzes mithilfe des Autonomiebegriffs sehr verbreitet.[658] Dem Grundsatz liege das „zutiefst humanistische Bemühen", der „eigenverantwortlichen Willensfreiheit des Beschuldigten in größtmöglichen Umfang gerecht zu werden" zugrunde.[659] Der Grundsatz sei daher ein Ausfluss der Entscheidungsautonomie des Beschuldigten,[660]

---

S. 61, 177; andere Ansicht Chiesa, Boston College Third World Law Journal 2010, 35 (47).
[656] BVerfG, NJW 1996, 2940 (2942) - Hörfalle; siehe jüngst BVerfG, JZ 2016, 1113 (1115); BGH, NJW 1954, 649 (649) - Lügendetektor.
[657] BGH, Urteil v. 14.04.2015, 5 StR 20/15, Rn. 17; BGH, Urteil v. 07.10.2014, 1 StR 182/14, Rn. 17 ff.
[658] Kritisch jüngst Dannecker, ZStW 2015, 991 (1015); siehe auch Pawlik, GA 1998, 378 (383).
[659] Eser, ZStW 1967, 565 (567); siehe auch Rüping, JR 1974, 135 (139); Kasiske, StV 2014, 423 (425); Engländer, ZIS 2007, 163 (165); Schaefer, Nemo-Tenetur-Grundsatz, S. 113 f., 139; Dannecker, ZStW 2015, 370 (391).
[660] Roxin, StV 2012, 131 (132); ähnlich Doege, nemo-tenetur-Grundsatz, S. 99 f.

ob und unter welchen Bedingungen er an der eigenen Überführung mitwirke.[661] Erst dadurch werde die Autonomie des Beschuldigten gewährleistet,[662] denn ein Zwang im Sinne einer Verletzung der Selbstbelastungsfreiheit müsse als Mangel an Selbstbestimmtheit verstanden werden.[663] Die Selbstbelastungsfreiheit schützt folglich die kommunikative Autonomie vor Zwang und einer irgendwie gearteten staatlichen Verwertung des Ergebnisses dieses Zwangs.[664]

Auf den ersten Blick mag Dürig, der bedeutendste Wissenschaftler der Bereich des grundgesetzlichen Begriffs der Menschenwürde, bereits ein Vertreter der These gewesen sein. Er stellt zumindest die „Wahrheitsermittlung der Strafjustiz durch physischen Zwang" als den „Schulfall" der Degradierung eines Menschen zum Objekt eines staatlichen Verfahrens dar.[665] Jedoch ist Dürig auch der Auffassung, dass Art. 1 Abs. 1 GG jedenfalls nicht entgegenstehen würde, „wenn de lege ferenda bei aussichtslosen normalen Wahrheitsermittlungen (etwa bei Gewohnheitsverbrechern, bei wegen Meineides Vorbestraften) weitergehende Methoden der Wahrheitserforschung zu Gunsten des schuldlosen Opfers ausgeschöpft würden."[666] Des Weiteren lassen sich die Ausführungen Dürigs nicht für eine Argumentation gegen den nemo tenetur-Grundsatz fruchtbar machen, da der Grundsatz in seiner bedeutenden Ausprägung, dem Verbot einer Würdigung des schweigenden Aussageverhaltens, vor Beeinträchtigungen weit über den physischen Zwang hinaus schützt. Dürig scheidet deshalb als geistiger Urheber der kantianischen Begründung des nemo tenetur-Grundsatzes aus.

Angesichts des Umstandes, dass auf eine nähere rechtsethische Auseinandersetzung mit dem kantischen Autonomiebegriff – soweit ersichtlich – verzichtet wird, fällt es schwer den Ursprung dieses Ansatzes ausfindig zu machen. Beispielsweise setzen sich die zentrale Schrift Rogalls und

---

[661] Roxin, StV 2012, 131 (132).
[662] Ostendorf, FS-Roxin, 2011, 1329 (1337).
[663] MüKo-StPO/Schuhr, Vor §§ 133 ff, Rn. 91.
[664] Sarhan, wistra 2015, 449 (455).
[665] Dürig, AöR 1956, 117 (128).
[666] Dürig, AöR 1956, 117 (128).

jüngst auch Doege nahezu gar nicht mit der Literatur Kants auseinander, gleichwohl wird teilweise ganz umfangreich auf die Autonomie des Beschuldigten rekurriert. Die verschiedenen Auffassungen belassen es dann bei der Beteuerung der These, die Autonomie und der Grundsatz hingen zusammen; dieser diene dem Schutze von jener. Zur Untersuchung des Zusammenhanges wäre es über die reine Behauptung jedoch erforderlich, den spezifischen Autonomieverstoß herauszuarbeiten.

Die erste Weichenstellung ist, dass es hierbei nicht auf ein physisches oder ein psychisches Leid ankommen kann[667], sondern der Verstoß metaphysisch aufzufassen ist[668]. Die Autonomie ist als Konzeption kein naturwissenschaftlicher, empirisch ermittelbarer Seinszustand, sondern geht in der sozialen Kommunikationsbeziehung zwischen den Menschen auf: „Der Mensch hat, als solcher, keine Rechte – aber er hat Rechte gegen einen Menschen."[669] Es ist daher nicht jeder empirisch feststellbare, abnorme Körperzustand eine Würdeverletzung, es kommt vielmehr auf ein der Zurechnung zugängliches Verhalten einer Person, die die Würde einer anderen verletzt, an. Durch den biomedizinischen Schaden allein wird nur der Mensch als kreatürliches Individuum verletzt, nicht jedoch die Person als Vernunftwesen. Ein derartiger Schaden ist nicht mal eine Voraussetzung einer Würdeverletzung, daher kommt es auch nicht darauf an, ob der Betroffene sich selbst in seinem Würdegefühl verletzt sieht.[670]

Beeinträchtigungen des Bewusstseinszustandes eines Betroffenen, beispielsweise durch geistig-seelische Krankheiten oder durch staatliche Täuschung hervorgerufen, oder Menschen, die keinen autonomen Wil-

---

[667] So Hilgendorf, FS-Puppe, S. 1659, nach dem ein qualvolles Verdursten eines Menschen auf einer Insel bereits eine Menschenwürdeverletzung darstellen soll; ähnlich Eisenhardt, nemo tenetur-Prinzip, S. 212; siehe auch Rothhaar, Die Menschenwürde als Prinzip des Rechts, S. 324 ff., der entschieden für eine Verknüpfung der Menschenwürde und Recht auf Leben eintritt.
[668] So auch Stübinger, Notwehr-Folter und Notstands-Tötung, S. 164 ff. Vergleiche zu der These, dass das physische Wohlbefinden, insbesondere das Leben, die vitale Basis der Menschenwürde darstellt BVerfGE 39, 1 (42); Goerlich, Werteordnung und Grundgesetz, S. 78.
[669] Hardenberg, Das philosophische Werk II, S. 187.
[670] Siehe zur Einwilligung zu Art. 1 Abs. 1 GG.

len bilden können, beispielsweise Kleinstkinder, müssen also außer Betracht bleiben.[671] Daher ist auch der Einwand, dass nur der Würdige sich auf den Schutz seiner Autonomie berufen dürfe, verfehlt: „Die Achtung der Würde eines Menschen müsste dann ebenfalls grundlos erscheinen, soweit es die nicht-autonomen Handlungen betrifft. Dann müsste gelten, dass unsittliches Verhalten mangels Autonomie den Grund der Würde entziehe. Einer alten Redensart folgend dürfte daher eigentlich nur von einer ‚Würde der Unschuld' gesprochen werden, während sich der Schuldige unwürdig verhalte und auch entsprechend würdelos behandelt werden dürfe."[672] Wenn also die Würde des Menschen an die sittlich-autonome Willensbildung gekoppelt sein sollte, könnte eingewendet werden, dass unsittliches und damit, im Sinne praktischer Freiheit[673] unfreies Handeln zugleich unwürdig sei und dazu führen könnte, dass die Würde eines solchen Akteurs ebenfalls nicht mehr geachtet werden müsste.[674] Maßgeblich ist aber der verobjektivierte Bewusstseinszustand eines Menschen.

Im Ergebnis ist also zu beachten, dass sich die metaphysische Dimension einer Würdeverletzung nicht in der körperlichen Erfahrung von Schmerz, sondern in dem Sinngehalt des Kommunikationsaktes zwischen zwei Personen darstellt. Der durch den Zwang zur Selbstbelastung ausgelöste körperliche Schmerz kann lediglich ein Übertragungsmedium von Kommunikation darstellen.[675] Die wechselseitige Anerkennung der autonomen Selbstbestimmung ist als ein solcher Kommunikationsakt das prägende Element des Rechts, aus welcher die Zurechenbarkeit von Handlungen folgt. Diese Zurechnung meint dabei die Bestimmung der Urheberschaft einer Handlung, „die alsdann Tat (factum) heißt und unter Gesetzen steht"[676]. Eben jene Zurechnung wird bei einer gewaltsamen Erzwingung unterbrochen, daher wird derjenige, gegenüber

---

[671] Kipke/Gündüz, JURA 2017, 9 (11 f.).
[672] Stübinger, Notwehr-Folter und Notstands-Tötung, S. 105.
[673] In Abgrenzung zu transzendentaler, epistomologisch-konstitutiver Freiheit, siehe Kant, Kritik der reinen Vernunft, AA III, S. 310 ff.
[674] Zur Verknüpfung von Freiheit und Sittlichkeit im kantischen Sinne siehe Seelmann, Menschenwürde, 67 (67 ff.); Stübinger, Notwehr-Folter und Notstands-Tötung, S. 105.
[675] Vgl. auch Stübinger, Notwehr-Folter und Notstands-Tötung, S. 167.
[676] Kant, Metaphysik der Sitten, AA VI, S. 227.

dem Zwang angewendet wird, damit er gegen sich selbst handelt, nicht länger als autonome Person anerkannt.[677] Die Handlung kann dem unter Zwang Stehenden nicht mehr als eigene, freie Handlung zugerechnet werden. Er würde darüber hinaus durch die intraindividuelle Heteronomie als Person verneint: Es käme zu einer Entpersönlichung. Da ein staatliches Gemeinwesen als Rechtsverhältnis den Personenstatus der Bürger konstitutiv erfordert, kann ein Staat auf derartige Verhaltensweisen aber nicht zurückgreifen.[678] Die Rechtssubjektivität ist die normative Substanz der rechtsstaatlichen Verfassungsordnung und setzt die unbeschadete Fähigkeit zur Autonomie voraus. „Dies beinhaltet den Ausschluss von Maßnahmen, durch die jemand gleichsam gegen sich selbst gewendet wird und zur kooperativen Aussage gegen sich gezwungen werden soll. Die Legitimität staatlichen Handelns hat insofern die unbeugsame und ungezwungene Willensbildung der Bürger zur Bedingung."[679]

---

[677] Vgl. zum Würdeverstoß bei Folter Sussman, Philosophy & Public Affairs 2005, 1 (4 und 21 ff.): „torture forces its victim into the position of colluding against himself through his own affects and emotions, so that he experiences himself as simultaneously powerless and yet actively complicit in his own violation. [...] What the torturer does is to take his victim's pain, and though it his victim's body, and make himself into something that moral philosophy tells us should be impossible: a natural slave, a truly heteronomous will. The victim retains enough freedom and rationality to think of himself as accountable, while he nevertheless finds himself, despite all he can do, to be expressing the will of another. [...] the victim experiences his body in all ist intimacy as the expressive medium of another will."; sowie auch Beestermöller, Freiburger Zeitschrift für Theologie und Philosophie 2009, 451 (458 ff.); Stübinger, Notwehr-Folter und Notstands-Tötung, S. 169: „Die erfolterte Handlung lässt sich nicht ohne willentliche Mitwirkung des Gefolterten nicht erreichen. Dies unterscheidet die Folter von anderen Zwangsmaßnahmen, die darauf dringen, das Unterbleiben eines Tuns zu bewirken. Der Gefolterte spürt die Gewalt nicht etwa nur als äußere Handlungsbarriere, sondern als Zwang zu einem inneren Tatendrang."

[678] Andere Ansicht Machiavelli, Der Fürst, Kap. 15, S. 88: „Jemand, der es darauf anlegt, in allen Dingen moralisch gut zu handeln, muss unter einem Haufen, der sich daran nicht kehrt, zugrunde gehen. Daher muss ein Fürst, der sich behaupten will, sich auch darauf verstehen, nach Bedarf nicht gut zu handeln, und dies tun oder lassen, so wie es die Notwendigkeit erfordert."

[679] Stübinger, Notwehr-Folter und Notstands-Tötung, S. 266.

Der nemo tenetur-Grundsatz soll dabei notwendige Voraussetzung der Subjektstellung des Beschuldigten im Strafverfahren,[680] die Wahlmöglichkeit zwischen Aussage und Schweigen mithin für die Subjektstellung konstitutiv sein.[681]

(b) Stellungnahme

Diese ethische Herleitung des nemo tenetur-Grundsatzes aus dem Autonomiebegriff ist abzulehnen. Die Autonomie des Menschen, als Rechtsbegriff: die Menschenwürde, bleibt zu abstrakt um aus ihr den nemo tenetur-Grundsatz zu deduzieren. Der Mensch sehe sich „nicht selten" Zwängen gegenüber, die die Bildung eines eigenen Willens vereiteln oder diesen brechen sollen, darin allein könne jedoch noch keine Verletzung der Menschenwürde erblickt werden.[682] Der bereits oben angeführte Beschluss des Zweiten Senats des Bundesverfassungsgerichts vom 29.05.1963 hat daher richtigerweise zum Verhältnis des Straftäters zur Rechtsordnung den allgemeinen Rechtssatz formuliert, dass der Bürger „nicht durch das Verbot der Unfallflucht entwürdigt wird, wenn die Rechtsordnung von ihm verlangt, dass er für die Folgen seines menschlichen Versagens einsteht und die Aufklärung von Unfallsachen wenigstens nicht durch die Flucht erschwert oder gar vereitelt"[683]. Eingriffe in die Autonomie können demnach durchaus im Interesse einer funktionsfähigen Strafrechtspflege gerechtfertigt sein,[684] die Funktionsfähigkeit der Strafrechtspflege wäre vielmehr insgesamt in Frage gestellt, wenn jeder Eingriff in die Autonomie unzulässig wäre. Die Autonomie an sich – ohne weitere Beschreibung des tieferen Ableitungssätzes – ist

---

[680] BGH, NJW 2007, 3138 (3140); Queck, Geltung, S. 181 f.; Rüping, JR 1974, 135 (137); Rieß, FS-Reichsjustizamt, 373 (415); Pieth, FS-Eser, 599 (607); Nickl, Schweigen, S. 25 f.; Bauer, Aussage, S. 44; Freier, ZStW 2010, 117 (138).
[681] Eser, ZStW 1967, 565 (570 f.); Kühl, JuS 1986, 115 (117); Fezer, FS-Stree/Wessels, 663 (669); Nickl, Schweigen, S. 25 f.; Schaefer, Nemo-Tenetur-Grundsatz, S. 143, 162; Kopf/Szalai, NNJ 2010, 363 (364). So darf das Schweigen auch nicht als Beweis gewürdigt werden, andernfalls käme dem Schweigen ein eigenständiger Erklärungswert zu, welcher die Wahlfreiheit aufheben würde.
[682] Löffelmann, Wahrheitserforschung im Strafverfahren, S. 67 mit weiteren Nachweisen.
[683] BVerfGE 16, 191 (194); siehe auch Möller, JR 2005, 314 (316).
[684] Siehe hierzu in der us-amerikanischen Literatur Dolinko, UCLA Law Review 1986, 1063 (1140 f.).

nicht in der Lage, ein tragfähiges ethisches Konzept zu bieten, da es an konkret-materiellen Anforderungen mangelt.[685] Zur näheren Erklärung kann auf die strafrechtliche Dogmatik zum Nötigungstatbestand zurückgegriffen werden. Auch dort kommt es nicht allein auf die Beeinträchtigung der selbstbestimmten Willensbildung an. Eine rechtswidrige Beeinträchtigung der Willensbildungs- und -betätigungsfreiheit setzt mindestens voraus, dass sie in verwerflicher Weise erfolgt. Noch weitreichender soll nach Horn/Wolters bereits auf Tatbestandsebene eine Korrektur des weiten Rechtsgutes „Freiheit der Willensbildung und Willensbetätigung"[686] vorgenommen werden. Ohne normative Wertung der zugesicherten Handlungsräume könne das Rechtsgut nämlich nicht dogmatisch brauchbar verwendet werden, da viele Willensbildungen oder –betätigungen geschützt wären, die keinen Schutz verdienen sollen. Als Beispiel führen Horn/Wolters den Schläger an, gegen welchen sich das Opfer „in den Formen des § 240" StGB verteidigt, auch tatbestandsmäßig geschützt sein solle.[687] Auch strafprozessuale Mittel wie die Beugehaft bezwecken eine Beeinträchtigung der Autonomie und sind in vielen Fällen zulässig. Diese Konstellationen zielen auf den Bruch oder zumindest die Beugung des Willens ab, greifen damit in die Autonomie ein und sind dennoch ethisch richtig.[688] Dabei hilft auch die Differenzierung Kants, ein unzulässiger Autonomieeingriff liege erst dann vor, wenn der Mensch nur noch als Mittel, nicht mehr zugleich als Zweck gilt,[689] nicht weiter. Eine derartige Behandlung kommt dem schweigenden Beschuldigten, dessen Schweigen richterlich als Schuld- oder Strafzumessungsindiz gewürdigt wird, nicht zu. Er hat immer noch

---

[685] Siehe zur Kritik des Rechtsbegriffs „Menschenwürde" Baldus, Kämpfe um die Menschenwürde, S. 246: „Inhaltlich ist die Norm weitestgehend unbestimmt geblieben."
[686] MüKo-StGB/Sinn, § 240 Rn. 2 ff.
[687] SK-StGB/Horn/Wolters, § 240 Rn. 2 f.
[688] Steinhoff, On the Ethics of Torture, S. 113, 114; kritisch hierzu Bielefeldt, Menschenwürde und Folterverbot, S. 12.
[689] In der Rechtphilosophie werden daher zusätzliche Kriterien vorschlagen, um den Menschenwürdeeingriff klarer definieren zu können: Instrumentalisierung bei Stoecker, ARSP 2015 Beiheft 142, 91 (99); Sakralität des Menschen bei Duttge, ARSP 2015 Beiheft 142, 145 (148 ff.); Empathie bei Zucca-Soest, ARSP 2015 Beiheft 142, 117 (134 ff.); Hume, Untersuchung der Grundlagen der Moral, S. 108 ff.

eine Fülle strafprozessualer Rechte, welche auch ohne ein Schweigerecht sehr gewichtig sind. So darf er beispielsweise immer noch bei der Besorgnis einer Befangenheit Richter ablehnen, er darf Beweisanträge stellen und Rechtsmittel einlegen.[690] Die Selbstbelastungsfreiheit in seiner heutigen Ausprägung mit einem Kern und zwei Peripherien konstituiert damit die autonomie-basierte Subjektstellung des Beschuldigten nicht.

Vielmehr führt die Bindung der Würde an den Begriff der Person zu einer Zurechenbarkeit von Handlungen an freie Menschen. Nur als solche freie und zurechnungsfähige Subjekte sind Menschen in der Lage, sich miteinander in Beziehung zu setzen.[691] Die Zurechenbarkeit ist aber nicht voraussetzungslos, sondern erfordert die Autonomie als Grund der Würde der menschlichen und jeder vernünftigen Natur.[692] Die Vernunft lässt sich dabei als „Verpflichtungsfähigkeit der natürlichen Personen"[693] auffassen. Die rechtliche Zuordnung von Verantwortung entspricht der menschlichen Vernunft, da Rechtspflichten die vernünftige Koordination der subjektiven Rechte gewährleisten. Wer einen freien Willen hat (zumindest zugeschriebener Weise), muss sich für die Folgen dessen Realisierung in einem Rechtssystem auch verantworten,[694] deshalb muss die praktische Autonomie als Selbstgesetzgebung des Willens auf dem Gedanken der Selbstverantwortung basieren.[695] Eine derart weite Selbstbelastungsfreiheit wie im deutschen Strafverfahrensrecht ergibt sich hieraus jedoch nicht ohne weiteres. Ein etwaiges Spannungsverhältnis zwi-

---

[690] Siehe auch Steinhoff, On the Ethics of Torture, S. 110, 111: Diktator-Zwillingsbruder-Beispiel bei dem der Bruder zur Rettung von 2312 Menschen instrumentalisiert wird, indem er auf einer Plattform für wenige Minuten zu stehen hat. Denn sein exaktes Gewicht (welches identisch mit dem des Diktators ist, der sich diese Plattform für Gnadenfälle hat einbauen lassen) führt zu einer Unterbrechung der Exekution der 2312 Menschen und ermöglicht so ihre Rettung.
[691] Siehe auch Baranzke, Menschenwürde – nichts als ein Rechtsbegriff?, 191 (203 ff.); Stübinger, Notwehr-Folter und Notstands-Tötung, S. 96.
[692] Kant, Grundlegung zur Metaphysik der Sitten, AA IV, S. 436; Stübinger, Notwehr-Folter und Notstands-Tötung, S. 98.
[693] Mastronardi, ARSP 2004 Beiheft 101, 93 (103).
[694] Mastronardi, ARSP 2004 Beiheft 101, 93 (103, 104).
[695] Kahlo, KritV 1997, 183 (197).

schen Autonomie und vernunftsbasierten Rechtspflichten ist dahingehend aufzulösen, dass ein Mindestmaß an Autonomie gegen die Verletzung durch die auferlegten Pflichten geschützt sein muss.[696]

(c) Zwischenergebnis
Der Rückgriff auf einen allgemeinen Autonomiebegriff ist daher im Ergebnis untauglich als ethisches Fundament. Unter Berücksichtigung der Ubiquität der Menschenwürde in einer auf der abstrakten Freiheitsidee individueller Autonomie beruhenden Verfassungsordnung ist der Verweis auf eine unbestimmt beschaffene Autonomie unzureichend.[697] Insbesondere die beweiswürdigungsrechtlichen Folgen kann die allgemein gehaltene Autonomiethese nur schwerlich erklären. Genauso wenig lässt sich der unzulässige Autonomieeingriff von einem zulässigen abgrenzen, da es bislang an einem Kriterium fehlt, das die im Alltag massenhaft auftretenden Autonomiebeeinträchtigungen von denjenigen unterscheidet, die den nemo tenetur-Grundsatz verletzen. Nach bundesverfassungsgerichtlicher Rechtsprechung dürfen daher auch einige Berichte über eigene Straftaten verwertet werden,[698] maßgeblich für die Unzulässigkeit ist eine staatlich[699] veranlasste Zwangslage. Andernfalls gehören Berichte über Straftaten nicht zum Kernbereich privater Lebensführung, welcher durch Art. 1 Abs. 1 GG absolut geschützt ist. Auch nach dem Bundesgerichtshof können Beeinträchtigungen der Autonomie in Form von Ermittlungsmaßnahmen, die darauf abzielen, aus dem Unterbewussten des untersuchten Menschen Informationen über diesen zu erlangen, im Hinblick auf die Menschenwürde unbedenklich sein.[700]
In der Literatur haben sich als Antwort auf die dargelegten Probleme der allgemeinen Autonomiethese im Wesentlichen fünf konkretisierende

---

[696] Mastronardi, ARSP 2004 Beiheft 101, 93 (106). In dieses kantische Konzept ist auch die von Naucke proklamierte Antinomie des Strafens zwischen Humanität und Sicherheitserhöhung einzuordnen, vergleiche Naucke, Zerbrechlichkeit des rechtsstaatlichen Strafrechts, S. 423.
[697] Siehe auch Gärditz, JZ 2016, 1116 (11197); Schönberger, JZ 2016, 422 (424); Winston, Criminal Justice Ethics 2003, 3 (10).
[698] BVerfG, NJW 2012, 907 (908).
[699] Die Streitfrage, ob auch private Ermittlungen vom Verbot umfasst sind, ist hier nicht weiter relevant.
[700] BGHSt 44, 308 (316).

Konzepte herausgebildet, die im Folgenden vorgestellt und analysiert werden sollen.

(2) Konkretisierung nach der Art der Autonomieverletzung

Zur Bestimmung des normativen Schutzbereichs des nemo tenetur-Grundsatzes greift Grünwald auf die Art des staatlichen Handelns und nicht auf das vom Beschuldigten erwartete Verhalten ab. Der Schutzgegenstand wird zwar verhaltensorientiert bestimmt,[701] jedoch soll nicht das Verhalten des Beschuldigten, sondern das der Ermittlungspersonen maßgeblich sein. Unzulässig soll demnach ein Zwang sein, der mit dem Einsatz von vis compulsiva erzeugt wird. Der nemo tenetur-Grundsatz hat damit die Autonomie als Schutzgegenstand, jedoch nur vor willensbeugenden Maßnahmen. Die Anwendung von vis absoluta ist demgegenüber nicht erfasst: „Es darf kein Zwang auf die Willensbildung des Beschuldigten dahin ausgeübt werden, dass er zu seiner Überführung beiträgt. Darum ist – neben der vis compulsiva – auch die Androhung von Übeln gegenüber dem Beschuldigten unzulässig. Hingegen darf er – soweit das Gesetz dies vorsieht – der vis absoluta unterworfen werden."[702]

Kritikwürdig ist an dieser Formel ihre Redundanz, da die Androhung von Übeln lediglich eine mögliche Form der vis compulsiva darstellt und nicht zusätzlich erfasst werden braucht.[703] Grünwald begründet seinen Ansatz systematisch, indem er auf den prozessrechtlichen Unterschied zwischen den Zwangsmitteln gegen einen Beschuldigten und gegen Zeugen hinweist, dass gegenüber dem Beschuldigten nach § 81a StPO nur vis absoluta in Betracht komme, gegenüber dem Zeugen grundsätzlich Zwangsmittel zur Willensbeeinflussung/-brechung eingesetzt werden sollen.[704]

---

[701] Grundlegend Reiß, Besteuerungsverfahren, S. 176 ff.: Nach Reiß kommt es darauf an, ob die Mitwirkung des Beschuldigten vertretbar ist. Was die Strafbefolgungsbehörden im Wege der Selbstvornahme erledigen können, ist zulässig.
[702] Grünwald, JZ 1981, 423 (428); siehe auch Weßlau, StV 1997, 341 (343); dies., ZStW 1998, 1 (32): Weßlau wirft die Frage auf, ob „der Zugriff notfalls im Wege des unmittelbaren Zwangs unabhängig von einer Mitwirkung des Beschuldigten möglich sei."; ablehnend Ransiek, Polizeivernehmung, S. 50 f.
[703] Vergleiche SK-StGB/Sinn, § 249 Rn. 8, 20.
[704] Grünwald, JZ 1981, 423 (428).

Soweit der Zugriff auf eine Information durch vis absoluta, beispielsweise durch technische Maßnahmen wie Wahrheitsdrogen, bildgebende Verfahren oder Lügendetektoren, möglich wäre, dürfte der Einsatz zulässig sein.[705] Zumindest könnten die Ergebnisse des Lügendetektors als indizbegründend angesehen werden, wenn die Trefferquote nur ausreichend hoch wäre.[706] Daran anschließend müsste freilich eine weitere Beweiserhebung und eine Gesamtwürdigung vorgenommen werden. Das Wahrheitsserum ähnele nach dieser Konzeption dem Brechmitteleinsatz, aus dem Körperinneren werden dann jedoch, statt der Drogenpäckchen, Worte hervorgeholt.[707] Gemessen am nemo tenetur-Grundsatz sei der Einsatz zulässig.[708]

Grünwalds Ansatz sieht sich der Kritik ausgesetzt, dass aus Beschuldigtensicht kein Unterschied zwischen den Zwangsformen der vis absoluta und vis compulsiva existiert.[709] Sowohl die Anwendung von vis absoluta als auch vis compulsiva gegen den Beschuldigten mit dem Ziel, ein selbstbelastendes Tun herbeizuführen, sollen in den Schutzbereich fallen.[710]

Auch vor der Anwendung von vis absoluta soll der Beschuldigte vor der Wahl stehen, freiwillig mitzuwirken oder sich dem Zwang zu unterwerfen.[711] Zwar könnte eingewendet werden, dass die Anwendung von vis absoluta lediglich auf den Körper und nicht auf den autonomen Willen

---

[705] BGHSt 44, 308 (315 ff.); auch Freier, ZStW 2010, 117 (131).
[706] Anders BVerfG, NJW 1982, 375 (375), jedenfalls solange die Trefferquote nur 90 % beträgt. In diesem Fall ist der Eingriff ins allgemeine Persönlichkeitsrecht unverhältnismäßig.
[707] Bosch, Aspekte, S. 282; Dencker, NStZ 1982, 152 (154); Verrel, Selbstbelastungsfreiheit, S. 223; Eisenhardt, nemo tenetur-Prinzip, S. 165.
[708] Auch hinsichtlich § 136a StPO wäre ein derartiges Wahrheitsserum zulässig. Die geschützte Willensentschließungs- und betätigungsfreiheit ist nach der Systematik den Willen innerhalb von Vernehmungen beschränkt. Hier darf der Beschuldigte über das Ob seiner Aussage und ihren Umfang und Inhalt entscheiden, vergleiche Meyer-Goßner, § 136a Rn. 5; KK-StPO/Diemer, § 136a, Rn. 8. Nicht hingegen bezieht sich die Freiheit auf die vorgelagerte Entscheidung, ob der Beschuldigte das Mittel einnehmen möchte.
[709] Bosch, Aspekte, S. 281; Reiß, Besteuerungsverfahren, S. 180; Verrel, Selbstbelastungsfreiheit, S. 213; Eisenhardt, nemo tenetur-Prinzip, S. 164 f.; andere Ansicht Freier, ZStW 2010, 117 (130). Zum Argument siehe Grünwald, JZ 1981, 423 (428). Zum Meinungsstand siehe Neumann, FS-Wolff, 373 (376 ff.).
[710] Eidam, Selbstbelastungsfreiheit, S. 158.
[711] Eisenhardt, nemo tenetur-Prinzip, S. 164.

des Betroffenen einwirkt. Wird der Beschuldigte fixiert, damit ihm eine Blutprobe entnommen werden kann, wird in seine körperliche Freiheit und Unversehrtheit eingegriffen, nicht jedoch in seine Willensbildung, keine Probe freiwillig abzugeben. Er bildet jedoch in aller Regel einen Willen zur Nichtduldung der Blutabnahme, welcher staatlicherseits sodann missachtet wird. Es ist noch kein Grund vorgelegt worden, warum nur die auf eine Handlung bezogene Willensbildungs und -betätigungsfreiheit, nicht aber die auf ein Unterlassen oder ein Nichtdulden bezogene geschützt sein solle.[712] Aus Sicht des Beschuldigten ergäbe dies in der Tat keinen relevanten Unterschied. Eher werden die zwei Zwangsformen vom Betroffenen sogar diametral entgegengesetzt wahrgenommen: Bei vis compulsiva wird die Willensfreiheit nur bis zu einem gewissen Grad beeinträchtigt, bei der vis absoluta hingegen auf Null reduziert.[713] Der Beschuldigte könnte sich im ersten Fall noch selbstbestimmt zwischen zwei Handlungsalternativen entscheiden und seine Stellung im Strafprozess als eine autonome wahrnehmen. Des Weiteren macht die allgemeine Nötigungsdogmatik keinen Unterschied zwischen vis absoluta und vis compulsiva bei der Frage nach der Tatbestandsmäßigkeit von Gewalt.[714]

Ein weiterer Einwand – von Eidam erhoben – vermag hingegen nicht durchzuschlagen. Nach Eidam stände der Beschuldigte „im Bereich massiver körperlicher Eingriffe in Freiheit und körperliche Integrität" „weitgehend schutzlos" da.[715] Dabei muss jedoch berücksichtigt werden, dass der Beschuldigte sich bei körperlichen Eingriffen in seine körperliche oder psychische Freiheit und bei solchen in seine körperliche Integrität auf die Grundrechte zur Fortbewegungsfreiheit (Art. 2 Abs. 2 S. 2 GG), zum Allgemeinen Persönlichkeitsrecht (Art. 2 Abs. 1 i.V.m. Art. 1 Abs. 1 GG) und zur körperlichen Unversehrtheit (Art. 2 Abs. 2 S. 1 GG) berufen kann. Folglich stehen dem Beschuldigten in der von Eidam be-

---

[712] Zu dieser Problematik des normativen Gehalts der Freiheit auf Willensbildung und Willensbetätigung SK-StGB/Horn/Wolters, § 240 Rn. 2 f.
[713] Mahlstedt, Verdeckte Befragung, S. 85.
[714] Fischer, § 240, Rn. 18 mit weiteren Nachweisen.
[715] Eidam, Selbstbelastungsfreiheit, S. 155 mit weiteren Nachweisen.

schriebenen Situation gewichtige Grundrechte zu und von einer weitgehenden Schutzlosigkeit ist daher kaum zu sprechen. Richtigerweise wäre das nonverbale Beschuldigtenverhalten jedoch nahezu nie vom Schutz des nemo tenetur-Grundsatzes umfasst.[716]

Der Bezug des Ansatzes zur Autonomie als Grundlage der kantischen Ethik ist jedoch nur in geringem Maß vorhanden, da Grünwald sich im Ergebnis dann auch auf pragmatische Erwägungen zurückzieht, wenn er behauptet, dass „Verhaltensweisen, die nicht mittels vis absoluta herbeigeführt werden können, überhaupt nicht erzwingbar [sind]"[717]. Diesen Gedanken hat Schlauri weitergeführt und den spezifischen Gehalt in der Unvertretbarkeit von Mitwirkungsakten erblickt. Vom nemo tenetur-Grundsatz soll nur das geschützt sein, was der Staat selbst durch den Einsatz von vis absoluta nicht erlangen kann.[718] Pointiert könnte der Ansatz lauten: „Erlaubt ist, was erzwungen werden kann." Damit hätte er jedoch als rein wertfreie Begründunge keine normative Aussagekraft.[719] Mit den entsprechenden Mitteln wird stets derart hoher Druck ausgeübt werden können, dass ein Verhalten erzwungen werden kann.

(3) Konkretisierung nach dem Eingriff in die prozessuale Kommunikation
Nach Doege liegt der Schutzzweck des nemo tenetur-Grundsatzes in der „Gewährleistung der verfahrensrechtlichen Autonomie"[720]. Die Autonomiethese wird dadurch konkretisiert, dass die prozessuale Komponente des Grundsatzes betont wird. Maßgeblich soll es nicht auf die „kommunikative", sondern auf die „prozessuale" Autonomie ankommen, wobei kommunikative Autonomie das selbstbestimmte Auswählen des Gesprächspartners sowie den Gesprächsinhalts meint.[721] Während diese

---

[716] Neumann, FS-Wolff, 373 (380); SK-StPO/Rogall, Vor § 133 Rn. 139; Bosch, Aspekte, S. 281; Reiß, Besteuerungsverfahren, S. 180; Eisenhardt, nemo tenetur-Prinzip, S. 165.
[717] Grünwald, JZ 1981, 423 (428). Dies ist freilich zu bestreiten: Eine Aussageerzwingung durch Beugemittel erschien insbesondere dem Gesetzgeber in keinen Fall als aussichtslos wie beispielsweise § 70 StPO zu erkennen gibt.
[718] Vgl. Schlauri, Verbot des Selbstbelastungszwangs, S. 132.
[719] Vgl. Verrel, NStZ 1997, 415 (418).
[720] Doege, nemo-tenetur-Grundsatz, S. 99; so bereits Kasiske, StV 2014, 423 (425).
[721] Eschelbach, GA 2015, 545 (548).

lediglich das „mit wem" und das „worüber" der Kommunikation betrifft, soll die prozessuale Autonomie „die fehlende Unterwerfung unter die staatliche Prozesszielbestimmung"[722] betonen. Es soll die „autonome Stellung des Beschuldigten", das Verteidigungsverhalten selbstbestimmt wählen zu können,[723] gesichert werden. Doege spricht insoweit von „gesellschaftlich zugebilligten Handlungssphären", die „in den Strafprozess transportiert"[724] werden sollen.

Ein Vorteil dieser Ergänzung ist, dass die prozessuale Autonomie keine konzeptuell-logischen Probleme hat, auch Unschuldige in den personalen Schutzbereich miteinzubeziehen[725], das Unterlassen Doeges, eine Herleitung der gesellschaftlich zugebilligten Handlungssphären zu begründen, schwächt den Ansatz jedoch erheblich. Gerade die Unzulässigkeit der Würdigung lügenhaften Verhaltens ist prima facie kein Ausdruck einer Handlungssphäre, die auf einen gesellschaftlichen Konsens hoffen dürfte. Des Weiteren ist der Begriff der prozessualen Autonomie denkbar weit und kaum in der Lage, zu belastbaren Aussagen zu gelangen, da daraus keine Grenze der erlaubten Verhaltensweisen des Beschuldigten hervorgeht. Nach der hier untersuchten Konzeption könnte jede Pflicht, unabhängig davon, ob sie eine passive Duldung oder eine aktive Mitwirkung erstrebt, unzulässig sein, da jede Pflicht gegen eine „prozessuale Autonomie" verstoßen kann.

Des Weiteren wird die Auffassung von dem Gedanken geprägt, dass lediglich rechtliche Zwänge Eingriffe in den nemo tenetur-Grundsatz darstellen können.[726] Dem Beschuldigten muss die Möglichkeit genommen werden, zwischen mehreren Handlungsalternativen zu wählen. Eine „Autonomie-Negierung" kann nach Doege jedoch nur dort erblickt werden, wo dem Betroffenen mittels obrigkeitlichen, rechtlichen Zwangs die Entscheidungshoheit genommen wird.[727] „Solange er selbst das Für und Wider einzelner Verhaltensalternativen abwägen kann, ist er autonomes

---

[722] Doege, nemo-tenetur-Grundsatz, S. 99.
[723] Doege, nemo-tenetur-Grundsatz, S. 99.
[724] Doege, nemo-tenetur-Grundsatz, S. 99.
[725] Doege, nemo-tenetur-Grundsatz, S. 93.
[726] Doege, nemo-tenetur-Grundsatz, S. 147 ff.
[727] Doege, nemo-tenetur-Grundsatz, S. 148.

Verfahrenssubjekt."[728] Dabei ist jedoch fraglich, warum existentielle, jedoch allein faktisch wirkende Zwänge nicht in die Autonomie des Beschuldigten eingreifen sollen. Auf der anderen Seite ließe ein derartiges Verständnis auch eine Aussagepflicht, nach welcher der Beschuldigte frei abwägen und entscheiden kann, ob er aussagen oder eine nachteilige Würdigung seines schweigenden Verhaltens dulden möchte, zu.

Ebenso ist zu kritisieren, dass dieses Autonomiekonzept die Begrenzung auf das Strafprozessrecht nicht erklären kann. Wenn das entscheidende Moment des Schutzzwecks für den nemo tenetur-Grundsatz in der Unterwerfung des Betroffenen unter die staatliche Verfahrenszielbestimmung liegen soll,[729] stellt sich die Frage, wieso der Bürger nur in dieser einen Verfahrensform selbst definierte Verfahrensziele verfolgen darf, obwohl doch der nemo tenetur-Grundsatz als Grundrecht auch in andere Verfahren einstrahlt. Ein weiterer Kritikpunkt an dem Konzept ist, dass Täuschungen nicht umfasst sein sollen.[730] Nach gesetzgeberischer Wertung hinsichtlich des Strafrahmens der §§ 253, 263 StGB und in § 25 Abs. 1 Alt. 2 StGB stehen Täuschung und Zwang jedoch hinsichtlich der Intensität des Autonomieeingriffs auf einer Stufe. Wieso eine derart bewährte Dogmatik hier keine Anwendung finden soll, erschließt sich nicht.

(4) Konkretisierung durch das Element der finalen Instrumentalisierung
Nach einer weiteren Ansicht, in neuerer Zeit insbesondere von Eidam[731] vertreten, ist der Schutz des Beschuldigten vor zielgerichteter, hoheitlicher Instrumentalisierung der Autonomie zur aktiven Beibringung von Beweismaterial die rechtsethische Grundlage der Selbstbelastungsfreiheit.[732] Der Beschuldigte darf sich andernfalls nicht selbst sein Prozessziel setzen und wird stattdessen für die Anklagezwecke eingespannt.[733]

---

[728] Doege, nemo-tenetur-Grundsatz, S. 149.
[729] Doege, nemo-tenetur-Grundsatz, S. 147.
[730] Doege, nemo-tenetur-Grundsatz, S. 285.
[731] Eidam, Selbstbelastungsfreiheit, S. 118, 155 f.; ders., StV 2005, 201 (203).
[732] Roxin, StV 2012, 131 (132); Eidam, Selbstbelastungsfreiheit, S. 370.
[733] Reiß, Besteuerungsverfahren, S. 177 f., welcher nemo-tenetur jedoch als Informationsbeherrschungsrecht ansieht.

Derartige Instrumentalisierungen für staatliche Prozesszwecke zu verhindern, soll das Schutzgut von nemo-tenetur darstellen.[734] Die Selbstbelastungsfreiheit verbiete es, den Beschuldigten gegen seinen Willen final zum Werkzeug seiner eigenen Überführung zu „instrumentalisieren".[735] Einer finalen Instrumentalisierung als Beweismittel – verbal oder nonverbal – darf der Beschuldigte sich verweigern.[736] Von einem solchen Verständnis sollen sowohl die zwangsweise Veranlassung selbstbelastender Äußerungen als auch heimliche und trickreiche Methoden wie die Hörfalle umfasst sein.[737]

Eine weitere Verfeinerung nimmt Mahlstedt nach Vorarbeit von Reiß vor. Nach Mahlstedt ist der Beschuldigte lediglich als Wissensträger davor geschützt, zur Beweisführung gegen sich selbst instrumentalisiert zu werden.[738] Es stehe ihm frei zu entscheiden, ob und inwieweit er sein Wissen für Strafverfolgungszwecke hinsichtlich seiner Person zur Verfügung stellt. Die Grenze zwischen zulässiger und unzulässiger Zwangsausübung soll daher dort liegen, wo der Beschuldigte nicht mehr nur als Augenscheinsobjekt, sondern als Wissensträger für den Zweck der eigenen Strafverfolgung instrumentalisiert werde. Gerade nicht umfasst soll eine - wie auch immer beschaffene – Unannehmlichkeit des Beschuldigten bei der Informationserhebung sein. Rechtsethischer Inhalt des

---

[734] BVerfG, NJW 2005, 352 (353); BVerfG, Beschl. v. 13.05.2009 – 2 BvL 19/08, juris, Rn. 74; Rau, Schweigen, S. 39; Weßlau, ZStW 1998, 1 (26); SK-StPO/Rogall, vor §§ 133 ff., Rn. 132; Keller, Provokation, S. 132.
[735] Eidam, Selbstbelastungsfreiheit, S. 118, 156; ders., StV 2005, 201 (203); Keller, Provokation, S. 135; Dallmeyer, KritV 2000, S. 263; siehe zur induktiven Bestimmung des Schutzbereichs vom nemo-tenetur-Grundsatz Weßlau, ZStW 1998, 1 (26); kritisch Amar, The Constitution and Criminal Procedure, S. 66 f., 86.
[736] Eidam, Selbstbelastungsfreiheit, S. 156; Weßlau, ZStW 1998, 1 (27); so auch Keller, Provokation, S. 134.
[737] Eidam, Selbstbelastungsfreiheit, S. 118; andere Ansicht BGHSt 42, 139 (153).
[738] Mahlstedt, Verdeckte Befragung, S. 82 ff.; Reiß, Besteuerungsverfahren, S. 171 ff.; Sautter, AcP 1962, 215 (247 ff.); so auch schon Verrel, Selbstbelastungsfreiheit, S. 284 f., welcher den Grund dafür jedoch weniger in der Autonomie des Beschuldigten, sondern in den Gefahren für die Wahrheitsfindung und der demütigenden Empfindung des Beschuldigten, sieht: Die „zwangsweise kommunikative Inanspruchnahme des Beschuldigten" führt zu „weit weniger verlässlichen Resultaten [...] als naturwissenschaftlich abgesicherte Analysen seiner körperlichen Beschaffenheit". Siehe hierzu IV. 7. Lit.a (2).

nemo tenetur-Grundsatzes sei es, „in Bezug auf das eigene Wissen autonom handeln zu können".[739] Die herrschende Meinung fasst Mahlstedt durch den Begriff des „Rechts auf Instrumentalisierung" zusammen. Nach deren Differenzierung zwischen aktivem und passivem Beschuldigtenverhalten müsste der nemo tenetur-Grundsatz gerade als Recht auf Instrumentalisierung aufgefasst werden.[740] Auch nach Kölbel erfolgt ein Perspektivenwechsel von der Zugriffsform (Zwang) auf den Zugriffsgegenstand (Wissen),[741] wenn er behauptet, durch nemo tenetur werde das Geheimhaltungsrecht – wenngleich nur in den Ausprägungen, die sich in den positiven Normen niedergeschlagen haben[742] – geschützt.[743]

Der grundsätzliche Einwand gegen den Kantianismus, die von diesem vorgegebenen obersten Grundsätze seien zu abstrakt für eine Subsumtion, schlägt auch hier durch. Auf eine Instrumentalisierung abzustellen, bringt keinen entscheidenden Schritt voran, denn in vielen Fällen ist gerade die graduelle Reichweite der Instrumentalisierung zu ermitteln, um eine Aussage über den ethischen Wert treffen zu können.[744] Nach der StPO kann der Beschuldigte durchaus als Beweisobjekt instrumentalisiert werden. So dürfen ihm im Rahmen körperlicher Untersuchungen nach §§ 81 ff. StPO zwangsweise Proben seines Blutes oder sogar der Rückenmarksflüssigkeit entnommen werden.[745] Des Weiteren sind Beweiserhebungsmaßnahmen wie Beobachtungen, Durchsuchungen, Messungen und ähnliche Maßnahmen vom Beschuldigten nach der Strafprozessordnung trotz der ihnen immanenten Instrumentalisierung

---

[739] Mahlstedt, Verdeckte Befragung, S. 102.
[740] Mahlstedt, Verdeckte Befragung, S. 76.
[741] Mahlstedt, Verdeckte Befragung, S. 83; Nach Eisenhardt, nemo tenetur-Prinzip, S. 175 ist neben dem Wissen auch die Information in einem Körperbestandteil wie der Blutalkoholkonzentration umfasst.
[742] Kölbel, Selbstbelastungsfreiheiten, S. 213.
[743] Kölbel, Selbstbelastungsfreiheiten, S. 211 ff.
[744] Ott, Moralbegründungen, S. 92.
[745] Kasiske, JuS 2014, 15 (16); Bosch, Aspekte, S. 39 f.; Verrel, 2001, S. 227 f.; Freier, ZStW 2010, 117 (130); siehe auch Schaber, ARSP 2015 Beiheft 142, 159 (161).

zu dulden. Es gibt folglich zulässige und unzulässige Instrumentalisierungen,[746] welche auch nicht nur auf den Körper oder Körperfunktionen, sondern ebenso auf die Autonomie zielen. Denn der Beschuldigte wird regelmäßig einen der Maßnahmenvornahme gegenläufigen Willen bilden,[747] danach wären jedoch konsequenterweise durch das Instrumentalisierungsverbot alle gegen den Beschuldigten gerichteten Zwangsmittel unzulässig.[748] Demzufolge ist auch Kasiske zu widersprechen, welcher von einem graduellen Unterschied zwischen einer passiven Duldung und einer aktiven Mitwirkung ausgeht, da letzteres einen Willensakt benötigt, wodurch zusätzlich die Autonomie des Betroffenen beeinträchtigt wird.[749] Die Instrumentalisierung kann daher kaum den entscheidenden Wertungsgesichtspunkt darstellen.

Zum gegenteiligen Ergebnis kommen daher auch Stimmen in der Literatur: „Mit dem Respekt vor der Autonomie des Beschuldigten ließe sich sogar eine Aussagepflicht, die ihm immerhin Raum für eine individuelle, eigenverantwortliche Schilderung gibt, weitaus besser vereinbaren als die seiner Steuerung gänzlich entzogenen Eingriffe nach §§ 81ff. StPO."[750]

Dieser Ansatz wird ferner – nicht gänzlich überzeugend – mit dem Einwand angegriffen, dass er die einfachgesetzliche Differenzierung zwischen aktiver und passiver Mitwirkung nicht zu erklären vermag.[751] Die einfachgesetzliche Ausgestaltung des Strafverfahrensrechts prägt nicht die verfassungsdogmatische und schon gar nicht eine übergesetzliche Begründung des nemo tenetur-Grundsatzes, sondern gibt dieser lediglich empirische Befunde. Vielmehr übt der Grundsatz im Rahmen der Normenhierarchie Einfluss auf die Rechtmäßigkeit einfachgesetzlicher Ausprägungen aus.

---

[746] Aus diesem Grunde das Instrumentalisierungsargument ablehnend und für eine Fokussierung auf eine Demütigung votierend Schaber, ARSP 2015 Beiheft 142, 159 (161 ff., insbesondere 167).
[747] Verrel, NStZ 1997, 415 (417); ähnlich Wolfslast, NStZ 1987, 104.
[748] Mahlstedt, Verdeckte Befragung, S. 76 f.
[749] Kasiske, JuS 2014, 15 (16); ähnlich BVerfGE 56, 37 (42); Keller, Provokation, S. 136 f.; Weßlau, ZStW 1998, 1 (28).
[750] Verrel, NStZ 1997, 415 (417); ähnlich Wolfslast, NStZ 1987, 104.
[751] Bosch, Aspekte, S. 53 f.

Eidam hält die abstrakte Schutzbereichsbestimmung mithilfe des Instrumentalisierungskriteriums im weiteren Verlauf seiner Arbeit ferner nicht konsequent durch. Es kommt ihm zufolge bei dem Problem der Honorierung kooperativen Verhaltens durch den Beschuldigten nicht auf eine Instrumentalisierung an, sondern auf einen „psychischen Druck", durch den dem Beschuldigten die Möglichkeit genommen wird, sich völlig frei zur Sache einzulassen. Damit „der nemo tenetur Grundsatz auch tatsächlich das [hält], was er verspricht", muss das Geständnis als solches für rechtlich unbeachtlich erklärt und auf eine Strafmilderung für kooperatives Verhalten verzichtet werden.[752] Der die Autonomie beeinträchtigende psychische Druck wird hier staatlicherseits aber gerade nicht final zur Instrumentalisierung genutzt.[753]

Die Konkretisierung des Autonomieansatzes durch eine finale Instrumentalisierung der Autonomie ist daher im Ergebnis unzureichend.[754]

(5) Konkretisierung durch ein Demütigungselement

Eine weitere Ansicht vertritt den Standpunkt, eine Verletzung des nemo tenetur-Grundsatzes setze eine Demütigung durch eine Selbstbezichtigung oder Beschuldigung eines Angehörigen voraus, welche den Betroffenen in seiner Subjektstellung missachten soll.[755] Auch dieser Ansatz lässt sich zwar im Ergebnis auch als kantianisch einordnen, die rechtsethische Einordnung der Demütigungsthese ist jedoch besonders schwierig, da sie sowohl in den Kantianismus als auch in die unten zu behandelnde Unzumutbarkeitsthese implementiert werden kann. Maß-

---

[752] Zum Ganzen Eidam, Selbstbelastungsfreiheit, S. 261.
[753] Eidam, Selbstbelastungsfreiheit, S. 282: Letztlich begründet Eidam dies mit der pragmatischen Erwägung, dass man die „Auswüchse bereits im Keim" ersticken müsse.
[754] Im Ergebnis kommt Eidam auch zu der verhaltensorientierten Abgrenzung der herrschenden Meinung, siehe Eidam, Selbstbelastungsfreiheit, S. 370.
[755] BGHSt 11, 213 (216 f.); Beling, Beweisverbote, S. 12 f.; Puppe, GA 1978, 299 (304); Eser, ZStW 1974, 146; Grünwald, JZ 1981, 423 (428); ähnlich Verrel, Selbstbelastungsfreiheit, S. 260 f.; Eidam, Selbstbelastungsfreiheit, S. 368: „Jeder, der Beweise zu seiner eigenen Verurteilung liefern muss, wird vom Staat nicht mehr als gleichrangiges Subjekt mit Fairness behandelt, sondern wie ein willenloses gedemütigtes Objekt. Man würde so die Bedingungen der Möglichkeit eines humanistischen Menschenbildes im Strafprozess zerstören."

geblich für eine Autonomieverletzung soll demnach eine graduell als besonders schwerwiegend empfundene Beeinträchtigung eigener Selbstbestimmung sein. Erst wenn die Autonomie in einem Maße beeinträchtigt wird, dass der Betroffene es als Demütigung empfindet, sei der Schutzgegenstand des Grundsatzes betroffen. Zwar findet sich kein Verweis auf ein entsprechendes Autonomiekonzept bei den Vertretern dieser Ansicht, es existieren jedoch in neuerer rechtsphilosophischer Forschung, insbesondere bei Schaber, derartige Konzepte. Die Autonomieverletzung ist danach nicht in der Instrumentalisierung, sondern in der Demütigung zusehen.[756] Dabei sind Demütigungen zu verstehen als das Gegenteil von Rücksichtnahme auf andere – und das in einem derart gesteigerten Maße, dass das Anliegen des Gedemütigten nicht nur keinerlei Wert für den Demütiger besitzt, sondern dieser es dem Gedemütigten geradezu deutlich machen möchte.[757] Dabei soll durch den demütigenden Angriff auf die Autonomie[758] die Selbstachtung im Sinne einer Wertschätzung seiner selbst als eines Menschen zerstört werden.[759] Auf einen Demütigungserfolg soll es nicht ankommen, da die Würdeverletzung nicht von der psychischen Robustheit eines Menschen abhängig gemacht werden soll.[760]

Eine Beeinträchtigung der Autonomie in Form eines Zwangs zur Aussage in der Öffentlichkeit des Strafverfahrens soll in sozial-psychologischer Hinsicht als überaus belastend wahrgenommen werden.[761] Insbesondere Schauprozesse totalitärer Systeme zielen gar auf eine demütigende Unterwerfung ab. Hingegen erfolge bei bloßen körperlichen Untersuchungen eine derartige subjektive Unterwerfung gerade nicht und

---

[756] Schaber, ARSP 2015 Beiheft 142, 159 (159 ff., insbesondere 166): Im Gesamtkonzept Schabers ist die Autonomie als Recht auf Selbstbestimmung lediglich ein Teil der sog. normativen Autorität, d.h. der Berechtigung eines Menschen, anderen gegenüber Anerkennungsansprüche geltend machen zu können. Kritisch Kipke/Gündüz, JURA 2017, 9 (14) mit weiteren Nachweisen.
[757] Schaber, ARSP 2015 Beiheft 142, 159 (163, 168).
[758] Margalit, The Decent Society, S. 44; Schaber, ARSP 2015 Beiheft 142, 159 (164).
[759] Schaber, ARSP 2015 Beiheft 142, 159 (164).
[760] Schaber, ARSP 2015 Beiheft 142, 159 (164).
[761] Verrel, Selbstbelastungsfreiheit, S. 260.

der Beschuldigte erleidet keine vergleichbare Schmach, sie sind daher zulässig.[762]
Die Demütigungskonkretisierung ist jedoch abzulehnen, da der nemo tenetur-Grundsatz andernfalls zu einem reinen Gefühlsschutz verkümmern würde: Solange der Beschuldigte eine Beeinträchtigung nicht wahrnimmt oder diese nicht in die Öffentlichkeit gelangt, käme ihm kein Schutz zu. Darüber hinaus stellt sich bei als demütigend empfundenen Verhaltensweisen auch stets die Frage nach der Zumutbarkeit, nicht jede wahrgenommene Demütigung dürfte für ausreichend erachtet werden. Daneben bestimmt sich die Zumutbarkeit nach dem eigenen Zurechnungsanteil. Schafft der Beschuldigte durch sein strafbares, zumindest aber verdachtsbegründendes Verhalten einen Anknüpfungspunkt für Ermittlungsmaßnahmen, dürfte sich der Bereich des Zumutbaren vergrößern.[763] Eine exakte Bestimmung des Schutzumfangs lässt demnach auch die Demütigungsthese nicht zu.
Darüber hinaus ist es unstreitig, dass der Schutz durch den nemo tenetur-Grundsatz nicht weiter reichen kann als die Gefahr einer strafrechtlichen Verurteilung, daher unterfällt die Selbstbelastung hinsichtlich einer unverfolgbaren Tat nicht dem Schutzbereich des Grundsatzes.[764] Dies könnte eine auf eine Demütigung abstellende Ansicht jedoch nicht erklären, da die demütigende Wirkung einer Selbstbelastung auch dann noch vorhanden scheint, wenn die Gefahr einer Strafe weggefallen ist.

---

[762] Verrel, Selbstbelastungsfreiheit, S. 260.
[763] Siehe zu Ansätzen, die auf einer Art „cruelty" basieren Dolinko, UCLA Law Review 1986, 1063 (1137).
[764] LR-StPO/Ignor/Bertheau, § 55, Rn. 14; SK-StPO/Rogall, § 55, Rn. 40 mit weiteren Nachweisen; Volk, NStZ 1984, 377 (378); andere Ansicht Schneider, NStZ 2017, 126 (127): Die Einlassungsfreiheit im Strafverfahren sei „vollumfänglich" gewährleistet, sodass es dem Beschuldigten beweisrechtlich nicht zum Nachteil gereichen darf, dass er zu nicht mehr verfolgbaren Straftaten mit Indizwert Angaben verweigert.

(6) Konkretisierung durch das Element einer eigenverantwortlichen Selbstbelastung

Der Autonomiebegriff wird teilweise in der Literatur, insbesondere von Ransiek und Schuhr, auch durch einen Eigenverantwortlichkeitsgedanken hinsichtlich der Selbstbelastung konkretisiert.[765] Der nemo tenetur-Grundsatz schützt hiernach die eigenverantwortliche Selbstbestimmung, darüber zu befinden, ein Beweismittel gegen sich selbst zu sein oder nicht.[766] Entscheidend sei nicht die Eigenverantwortlichkeit des Beschuldigten in Bezug auf die Entscheidung, ob er schweigt oder aussagt,[767] sondern allgemeiner, ob er sich selbst belastet oder nicht.[768] Maßgeblich sei, ob dem Beschuldigten eine selbstbelastende Handlung als eigene zugerechnet werden kann.[769]

Zur näheren Konkretisierung ist der Begriff der Eigenverantwortlichkeit zu klären. Ransiek möchte seinen Eigenverantwortlichkeitsbegriff dabei gegen den Indeterminismus abgrenzen und versteht unter Eigenverantwortlichkeit eine tatsächlich vorhandene, tagtäglich gelebte soziale Wirklichkeit.[770] Eigenverantwortlichkeit „muss jedenfalls mehr als die Existenz einer bloßen Wahlmöglichkeit zwischen zwei Alternativen für den Beschuldigten bedeuten. Wollte man allein auf eine Wahlmöglichkeit abstellen, wäre auch der gefolterte Beschuldigte in diesem Sinn frei in der Entscheidung, ob er weiter die Tortur auf sich nehmen oder gestehen will, so makaber das klingt."[771] Die Problematik hat bereits Aristoteles im 3. Buch der Nikomachischen Ethik beim Begriff der Freiwilligkeit anhand

---

[765] Das Verantwortungsprinzip und das Recht auf Selbstbestimmen lassen sich wiederum aus dem Gerechtigkeitsprinzip ableiten, siehe Dworkin, Gerechtigkeit für Igel, S. 15 ff.: Eine Rechtsordnung hat um der Gerechtigkeitswillen dem Verantwortungsprinzip und dem Recht auf Selbstbestimmung höchste Achtung zu zollen. Aus dem Prinzip der Verantwortung folgt, dass Menschen ein Recht darauf haben, eigenständige ethische Entscheidungen zu treffen. Aus dieser Verantwortung sowie dem sich aus ihr ergebenen allgemeinen Recht auf Selbstbestimmung folgen weitere Rechte.
[766] Siehe Ransiek, Polizeivernehmung, S. 47 ff.; ders., StV 1994, 343 (344 f.); Salditt, GA 1992, 51 (66); Rüping, JR 1974, 136; Röder, Grundzüge des Naturrechts, 1863, S. 93; andere Ansicht SK-Rogall, vor § 133, Rn. 139 f.; ders., Der Beschuldigte, S. 60.
[767] So noch Dreyer, Strafproceßordnung für das Deutsche Reich, 1875, S. 25.
[768] Ransiek, Polizeivernehmung, S. 49; Ransiek, StV 1994, 343 (345).
[769] MüKo-StPO/Schuhr, Vor §§ 133 ff, Rn. 80 ff.
[770] Ransiek, Polizeivernehmung, S. 55.
[771] Ransiek, Polizeivernehmung, S. 54.

eines Erpressungsfalles behandelt. Selbst die Entscheidung des Erpressten, entweder ein Verbrechen zu begehen oder seine Familie getötet zu sehen, erfolgt nach Aristoteles auf freiwilliger Basis. Der Mensch kann sich nämlich zwischen mehreren Alternativen entscheiden.[772] Der Mensch „als Lebendiges" kann gezwungen werden, der „freie Wille" jedoch nicht, deshalb gelte: „Es kann nur der zu etwas gezwungen werden, der sich zwingen lassen will."[773] Dieser Einwand betrifft im Kern die Schwierigkeit im praktischen Umgang mit der Normativität des Begriffs der Eigenverantwortlichkeit.[774] Es ist tatsächlich kein Fall denkbar, in dem ein Beschuldigter durch einen Selbstbelastungszwang um diese Wahl zwischen zwei Alternativen gebracht werden kann. Ransieks Eigenverantwortlichkeitsbegriff ist deshalb im Ergebnis defizitär, es geht vielmehr um die Zurechnung einer Entscheidung, die Selbstverantwortlichkeit für einen Entschluss und die Beeinflussung von Entscheidungen durch andere.

Es ist normativ zu bestimmen, ob ein Verhalten noch eigenverantwortlich erfolgt oder schon fremdbestimmt durch den Vernehmenden. Dabei sind zwei Fragen zu klären: Wie weit darf die Fähigkeit zu entscheiden beeinträchtigt sein, damit die Entscheidung noch als eigenverantwortlich gilt, und wann sind sämtliche verbliebenen Optionen derart unattraktiv, dass eine Selbstbelastung als nicht mehr freiwillig gelten kann.[775]

Maßgebende, die Eigenveranwortlichkeit ausschließende Kriterien finden sich nach Ransiek und Schuhr in den verbotenen Vernehmungsmethoden des § 136a StPO.[776] § 136a StPO ist zwar keine Ausprägung des nemo tenetur-Grundsatzes, jedoch verbietet die Norm einige Vernehmungsmethoden zum Schutze der Willensfreiheit.

Unüberwindbar ist jedoch das Problem des Einwilligungsverbots durch § 136a III 1 StPO. Ein Angeklagter in aussichtsloser Position wird es als Verletzung seiner Eigenverantwortlichkeit verstehen, wenn er nicht auf

---

[772] Aristoteles, Nikomachische Ethik, S. 54, 55.
[773] Hegel, Grundlinien der Philosophie des Rechts, § 91.
[774] Vgl. Chiesa, Boston College Third World Law Journal 2010, 35 (50).
[775] Chiesa, Boston College Third World Law Journal 2010, 35 (51).
[776] Siehe Ransiek, Polizeivernehmung, S. 54 ff.; MüKo-StPO/Schuhr, § 136a, Rn. 16, siehe hier auch zu den Voraussetzungen der Willensfreiheit: Erinnerungsvermögen und Einsichtsfähigkeit.

Wahrheitsdrogen, Hypnose und Polygraphen zurückgreifen darf.[777] Daher entgegnet Lesch dem Ausspruch Wolters, dass § 136a StPO ein Recht auf Privatheit sei, dass ein Recht auf Privatheit keinen Nutzen hat, wenn es nicht zur Disposition steht.[778] Das Bundesverfassungsgericht lässt die Frage nach der Einwilligungsmöglichkeit in eine polygraphische Untersuchung offen.[779] Der Bundesgerichtshof verwirft die verfassungsrechtlichen Bedenken, insbesondere hinsichtlich des nemo tenetur-Grundsatzes, geht aber wegen der kritischen Stimmen in der Psychologie von einer völligen Ungeeignetheit des Beweismittels im Sinne des § 244 Abs. 3 S. 2, 4 StPO aus, da keine wissenschaftlich eindeutigen Ergebnisse garantiert sein könnten.[780]

Des Weiteren bestreitet Mahlstedt die Tauglichkeit dieser Abgrenzung aufgrund der Behandlung von Fangfragen und der Vorspiegelung von Freundschaft. Nach ihm würde derartiges Verhalten des Vernehmenden nach der Konstruktion Ransieks konsequenterweise einen Verstoß gegen den nemo tenetur-Grundsatz begründen. Aufgrund der normativen Bestimmung anhand des § 136a StPO sei eine solche Folge jedoch nicht gerade zwingend.[781] Daher ist im Ergebnis der Ansatz Ransieks die begründete Darstellung eines Maßstabs zur normativen Bestimmung schuldig geblieben.[782]

---

[777] BGHSt 44, 308 (317).
[778] Lesch, ZStW 1999, 624 (640 f.); siehe auch Amelung, NStZ 1982, 38 (38); Prittwitz, MDR 1982, 886; Putzke/Scheinfeld/Klein/Undeutsch, ZStW 2009, 607 (607 ff.); andere Ansicht OLG Karlsruhe, StV 1998, 530; SK-Rogall, § 136a Rn 76; Frister, ZStW 1994, 303 (303); Beulke, Strafprozessrecht, Rn. 141; Hamm, NJW 1999, 922 (922 f.).
[779] BVerfG, NStZ 1998, 523.
[780] BGHSt 44, 308 (315, 323 ff.); BGH, NStZ-RR 2000, 35; so auch das BVerwG, NVwZ-RR 2014, 887 ff.; vergleiche Fezer, JZ 2007, 665 (666); Nestler, JA 2017, 10 (18). Jüngst hat das AG Bautzen sich der ständigen Rechtsprechung entgegen gestellt und eine freiwillige polygraphische Untersuchung in einem Strafverfahren zugelassen, siehe AG Bautzen, BeckRS 2013, 08655.
[781] Mahlstedt, Verdeckte Befragung, S. 81.
[782] So auch Mahlstedt, Verdeckte Befragung, S. 80. Des Weiteren kritisiert Mahlstedt, dass Ransiek auch unvorsätzliches Verhalten der Ermittlungspersonen erfassen würde, siehe Mahlstedt, Verdeckte Befragung, S. 81. Warum es auf den Verschuldensmaßstab bei der Konturierung des Schutzgegenstandes des nemo tenetur-Grundsatzes ankommen soll, wird nicht deutlich, siehe auch Ransiek, Polizeivernehmung, S. 63; ders., StV 1994, 343 (345 f.).

## (7) Einordnung in den Kantianismus

Bevor abschließend Stellung genommen werden soll, wird der nemo tenetur-Grundsatz noch an einigen speziellen Konstellationen in der Ethik Kants gemessen, welche Kant selbst in seinen Untersuchungen an verschiedenen Stellen vorgenommen hat. Diese sollen im Folgenden noch mit den strafprozessualen Ansätzen, die eine ethische Anknüpfung des nemo tenetur-Grundsatzes im Kantianismus sehen, in Verbindung gesetzt werden.

## (a) Die Tugendlehre

Der nemo tenetur-Grundsatz könnte der Einhaltung der kantischen Tugendpflichten dienen, indem das eigene Leben geschützt wird. Die a priori geltenden Tugendpflichten sind unmittelbare Desiderate des kategorischen Imperativs,[783] von denen Kant vier nicht abschließende Beispiele nennt:[784] Ausdrücklich werden die Pflicht zum Leben in Form des Suizidverbots, die Pflicht zur Wahrhaftigkeit (im Sinne einer subjektiven Wahrheit), die Pflicht zur Ausbildung eigener Talente sowie die Pflicht zur Nächstenliebe genannt.[785] Die Achtung eines autonomen Willens gehört zumindest nicht ausdrücklich zu den Tugendpflichten, was aufgrund der zentralen Stellung der Autonomie in der kantischen Lehre bemerkenswert erscheint.

## (i) Das Suizidverbot

Zu der das Suizidverbot umfassenden Pflicht zur Erhaltung seiner selbst gehört es, nichts tun, was das natürliche Wirken lebensnotwendiger Abläufe gewaltsam abschneidet, sowie darüber hinaus das Weiterlaufen dieser naturhaften Prozesse zu sichern.[786] Zur Bedeutung der Pflicht zur Selbsterhaltung[787] führt Kant die Konstellation zum Brett des Karneades

---

[783] Mahlmann, Rechtsphilosophie und Rechtstheorie, § 6 Rn. 12.
[784] Kant, Grundlegung zur Metaphysik der Sitten, AA IV, S. 421 f.
[785] Kant, Grundlegung zur Metaphysik der Sitten, AA IV, S. 421 f.
[786] Sommer, Neue Hefte für Philosophie 1983, 95 (110).
[787] Siehe zur Selbsterhaltung auch Kant, Handschriftlicher Nachlass, AA XIX, S. 219 Nr. 6979: „Die moral sagt nicht, dass ich das Leben erhalten soll, sondern dasjenige, wobei ich allein Wert bin zu leben [...] Nicht das Leben zu erhalten, sondern dasjenige selbst mit Aufopferung des Lebens, wodurch man des Lebens würdig ist."[787]

an.[788] Die zugrundeliegende Situation ist derart gestaltet, dass ein Schiffbrüchiger sich vor der Entscheidung zwischen zwei Handlungsalternativen wähnt, welche ihm beide als Übel erscheinen: zum einen die Verdrängung eines anderen von einer lebenssichernden, schwimmenden Schiffsplanke und zum anderen die Hinnahme des eigenen Ertrinkens. Der Eintritt eines der beiden Ereignisse ist unvermeidbar, der Tod eines der Schiffbrüchigen notwendig.[789]

Nach Kant ist die „Tat der gewalttätigen Selbsterhaltung nicht etwa als unsträflich (inculpabile), sondern als unstrafbar (inpunibile) zu beurteilen", schließlich „kann es keine Not geben, welche, was unrecht ist, gesetzmäßig machte".[790] Die Selbstbelastung stellt im Strafverfahren einen bürgerlichen Selbstmord dar, der - wie im obigen Beispiel - niemandem zugemutet werden soll. Kant begründet seine Lösung - entgegen seiner sonstigen straftheoretischen Präferenz für den Vergeltungsgedanken - im Karneadesbeispiel anhand präventiver Erwägungen: Keine gesetzliche (unsichere) Strafe kann derart abschrecken wie die Angst vor dem eigenen (sicheren) Tod.[791]

Durch den nemo tenetur-Grundsatz könnte dem Beschuldigten somit ein Recht an die Hand gegeben sein, aufgrund dessen Selbstauslieferung, die einem (heute nur noch bürgerlichen) Suizid gleichkommt, nicht selbst befördern müsse. So bringt Eser die Konfliktlage des Beschuldigten mit der des Schiffbrüchigen am Brett des Karneades in Verbindung.[792] Nach dem Suizidverbot darf sich eine Person nicht selbst zerstören, ansonsten bedient er sich seiner selbst lediglich als Mittel zur Erhaltung eines erträglichen Zustandes bis zum Lebensende. Der Mensch in der eigenen Person ist jedoch nicht disponibel für sich als Person.[793] Die Achtung der eigenen Person und deren leiblicher Grundlage ist moralisches Prinzip

---

[788] Kant, Metaphysik der Sitten, AA VI, S. 235 f.; siehe auch Küper, FS-Wolff, 285 (295 ff.); Hruschka, GA 1991, 1 (8 ff.).
[789] Aichele, Jahrbuch für Recht und Ethik 2003, 245 (245).
[790] Kant, Metaphysik der Sitten, AA VI, S. 235 f.
[791] Kant, Metaphysik der Sitten, AA VI, S. 235.
[792] Eser, ZStW 1967, 565 (571) Fn. 24.
[793] Mit weiteren Nachweisen Cattaneo, ARSP 2004 Beiheft 101, 24 (25).

der Tugendlehre.[794] Nach dem kategorischen Imperativ darf eine Person nicht nur andere Personen nicht als bloße Mittel, sondern muss sie stets auch als Zweck gebrauchen, er muss auch sich selbst derart behandeln.[795]

(ii) Das Lügeverbot
Gegen eine auf der Tugendlehre Kants beruhende Begründung des nemo tenetur-Grundsatzes könnte die überragende Rolle des Lügeverbots sprechen. Das Lügeverbot[796] stellt bei Kant neben dem Suizidverbot die höchste moralische Pflicht dar,[797] dabei gelten beide Verbote als Grundsätze der Selbsterhaltung. Das Suizidverbot soll demnach der kreatürlichen, das Lügeverbot der moralischen Selbsterhaltung sichern.[798] Während ersteres die leibliche Existenz als Grundlage der Moralität schützt, soll das Lügeverbot die Welt der Moral im Ganzen sichern.

Nach Kant kann ein Verstoß gegen das Lügeverbot niemals gerechtfertigt sein.[799] Selbst wenn dem Lügenden selbst oder einer nahestehenden Person großes Unheil droht, habe er sich hinsichtlich der Wahrhaftigkeit pflichtgetreu zu verhalten. Kant begründet die absolute Geltung mit dem seiner Philosophie zugrunde liegenden Verallgemeinerungsgedanken, dass durch Lügen Versprechen keinen Glauben mehr finden und mithin alle vertraglichen Rechte wertlos werden würden.[800] Eine Lügen befürwortende Maxime wäre mithin nicht universalisierbar. Lügen seien daher ein Unrecht an der Menschheit überhaupt,[801] sie erfordern daher präsuppositions-analytisch keinen Zusatz, dass sie einer anderen, konkreten

---

[794] Cattaneo, ARSP 2004 Beiheft 101, 24 (25).
[795] Kant, Grundlegung zur Metaphysik der Sitten, AA IV, S. 428.
[796] Siehe aus der aktuellen Literatur insbesondere Dworkin, Gerechtigkeit für Igel, S. 515 ff.; aus soziologischer Perspektive anderer Ansicht Hettlage, Der entspannte Umgang, 69 (97): „Lügen sind erwartbar und unvermeidlich. Wer nach der Wahrheit – und nur nach der Wahrheit – lebt, wird sozial inkompetent."
[797] Kant, Metaphysik der Sitten, AA VI, S. 429; siehe auch Dworkin, Gerechtigkeit für Igel, S. 515 ff.
[798] Forschner, Neue Hefte für Philosophie, S. 24 (36).
[799] Siehe Kant, Metaphysik der Sitten, AA VI, S. 430. Bei anderen Pflichten gegen sich selbst erörtert Kant eine etwaige Rechtfertigung. Siehe nur Kant, Metaphysik der Sitten, AA VI, S. 426.
[800] Kant, Über ein vermeintes Recht aus Menschenliebe zu lügen, AA VIII, S. 426.
[801] Kant, Über ein vermeintes Recht aus Menschenliebe zu lügen, AA VIII, S. 426.

Person Schaden zufügt.[802] Die geringste Ausnahme von der Tugendpflicht zur Wahrhaftigkeit würde sie im Ganzen „schwankend und unnütz" machen.[803] Kritisch zum Lügeverbot verhält sich hingegen Schröder unter Berufung auf Max Ernst Mayer.[804] Das Lügeverbot sei stets allein als Kulturnorm und niemals als Rechtsnorm aufzufassen, da eine Gleichsetzung der ethischen Maxime mit einem Rechtssatz das rechtliche Gebot maßlos überschärfen und das sittliche Prinzip ersticken würde.[805]

(iii) Die Kollision zweier Pflichten
Unabhängig von der Kritik Schröders stellt sich jedoch die Frage, inwiefern die Kollision der zwei Tugendpflichten aufgelöst werden könne. Auf der einen Seite steht die Pflicht, sich nicht selbst zu töten, und auf der anderen Seite die Pflicht zur Wahrheit.
Ein Rangverhältnis der Tugendpflichten kann in den Texten Kants nicht ausgemacht werden. Da Pflichten objektiv notwendige Handlungen beschreiben und zwei entgegengesetzte Handlungsregeln im Reich der Zwecke nie zeitgleich notwendig sein können, ist eine Kollision von Pflichten - in der Konzeption Kants - auch gar nicht möglich.[806]
Vielmehr können in einem Subjekt lediglich zwei Handlungsregeln vereint sein. Dann reicht jedoch nur die stärkere Regel aus, eine Verpflichtung zu begründen. Zu der entgegengesetzten Handlung ist das Subjekt

---

[802] Kant, Über ein vermeintes Recht aus Menschenliebe zu lügen, AA VIII, S. 426: „Wahrhaftigkeit in Aussagen, die man nicht umgehen kann, ist formale Pflicht des Menschen gegen jeden, es mag ihm oder einem anderen daraus auch noch so großer Nachteil erwachsen; und ob ich zwar dem, welcher mich ungerechtfertigterweise zur Aussage nötigt, nicht Unrecht tue, wenn ich sie verfälsche, so tue ich doch durch eine solche Verfälschung, die darum auch (obzwar nicht im Sinn des Juristen) Lüge genannt werden kann, im wesentlichsten Stücke der Pflicht überhaupt Unrecht: d. i. ich mache, so viel an mir ist, dass Aussagen (Declarationen) überhaupt keinen Glauben finden, mithin auch alle Rechte, die auf Verträgen gegründet werden, wegfallen und ihre Kraft einbüßen; welches ein Unrecht ist, das der Menschheit überhaupt zugefügt wird."
[803] Kant, Über ein vermeintes Recht aus Menschenliebe zu lügen, AA VIII, S. 427; Alkofer, Quellen der Moralität, 35 (58): Dammbruch-Argument.
[804] Schröder, Staat als Lügner, 151 (153); Mayer, Rechtsphilosophie, 1926, S. 39.
[805] Vergleiche hierzu die BGH-Rechtsprechung der frühen 1950er Jahre zum „hartnäckigen Leugnen", welches unter bestimmten Voraussetzungen strafschärfend wirken konnte, BGHSt 1, 103 (105); BGHSt 1, 342 (342).
[806] Kant, Metaphysik der Sitten, AA VI, S. 224.

sodann nicht verpflichtet.⁸⁰⁷ Der Befolgung der Tugendpflicht ist jedoch ein Spielraum überlassen, da der Kategorische Imperativ lediglich die Maxime des Handelns, jedoch nicht die konkrete Handlungsweise gebietet.⁸⁰⁸ Jedoch ist ein Handeln, welches mit einer Tugendpflicht unvereinbar ist, niemals erlaubt.⁸⁰⁹ Moralische Regeln dürfen erst recht nicht wegen subjektiver Willkür oder Neigung verletzt werden.⁸¹⁰ Eine Person darf sich demnach nicht zu einer Verletzung einer moralischen Regel entscheiden, um damit ein anderes hohes Gut zu erreichen.⁸¹¹
Folglich ist die Reichweite der für Kant enorm wichtigen Pflichten fraglich.⁸¹² Sollte die Pflicht zur Wahrheit umfassend gemeint sein, so dürfte nicht nur nicht gelogen werden, sondern es müsste die Wahrheit zu Tage gefördert werden. Bezogen auf ein Strafverfahren hätte der Beschuldigte folglich die Pflicht, eine Aussage zu tätigen. Darüber hinaus müsste er sich gar anzeigen, damit die Rechtsordnung an der Wahrheit orientiert durchgesetzt werden kann. Die Tugendpflicht zur Wahrhaftigkeit gilt jedoch nach Kant nur in Aussagen, die man nicht umgehen kann.⁸¹³ Die Wahrhaftigkeitspflicht ist demnach nur im Sinne eines Lügeverbots aufzufassen. Eine Nichtanzeige eigenen Verhaltens oder die Nichtaussage ist nicht schlichtweg unvereinbar mit dem Lügeverbot. Ein Verstoß gegen eine Tugendpflicht läge somit nicht vor.⁸¹⁴

Bei der Subsumtion unter die Tugendlehre ist jedoch zu berücksichtigen, dass die Tugendpflicht zur Lebenserhaltung, das heißt einen Suizid nicht vorzunehmen, spätestens seit Abschaffung der Todesstrafe nicht so weit ausgelegt werden kann, dass jede bürgerliche Strafe in Form der Geld-

---

⁸⁰⁷ Kant, Metaphysik der Sitten, AA VI, S. 224.
⁸⁰⁸ Kant, Metaphysik der Sitten, AA VI, S. 390.
⁸⁰⁹ Forschner, Neue Hefte für Philosophie, S. 25 (40).
⁸¹⁰ Forschner, Neue Hefte für Philosophie, S. 25 (41).
⁸¹¹ Kritisch Forschner, Neue Hefte für Philosophie, S. 25 (41 ff.): Unter diesen Umständen ist sodann eine Abwägung vorzunehmen.
⁸¹² Die Pflicht zur Wahrheit ist die Basis, der von Kant als Weisheitslehre verstandenen Philosophie. Siehe dazu Kant, Verkündigung des nahen Abschlusses eines Tractats zum ewigen Frieden in der Philosophie, AA VIII, S. 421. Siehe zum Versprechensbruch Kant, Metaphysik der Sitten, AA VI, S. 29 ff.
⁸¹³ Kant, Über ein vermeintes Recht aus Menschenliebe zu lügen, AA VIII, S. 426.
⁸¹⁴ Vgl. auch Aul, Aspekte des Universalisierungspostulats in Kants Ethik, in: Neue Hefte für Philosophie 1983, 62 (86).

oder Freiheitsstrafe als ein derartiger Suizid anzusehen ist. Ein Schweigerecht zum Schutze vor dieser Art „bürgerlichem Tod" leidet schwer unter Evidenzverlusten. Weitergehend ließe sich mit dem Argument sogar vorbringen, dass jede Begründung anhand der Tugendlehre durch den Wandel des Sanktionenrechts in Deutschland nachhaltig weggefallen sei. Es bestehe kein Grund mehr für die Gewährleistung eines derartigen Rechts, wenn eine Kollision mit der Tugendpflicht zur Lebenserhaltung nicht mehr droht.

Des Weiteren ist zu bedenken, dass das Brett des Karneades als Paradigma des Notstandsrechts einen restriktiv zu handhabenden Ausnahmefall der Straflosigkeit einer individuellen Selbsterhaltungsmaßnahme illustrieren soll und daher Zurückhaltung bei der Ausweitung seiner Anwendungsfälle geboten erscheint.[815]

Die Tugendlehre ist damit im Ergebnis höchstens ein schwacher Orientierungspunkt und das Überwiegen des Suizidverbots liefert lediglich bei der lebenslangen Freiheitsstrafe einen überzeugenden Geltungsanspruch.

(b) Notwehr im kantischen Sinne

Die Bedeutung des kantischen Notwehrrechts könnte gegen die rechtsethische Verknüpfung des nemo tenetur-Grundsatzes mit dem Kantianismus sprechen. Das Notwehrrecht in Form einer Erlaubnis zur Folter könnte dem Staat zustehen, um den normverletzenden Bürger zu einer Selbstbelastung anzuhalten.

Kant vertrat in einem bruchstückhaft gebliebenen Nachlassfragment Nr. 7195, welches vermutlich aus den Jahren 1776-1778 stammt, dass die Notwehr der „einzige Casus necessitatis gegen den Beleidiger" darstelle und die „Obrigkeiten, welche die Selbstverteidigung mit großer Beschädigung des andern verbieten" wollten, wissen müssten, „dass sie dem Menschen sein heiligstes Recht nehmen".[816] Aus dieser nur fragmenta-

---

[815] So auch Dreier, ARSP 2004 Beiheft 101, 33 (43) zum Verhältnis des Kantianismus und des Einsatzes von Brechmitteln bei verdächtigen Drogendealern zur Beweismittelgewinnung. Siehe auch Aichele, Jahrbuch für Recht und Ethik 2003, 245 (247).
[816] Siehe Kant, Handschriftlicher Nachlass, AA XIX, S. 269.

rischen Aufzeichnung wird teilweise gefolgert, dass ein uneinschränkbares Folterverbot aus dem Kantianismus nicht abzuleiten sei.[817] Insbesondere gehe der Angreifer seines Anspruchs auf Anerkennung seiner Würde durch sein Verhalten verlustig: „the unjustly attacked person owes his attacker nothing"[818]. Aufgrund seines eigenen würdelosen Verhaltens soll der Angreifer keine würdevolle Behandlung mehr erwarten können.[819] Eine Selbstbelastungsfreiheit könnte in ähnlicher Weise wie das Folterverbot in Konflikt mit den dargestellten Ausführungen kommen.
Dieses Notwehrrecht besteht Kants Ausführungen nach jedoch allein zwischen den Bürgern und nicht im Staat-Bürger-Verhältnis. Des Weiteren spricht gegen das Notwehrrecht als Argument für eine Verknüpfung des nemo tenetur-Grundsatzes mit dem Kantianismus, dass dieses „heiligstes Recht" in Kants 1797 veröffentlichten Rechtslehre keine Erwähnung erfährt. Der Begriff fällt in der Metaphysik der Sitten bemerkenswerterweise nicht an einer Stelle. Demzufolge lässt sich keine Stütze für die Verknüpfung in der eigentlichen Rechts- oder Sittenlehre Kants finden.
Im Ergebnis lassen sich aufgrund des personalen Geltungsbereichs und der schwachen textlichen Verankerung in nur einem Fragment keine Rückschlüsse auf das Verhältnis zwischen dem nemo tenetur-Grundsatz und dem Kantianismus ziehen.

c) Kritik am Kantianismus

Die abschließende Kritik der ethischen Theorie des Kantianismus bezieht sich sowohl auf die Grundthese als auch auf sämtliche Konkretisierungsversuche.
Seitdem Kant seine Ausführungen zur Ethik formuliert hatte, wird der insoweit konstruktiv grundlegende kategorische Imperativ als „leerer Formalismus" kritisiert.[820] Die Kritik ist oftmals aufgegriffen und ausgeführt

---

[817] Siehe Fahl, JR 2004, 182 (191 ff.); Steinhoff, Ethics, S. 134.
[818] Steinhoff, Ethics, S. 134.
[819] So auch Amelung, JR 2012, 18 (20).
[820] Mahlmann, Rechtsphilosophie und Rechtstheorie, § 31 Rn. 3.

worden und kann hier aufgrund ihres Umfangs nicht annähernd angemessen dargestellt werden.[821] Daher nur so viel: Der Kategorische Imperativ soll mangels empirischer Grundlagen keinerlei Anknüpfungspunkte für eine inhaltsvolle Deduktion exakter Pflichten bieten können. Ohne eine zugrundeliegende Wertetheorie sei es damit unmöglich, praxistaugliche Pflichten abzuleiten.[822] Das einzige Kriterium bleibe die formale Verallgemeinerungsfähigkeit, wird das Verallgemeinerungsprinzip in Form von Widerspruchsfreiheit als maßgebliches Kriterium des Kategorischen Imperativs zugrunde gelegt, kann es jedoch zu wenig wünschenswerten Folgen führen.[823] So lassen sich die Maximen „Trete nach unten und krieche nach oben" oder „Häng dein Fähnchen immer nach dem Wind" widerspruchsfrei verallgemeinern. Es müssten lediglich die normativ-moralischen Erwartungen an andere herabgesenkt werden.[824] Daher rührt auch die Kritik Nietzsches, der Kategorische Imperativ rieche nach Grausamkeit.[825] Des Weiteren kritisiert er ein auf die Fähigkeit des Gehorchens beschränktes Verständnis: „Kant gibt mit seiner Moral zu verstehn: ,was an mir achtbar ist, das ist, dass ich gehorchen kann – und bei euch soll es nicht anders stehn als bei mir!'"[826]

---

[821] Hegel, Grundlinien der Philosophie des Rechts, § 135; Schopenhauer, Die Welt als Wille und Vorstellung, S. 688 ff.; Wetz, Die Würde des Menschen ist antastbar, S. 311: „Offenbar haftet dem Würdebegriff eine merkwürdige Vagheit an, die er mit anderen hohen populären Begriffen wie das ,Gute' oder das ,Schöne' teilt. Hier wie dort verschleiert das Pathos, das mit solchen Ausdrücken einherzugehen pflegt, allzu leicht deren Unbestimmtheit.". Zum Formalismus als Vorwurf siehe Kelsen, JW 1929, 1723 (1723).

[822] Braun, Deduktion und Invention, S. 155; Hoerster, Ethik und Interesse, Kapitel 5; Stoecker, zfmr 2010, 98 (99 ff.); Sprenger, Von der Wahrheit zum Wert, S. 132 f.; siehe auch Brockmüller, ARSP 2015 Beiheft 145, 11 (17 f.); Nussbaum, zfmr 2010, 80 (90); Schwemmer, Neue Hefte für Philosophie 1983, 1 (16): „Die Macht der Vernunft erweist sich, weil sie die uneingeschränkte Macht einer ,reinen' Vernunft sein sollte, als Macht nur über eine Gedanken-, Eigen- und Innenwelt, über eine theoretische Konstruktion. Praktisch wird ,reine' Vernunft nur für diese theoretische Konstruktion. Für unser Handeln in der Welt aber, für das wir eine Orientierung durch die Vernunft erhofften, erweist sich diese ,reine' Vernunft als machtlos. Weil Vernunft bei ihrem Praktisch-Werden ,rein' bleiben sollte, verliert sie die Möglichkeit, außer im ,Theoretischen' – nämlich der gedachten Welt ihrer Konstruktionen – praktisch zu werden [...]".

[823] Mahlmann, Rechtsphilosophie und Rechtstheorie, § 31 Rn. 2.
[824] Vgl. auch Ott, Moralbegründungen, S. 90.
[825] Nietzsche, Genealogie der Moral, S. 6.
[826] Nietzsche, Jenseits von Gut und Böse, S. 187.

Nach Schopenhauer verstecken die Vertreter der Autonomie beziehungsweise der Würde den Mangel an einer wirklichen Grundlage der Moral hinter einem schillernden und vagen Begriff.[827] Daran vermögen auch die in der Literatur verschiedentlich vorgetragenen Konkretisierungen nichts zu ändern. Die Autonomie bleibt begrifflich zu indifferent, als dass ein Konzept wie der nemo tenetur-Grundsatz sich aus ihr herleiten ließe.

Die verbreitete naturalistische Kritik des Speziesismus, der Kantianismus grenze auf bedenkliche Art und Weise Minderheiten aus,[828] da an eine lediglich regelmäßig vorfindbare Fähigkeit des Menschen, die Autonomie, angeknüpft werde, ist unbegründet. Zwar scheint Kant viele Bevölkerungsgruppen, wie Kleinkinder, Geisteskranke, Komapatienten, Behinderte, mangels Fähigkeit sich am Kategorischen Imperativ orientieren zu können als ethisch irrelevant zu erklären. Diese könnten sich sodann nicht auf den nemo tenetur-Grundsatz berufen. Jedoch schlägt dieses Argument nur dann durch, wenn die menschliche Autonomie auf einer konkret-individualisierten Ebene betrachtet wird. Richtigerweise muss der Begriff Autonomie jedoch vom einzelnen Menschen losgelöst, abstrakt aufgefasst werden. Dazu muss die typisierte Freiheit des Menschen, autonom zu handeln, zur Freiheit als solcher erhoben werden, die dem Menschen an sich zueigen ist. Die Autonomie setzt daher nur die abstrakte Möglichkeit zur Verwirklichung des Kategorischen Imperativs voraus.[829] Daher können sich auch die genannten Minderheiten auf den nemo tenetur-Grundsatz berufen.

---

[827] Schopenhauer, Preisschrift über die Grundlage der Moral, S. 695; so auch Hoerster, Ethik des Embryonenschutzes, S. 24: Menschenwürde sei ein normativ besetztes Schlagwort ohne jeden deskrip-tiven Gehalt.

[828] Hoyer, in: FS-Rolinski, 81 (87); Zucca-Soest, ARSP 2015 Beiheft 142, 117 (122 f.); Kramer, Torture and Moral Integrity, S. 150 f., welcher aus diesem Grund meint, dass ein absolutes Folterverbot nicht kantisch begründbar sei: „it does not capture the wrongness of inflicting torture on animals or infants or senile people or mentally deranged people"; ); darauf hinweisend auch Stübinger, Notwehr-Folter und Notstands-Tötung, S. 87; siehe bereits Ansätze im Sinne einer Inklusion dieser Minderheiten Schmid, Grundriss des Naturrechts, 1795, S. 87 f.

[829] BVerfGE 39, 1 Rn. 147; Stübinger, Notwehr-Folter und Notstands-Tötung, S. 100; so auch Kalscheuer, Der Staat 2013, 401 (408 f.); ders., Autonomie, S. 225 f., 229 f. Kipke/Gündüz, JURA 2017, 9 (11); mit weiteren Nachweisen; Pfordten, Menschenwürde, S. 85; Dürig, AöR 1956, 117 (125). Zur Kritik, dieser naturalistische Ansatz hätte

d) Ergebnis zum Kantianismus

Diejenigen Auffassungen, die bei der Suche nach dem ethischen Gehalt des nemo tenetur-Grundsatzes auf den Autonomiebegriff zurückgreifen, können, auch unter Rückgriff auf Kant, kein überzeugendes Konzept liefern. Insbesondere ist kein Ansatz in der Lage, das Problem zu lösen, welches Pfordten wie folgt beschreibt: „Wer die Selbstbestimmung über die eigenen Belange für unantastbar hält, der behauptet dies noch lange nicht für alle Ausprägungen der Selbstbestimmung."[830] Damit ist gemeint, dass der Autonomiebegriff allein zu abstrakt für eine logische Deduktion ist, durch ihn können die verschiedenen Arten der Selbstbestimmung nicht angemessen voneinander abgegrenzt werden. Da kein konkretisierendes Kriterium gefunden werden kann, wäre keine Maßnahme auf dem Gebiet der Strafverfolgung mehr zulässig, denn jede Maßnahme verlangt stets eine Handlung, Duldung oder ein Unterlassen des davon Betroffenen, unabhängig von seiner Selbstbestimmung. Eine umfassende Gewährleistung der Autonomie ist im Strafverfahren aber nicht möglich und auch nicht geboten.[831]

Besonders deutlich wird dies bei Grünwald und Eidam, die beide auf pragmatische Gesichtspunkte zurückgreifen müssen, um über die ethisch-theoretischen Mängel ihrer auf der Autonomie des Beschuldigten basierenden Konzeptionen hinwegzukommen.

Ferner ist die Ausprägung des Verbots der schweigebezogenen Beweiswürdigung rechtsethisch nicht zu erklären, wenn man ein kantianisches Konzept zugrunde legt. Der Beschuldigte wird dadurch nämlich gerade nicht daran gehindert, eine autonome Entscheidung zu treffen. Er hat es lediglich zu dulden, dass jedes Aussageverhalten in der richterlichen freien Beweiswürdigung nach § 261 StPO berücksichtigt wird. Ein etwa-

---

einen begründungslosen Speziezismus zur Folge, vergleiche Seelmann, in: Gander (Hrsg.), Menschenrechte, 166 (167); Zucca-Soest, ARSP 2015 Beiheft 142, 117 (123). Vergleiche auch Kalscheuer, Autonomie als Grund und Grenze des Rechts, S. 62.

[830] Pfordten, Menschenwürde, S. 80.
[831] Weigend, in: Selbstbestimmung, 149 (153); Verrel, Selbstbelastungsfreiheit, S. 148; Schaefer, Nemo-Tenetur-Grundsatz, S. 140 f.; Ransiek, Polizeivernehmung, S. 56; Rogall, Der Beschuldigte, S. 145.

iger Druck, der auf dem Beschuldigten lastet, da er eine negative Würdigung verhindern möchte, mag bei vielen Betroffenen entstehen, er ist jedoch nicht geeignet, um dem Beschuldigten die Autonomie zu nehmen. Er gilt dadurch nicht nur noch als Mittel, sondern immer noch zugleich als Zweck. Derart leichte Beeinträchtigungen werden staatlicherseits gar durch die Verhängung von Strafe zugemutet, durch welche der Beschuldigte auch hinsichtlich seiner selbstbestimmten Lebensweise eingeschränkt wird.[832]

Wenn die Besorgnis, falsche Aussagen durch Zwang zu fördern, zum nemo tenetur-Grundsatz führt[833], liegt darin kein Gesetz der Sittlichkeit, welches Ausdruck des Prinzips höchster Moralität sein könnte, sondern lediglich ein Befolgen der Regeln der Geschicklichkeit[834]. Es wird lediglich zur Erreichung des Zwecks, wahre Aussagen zu ermitteln, auf das Mittel des Zwangs verzichtet, da dieses aus unterschiedlichen Gründen als untauglich zur Zweckerreichung bewertet werden muss. In der Selbstbelastungsfreiheit ist in kantischer Diktion daher eine Regel der Geschicklichkeit zu erkennen.

Vielmehr könnte im Anschluss an die Forschung Kalscheuers zum kantischen Rechtsbegriff dort ein Anknüpfungspunkt des nemo tenetur-Grundsatzes zum Kantianismus gefunden werden. Letztlich geht es bei der Bestimmung der ethischen Begründung eines Rechts nicht um den Kategorischen Imperativ allein, sondern um sein Verhältnis zu denen aller anderen Beteiligten einer Rechtsgemeinschaft. Der Kategorische Imperativ, das heißt der Autonomiebegriff[835], ist dabei das Fundament einer aufklärerisch konnotierten Freiheit.[836]

Nach dem kantischen Rechtsbegriff soll äußerlich stets so gehandelt werden, dass der freie Gebrauch der Willkür mit derjenigen Freiheit aller anderen nach einem allgemeinen Gesetze zusammen bestehen

---

[832] So festgestellt in BGHSt 5, 332 (334) - Polygraphenentscheidung.
[833] Siehe oben IV. 4. b. (4) (d).
[834] Zu den Regeln der Geschicklichkeit, Ratschläge der Klugheit und Gesetzen der Sittlichkeit siehe Ott, Moralbegründungen, S. 79 f.
[835] Kalscheuer, Autonomie als Grund und Grenze des Rechts, S. 55.
[836] Kalscheuer, Autonomie als Grund und Grenze des Rechts, S. 236.

könne.[837] Er ist stark an den Rechtsbegriff angelehnt, nach welchem „das Recht [...] also der Inbegriff der Bedingungen [ist], unter denen die Willkür des einen mit der Willkür des anderen nach einem allgemeinen Gesetze der Freiheit vereinigt werden kann."[838] Die auf der Autonomie beruhende rechtliche Freiheit besteht in der grundsätzlichen rechtlichen Erlaubnis, zu tun und zu lassen, was man will, wird jedoch durch jede Verbots- oder Gebotsnorm eingeschränkt. Alexy beschreibt dies wie folgt: „Je mehr geboten und verboten ist, desto geringer ist die rechtliche Freiheit." Schrankenlose Freiheit ist daher kein wünschenswerter Zustand, entscheidend ist im Recht vielmehr der Streit darum, wieviel zu gebieten und zu verbieten ist. Der maßgebliche Streit ist daher „ein Streit um den optimalen Erfüllungsgrad des Prinzips der rechtlichen Freiheit angesichts gegenläufiger Tendenzen"[839]. Für diese Frage gibt der Rekurs auf die Autonomie zu wenig her, weshalb die Autonomiethese unzureichend ist, um den spezifischen rechtsethischen Gehalt des nemo tenetur-Grundsatzes zu begründen. Weitergehend wäre hier von den Vertretern der Autonomiethese zu untersuchen, ob sich der nemo tenetur-Grundsatz als Freiheit in dem kantisch geprägten, von Kalscheuer formulierten Sinne konstituieren ließe.

3. Diskursethik

Zur Vervollständigung soll im Folgenden zur Diskursethik Stellung genommen werden, obwohl sie in der Diskussion zum nemo tenetur-Grundsatz bisher keine nennenswerte Rolle spielt. Die Analyse dieser prozeduralen Sprachethik erfolgt aufgrund ihrer Traditionslinie zum Kantianismus im Zusammenhang mit den Autonomiekonzepten.[840]

---

[837] Kant, Kritik der reinen Vernunft, AA III, S. 247. Der Freiheitsbegriff Leonis lässt eine Differenzierung von schützenswerter und nicht schützenswerter Freiheit hingegen nicht zu, da dieser Freiheit lediglich als Freisein vom Zwang anderer Menschen versteht, Leoni, Freiheit und das Recht, S. 43. Kritisch zum leonischen Freiheitsbegriff auch Pawlik, ZStW 2015, 737 (751 f.). Siehe zum Streit um den Wirksamkeitszusammenhang des Kategorischen Imperativs und des allgemeinen Rechtsgesetzes siehe Kalscheuer, Autonomie als Grund und Grenze des Rechts, S. 171 ff.
[838] Kant, Metaphysik der Sitten, AA VI, S. 230; siehe auch Tammelo, Theorie der Gerechtigkeit, S. 88.
[839] Alexy, Theorie der Grundrechte, S. 155.
[840] Ott, Moralbegründungen, S. 193.

## a) Grundlegung

Nach der Diskursethik wird zur Erzielung von normativen Ergebnissen ein intersubjektiver Prozess rationaler Kommunikation durchlaufen.[841] Danach ist der Satz richtig, auf den sich Individuen in einem rationalen Diskurs dauerhaft miteinander einigen können, lediglich ein derart begründeter Konsens kann das maßgebliche Richtigkeitskriterium sein.[842] Im Gegensatz zum Kontraktualismus nach Scanlon wird in der habermasschen Diskurstheorie nicht nur die hypothetische Unmöglichkeit der Zurückweisung eines Satzes seitens aller Beteiligten als Kriterium vorausgesetzt, sondern die hypothetische Zustimmung.[843] Nach Pfordten ergeben sich aus dieser Differenzierung jedoch keine wesentlichen Unterschiede im Hinblick auf die Ergebnisse beider Ethiken.[844] Fraglich ist somit, wie jenes Kriterium legitimiert werden kann.

Nach Habermas soll die Legitimierung rein formal möglich sein. Es sei nicht die inhaltliche, logische Konsistenz von Aussagen und auch nicht die Evidenz von Erfahrungswerten, die die Argumentation stärkt, sondern es seien die Bedingungen einer „idealen Sprechsituation", welche in der Chancengleichheit für alle Diskursteilnehmer, Redefreiheit, keine Privilegierungen, Wahrhaftigkeit sowie in der Freiheit von Zwang gefunden werden können.[845]

## b) These

Der nemo tenetur-Grundsatz könnte anhand der Diskursethik begründet werden, wenn das Prinzip dort lautet: „Gültig sind genau die Handlungsnormen, denen alle möglicherweise Betroffenen als Teilnehmer an rationalen Diskursen zustimmen könnten."[846] Soweit die Diskursethik jedoch lediglich an das Prinzip der „idealen Sprechsituation" zur Letztbegrün-

---

[841] Habermas, Vorstudien und Ergänzungen, S. 127 ff., 179; Pfordten, Normative Ethik, S. 171 ff.; Mahlmann, Rechtsphilosophie und Rechtstheorie, § 17 Rn. 26 ff.
[842] Kritisch Mastronardi, ARSP 2004 Beiheft 101, 93 (107 ff.).
[843] Pfordten, Normative Ethik, S. 171 f.
[844] Pfordten, Normative Ethik, S. 172.
[845] Habermas, Vorstudien und Ergänzungen, S. 160, 174 ff.
[846] Habermas, Faktizität und Geltung, S. 138.

dung anknüpft, ist sie nicht in der Lage, inhaltlich wahre und richtige Normen zu erkennen. Die Aussage ist dann nur, dass der Konsens formal korrekt zustande gekommen ist. Es ist notwendig, dass die Argumentationspartner diese Normen aus ihrem Wissen und ihrer Erfahrung herleiten. Der rationale, ideale Diskurs kann daher keine Richtigkeit der rechtlichen Normen erzeugen, da ihm selbst jeder Inhalt fehlt. Demnach ist stets auch ein empirisches Fundament notwendig.[847] Hier setzt Habermas mit dem Universalisierungsgrundsatz an: „Die Folgen und Nebenfolgen, die sich aus einer allgemeinen Befolgung der strittigen Norm für die Befriedigung der Interessen eines jeden einzelnen voraussichtlich ergeben, müssen von allen zwanglos akzeptiert und den Auswirkungen der bekannten alternativen Regelungsmöglichkeiten vorgezogen werden können."[848] Inwieweit dies jedoch zu einem tragfähigen Konzept führen kann, muss hier unbeantwortet bleiben.

c) Stellungnahme

Eine diskursethische Begründung des nemo tenetur-Grundsatzes wurde in der strafverfahrensrechtlichen Literatur bislang nicht vorgenommen. Maßgeblich dürfte bei der Begründung sein, dass zumindest diejenigen Personen einen Konsens verhindern würden, die bereits als Beschuldigte in einem Verfahren auftreten. Auf ein Schweigerecht dürfte dieser Personenkreis nicht verzichten wollen. Andererseits werden diejenigen Sprecher, die sich in der Lage wähnen, niemals eine Straftat nach § 316 StGB zu begehen, kaum dazu bereit sein, auf die kostengünstige Beweismethode der Atemalkoholanalyse zu verzichten. Beide Sprecher-Pole des Diskurses haben daher scheinbar unvereinbare Positionen hinsichtlich der verschiedenen Ausprägungen des nemo tenetur-Grundsatzes. Die Schwierigkeit taucht in der Diskursethik immer wieder auf und ist ein Hauptkritikpunkt an der Diskursethik insgesamt.[849] Genau wie Kant konfrontiert Habermas mit seinem Konzept der „idealen Sprechsi-

---

[847] Kaufmann/Pfordten, Problemgeschichte der Rechtsphilosophie, S. 128 ff.
[848] Habermas, Moralbewusstsein und kommunikatives Handeln, S. 103.
[849] Seelmann, Rechtsphilosophie, § 9 Rn. 31.

tuation" ein formalpragmatisches Ideal mit der soziolinguistischen Wirklichkeit der Subjekte. Entscheidend (und sehr kantisch) ist nun, dass er seine Vorstellung von kommunikativem Handeln ausschließlich auf das Ideal ausrichtet und die subjektive Wirklichkeit völlig unbeachtet lässt. Das geht soweit, dass die Annahme einer idealen Sprechsituation als Idealbegriff normativ sich selbst und den gewünschten Konsens hervorbringt, im Sinne von: Sie gilt, weil sie gelten muss.[850] Mangels bisheriger Versuche wird in dieser Arbeit auf eine tiefergehende Analyse der Diskursethik insgesamt und eine Begründung des nemo tenetur-Grundsatzes auf ihrem Boden verzichtet.

4. Kontraktualismus

Der nemo tenetur-Grundsatz könnte ferner als Ausprägung des Prinzips der Selbsterhaltung auf einen kontraktualistischen Selbsterhaltungstrieb zurückzuführen sein und als Chiffre für das Freiheitsrecht im vertragstheoretisch legitimierten Rechtsstaat stehen.[851]

---

[850] Habermas, Vorstudien und Ergänzungen, S. 118: „Meine These heißt: Der Vorgriff auf eine ideale Sprechsituation gibt allein Gewähr dafür, daß wir mit einem faktisch erzielten Konsensus den Anspruch des vernünftigen Konsenses verbinden dürfen."
[851] BGHSt 5, 75 (81); MüKo-StPO/Schuhr, Vor §§ 133 ff, Rn. 72; SK-StPO/Rogall, Vor §§ 133, R. 132; ders., Der Beschuldigte, S. 78; Kleinschrod, ArchCrimR 1802 (4), 83 (94 f.); Gneist, 1874, S. 82; Welzel, JZ 1958, 494 ff.; Röckl, Steuerstrafrecht, S. 103 f.; Schmidt, NJW 1969, 1137, 1139; Rüping, JR 1974, 136; Weichert, Technikeinsatz, S. 123; Eidam, Selbstbelastungsfreiheit, S. 134; Eser, ZStW 1967, 565 (571); Peters, ZStW 1979, 123; Günther, GA 1978, 194, 201 f.; Kraft, nemo tenetur-Prinzip, S. 182; Vocke, Ermittlungsbefugnisse der EG-Kommission, S. 139; Drope, Verbandsstrafe, S. 199; Kadelbach, StV 1992, 506 (507); Lammer, Verdeckte Ermittlungen, S. 156; Nothhelfer, Freiheit von Selbstbezichtigungszwang, S. 6; Verrel, Selbstbelastungsfreiheit, S. 259; Torka, Nachtatverhalten, S. 54, 68, 301; Schlauri, Verbot des Selbstbelastungszwangs, S. 98; Kruse, Compliance und Rechtsstaat, 2014, Kapitel 1; Momsen, FS-Rössner, 871 (873); ders., Die Zumutbarkeit strafrechtlicher Pflichten, 2006, S. 168 ff; siehe auch Wimmer, ZStW 1930, 538 (578 ff.); differenzierend Dannecker, ZStW 2015, 370 (398, 409). Teilweise wird der Selbsterhaltungstrieb auch als Eigenliebe umschrieben, siehe Rengier, Zeugnisverweigerungsrechte, S. 245; Schlothauer, FS-Fezer, 267 (285). Nach diesen soll der Beschuldigte durch die Aussagefreiheit davor bewahrt werden, dass er den mit seiner Aussage verknüpften Konflikt zwischen Wahrheitspflicht und Eigenliebe austragen muss; Levy, Origins, S. 328; Dennis, Cambridge Law Journal 1995, 342 (358 f.) zur anglo-amerikanischen Debatte, in welcher Ethik eine weit größere Rolle spielt als im deutschen Rechtsraum. Siehe zur Ethik im Strafprozessrecht Ashworth/Redmayne, S. 60 ff.; Somek, JZ 2016, 481 (482).

Nach einer Begriffsklärung hinsichtlich des Kontraktualismus wird daher sogleich der Selbsterhaltungstrieb in die Ethik des Kontraktualismus eingebettet und sodann eine Verbindung mit dem nemo tenetur-Grundsatz untersucht.

a) Begriffsklärung hinsichtlich des Kontraktualismus

Der neuzeitliche Kontraktualismus in seiner theoretischen Struktur wurde in seiner einflussreichsten Struktur von Hobbes, Locke und Rousseau konzipiert.[852] Die Grundlage dieser individualistischen Ethik ist ein Herrschaftsvertrag[853], zu welchem jedes Mitglied dieser Gesellschaft zumindest hypothetisch zugestimmt hat, aus welchem eine sozialpolitische Ordnung erwächst.[854]

Der Kontraktualismus zeichnet sich durch eine vertragstheoretisch fundierte Schlussregel zur Letztbegründung jeder Norm aus.[855] Jener Vertrag beendet nach Hobbes den vorher herrschenden „bellum omnium contra omnes", welcher die spezifischen Lebensumstände des Menschen im Naturzustand, das heißt im vertragsfreien Raum, prägt.[856] Der Naturzustand ist durch die uneingeschränkte Freiheit jedermanns geprägt, durch welche jeder ein Recht auf alles hat. Ein Recht auf alles für alle lässt jedoch keinen Raum für echte normative Rechte oder Pflichten. Begrifflichkeiten wie „gerecht" oder „ungerecht" haben in einem solchen Naturzustand daher keinen Platz. Sie sind sogar völlig undenkbar, da der vergleichende, Recht und Unrecht trennende Maßstab fehlt. Die Menschen befinden sich in einem unkontrollierten Konflikt um die Durchsetzung ihrer jeweils allumfassenden Rechte, jeder ist dem anderen eine

---

[852] Hobbes, Leviathan, Kap. 17, S. 95 ff.; Locke, S. 312; Rousseau, S. 231.
[853] Vergleiche auch Grotius, De iure belli ac pacis, Liber I, S. 10: Der Mensch strebt nach ruhigem, geordnetem Zusammenleben.
[854] Mahlmann, Rechtsphilosophie und Rechtstheorie, § 4 Rn. 1, 4; Pfordten, Normative Ethik, S. 169 ff.
[855] Seelmann, Rechtsphilosophie, § 9 Rn. 15, 21 ff.; Toulmin, The Uses of Arguments, S. 99 ff.; Alexy, Theorie der juristischen Argumentation, S. 55 ff.
[856] Siehe zur Kritik der Annahme eines derart gestalteten Naturzustandes Hume, Untersuchung über die Prinzipien der Moral, S. 26 f.

Gefahr. Letztlich aus Vernunft erscheint es den Menschen somit angezeigt, einen Friedenszustand herbeizuführen und ihn durch normative Grundsätze aufrechtzuerhalten.[857]
Während der Utilitarismus darauf abzielt, den Gesamtnutzen und damit den Nutzen aller zu maximieren, liegt dem Kontraktualismus das Bestreben nach individueller Nutzenmaximierung zu Grunde. Der Kontraktualismus ist daher individualistisch und interessenorientiert und wegen seiner Rationalität ist er pragmatisch und wertskeptisch.[858] Die Normbegründung erfolgt über einen Appell an das aufgeklärte Eigeninteresse eines rationalen Egoisten.[859] Eine gewichtige Rolle in der Begründung dieser Ethik spielt die Rechtsanthropologie, denn um die gemeinschaftliche Staatskonstituierung als notwendige Folge des Naturzustandes hervorgehen zu lassen, zeichnet Hobbes den Menschen pessimistisch als asoziales, zutiefst eigennütziges Lebewesen[860]: Er sei eine Bestie, ein Wolf für seine eigene Rasse.[861] Angesichts dessen erscheint es dem Menschen notwendig sich zu schützen, indem er aus strategisch-rationalen Gründen einem Herrschaftsvertrag, in welchem Auctoritas, nicht Veritas Recht setzt[862], zustimmt.

Bei einem solchen Gesellschaftsverständnis versteht sich nach Gauthier die Moral als vorteilhafte Beschränkung radikaler Nutzenmaximierung. Sollten alle an einer Gesellschaft Beteiligten zur gleichen Zeit und im gleichen Umfang von einer Möglichkeit zur Nutzenmaximierung nicht

---

[857] Siehe Kaufmann/Pfordten, Problemgeschichte der Rechtsphilosophie, S. 127 f.
[858] Ott, Moralbegründungen, S. 124.
[859] Ott, Moralbegründungen, S. 125, 126; Heinrichs, Moralische Intuition und ethische Rechtfertigung, S. 50.
[860] Siehe zur Kritik der pessimistischen Anthropologie Hobbes' Mahlmann, Rechtsphilosophie und Rechtstheorie, § 4 Rn. 7 f.
[861] Hobbes, Leviathan, Kap. 13, 14, S. 73 ff.; ähnlich Aristoteles, Nikomachische Ethik, Buch V, 10; anders Shaftesbury nach welchem der Mensch von Natur zum Altruismus neigt, siehe Characteristicks of Men, S. 22 ff., S. 216 f.; sowie auch anders Hume nach welchem sich im Menschen Egoismus und Sympathie verbindet, siehe Hume, A treatise of human nature, S. 229 ff., 304 ff. Siehe zur Bedeutung der Anthropologie für die normative Ethik Kant, Grundlegung zur Metaphysik der Sitten, AA IV, S. 389; ders., Metaphysik der Sitten, AA VI, S. 217; Forschner, Neue Hefte der Philosophie 1983, 25 (26); Ott, Moralbegründungen, S. 28, 29; kritisch zur Anthropologie in einem pluralistischen Staat Dreier, ARSP 2004 Beiheft 101, 33 (44).
[862] Hobbes, Leviathan, Kap. 26, S. 138.

Gebrauch machen, kann dieser Verzicht auf einen Freiheitsraum im egoistischen Interesse jedes Beteiligten liegen.[863] Scanlon, ein Schüler Rawls, hat eine Definition vorgeschlagen, nach der eine Handlung genau dann moralisch falsch sei, wenn ihre Durchführung gegen ein Prinzip zur Verhaltensregelung verstoßen würde, welches niemand als Basis informierter, ungezwungener und allgemeiner Zustimmung vernünftigerweise zurückweisen könne.[864]

Gegen den Kontraktualismus werden im Wesentlichen drei grundsätzliche Einwände erhoben.
Die vertragstheoretische Ethik liefere als wertskeptische Theorie keine konkreten Maßstäbe für die Abwägung individueller Belange, sie bleibe daher abstrakt und unterbestimmt. Eine ethische Handlungsanweisung könne nur gegeben werden, wenn die Menge der einigungsfähigen Prinzipien geklärt werden könnte[865] und dadurch der Kern einer praktischen Orientierung inhaltlich-analytisch gebildet werden kann.[866]
Ferner kann der Trittbrettfahrer-Einwand (sog. Free-Rider-Problem) – alle sollen sich an die Regel halten, nur ich nicht! - erhoben werden.[867] Dabei gilt jedoch, dass es für ethische Abwägungen ein notwendiges Axiom ist, dass die Einzelteile einer Handlung des Akteurs eine interne Konsistenz aufweisen. Die Komponenten einer Handlung, zum Beispiel innere Bedingungen, Überzeugungen und Ziele, dürfen nicht in sich widersprüchlich sein. Inkonsistent wäre es demnach, wenn der Akteur etwas über seine Handlung denkt und gleichzeitig etwas mit diesem Gedachten Unverträgliches verwirklicht.[868]
Anhand des kontraktualistischen Nutzenmaximierungsgedankens lassen sich des Weiteren keine Kooperations- und Unterlassensnormen als

---

[863] Zitiert nach Ott, Moralbegründungen, S. 126.
[864] Scanlon, What we owe to each other, S. 153; zur Kritik Pfordten, Normative Ethik, S. 169 f.
[865] Pfordten, Normative Ethik, S. 171.
[866] Mahlmann, Rechtsphilosophie und Rechtstheorie, § 4 Rn. 9.
[867] Pawlik, ZStW 2015, 737 (739 f.); Mahlmann, Rechtsphilosophie und Rechtstheorie, § 4 Rn. 49.
[868] Pfordten, Normative Ethik, S. 165, 167.

Schutz- und/oder Fürsorgenormen gegenüber Minderheiten, nicht vollständig handlungsfähige oder außermenschliche Wesen statuieren. An solchen Normen haben die stark egoistisch geprägten Menschen in der kontraktualistischen Gesellschaftstheorie kein Interesse. Wieso sollten sie annehmen, in eine vergleichbare Situation zu geraten?[869] So kann es zu einer Vergesellschaftung des Individuums, bei welchem die Mitglieder einer Gesellschaft über dessen sämtliche Belange rücksichtslos entscheiden dürfen, kommen.[870]

Um diese Schwäche des klassischen Kontraktualismus zu beheben, hat Rawls die folgende grundlegende Präsupposition formuliert:[871] Um eine gerechte Grundstruktur einer Gesellschaft zu errichten, werden die vertragsschließenden Parteien von Rawls in eine vernunftgeleitete Position des durch Unwissenheit gebrochenen Eigeninteresses versetzt. Die Position konstruiert er durch das begründungstheoretische Setzen eines Schleiers der Unwissenheit (veil of ignorance).[872] Der Schleier der Unwissenheit soll dafür Sorge tragen, dass der Wille zur Gerechtigkeit der eigeninteressierten, rationalen Individuen, die eine soziale Ordnung kontraktualistisch entwerfen, nicht dadurch getrübt wird, dass sie wissen, welche Position sie in dieser Ordnung selbst einnehmen werden.[873] Es wird daher ein hypothetischer Urzustand konstruiert, in welchem die interpersonalen Unterschiede hinsichtlich Geschlecht, Rasse, Vermögen,

---

[869] Weitere Einwände sind der infinite Regress, die Stellung des Vertragsschlussverweigerers, die Bindung der Nachkommen der Vertragsschließenden, die Beschränkung auf empirische Inhalte, die Wirkkraft eines von fiktiven Individuen geschlossenen, fiktiven Vertrages auf reale Individuen. Vergleiche hierzu Ott, Moralbegründungen, S. 129 f.; Kaufmann/Pfordten, Problemgeschichte der Rechtsphilosophie, S. 127 f.; Engländer, ARSP 2000, 2 (2 ff.); Mahlmann, Rechtsphilosophie und Rechtstheorie, § 4 Rn. 47 ff.
[870] Pfordten, Normative Ethik, S. 219. Wird von einer Bindung der Nachkommen der Vertragsschließenden ausgegangen, stellt sich an dieser Stelle die problematische Frage, ob derjenige, über dessen Interessen hinweggegangen werden soll, ein Recht zum Rücktritt vom Gesellschaftsvertrag hat.
[871] Siehe Mahlmann, Rechtsphilosophie und Rechtstheorie, § 14 Rn. 6.
[872] Rawls, Eine Theorie der Gerechtigkeit, S. 107; ders., Gerechtigkeit als Fairness, passim; Zusammenfassend Ott, Moralbegründungen, S. 130 ff.; siehe auch Tschentscher, Gerechtigkeit, S. 199 ff.
[873] Mahlmann, Rechtsphilosophie und Rechtstheorie, § 14 Rn. 7 ff.

sozialem Status, Bildung und so weiter verdeckt werden und somit die dem Kontraktualismus charakteristische Egalität konstituiert wird.[874]

b) Die Rolle der Selbsterhaltung im Kontraktualismus

Es stellt sich an dieser Stelle die Frage nach dem Verhältnis zwischen dem Selbsterhaltungstrieb und dem Gesellschaftsvertrag. Selbst wenn der Bürger durch den Gesellschaftsvertrag sein Recht zur Selbsterhaltung gänzlich abbedungen haben sollte, kann er dennoch einen Anspruch gegen den Staat auf die individuelle Selbsterhaltung haben, da nur deren Schutz im hobbes'schen Kontraktualismus staatslegitimierend wirkt?[875]

Gegen eine Berücksichtigung der Erhaltung seiner Selbst in der Konzeption der Vertragstheorie spricht, dass der Schutz der Erhaltung, und insbesondere der des Lebens, Aufgabe des Staates geworden ist, indem die Bürger dem Staat als allmächtigem Konstrukt (Leviathan) ihr jeweiliges Selbsterhaltungsrecht übertragen haben.[876] Das Selbsterhaltungsrecht, als Freiheit zur Selbsterhaltung jede beliebige Handlung oder Unterlassung vornehmen zu dürfen, existiert allein im Naturzustand unbeschränkt.[877]

Der Bürger hat sich nach der tatsächlichen oder fiktiven Einigung auf die Einsetzung des politischen Souveräns zwar vollumfänglich zu unterwerfen,[878] jedoch ist die Grundlage des Vertragsmodells und der vollständigen Unterwerfung unter die Macht des Staates das übergeordnete Ziel, sich selbst zu erhalten. Zwar war Hobbes die Vorstellung absoluter Werte fremd, da jeder Wert abhängig vom Subjekt ist, jedoch existiert ein einziger allen Menschen gemeinsamer Wert: die Selbsterhaltung.[879]

---

[874] Rawls, Eine Theorie der Gerechtigkeit, S. 12, 28; ders., Gerechtigkeit als Fairness, S. 271; sehr kritisch Pfordten, Rechtsethik, S. 418 ff.
[875] Pfordten, Rechtsethik, S. 324.
[876] Reese-Schäfer, zfmr 2007, 37 (37); Dieses „Aufgabe" ist in der Literatur zu Hobbes umstritten. Wie hier geht auch Pfordten zumindest von der Pflicht des Staates in der hobbes'schen Staatstheorie aus, für gesellschaftlichen Frieden und Sicherheit zu sorgen, siehe Pfordten, Rechtsethik, S. 329 ff.
[877] Hobbes, Leviathan, Kap. 14, S. 77; Pfordten, Rechtsethik, S. 325.
[878] Hobbes, Leviathan, Kap. 17, S. 95 f.; Sundelin, GA 1858, 624 (628); Pfordten, Rechtsethik, S. 320.
[879] Mahlmann, Rechtsphilosophie und Rechtstheorie, § 4 Rn. 5 mit weiteren Nachweisen.

Dieses Ziel muss daher zur Beschreibung des Verhältnisses zwischen der Selbsterhaltung und dem Gesellschaftsvertrag herangezogen werden. Man könnte konsequenterweise von einem staatlicherseits unberührbaren Kern des Selbsterhaltungsprinzips ausgehen, welchen die Bürger zwar formal an den Leviathan abtreten, welchen der Staat aber nicht anrühren darf, da ihm dies seine eigene Legitimationsbedingung entziehen würde.[880] Die hobbes'sche Staatstheorie erfährt jedoch zumindest die ethische Einschränkung, dass der Staat das Individuum nicht hinsichtlich Leib und Leben verletzen dürfe. Beim Abschluss des Gesellschaftsvertrags hätten die Individuen Duldungspflichten bezüglich derartiger Verletzungen nicht zugestimmt, denn der Vertrag diene genau dem Gegenteil.[881] Der Selbsterhaltungstrieb erfüllt die kontraktualistische Funktionsbedingung, den individuellen Nutzen zu optimieren und tritt dem Gesellschaftsvertrag als konkurrierendes Prinzip entgegen.[882] Nach Hobbes soll jedermann auf diejenigen Verhaltensweisen verzichten, die die Selbsterhaltung der anderen Bürger gefährden, und sich mit derjenigen Freiheit begnügen, die er anderen einräumt.[883]

Der Selbsterhaltungstrieb ist daher ein Bestandteil des Kontraktualismus und nur dort hat er eine systemkonstituierende Funktion.[884]

Die Selbsterhaltung ist das Ziel der Menschen, welches durch die vertragliche Einsetzung einer staatlichen Macht erreicht werden soll.[885] Weder der Utilitarismus noch der Kantianismus oder die Diskursethik kennen einen solchen Trieb – zumindest nicht mit dem hohen Bedeutungsgehalt, wie ihn die strafprozessrechtliche Literatur ausgestaltet.[886] Gerade bei Kant kommt der Selbsterhaltung als bloß empirisch-anthropologischer Bestimmung ohne apriorischen Vernunftgehalt bei der rechtsethischen Rechtfertigung keine entscheidende Rolle zu.[887]

---

[880] Hobbes, Leviathan, Kap. 17, S. 95 f.; Pfordten, Rechtsethik, S. 328.
[881] Hobbes, Leviathan, Kap. 21, S. 118 ff.; siehe auch Pfordten, Rechtsethik, S. 331.
[882] Vergleiche zur Selbsterhaltung Tschentscher, Gerechtigkeit, S. 154 f.
[883] Hobbes, Leviathan, Kap. 14, S. 77; Pfordten, Rechtsethik, S. 325.
[884] Siehe Pfordten, Rechtsethik, S. 322 ff., 382, 463.
[885] Pfordten, Rechtsethik, S. 328.
[886] Auch ablehnend zur Selbsterhaltung im Utilitarismus Pfordten, Rechtsethik, S. 357.
[887] Bereits Kleinschrod, ArchCrimR 1802 (4), 83 (97) hat den Selbsterhaltungstrieb kontrakualistisch eingeordnet; siehe ferner Pfordten, Rechtsethik, S. 382 mit weiteren Nachweisen.

## c) Selbsterhaltungsthese

Angesichts der vorangegangen Grundlegung, ist die Selbsterhaltungsthese in den Kontraktualismus eingebettet daher wie folgt zu formulieren: Bei der Festlegung wohlgeordneter staatlicher Strukturen würde sich eine Gesellschaft auf die Geltung eines nemo tenetur-Grundsatzes einigen, da es im wohlverstandenen, vernünftigen Interesse aller Bürger liegt, sich selbst nicht vor dem Staat anzuklagen oder selbstbelastende Aussagen in einem Strafverfahren zu tätigen. Auf die Voraussetzungen von dessen Sicherung könnten sich die Personenglieder einer Gesellschaft folglich einigen.[888]

Der Selbsterhaltungstrieb[889] ist scheinbar erstmals von Pufendorf zur Begründung des Kernbereichs des nemo tenetur-Grundsatzes herangezogen worden.[890] Pufendorf, der insbesondere auch in den USA als juristischer und auch politischer Theoretiker Einfluss hatte, wurde derart rezipiert, dass niemand eine Verpflichtung habe sich selbst anzuklagen – weder in zivil- noch in strafrechtlichen Verfahren.[891] Nach ihm seien Eigennutz und Selbsterhaltung die Quellen des Rechts[892] und daher auch des Schweigerechts[893]: „Da nun aber niemand verpflichtet und verbunden [ist], selbst sich die Strafe auf den Hals zu ziehen, und vielmehr ein jeglicher von Natur einen grossen Abscheu vor ihr, sonderlich wenn sie bis ans Leben geht, oder sonst heftig ist, haben müsse; so könne man keine Ursache sehen, weshalb meinem Verbrecher nicht erlaubt sein sollte, selbste auf alle Art und Weise, doch ohne Beleidigung und Beschädigung des dritten Mannes von sich abzuwälzen."

---

[888] Vgl. hierzu auch Pawlik, ZStW 2015, 737 (739).
[889] Siehe zu den Anfängen des Selbsterhaltungstriebes als Limitation der Handlungsfreiheit bereits Aristoteles, Nikomachische Ethik, Buch V, 10: „niemand aber will sich mit Absicht selber schaden".
[890] Des Weiteren werden als Rechtsgelehrte Gilbert, Emlyn und Franklin genannt, welche sich im 18. Jahrhundert zur Begründung der Selbstbelastungsfreiheit auf das Selbsterhaltungsinteresse berufen haben sollen, siehe zu entsprechenden Nachweisen Levy, Cardozo Law Review 1997, 821 (844).
[891] Levy, Origins, S. 373; siehe zur überragenden Bedeutung Pufendorfs in der Naturrechtslehre Pfordten, Rechtsethik, S. 43 f.
[892] Pufendorf, Natur- und Völkerrecht, S. 332, 355.
[893] Pufendorf, Natur- und Völkerrecht, S. 788 f.

Eine Pflicht des Beschuldigten, sich wahrheitsgemäß einzulassen, wird sodann ab dem frühen 19. Jahrhundert als mit dem „Gesetze der Selbsterhaltung" nicht vereinbar angesehen, weshalb die Auferlegung einer solchen Pflicht gesellschaftsvertraglich ausgeschlossen sei.[894]
Hobbes selbst formulierte den Grund für den nemo tenetur-Grundsatz wie folgt: „Ein Staat wird durch Verträge, die ein jeder mit einem jeden macht, errichtet; folglich behält der Bürger seine Freiheit in Ansehung alles dessen, worauf er sein Recht weder durch einen Vertrag einem andern übertragen, noch er selbst demselben entsagen kann. Im vierzehnten Kapitel ist aber gezeigt worden, daß Verträge, nach welchen man sich gegen Gewalt nicht zu verteidigen verspricht, gar keine Kraft haben; und so ergibt sich folgendes: Wenn der Oberherr befiehlt, daß ein Bürger, wäre er auch durch Urteil und Recht zum Tod verurteilt, sich selbst umbringen, verstümmeln oder verwunden oder sich einem gewaltsamen Angriff nicht widersetzen oder sich der Nahrungsmittel, der Arznei, der Luft und dessen, was sonst zur Erhaltung des Lebens nötig ist, enthalten soll, so steht es dem Bürger frei, sich dessen zu weigern. Wenn ein Bürger vom Oberherrn oder auf dessen Befehl über ein von ihm begangenes Verbrechen befragt wird, so ist er zum Geständnis desselben nicht eher verpflichtet, als bis er der Verzeihung versichert worden ist."[895]
Dabei ist jedoch zu berücksichtigen, dass der Nicht-Straftäter auch ein Interesse an einer effektiven Normdurchsetzung hat. Zum Schutz aller müsste der Staat aus seiner Perspektive das Recht sowie die Pflicht haben, alle Beweismittel, die er erheben kann, auch zu erheben und zu verwerten.[896] Auf der anderen Seite könnte der Trittbrettfahrer-Einwand von denjenigen erhoben werden, die die Geltung des Grundsatzes zwar für sich beanspruchen wollen, den übrigen Teilen der Gesellschaft die aus dem Grundsatz folgenden Rechte aber verwehren wollen. Eine Lösung aus einer derartigen konkret-individualisierten Interessenlagen scheint die Gerechtigkeitsidee nach Rawls zu bieten: Kommen sämtliche

---

[894] Kleinschrod, ArchCrimR 1802, 83 (97).
[895] Hobbes, Leviathan, Kap. 21, S. 118 f.
[896] Kleinschrod, ArchCrimR 1802 (4), 83 (94 f.); Mittermaier, Theorie des Beweises, S. 208 f.; Hohbach, NArchCrimR 1832, 449 (463 ff.); Puchta, NArchCrimR 1821, 436 (445 ff.).

vertragsschließenden Parteien unter dem Schleier der Unwissenheit zusammen und vereinbaren den Gesellschaftsvertrag, würde dieser, da keiner seine künftige Rolle kennt, eher eine Regelung wie den nemo tenetur-Grundsatz beinhalten.

In der zeitgenössischen strafverfahrensrechtlichen Literatur wird hingegen auf ein psychologisch wirkendes Selbsterhaltungsinteresse hingewiesen, welches schlicht ethisch berücksichtigt werden müsste. Der natürliche, menschliche Trieb zum eigenen Selbstschutz soll zu einem derart heftigen Motivationsdruck auf alle Beschuldigten führen, dass er das Strafrecht zu einem liberalen Zurückweichen zwingt.[897] Der Selbsterhaltungstrieb ist nach Torka ein Drang, als negativ empfundene Einflüsse von sich fernzuhalten, und ist dem Menschen ein konstituierendes Wesensmerkmal und als solches nicht nur eine widerstrebend hinzunehmende anthropologische Binsenweisheit.[898] Er gründet sich auf der inneren Schwäche der meisten Menschen, sich der Durchsetzung des geltenden Rechts freiwillig zu fügen, welche primär nicht auf eine „grundsätzliche Rechtsuntreue", sondern auf den in jedem Menschen „unweigerlich wirkenden Selbsterhaltungstrieb" zurückzuführen sein soll.[899] Nach Wesche ist das unausweichliche Streben nach der Befriedigung von Neigungen und Bedürfnissen eine Eigenschaft der sinnlichen Natur des Menschen, sie seien notwendige Antriebskräfte, die wir nicht kurzerhand ausschalten könnten.[900] Das Recht müsse sich an dem Menschen orientieren, „wie er ist, und nicht daran, wie er idealerweise sein sollte".[901]

---

[897] Dieser Ansatz wird auch hinsichtlich der privilegierenden Behandlung eines sich selbst befreienden Gefangenen diskutiert bei Helm, Gefangenenbefreiung, S. 238.
[898] Torka, Nachtatverhalten, S. 52; siehe zur kantischen Selbsterhaltung Kant, Metaphysik der Sitten, AA VI, S. 421 f.; sehr kritisch zu Pflichten gegen sich selbst in einer Ethik des normativen Individualismus Pfordten, Normative Ethik, S. 279, 280.
[899] Torka, Nachtatverhalten, S. 52.
[900] Wesche, ARSP 2015 Beiheft 142, 41 (53).
[901] Torka, Nachtatverhalten, S. 52.

Den Selbsterhaltungstrieb als natürlichen Drang zu verstehen, als „negativ empfundene Veränderungen des sozialen, wirtschaftlichen und/oder rechtlichen Status zu meiden"[902], ist jedoch sehr zweifelhaft. Ein derart überdehntes Verständnis lässt kaum andere Interessen in einem ethischen Modell zu. Ein allumfassend rechtfertigend wirkender Selbsterhaltungstrieb wäre als ein Recht auf Alles letztlich als ein Recht auf Nichts ein Rückfall in den Naturzustand im hobbesschen Sinne. Ein derartiger Drang findet außerhalb des Strafverfahrensrechts auch an keiner anderen Stelle der Rechtsordnung Berücksichtigung.

Vielmehr wird der Selbsterhaltungstrieb hier so verstanden, dass er dem Menschen von Natur aus gegeben und es unangemessen sei, dessen Ausübung strafverfahrensrechtlich zu sanktionieren.[903] Diese Unangemessenheit rührt dabei aus der Funktion des Selbsterhaltungstriebes im Kontraktualismus. Einer dem Selbsterhalt widerstrebenden Regelung werden die Bürger – zumindest unter dem Schleier der Unwissenheit – bei dem Vertragsschluss nicht zustimmen. Der natürliche Selbsterhaltungstrieb ist daher normativ zu respektieren.[904] Die Einführung einer Aussagepflicht als Gegenstück des nemo tenetur-Grundsatzes könnte unvereinbar mit der Selbsterhaltung sein. Denn der Zwang des Beschuldigten zur Selbstbelastung würde gegen die psychologischen Gesetzmäßigkeiten des Selbsterhaltungstriebes verstoßen.[905]

Das Selbsterhaltungsinteresse muss selbstverständlich normativ-objektiviert verstanden werden. Der nemo tenetur-Grundsatz bringt eine unwiderlegliche Vermutung zum Ausdruck, nach welcher eine Nichtaus-

---

[902] Torka, Nachtatverhalten, S. 149.
[903] Mit weiteren Nachweisen zu der Ausprägung des nemo tenetur-Grundsatzes in Form der Privilegierung des sich selbst befreienden Gefangenen Helm, Gefangenenbefreiung, S. 238; ferner Herzberg, JuS 1975, 792 (794), welcher eine Tatbestandsmäßigkeit im Sinne des § 120 StGB des sich selbst befreienden Gefangenen mit „Rücksicht auf den Freiheitsdrang des Menschen, aus Schulderwägungen also" ausschließt.
[904] Eidam, Selbstbelastungsfreiheit, S. 134.
[905] SK-StPO/Rogall, Vor § 133 ff., Rn. 132; Salger, Schweigerecht, S. 14; Schlauri, Verbot des Selbstbelastungszwangs S. 91 ff.; Baumann, Narkoseanalyse, S. 94 ff.; Erdmann, Selbstbegünstigungsgedanke, S. 23; Torka, Nachtatverhalten, S. 49; Stürner, NJW 1981, 1757; Welzel, JZ 1958, 494 (495 f.); Rüping, JR 1974, 135 (136).

sage Folge des auf dem Selbsterhaltungsinteresse beruhenden existentiellen Motivationsdrucks gewesen ist, auf einen tatsächlichen, subjektiv wahrgenommenen Druck kommt es hingegen nicht an.[906] Daher ist eine etwa vorhandene psychische Labilität oder Erkrankung einzelner Personen unschädlich, auch diese Personen können sich auf den Schutz durch den nemo tenetur-Grundsatz berufen.

d) Einwände gegen den Selbsterhaltungstrieb als Begründungsfigur

(1) Gesellschaftsvertragliche Einigung
Der erste Einwand gegen den Selbsterhaltungstrieb als rechtsethische Begründung rührt aus dem Umstand, dass im von vernunftsgeleiteten Egoisten geschlossenen Gesellschaftsvertrag des klassischen Kontraktualismus eine Norm vorstellbar ist, nach welcher Beschuldigte dem Staat eine Stellungnahme zum gesellschaftlichen Vorwurf schuldig sind. Jeder Bürger, welcher keine Taten begeht, bei deren Aburteilung er hohe Sanktionen erwarten müsste, ist vermutlich desinteressiert an einer Selbstbelastungsfreiheit. Er hat hingegen ein ganz enormes Interesse an der wahrheitsgemäßen Aufklärung und einer entsprechenden Aburteilung im Strafverfahren. Ein nemo tenetur-Grundsatz, anders als ein Folterverbot, wäre hier prima facie nur schwerlich denkbar. Sofern eine ethische Verpflichtung der Selbsterhaltung entgegensteht, hat jene im Kontraktualismus keinen Platz.[907] Die vertragsschließenden Bürger könnten vielmehr vereinbaren, dass die staatliche Macht befugt ist, Aussagepflichten zu konstituieren.

(2) Widersprüchlichkeiten
Die Begründung des nemo tenetur-Grundsatzes über einen kontraktualistischen Selbsterhaltungstrieb scheint darüber hinaus in einen unauflösbaren Widerspruch zu geraten. Jedenfalls könnte der Selbsterhaltungstrieb als Begründung des nemo tenetur-Grundsatzes kritisiert werden, da er nur noch ganz ausnahmsweise betroffen scheint.

---
[906] Helm, Gefangenenbefreiung, S. 244.
[907] Siehe auch Pfordten, Rechtsethik, S. 336.

Immerhin war der nemo tenetur-Grundsatz in seinen historischen Anfängen, beispielsweise bei Pufendorf, noch auf Situationen beschränkt, in denen eine Todesstrafe oder eine annähernd gleich grausame Körperstrafe drohte.[908] Jedenfalls die Sanktionen der deutschen Rechtsordnung bedrohen den Beschuldigten nicht mehr vergleichbar hinsichtlich der existentiellen Rechtsgüter Leib und Leben. Ein hoher ethischer Wert kommt der Erhaltung seiner Selbst nur dann zu, wenn es sich um eine Überlebenssicherung handelt.[909] Nur ganz ausnahmsweise könnte in Strafverfahren, in denen eine lebenslange Freiheitsstrafe droht, von einer den Selbsterhalt negierenden Art und Weise einer Sanktion gesprochen werden. Immerhin wird der Straftäter in diesen Fällen zumindest sozial-bürgerlich vernichtet.

Ließe man auch Gefahren für geringerwertige Rechtsgüter ausreichen, lässt sich die Behandlung nicht strafrechtlicher Folgen nicht erklären. Die Preußische Kriminalordnung hat noch drohende „nachtheilige Folgen" zum Dispens einer Aussagepflicht führen lassen, während nun die Gefahr einer Strafverfolgung erforderlich ist.[910] In den Motiven zur RStPO fanden sich noch einzelne Gesetzesvorschläge, welche die Verweigerung einer Auskunft auch schon dann gestatteten, wenn jemand zu seiner eigenen oder eines nahen Angehörigen Schande aussagen müsste. Diese Regelung konnte sich jedoch im Entwurf der RStPO nicht durchsetzen, da eine derartige Bestimmung häufig und gerade bei schweren Verbrechen den Verlust wichtiger Beweismittel herbeiführen und die Aufgaben der Strafrechtspflege ernstlich gefährden würde. Darüber hinaus wurde der Begriff der Schande für zu unbestimmt und unbestimmbar gehalten, da die Ausfüllung des Begriffs in die Hände des jeweiligen Zeugen gelegt werden müsste. Um ein objektives Ermessen zu ermöglichen, müsste der Richter in Kenntnis der Umstände gesetzt werden, welche der Zeuge gerade verschweigen will.[911]

Ferner käme als den Schutz des nemo tenetur-Grundsatzes auslösendes Rechtsgut auch das Vermögen in Betracht, jedenfalls sobald der

---

[908] Levy, Cardozo Law Review 1997, 821 (823).
[909] Siehe auch Pfordten, Rechtsethik, S. 172.
[910] Zitiert nach Nissen, Bemerkungen, 1874, S. 26.
[911] Zitiert nach Nissen, Bemerkungen, 1874, S. 25 f.

Eingriff eine Intensität erlangt, die den Betroffenen derart schwer trifft, dass das Selbsterhaltungsinteresse vergleichbar beeinträchtigt ist. Zu denken ist hier insbesondere an gewerberechtliche oder steuerrechtliche Konsequenzen.[912]

Der Ausschluss der Nachteile ließe sich zwar mit der fehlenden Beeinträchtigung des Selbsterhaltungstriebes hinsichtlich Leib und Leben erklären, dies aber nicht ohne sich in Widerspruch zum geltenden Recht zu setzen. Der Selbsterhalt ist nämlich auch nicht bedroht, wenn lediglich mit Geldstrafen, Strafaussetzungen zur Bewährung oder gar Bußen nach dem Ordnungswidrigkeitenrecht sanktioniert wird. Auch bei der großen Vielzahl der Freiheitsstrafen ohne Strafaussetzung ist das Selbsterhaltungsinteresse nicht in einer vergleichbaren, die physische Existenz bedrohenden Weise betroffen. Erst wenn die Freiheitsstrafe in der Ausgestaltung, gerade auch in der Dauer, einer physischen Vernichtung gleichkommt, könnte das Selbsterhaltungsinteresse hinreichend beeinträchtigt sein.[913]

Zwar stellen Selbstbelastungen jeder Art für den Bürger eine Beeinträchtigung der Selbsterhaltungschancen dar, jedoch ist dies repressiven (und auch vielen präventiven) Maßnahmen wesensimmanent.[914] Das Selbsterhaltungsinteresse ließe sich am besten schützen, indem gar keine staatlichen Repressionen zugelassen werden.[915] Der Staat ist jedoch geradezu durch das Rechtsstaatsprinzip dazu gehalten, eine funktionsfähige Strafrechtspflege aufrechtzuerhalten, deren Zweck es ist, Straftäter zu ermitteln und zu überführen und sodann einer Sanktionierung zuzuführen. Die Anerkennung der Vereitelung dieser staatlicherseits gewollten Sanktion als rechtliches Positivum erscheint daher fragwürdig.[916]

---

[912] Möller, JR 2005, 314 (317); ähnlich Freier, ZStW 2010, 117 (129).
[913] Mit weiteren Nachweisen Levy, Origins, S. 328; Jakobs, in: FS-Spinellis, 2001, S. 447 (450) spricht bei der Todesstrafe von einer totalen Exklusion der Person sowie bei der Freiheits- und Geldstrafe von partieller, zum einen die körperliche Freiheit verfügenden Person und zum anderen den Eigentümer betreffend.
[914] Bentham, A Treatise on Juridical Evidence, S. 240; Amar, The Constitution and Criminal Procedure, S. 65.
[915] Bentham, A Treatise on Juridical Evidence, S. 240.
[916] Schneider, Grund und Grenzen, S. 364.

Allein unter dem Gesichtspunkt der Selbstschädigung ergibt sich daher keine tragende Begründung für die Aussagefreiheit."[917] Eine allgemeine Freiheit, keine Handlungen zum eigenen Nachteil vornehmen zu müssen, kann es in einem Gemeinwesen nicht geben. Für den Handelnden nachteiliges Verhalten ist typischer Inhalt von Pflichten.

(3) Laienpsychologie

An der Begründung des nemo tenetur-Grundsatzes über den Selbsterhaltungstrieb wird ferner kritisiert, dass sie lediglich auf intuitiver „Laienpsychologie" aufbaue und nicht analytisch begründbar sei.[918] Vielmehr könnte durch eine Aussagepflicht die Norminternalisierung als ein Prozess der Verinnerlichung von normativ gewünschten Verhaltensweisen gefördert werden.[919] Der „laienpsychologische" Begriff des Selbsterhaltungstriebes sei konturlos und zur Bestimmung des Inhalts und der Reichweite eines Rechtsgrundsatzes unbrauchbar, denn die Selbsterhaltung wird durch den Menschen in verschiedensten Variationen erstrebt.

Ferner können die psychologischen Motivationen des Menschen im Strafverfahren derart vielfältig sein – man erinnere nur kurz die Gedanken Raskalnikows –, dass sie nicht unter einem universell ausgeprägten Trieb zusammengefasst werden können. Von Straf- und Geständnisfurcht über Gleichgültigkeit der Strafe gegenüber hin zu Melancholie, Entsetzen vor sich selbst und einem gefühlten oder tatsächlichen Geständniszwang kann der Beschuldigte ganz unterschiedliche Beweggründe für sein Prozessverhalten haben.[920] Dieser Diversität wird der Begriff des Selbsterhaltungstriebes nicht gerecht. Aus der Verfasstheit der menschlichen Natur in Form des Selbsterhaltungstriebes kann kein universelles rechtsethisches Argument abgeleitet werden. Die begriffslogische Präsumtion der Allgemeingültigkeit von ethischen Prinzipien kann auf diese Weise nicht erfüllt werden, da die außer-vernünftige Naturverfasstheit bei unterschiedlichen Wesen stets kontingent und nicht a

---

[917] MüKo-StPO/Schuhr, Vor §§ 133 ff, Rn. 62.
[918] Kölbel, Selbstbelastungsfreiheiten, S. 168.
[919] Schneider, Grund und Grenzen, S. 17.
[920] Vgl. Wimmer, ZStW 1930, 538 (578 f.); Kölbel, Selbstbelastungsfreiheiten, S. 168.

priori gegeben ist.[921] Der Trieb besteht folglich bei jedem Wesen in unterschiedlicher Intensität und eignet sich daher nicht als verallgemeinerungsfähige rechtsethische Begründung. Eine auf ein Sollen bezogene Begründung erfordert im Kontraktualismus vielmehr die Rückführung auf den Gesellschaftsvertrag.[922]

(4) Die Behandlung von Unschuldigen
Ferner wird der Umfang des personalen Schutzbereichs des Selbsterhaltungstriebes problematisiert, da einen Selbsterhaltungstrieb nur schuldige Beschuldigte geltend machen können. Hingegen wäre es demjenigen, der die vorgeworfene Straftat nicht begangen hat, gar nicht möglich, sich selbst wahrheitsgetreu belasten.[923] Der Unschuldige ist damit in keiner vergleichbaren psychologisch belastenden Situation, daraus soll sich daher ein Wertungswiderspruch gegenüber der prozessrechtlichen Situation eines zu Unrecht Beschuldigten ergeben.[924] Dieser müsste eine Beeinträchtigung der eigenen Erhaltung als menschliches Wesen nicht befürchten, da er sich sogar durch einen Zwang zur wahrheitsgemäßen Aussage nicht selbstbelasten könnte.[925]

Dem ist aber zu widersprechen, denn bereits das Strafverfahren zur Durchführung der Schuldfeststellung umfasst Implikationen auch für den unschuldig Betroffenen,[926] welcher sich in seiner Selbsterhaltung bedroht sehen kann. Insbesondere kann es durchaus auch für den Un-

---

[921] Craemer-Ruegenberg, Neue Hefte für Philosophie 1983, 45 (57).
[922] Craemer-Ruegenberg, Neue Hefte für Philosophie 1983, 45 (56): Kant zieht hier natürlich vielmehr eine reine Vernunftgetzlichkeit heran.
[923] Lesch, ZStW 1999, 624 (636 f.); ders., JR 2005, 302 (303); siehe auch Liepmann, ZStW 1924, 647 (647 f.); Doege, nemo-tenetur-Grundsatz, S. 100; Bosch, Aspekte, S. 120.
[924] Daher allein für einen Schutz des faktisch Schuldigen Samson, wistra 1988, 130 (131); Reiche, Täuschungsverbot, S. 31 f.; Puppe, GA 1987, 289 (299); siehe auch Möller, JR 2005, 314 (319), der lediglich das Schweigerecht des Unschuldigen für verfassungsrechtlich verbürgt hält.
[925] BVerfGE 56, 37 (50); Schaefer, Nemo-Tenetur-Grundsatz, S. 109 ff.; Bosch, Aspekte, S. 35; Freier, ZStW 2010, 117 (129); siehe auch Caplan, Vanderbilt Law Review 1986, 1417 (1467);
[926] Gubitz, JA 2008, 52 (54): „[...] auch der Unschuldige kann seine Zuflucht in einer Lüge suchen."

schuldigen Prozesssituationen geben, in denen sein Selbsterhaltungsinteresse durch den nemo tenetur-Grundsatz geschützt wird. Dies sind zum einen gesellschaftlich-statusbezogene Beeinträchtigungen und zum anderen sogar rechtliche Eingriffe in die Sphäre des Beschuldigten. Ein auf der Unschuld basierender Freispruch kann derartige Auswirkungen nicht mehr aus der Welt schaffen. Torka vergleicht den Freispruch daher aus der Sicht des Beschuldigten mit einem Phyrrus-Sieg.[927]

Daneben wird zum einen ein pragmatischer, zum anderen ein normativer Einwand erhoben. Erstens sei eine Differenzierung von Schuldigen und Unschuldigen faktisch unmöglich, da der Prozess gerade dem Feststellen der Schuld diene. Die Gewährleistung strafprozessualer Rechte vor einem Urteil kann daher nur derart erfolgen, dass sowohl Schuldige als auch Unschuldige von ihnen profitieren.[928] Zweitens soll dies durch normative Erwägungen gestützt werden, denn die Gleichbehandlung sei ein Ausfluss der Unschuldsvermutung.[929] Es wird bei Ransiek jedoch nicht deutlich, wieso die Unschuldsvermutung den personalen Schutzbereich auch auf Unschuldige erweitert. Einleuchtender wäre das Argument bei einem Recht, welches nur auf den Unschuldigen gemünzt scheint, sodass nun eine Geltungsbegründung auch für Schuldige gefunden werden muss. Die Unschuldsvermutung vermag daher keine Stütze für eine Gleichbehandlung von Schuldigen und Unschuldigen im Hinblick auf den nemo tenetur-Grundsatz zu sein.

An dieser diffizilen Stelle kann jedoch die rechtsethische Einbettung in den Kontraktualismus entscheidend voranbringen. Die Frage, wer in den Schutzbereich des nemo tenetur-Grundsatzes fallen soll, lässt sich anhand der rawlschen Figur eines Schleiers der Unwissenheit erklären. Schließen Individuen einen Gesellschaftsvertrag, um den Naturzustand zu beenden, wissen sie unter diesem Schleier nicht um ihre gesellschaftliche Rolle in der zu gründenden Gesellschaft. Hat der größtenteils strafrechtskonform lebende Bürger im hobbes'schen Kontraktualismus noch

---

[927] Torka, Nachtatverhalten, S. 115; Ott, Der Grundsatz, S. 77 f.
[928] Schaefer, Nemo-Tenetur-Grundsatz, S. 111; Rau, Schweigen, S. 180; Dallmeyer, KritV 2000, 252 (263); siehe zum anglo-amerikanischen Rechtsraum Dennis, Cambridge Law Journal 1995, 342 (359); Bentham, Rationale of Juridical Evidence, S. 207 ff.; Redmaye, OJLS 2007, 209 (221 f.).
[929] Ransiek, Polizeivernehmung, S. 51.

kein Interesse an einer Selbstbelastungsfreiheit, wird er sich unter dem Schleier der Unwissenheit vernünftigerweise dafür entscheiden, jedem Betroffenen eines Strafprozesses eine Selbstbelastungsfreiheit zu gewähren, da er selbst einer der Betroffenen sein könnte und dann nicht gegen seine Selbsterhaltungsinteressen agieren möchte.

Der Selbsterhaltungstrieb ist daher in der Lage zu erklären, warum auch Unschuldige vom Schutzbereich des nemo tenetur-Grundsatzes umfasst sein sollen.

(5) Naturalistischer Fehlschluss

Des Weiteren treffen rechtsethische Normen – anders als die Normen der allgemeinen Ethik beziehungsweise anderer Teilethiken wie der Medizinethik – nicht auf einen stark faktisch strukturierten Wirklichkeitsausschnitt, sondern auf das Recht als die das Faktische überwölbende Normenordnung.[930] Daher wird ferner der Einwand erhoben, dass, selbst wenn es einen Selbsterhaltungstrieb geben sollte, dieser nicht in jedem Fall und in jeder Ausprägung normative Geltung verdiene. Die Selbstbelastungsfreiheit kann mit dem Rekurs auf ein natürliches Selbsterhaltungsbedürfnis nicht befriedigend erklärt werden.[931] Aus dem Sein könne, unabhängig davon, ob der Selbsterhaltungstrieb ein Da-Sein oder ein So-Sein darstellt, nicht auf das Sollen geschlossen werden. Denn ein Schluss von feststellbaren naturwissenschaftlichen Gegebenheiten auf normative Postulate gilt als „naturalistischer Fehlschluss".[932] Derartige Argumentationen werden in aller Regel heftig kritisiert, denn normative Regelungen für das Verhalten der Menschen untereinander, Ge- und Verbote ihres Handelns, lassen sich nicht aus naturwissenschaftlichen Erkenntnissen herleiten und dann dadurch begründen. Das Verhältnis von Sein und Sollen ist vielmehr so zu verstehen, dass die Naturwissenschaft der gegenständliche Bezugspunkt vieler rechtlicher Regelungen ist, dabei jedoch nicht der Geltungsgrund dieser Regelungen sein

---

[930] Pfordten, Rechtsethik, S. 31.
[931] Mahlstedt, Verdeckte Befragung, S. 66; siehe auch Ransiek, Polizeivernehmung, S. 50 f.
[932] Vergleiche Mahlmann, Rechtsphilosophie und Rechtstheorie, § 11 Rn. 3 ff.

kann.[933] Mit den Worten Radbruchs gesprochen, ist niemals „etwas schon deshalb richtig, weil es ist oder weil es war – oder auch, weil es sein wird."[934] Kurz: Aus einem faktischen Selbstschutzinteresse folgt nicht ohne weiteres eine normative Schutzwürdigkeit.[935] Oder auch: Ein faktisches Element kann als Tatsache nichts zur Rechtfertigung von Normen beitragen,[936] dies wäre jedoch der Ansatz zum Schutz des faktisch-kreatürlichen[937] Selbsterhaltungsinteresses. Dabei ist die Unterscheidung der Geltung eines Rechts strikt von seinem faktischen Sein notwendige Voraussetzung der Funktionsweise des Rechtssystems, da es den Normen Fakten zu- und unterordnen möchte, um so zu entscheiden, ob ein Verhalten der Norm noch entspricht oder bereits gegen sie verstößt. Die Unterscheidung von Normen und Tatsachen ist folglich die Grundlage des Rechtssystems des 21. Jahrhunderts.

Bisher wurde das Sein-Sollen des Selbsterhaltungstriebes nicht begründet. Es findet sich kein Nachweis darüber, warum das faktisch-natürliche Interesse des Beschuldigten, nicht an der Überführung teilzunehmen, normative Anerkennung verdiene.[938] Grundlegend kann ferner kritisiert werden, dass dieser Begründungsansatz aus der Prämisse hervorgeht, dass die Rolle des Beschuldigten durch ihn als kreatürliches Individuum und nicht als Rechtsperson[939] ausgefüllt werde.[940] Das im Strafprozessrecht agierende Subjekt „Beschuldigter" tritt dort jedoch nicht als Individuum – eine „zoologisch-psychologische Einheit Mensch"[941] -, sondern

---

[933] Zum Ganzen Böckenförde, JZ 2003, 809 (810).
[934] Radbruch, Rechtsphilosophie, S. 6.
[935] Pawlik, GA 1998, 378 (378); Verrel, Selbstbelastungsfreiheit, S. 230; Schneider, Grund und Grenzen, S. 48; Keller, Provokation, S. 134; Freier, ZStW 2010, 117 (128); Anders, wistra 2014, 329 (332); siehe auch Bentham, Rationale of Juridical Evidence, S. 230, 452.
[936] Pfordten, Rechtsethik, S. 87; siehe auch Stuckenberg, Untersuchungen zur Unschuldsvermutung, S. 519.
[937] Wimmer, ZStW 1930, 538 (569) spricht in so weit vom egozenrischen Motiv des „animalischen Selbsterhaltungstriebes".
[938] Pawlik, GA 1998, 378 (378 f.); Lesch, ZStW 1999, 636 (637 f.); ders., JR 2005, 302 (302); affirmativ Verrel, Selbstbelastungsfreiheit, S. 240.
[939] Jakobs, Norm, Person, Gesellschaft, S. 29 ff.
[940] Pawlik, GA 1998, 378 (379); Lesch, JR 2005, 302 (302); kritisch Kölbel, Selbstbelastungsfreiheiten, S. 195 f.
[941] Kelsen, Hauptprobleme der Staatsrechtslehre, S. 142.

als Person – also eine „Konstruktion spezifisch normativer Betrachtung"[942] – auf. Als ein solches zurechnungsfähiges, normatives Subjekt ist der Beschuldigte daher wahrzunehmen.

(6) Erwägungen des geltenden Rechts

(a) Strafrecht

Gegen den Selbsterhaltungstrieb als rechtsethische Begründung für den nemo tenetur-Grundsatz werden ferner strafrechtssystematische Erwägungen vorgebracht.

Der Selbsterhaltung als ethischer Begründung sei die Gefahr, einen normativ nicht-regulierten Freiheitsraum zu schaffen, immanent. In diesem müssten sodann auch schwerste Straftaten wie das Erschießen von Belastungszeugen gerechtfertigt sein.[943] Zumindest aber dürfte der Beschuldigte auch Beweismittel zerstören, Zeugen einschüchtern und bestechen.[944]

Dagegen hat sich das Bundesverfassungsgericht bereits im Gemeinschuldner-Beschluss von 1981[945] gewendet, indem es konstatierte, dass das Grundgesetz keinen lückenlosen Schutz gegen Selbstbezichtigungen ohne Rücksicht darauf gebiete, ob dadurch schutzwürdige Belange Dritter beeinträchtigt würden.[946] Das Strafrecht kennt darüber hinaus auch kein eigenständiges Recht auf Verheimlichung einer begangenen Straftat.[947] Als illegitim erscheint es dann jedoch, wenn das Bestreben, eine Festnahme zu verhindern, indem der Verfolgte sich an einen Laternenmast klammert, als strafbarer Widerstand gegen Vollstreckungsbeamte nach § 113 Abs. 1 StGB eingestuft wird, obwohl das Verhalten doch zweifellos lediglich ein Ausdruck seines Selbsterhaltungstriebes ist und keine Belange Dritter beeinträchtigt.

---

[942] Jakobs, Norm, Person, Gesellschaft, passim.
[943] Walder, Vernehmung, S. 81; Köhler, ZStW 1995, 33; Pawlik, GA 1998, 378 (379).
[944] So auch Dolinko, UCLA Law Review 1986, 1063 (1089).
[945] BVerfGE 56, 37 (49 ff.); siehe auch BVerfGE 16, 191 (193 f.): Nicht jede Selbstbegünstigung kann erlaubt sein.
[946] BVerfGE 56, 37 (49); siehe auch Möller, JR 2005, 314 (316).
[947] Vgl. Schneider, Grund und Grenzen, S. 48.

Die Selbsterhaltung im Strafrecht wird von der Strafrechtsordnung vielmehr ambivalent behandelt und bewegt sich zwischen zwei Polen. Zum einen erfahren gewaltsame Selbstbegünstigungstaten durchgängig nicht nur keine Privilegierung, sie werden im Gegenteil sogar teilweise strafschärfend, beispielsweise als Verdeckungsmord, bewertet.[948] Zum anderen sind Besserstellungen für Taten zum Selbsterhalt allein im Bereich der originären Rechtspflegedelikte vorgesehen. Diese Besserstellungen führen jedoch nur bei vom Staat leicht verkraftbaren Verhaltensweisen wie Flucht und einfacher Lüge zur Straffreiheit.[949]
Strafrechtssystematisch ist daher zu konstatieren, dass die Grenzen eines Selbsterhaltungstriebes ganz und gar ungeklärt wären. Jedenfalls könnte der Trieb nicht den exakten Zuschnitt des nemo tenetur-Grundsatzes in Form von Schweigerecht, Mitwirkungsfreiheit und schweigebezogenen Beweiswürdigungsverbot erklären.

(b) Strafprozessrecht[950]
In der verfahrensrechtlichen Systematik der Aussagerechte des Zeugen ist § 68 StPO hervorzuheben, nach welchem der Zeuge im Grundsatz nach § 68 Abs. 2 und 3 StPO auch dann zur wahrheitsgemäßen Aussage verpflichtet bleibt, wenn sein eigenes Leben durch die Aussage gefährdet wird. Nur ist die Pflicht dann um die Bezugsthemen Wohnort und Personalien beschnitten. Sollte das Selbsterhaltungsinteresse die rechtsethische Begründung für den nemo tenetur-Grundsatz sein, dürfte dies nur schwerlich mit jener Regelung in Einklang zu bringen sein. Beweiserhebungen, deren Objekt der Beschuldigte in verdachtsbezogenen Handlungen werden kann, schließt der nemo tenetur-Grundsatz

---

[948] Eingehend zu Gefährlichen Eingriffen in den Bahn-, Schiffs-, Luft- und Straßenverkehr, Gefangenenbefreiung, Räuberischer Diebstahl siehe Schneider, Grund und Grenzen, S. 99-130; Dehne-Niemann, NStZ 2015, 677 (678).
[949] BGH, NJW 2015, 1705 ff.; MüKo-StPO/Schneider, § 211 Rn. 216; ders., Grund und Grenzen, S. 336-345, 372-388; Gillmeister, FS-Schiller, 173 (177); Dehne-Niemann, NStZ 2015, 677.
[950] Dannecker, ZStW 2015, 370 (396).

ebenfalls nicht aus, obwohl derartige Erhebungen gegen den Selbsterhaltungstrieb verstoßen dürften.[951] Maßnahmen wie eine Telekommunikationsüberwachung oder die Beschlagnahme von Notizen oder Briefverkehr müssten dann vom nemo tenetur-Grundsatz konsequenterweise umfasst sein.[952]

(c) Herrschende Abgrenzung des konkreten Schutzbereichs[953]
Ebenso wenig vermag der Selbsterhaltungstrieb die herrschende Differenzierung zwischen zulässigen Duldungs- und unzulässigen Mitwirkungspflichten zu tragen. Unter Anerkennung eines Selbsterhaltungsinteresses in der Form, dass der Täter ein Interesse daran hat, sein Selbst durch Strafentziehung zu erhalten, wäre auch der Zwang zur Duldung belastender Untersuchungen damit nicht in Einklang zu bringen.[954] Dies lässt sich insbesondere am Beispiel einer Beweiserhebung hinsichtlich des Alkoholisierungsgrades des Beschuldigten verdeutlichen. Der Bürger wird aus Selbsterhaltungsinteressen sowohl die Entnahme einer Blutprobe als auch die Abgabe einer Atemalkoholprobe verhindern wollen. Wegen des Selbsterhaltungstriebes die Existenz einer Pflicht zur Mitwirkung an einer Atemalkoholanalyse abzulehnen, eine notfalls unter Gewaltanwendung vorzunehmende Blutprobenentnahme jedoch zuzulassen, erscheint Verrel „zynisch".[955] Ihm zufolge besteht der Unterschied allein darin, dass das Vereitelungsstreben des Beschuldigten im zweiten Fall erfolglos bleibt, da sein Widerstand gegen die Vereinnahmung als Beweismittel ohne weiteres überwunden werden kann, während dies im ersten Fall nicht möglich ist.[956]

---

[951] Köhler, ZStW 1995, 10 (33).
[952] Bentham, A Treatise on Juridical Evidence, S. 241; vergleiche auch Eser, ZStW 1967, 565 (575 f.).
[953] Siehe dazu vertiefend V. 2.
[954] Verrel, Selbstbelastungsfreiheit, S. 230; Sautter, AcP 1962, 215 (249 f.); Reiß, Besteuerungsverfahren, S. 171, 174.
[955] Verrel, Selbstbelastungsfreiheit, S. 231; Schlauri, Verbot des Selbstbelastungszwangs, S. 124: „gewissen Absurdität".
[956] Verrel, NStZ 1997, 415 (418); siehe auch Schlauri, Verbot des Selbstbelastungszwangs, S. 132.

(d) Stellungnahme zu den Erwägungen des geltenden Rechts
Die rechtsethische Begründung des nemo tenetur-Grundsatzes mithilfe des Selbsterhaltungstriebes kann durch derartige positivrechtliche Erwägungen kaum erschüttert werden. Der strafrechtliche und der strafprozessrechtliche Ansatz ist jedoch dazu in der Lage, der Ausgestaltung des nemo tenetur-Grundsatzes im positiven Recht insoweit eine Inkonsequenz, nämlich, dass der Gedanke des Selbsterhalts bei der Konstruktion der Strafrechtsordnung nicht durchgehalten wurde, vorzuwerfen.

e) Stellungnahme zur Selbsterhaltungstriebthese
Der Verweis auf den Selbsterhaltungstrieb ist konturlos. Einer Selbsterhaltung steht auch die passive Duldung belastender Untersuchungen oder gar die belastende Zeugenaussage eines Dritten entgegen.[957] Auch die beweisrechtliche Würdigung dieser müsste konsequenterweise unzulässig sein. Eine Strafverfolgung wäre unmöglich.[958] Es müsste vielmehr darum gehen, das Rechtsverhältnis zwischen dem Beschuldigten und dem strafverfolgenden Staat normtheoretisch zu begreifen. Ferner kann der in den Kontraktualismus eingebettete Selbsterhaltungstrieb den Schutz von unschuldig Beschuldigten nicht erklären. Es kann nicht darum gehen, einem uferlosen Selbsterhaltungstrieb in der Art Rechnung zu tragen, dass der Beschuldigte berechtigt wäre, sich in welcher Weise auch immer der Strafe zu entziehen. Der Grundsatz muss über die Berufung auf ein Interesse hinaus normativ begründet werden. Es wäre von Vertretern dieser Auffassung zu klären, warum die Rechtsordnung den Selbstschutz zu beachten verpflichtet ist.[959] Ein Recht auf Alles ist andernfalls nur ein Recht auf Nichts.[960]

---

[957] Verrel, NStZ 1997, 415 (418).
[958] Bentham, Rationale of Judicial Evidence, S. 452.
[959] Schneider, Grund und Grenzen, S. 48 f.
[960] Hobbes, Leviathan, Kap. 14, S. 77; zum Ganzen Pawlik, GA 1998, 378 (380).

## 5. Ethische Unzumutbarkeit

Neben den bisher vorgestellten rechtsethischen Konzepten des nemo tenetur-Grundsatzes wird ferner die seit dem Anfang des 19. Jahrhunderts existierende These von der ethischen Unzumutbarkeit vertreten.[961] Diese Ansicht wird bis heute vielfach vertreten und hat sogar Eingang in die Rechtsprechung des Bundesverfassungsgerichts gefunden.[962] Das Schweigerecht wird „als Schutz gegenüber einem mittelbaren oder unmittelbaren, wirklichen oder angenommenen Zwang zur Aussage oder anderer aktiver Mitwirkung verstanden, der den Betroffenen in den als unzumutbar erachteten Konflikt stürzt, sich entweder durch eine Aussage zu belasten oder aber durch eine Aussageverweigerung oder eine Falschaussage die Ahndung durch repressive Sanktionen oder den Einsatz von Zwangsmitteln zur Erzwingung einer vollständigen oder wahren Aussage und damit ein anderes Übel in Kauf zu nehmen."[963] Ähnlich bestimmt auch das Bundesverfassungsgericht den Schutzgegenstand des Grundsatzes: „Der Einzelne solle vom Staat grundsätzlich nicht in eine Konfliktlage gebracht werden, in der er sich selbst strafbarer Handlungen oder ähnlicher Verfehlungen bezichtigen muss oder in Versuchung gerät, durch Falschaussagen ein neues Delikt zu begehen, oder wegen seines Schweigens in Gefahr kommt, Zwangsmitteln unterworfen zu werden."[964] Es sei schlicht menschlich unzumutbar für den Beschuldigten,

---

[961] Kleinschrod, ArchCrimR 1802 (4), 83 (96 f.).
[962] BVerfGE 56, 37 (41, 49); BGH, NStZ 1996, 503; BGHSt 38, 221; Rogall, Der Beschuldigte, S. 209; Puppe, GA 1978, 289 (299); Günther, GA 1978, S. 194; Verrel, 2001, 259 f.; Torka, Nachtatverhalten, S. 233; Dannecker, ZStW 2015, 991 (1015); Eser, ZStW 1967, 565 (571) Fn. 24: „im menschlichen Selbsterhaltungstrieb wurzelnden Notstandsgedanken" erinnert an das Brett des Karneades, vgl. auch S. 587: ein Zwang zur selbstbelastenden Aussage ist „unmenschlich" sowie „gegen das göttliche Recht"; Arzt, JZ 2003, 456 (457); Peres, Beweisverbote und Beweisverwertungsverbote, S. 120; Kirsch, in: Vom unmöglichen Zustand des Strafrechts, 229 (234); Redmayne, Oxford Journal of Legal Studies 2007, 209 (221 ff.); siehe zum Überforderungsgedanken auch Alkofer, Quellen der Moralität, 35 (35 ff, insbesondere 43).
[963] Freier, ZStW 2010, 117 (127 f.).
[964] BVerfGE 95, 220, 241; siehe auch BVerfG, NJW 1975, 103 (104); so auch VG Berlin, NJW 1988, 1105 (1107), wobei das Gericht diese These in der Entscheidung nicht konsequent durchhält, denn im Verlaufe des Urteils statuiert das VG, dass der nemo tenetur-Grundsatz den Beschuldigten nicht vor Strafe schützen, sondern lediglich im Verfahren der Wahrheitsfindung die Achtung der Würde des Betroffenen gewährleisten soll.

an seiner eigenen Verurteilung mitzuwirken,[965] ein Zwang zur Verletzung eigener Rechtsgüter sei daher „nicht angängig". Für maßgeblich wird dabei die Vermeidung der für unzumutbar gehaltenen inneren Zwangslage, sich entweder selbst zu belasten oder rechtliche Nachteile dulden zu müssen, gehalten.[966]

„Rechtsethisch" sei das Prinzip „mit dem Gesichtspunkt der mangelnden Zumutbarkeit, sich selbst zu belasten", zu begründen.[967]
Diese Begründungslinie leidet jedoch entscheidend unter einer fehlenden Anknüpfung an eine der großen, ethischen Rechtfertigungstheorien. Sie erschöpft sich in dem Verweis auf eine – irgendwie beschaffene – Unzumutbarkeit, ohne nähere Kriterien der Zumutbarkeit aufzustellen. Die Frage nach diesen Kriterien ist jedoch in jeder Ethiktheorie eine problematische Thematik und lässt sich daher keiner allein zuordnen.[968]

Um die These der Unzumutbarkeit untersuchen zu können, wird die rechtsethische Begriffsklärung Tammelos zugrunde gelegt, nach welcher der Unzumutbarkeitsgrundsatz in der Rechtsethik normiert, dass von niemandem das gefordert werden soll, was ihm unzumutbar ist.[969] Dies sei ein ethisches Axiom, nach welchem Unmögliches nicht gefordert werden kann: ultra posse nemo tenetur. Das Recht kann niemanden über seine Fähigkeit hinaus verpflichten und so ihn gleichsam zu Unmöglichem zwingen.[970] Dabei präsumiert die Gerechtigkeitsordnung den

---

[965] BVerfGE 56, 42; LG Berlin, StV 2015, 704 (705); Lindner, Täuschungen in der Vernehmung des Beschuldigten, S. 46; Nothhelfer, Freiheit von Selbstbezichtigungszwang, S. 76 f., 90.
[966] Rogall, Der Beschuldigte, S. 150 f.
[967] Schmidt, NJW 1969, 1137 (1139); Ranft, Strafprozeßrecht, Rn. 346.
[968] Siehe zu einer kantianischen Einbettung Pfordten, Normative Ethik, S. 239. Denkbar wäre für eine weitergehende Untersuchung eine kontraktualistische Einbindung des Unzumutbarkeitsgedankens, siehe dazu Momsen, Zumutbarkeit als Begrenzung, S. 202 ff.: Ein Unterwerfen unter das Strafrecht ist in der Situation der Unzumutbarkeit nicht länger vernünftig. Das Strafrecht kann seiner Rolle als Instrument der sozialen Friedenssicherung nicht mehr gerecht werden und verliert daher seine Geltungskraft gegenüber dem Täter. Dem Gesellschaftsvertrag kann daher nicht länger zugestimmt werden.
[969] Tammelo, Theorie der Gerechtigkeit, S. 89.
[970] Tammelo, Theorie der Gerechtigkeit, S. 89.

Grundsatz der Unzumutbarkeit – neben denen der Gleichheit und der Freiheit – als rechtsethisches Kriterium der Gerechtigkeit. Nach Tammelo bezieht sich der Grundsatz „ultra posse nemo tenetur" nicht nur auf physische oder wirtschaftliche, sondern auch auf geistige und – vor allem – seelische Unzumutbarkeiten. Als Beispiel führt er an, dass es gegen den Grundsatz der Unzumutbarkeit verstoßen würde, wenn das Recht dazu zwingen würde, den eigenen Vater hinzurichten.[971] Damit rückt die Begründung des nemo tenetur-Grundsatzes durch den Grundsatz der ethischen Unzumutbarkeit nah an die des talmudischen Rechts, in welchem ähnliche Beispiele zu finden sind.

a) Herkunft des Ansatzes

Erste Ausführungen zu der Unzumutbarkeitsthese finden sich spätestens in der Avantgarde der juristischen Aufklärung im 18. Jahrhundert, namentlich in der Kommentierung zu Cesare Beccaria. Dort vertrat der Kommentator Hommel[972] ganz ausdrücklich eine auf Unzumutbarkeit beruhende Selbstanzeigefreiheit und damit den Kernbestand des nemo tenetur-Grundsatzes. Textlich lässt sich dies an einer Passage, in der von Lekschas herausgegebenen Ausgabe festmachen: „Ich glaube nicht, dass einer das Paradoxe so hoch treiben und fordern werde, der Verbrecher solle sich selbst anzeigen."[973] Zur Begründung dieser These beruft sich Hommel auf naturrechtliche Zumutbarkeitsgesichtspunkte, welche dem Zwang zu einer Selbstbezichtigung eines Beschuldigten entgegenstünden.[974]

Der Rekurs auf Beccaria und die Begründung für das „Verbot der Selbstanklage"[975] wurde in die zeitgenössische Strafverfahrenswissenschaft insbesondere von Rogall betrieben, welcher im Verlauf seiner Disserta-

---

[971] Tammelo, Theorie der Gerechtigkeit, S. 87.
[972] Diese Passagen Hommels sind freilich auch naturrechtlich einzuordnen, sie rekurrieren jedoch deutlich auf eine Unzumutbarkeit. Daher sind sie auch an dieser Stelle erwähnenswert.
[973] Beccaria, Von Verbrechen und Strafen, hrsgg. von Lekschas, § XV, Von der heimlichen Anklage, S. 78.
[974] Beccaria, Von Verbrechen und Strafen, § XXXVIII, Verfängliche Fragen, Aussagen, S. 161.
[975] Rogall, Der Beschuldigte, S. 89.

tion jedoch nicht zwischen der Selbstanklagefreiheit, der Selbstbezichtigungs- und der Selbstbeschuldigungsfreiheit sowie der Aussage- und Mitwirkungsfreiheit unterscheidet.[976] Diese begriffliche Unschärfe ist gerade angesichts des ausgesprochen differenzierten Konzepts Beccarias misslich. Beccaria geht zwar über die ihn in besonderer Weise berühmt machende Forderung eines Folterverbots[977] hinaus und verlangt die Einführung und Beachtung des nemo tenetur-Grundsatzes in dem hier oben vorgestellten Kernbestand, der Beschuldigte solle sich demnach nicht selbst anzeigen müssen. Eine Selbstbezichtigungs- oder eine Aussagefreiheit darüber hinaus nahm Beccaria jedoch nicht an, wenn er schreibt, „derjenige, welcher beim Verhör hartnäckig die Antwort auf die ihm gestellten Fragen verweigert, [verdient] eine vom Gesetz bestimmte Strafe, die zu den schwersten gehören muss, die das Gesetz androht [...]."[978] Zu einer Mitwirkungsfreiheit verhält er sich sodann nicht. Im Ergebnis bleibt deshalb festzuhalten, dass die Schriften Beccarias sowie deren Kommentierung lediglich einen Kernbestand des nemo tenetur-Grundsatzes, die Selbstanzeigepflicht, kannten und auch nur diese mit der Unzumutbarkeit begründeten, freilich ohne näher auf ein rechtsethisches Konzept zur Zumutbarkeit einzugehen.

Die Unzumutbarkeitsthese könnte jedoch noch älter sein, hat doch bereits Thomas von Aquin die Frage gestellt, inwieweit eine durch das drohende Strafurteil bestehende Gefahr für das eigene Leben den Angeklagten von seiner Wahrheitspflicht im Strafverfahren befreien könnte. Dabei kommt er zu dem Ergebnis, dass der Beschuldigte nicht „arglistig"

---

[976] Rogall, Der Beschuldigte, S. 90.
[977] Siehe dazu Beccaria, Von Verbrechen und Strafen, § XVI, Über die Folter, S. 92 ff.; Wiederholdt, Folter, S. 101 f. In Deutschland ist diese Begründung spätestens seit der Weimarer Republik herrschende Meinung zu Dohna, Das Strafprozessrecht, S. 104; Hecker, Zeugenbeweis, 1930, S. 52 ff.
[978] Beccaria, Von Verbrechen und Strafen, § XXXVIII, Verfängliche Fragen, Aussagen, S. 161 f.

etwas Falsches vorbringen dürfe, er hingegen berechtigt sei, bei der Beantwortung der Fragen des Richters die Wahrheit teilweise zu verschweigen.[979]

Ähnliche Ansätze zur Zumutbarkeit wie bei Hommel finden sich bei Jeremy Bentham, der sich mit der für zu hart empfundenen Konfliktlage des Angeklagten anhand des „old-woman's-reason" auseinandersetzte.[980] Dahinter verbirgt sich der Gedanke, es sei allein aus der Sicht einer alten, großmütigen Frau einsichtig, dass es grausam ist, an der eigenen Strafverfolgung mitwirken zu müssen und dass es daneben keine rationale Erklärung gäbe.

Nach Bentham lautet dies: „[T]he essence of [the old woman's] reason is contained in the word hard: ‚tis hard upon a man to be obliged to criminate himself.'"[981] Dabei soll nicht die Zumutung der Trilemma-Situation zwischen der Pflicht zur selbstbelastenden, wahrheitsgemäßen Aussage und dem Begehen eines Meineides[982] und der Verachtung[983] das Problem sein, sondern das Drohen einer Strafe. Und da das Rechtssystem nicht vor Strafen zurückschreckt, sei es „feige" von der weniger eingreifenden Aussageverpflichtung Abstand zu nehmen.[984] Eine Unzumutbarkeit liegt nach Bentham daher nicht vor.

b) Begründungsansatz Rogalls

In der deutschen Literatur ist insbesondere Rogall hervorzuheben, der sowohl in seiner Dissertation als auch in der Kommentierung zur StPO auf den Gedanken der Unzumutbarkeit rekurriert. Das Verbot einer

---

[979] Aquin, Summa Theologiae II-II, Band 18, Frage 69, Art. 2: Zwar könnte in diesem Schweigen eine Sünde vor Gott gesehen werden, nach menschlich gesetzten Recht könne dies aus Gründen der Unzumutbarkeit nicht strafbar sein.
[980] Bentham, Rationale of Judicial Evidence, S. 452 ff.; Roberts/Zuckerman, S. 409.
[981] Bentham, Rationale of Judicial Evidence, S. 452.
[982] Roberts/Zuckerman, S. 411 schlagen für das amerikanische Recht deshalb auch eine Angleichung an das kontinentaleuropäische Strafprozessrecht vor, durch welche der Angeklagte sodann nicht mehr taugliches Tatsubjekt eines Meineides sein kann.
[983] Roberts/Zuckerman, S. 409; Dennis, Cambridge Law Journal 1995, 342 (359), der dieses Trilemma nur beim Schuldigen anerkennt.
[984] Bentham, Rationale of Judicial Evidence, S. 452 ff.

Pflicht zur Selbstbelastung finde „seine Rechtfertigung in dem Gedanken, daß es nach unser aller Überzeugung eines jeden Menschen Recht ist, eigene Verfehlungen geheim zu halten und daß es ihm nicht zugemutet werden darf, durch deren Offenbarung seine eigene Rechtssphäre zu beeinträchtigen. Es ist damit zugleich ein untrennbarer und unverzichtbarer Bestandteil unserer Verfahrensethik. Seine Aufgabe würde die Preisgabe eines verfahrensrechtlichen Wertes bedeuten, der in der Wertordnung unserer Strafprozeßordnung unersetzlich ist".[985] Der Wesensgehalt des nemo tenetur-Grundsatzes bestehe gerade darin, „den Beschuldigten vor der Zumutung einer gewissermaßen ‚eigenhändigen' Selbstbezichtigungsleistung in Schutz zu nehmen"[986]. Daher kann Rogall in Deutschland als der bedeutendste Vertreter im Schrifttum für diese Ansicht gelten.

c) Innere Konfliktlage

Vor Rogall haben der Bundesgerichtshof und Teile der Literatur bereits auf einen inneren Konflikt hingewiesen.[987] Durch den nemo tenetur-Grundsatz habe der Staat sein Interesse an der Aufklärung von Straftaten zurückgestellt, um den Betroffenen den „inneren Zwiespalt zu ersparen, in den sie durch den Widerstreit zwischen Aussagepflicht und ihren persönlichen Interessen geraten können"[988]. Hieran anschließend soll der Beschuldigte nach Puppe vor dem ethisch überfordernden Konflikt geschützt werden, sich entweder eine Blöße geben oder einen zur Strafe hinzutretenden Rechtsnachteil erleiden zu müssen.[989] Dabei stellt der nemo tenetur-Grundsatz eine Ausnahme von grundsätzlich zulässigen Mitwirkungspflichten dar, welche durch die existentielle Bedeutung der strafrechtlichen Sanktionen begründet sein soll.[990] Dieser innere Konflikt

---

[985] Rogall, Der Beschuldigte, S. 169.
[986] SK-StPO/Rogall, Vor § 133 ff., Rn. 142.
[987] BGHSt 11, 213 (216); Beling, Beweisverbote, S. 12 f.; kritisch Eidam, Selbstbelastungsfreiheit, S. 158.
[988] BGHSt 11, 213 (216).
[989] Puppe, GA 1978, 289 (298 f.); kritisch Ransiek/Winsel, GA 2015, 620 (623).
[990] Puppe, GA 1978, 289 (299).

wurde in der Literatur verschiedentlich durch andere Begriffe umschrieben. So wird als Schutzgegenstand unter anderem die Seele[991], das Gewissen[992], die menschliche Psyche[993], die menschliche Zerbrechlichkeit[994], die Demütigung beziehungsweise das Ehrgefühl oder das Schamgefühl[995] dargestellt. All diese Ansätze werden im Folgenden unter dem der ethischen Unzumutbarkeit zusammengefasst.

d) Die Unzumutbarkeit

Über die Inhaltsbestimmung der Zumutbarkeit sagen die aufgezählten Begrifflichkeiten jedoch noch nicht viel aus.

Zur näheren Bestimmung der Zumutbarkeit wurde in der Literatur daher zaghaft versucht, das Rechtsinstitut des entschuldigenden Notstandes nach § 35 StGB zur Konkretisierung heranzuziehen. Eser weist in einer Fußnote in einem Aufsatz aus dem Jahr 1967 auf die Notstandähnlichkeit der Situation des Beschuldigten in einem Strafverfahren hin.[996] Diese Idee wurde in der Wissenschaft bisher zwar nicht weiterverfolgt, erscheint prima facie jedoch ausgesprochen geeignet, als materiell-strafrechtliche Wertung in das Prozessrecht übertragen zu werden. Der entschuldigende Notstand greift für die Situationen, in denen der Täter sich in einer außergewöhnlichen psychischen Zwangslage befindet, in der ihm ein normgemäßes Verhalten wegen der Eigen- oder Angehörigengefährdung nicht zugemutet werden kann.[997] Auf ihm ruht ein außergewöhnlicher Motivationsdruck, der es ihm nahezu unmöglich macht, die

---

[991] BGHSt 1, 39 (40); BGHSt 9, 34 (36).
[992] Arzt, JZ 2003, 456 (457); BGHSt 11, 213 (216); andere Ansicht Ransiek, Polizeivernehmung, S. 51; Eidam, Selbstbelastungsfreiheit, S. 46, welcher darauf hinweist, dass man den Beschuldigten andernfalls steuern dürfte, man dürfte es ihn nur nicht merken lassen; ähnlich Weßlau, ZStW 1998, 1 (25). Gubitz, JA 2007, 210 (214) schätzt die Häufigkeit, dass jemand auf Grund eines festen Geständniswillens, um mit sich und seiner Tat ins Reine zu kommen, als „äußerst selten" ein.
[993] Eschelbach, GA 2015, 545 (555 ); mit weiteren Nachweisen Bosch, Aspekte, S. 32 ff.; SK-StPO/Rogall, vor § 133, Rn. 132.
[994] Kritisch dazu auch Stuntz, Columbia Law Review 1988, 1227 (1241 Fn. 46).
[995] Puppe, GA 1978, 289 (303); Grünwald, JZ 1981, 423 (428); kritisch insbesondere zur Auffassung Grünwalds Verrel, NStZ 1997, 415 (416); ders., Selbstbelastungsfreiheit, S. 212 ff.
[996] Eser, ZStW 1967, 213 (219 Fn. 24): „notstandsähnlich".
[997] Momsen, Zumutbarkeit als Begrenzung, S. 537; Stübinger, ZStW 2011, 403 (442); Rönnau, JuS 2017, 113 (115).

Sollensnormen der Rechtsordnung zu befolgen.[998] Von einer Notstandsähnlichkeit kann insoweit gesprochen werden. Jedoch befindet sich der Beschuldigte zum einen nicht in einer vergleichbaren Notstandslage, denn dafür müsste ihm eine Gefahr für Leib, Leben oder Freiheit drohen. Nur in Fällen der Preisgabe seiner Existenzbedingungen wird dem Täter ein Entschuldigungsgrund zugesprochen. Der § 35 StGB ist daher auf absolute Ausnahmefälle besonders auswegloser Konfliktsituationen beschränkt.[999] Im Sanktionenrecht gibt es zwar die nicht zur Bewährung ausgesetzte Freiheitsstrafe, sie wird jedoch in Relation zu den übrigen Sanktionen selten verhängt, weswegen sich gerade die Geltung des nemo tenetur-Grundsatzes im bußgeldorientierten Ordnungswidrigkeitenrecht hier nicht begründen ließe. Der Ausnahmecharakter des § 35 StGB wäre mit dem Schutz vor jeder gegenwärtigen Gefahr für das Eigentum oder das Vermögen nicht vereinbar,[1000] da die physische Existenz im Sanktionenrecht lediglich bei langen vollstreckbaren Freiheitsstrafen vergleichbar intensiv bedroht erscheint. Außerdem würde das Bestehen einer Konfliktlage nicht dazu führen können, einen rechtsfreien Raum zu konstruieren.[1001]

Zum anderen berücksichtigt die Schulddogmatik auch Ausnahmen, in denen dem Täter die Gefahr für seine Rechtsgüter zugemutet werden kann. Nach § 35 Abs. 1 S. 2 StGB gilt dies insbesondere für denjenigen, der die eigene existentielle Selbstgefährdung herbeigeführt hat.[1002] Der Sinn und Zweck dieser Ausnahmeregelung dürfte auch für Beschuldigte greifen, die sich ohne zureichenden Grund selbstverantwortlich in die

---

[998] Schönke/Schröder/Perron, § 35 Rn. 2; Wessels/Beulke/Satzger, Strafrecht AT, Rn. 653; MüKo-StGB/Müssig, § 35 Rn. 4 ff.; Momsen, Zumutbarkeit als Begrenzung, S. 252; Stübinger, ZStW 2011, 403 (443); siehe auch Dölling/Duttge/Rössner, Gesamtes Strafrecht, § 35, Rn. 4 ff.; kritisch Kindhäuser/Neumann/Paeffgen, § 35 Rn. 4; Renzikowski, Jahrbuch für Recht und Ethik 2003, 269 (272); Pawlik, Jahrbuch für Recht und Ethik 2003, 287 (292 f.).
[999] Kindhäuser/Neumann/Paeffgen, § 35 Rn. 7; Renzikowski, Jahrbuch für Recht und Ethik 2003, 269 (282); so auch Rönnau, JuS 2017, 113 (116) zum wesensähnlichen Rechtsinstitut des übergesetzlichen entschuldigenden Notstandes.
[1000] Siehe auch Momsen, Zumutbarkeit als Begrenzung, S. 476.
[1001] Stübinger, ZStW 2011, 403 (439).
[1002] Wessels/Beulke/Satzger, Strafrecht AT, Rn. 660.

Gefahr der Strafverfolgung begeben haben.[1003] Durch die verursachende Eigengefährdung wird die spätere Vernehmung zur normativen Zwangsläufigkeit. Es fällt in seinen Verantwortungsbereich, dass er sich in der Konfliktlage befindet.[1004] Trotz aller Streitigkeiten um die Auslegung des Begriffs „Verursachung" scheidet eine Unzumutbarkeit jedenfalls dann aus, wenn der Betroffene sich sehenden Auges in die Kollisionslage begibt.[1005] Es lässt sich daher im Ergebnis kein Vergleich zu § 35 StGB ziehen, der die Unzumutbarkeitsthese inhaltlich anreichern und bekräftigen könnte. Die These der Notstandsähnlichkeit Esers ist daher abzulehnen.

Des Weiteren könnte die Rechtsfigur der „Unzumutbarkeit normgemäßen Verhaltens" zur näheren inhaltlichen Bestimmung der Unzumutbarkeitsthese fruchtbar gemacht werden.[1006] Die Frage nach der Zumutbarkeit entscheidet sich folglich danach, ob eine „abnorme Beeinträchtigung der freien Willensbestimmung in Frage kommen kann, die bei Berücksichtigung des Selbsterhaltungstriebes ein normgemäßes Verhalten ,nicht zumutbar' erscheinen lässt"[1007].

Die Unzumutbarkeit bezieht sich damit auf die generalisierte normative Ansprechbarkeit des Beschuldigten, wobei derjenige Beschuldigte normativ ansprechbar ist, der nach seiner geistigen Verfassung in der Lage ist, den Appell der Norm zu erfassen, ihm Entscheidungsmöglichkeiten zu normorientierten Verhalten noch zugänglich sind und die entsprechende psychische Steuerungsmöglichkeit hinsichtlich der Willensbetätigung vorhanden ist.[1008]

Die strafprozessuale Privilegierung der potentiell strafvereitelnden Selbstbegünstigung lässt sich psychologisch mit der außergewöhnlichen Zwangslage des Beschuldigten in Verbindung bringen. Zwar ist nicht

---

[1003] So zu § 35 Abs. 1 S. 2 StGB Lackner/Kühl, § 35, Rn. 8; Renzikowski, Jahrbuch für Recht und Ethik 2003, 269 (283 f.).
[1004] MüKo-StGB/Müssig, § 35 Rn. 47; Pawlik, Jahrbuch für Recht und Ethik 2003, 287 (307).
[1005] Kindhäuser/Neumann/Paeffgen, § 35 Rn. 36.
[1006] Ähnlich Joecks, FS-Kohlmann, 451 (462 f.).
[1007] Welzel, JZ 1958, 494 (495).
[1008] Roxin, AT I, § 19 Rn. 36 ff.; ders., ZStW 1984, 641 (652 f.); Wessels/Beulke/Satzger, Strafrecht AT, Rn. 616; aufgrund neurowissenschaftlicher Forschung in differenzierender Weise anderer Ansicht Hoyer, FS-Roxin, 2011, 723 (726 ff.).

jede Person in der strafprozessualen Situation einer Anklage normativ nicht ansprechbar, doch könnte dies für eine typisiert-objektivierte Personengruppe gelten. Dabei ist zu berücksichtigen, dass die normative Ansprechbarkeit nicht gänzlich ausgeschlossen sein muss.[1009] Gerade freiwillige Geständnisse von Angeklagten belegen, dass ein selbstbelastendes Bekenntnis zur Wahrheit zwar schwierig, „jedoch nicht ausgeschlossen und damit unzumutbar wäre"[1010].
Hinsichtlich der individuellen Normbefolgungsfähigkeit des Straftäters ist jedoch zu bedenken, dass diese auch in Ansehung anderer Strafvereitelungshandlungen eingeschränkt ist, ohne dass der Gesetzgeber derartigen Zwangslagen Nachsicht entgegenbringt.[1011] Die Fähigkeit basiert auf der Grundannahme jeder normativen Ordnung, dass die Bürger zu den in den Normen umschriebenen Verhaltensweisen, auch wenn sie dem Einzelnen hart erscheinen mögen, fähig sind und sich überwiegend auch entsprechend verhalten werden.[1012]
Dem Bürger soll eine Selbstüberwindung erst dann nicht länger zugemutet werden können, wenn er verpflichtet ist, eine gebotene Handlung vorzunehmen, die ihm selbst erheblichen Schaden zufügen würde.[1013] Diese Erheblichkeit ist nach Welzel erst dann erreicht, wenn der Bürger andernfalls in „Leibes- oder Lebensnot" geriete.[1014] Darüber hinaus ist es weitgehend anerkannt, dass die Unzumutbarkeit nur als regulatives Prinzip im Einzelfall auftritt und eine allgemeine Verabsolutierung prinzipienwidrig vom Einzelfall ablenken würde.[1015] Deshalb und aufgrund seiner Vagheit hinsichtlich Voraussetzungen und Grenzen ist die Anwendung dieses Rechtsinstituts auch auf Fahrlässigkeits- und Unterlassungsdelikte beschränkt.[1016]

---

[1009] Schneider, Grund und Grenzen, S. 366.
[1010] Schneider, Grund und Grenzen, S. 367.
[1011] Schneider, Grund und Grenzen, S. 382.
[1012] Stuckenberg, Untersuchungen zur Unschuldsvermutung, S. 502 ff.; ders. ZStW 1999, 422 (450).
[1013] Welzel, JZ 1958, 494 (495).
[1014] Welzel, JZ 1958, 494 (495); siehe auch Henkel, FS-Mezger, 249 (296); Schneider, Grund und Grenzen, S. 382.
[1015] Schneider, Grund und Grenzen, S. 367; Henkel, FS-Mezger, 249 (293 ff.).
[1016] Wessels/Beulke/Satzger, Strafrecht AT, Rn. 676; Rengier, Strafrecht AT, § 28 Rn. 1 f.

e) Kritik

An der These, dass die Zumutung einer wahrheitsgemäßen Selbstbelastung ethisch überfordern soll, wird neben dem bereits vorgebrachten, weitere Kritik geübt. Sowohl die Begründung einer Unzumutbarkeit als auch deren tatsächliches Vorliegen wird bestritten.

(1) Die Behauptung einer Unzumutbarkeit

Fraglich ist bereits die Begründung der Unzumutbarkeit. Vor einer Rechtsordnung, welche die wahrheitsgemäße Aussage in verschiedenen Bereichen fordert, ist nicht klar, weshalb speziell eine Aussagepflicht ethisch unzumutbar sein soll.[1017] Bislang erschöpfen sich die Rekurse in der bloßen Behauptung einer Unzumutbarkeit, welche freilich keine rechtsethische Begründung einer Norm zu ersetzen vermag. Der Verweis auf eine etwaige Unzumutbarkeit genügt der rechtsbegriffsimmanenten Vermittlung von Interessen mindestens zweier Personen nicht, denn gerade um die Grenzverläufe auszutarieren, um zu bestimmen, wo exakt eine Norm für den Betroffenen nicht mehr zumutbar ist, ist eine Gewichtung und Abwägung der Interessen vorzunehmen.[1018] Richtigerweise meint Schneider in diesem Kontext daher: „Darüber hinaus vermag der Unzumutbarkeitsgedanke im Bereich des Selbstbegünstigungsprivilegs schwerlich zu überzeugen. Zumindest können dem Hinweis auf die Unzumutbarkeit normgemäßen Verhaltens unmittelbar keine Wertungskriterien entnommen werden, anhand derer die Grenzen der Privilegierung von Selbstbegünstigungshandlungen plausibel werden. Dies legt die Forderung nahe, „Unzumutbarkeit" im Selbstbegünstigungskontext vornehmlich als ergebnisbeschreibenden denn als ergebnisbegrün-

---

[1017] Vergleiche nur die strafrechtlichen Normen zum Meineid und zum Betrug oder die zivilrechtlichen Regelungen zur Anfechtung infolge einer arglistigen Täuschung oder die Begründung einer deliktischen Schadensersatzpflicht durch eine vorsätzliche, sittenwidrige Schädigung. Siehe auch Pfordten, Rechtsethik, S. 89. Es ist ein Kriterium zu finden, welches andere Beweismittelerhebungen von denen im Zusammenhang mit dem nemo tenetur-Grundsatz abzugrenzen in der Lage ist.

[1018] Vergleiche Pfordten, Rechtsethik, S. 13 ff.; Liszt, Lehrbuch, 1932, S. 4: „Alles Recht ist mithin um der Menschen willen da. Es bezweckt den Schutz menschlicher Lebensinteressen. Interessenschutz ist das Wesen des Rechts."

denden Begriff zu verwenden. Jedenfalls zeichnet sich ab, dass der Argumentationstopos „Unzumutbarkeit" weniger Erklärungspotential enthält, als ihm gemeinhin zugeschrieben wird."[1019]
In diese Richtung stößt auch der argumentationstheoretische Einwand Alexys, welchen er in seiner Auseinandersetzung mit der moralischen Argumentation Hares[1020] vorbringt. In sogenannten multilateralen Fällen - also Fällen, in denen die Interessen von mehr als zwei Personen im Spiel sind[1021] - könne es demnach nicht auf die empfundene Interessenlage des unmittelbar Beteiligten ankommen. Vielmehr muss die Entscheidung vom „Standpunkt eines jeden, den sie irgendwie betrifft", getroffen werden.[1022] Dabei sind die Interessen eines jeden zu berücksichtigen und nicht nur die des unmittelbar Betroffenen. Käme es stets nur auf die Interessenlage des unmittelbar Betroffenen an, wären Einschränkungen wohl in der Tat niemandem zumutbar.[1023] Ein Ausgleich von Interessen setzt daher nach Alexy im Ergebnis immer normative Maßstäbe voraus: „Der Urteilende, der sich in die Situation aller Betroffenen versetzt, muss sich jeweils fragen, welche Einschränkung der Interessen er als vernünftig oder moralisch gerechtfertigt akzeptieren kann."[1024] Diese handlungstheoretische Analyse einer für den Einzelnen überfordernden Dilemmasituation muss dann aber ethisch besonders sorgfältig und kritisch erfolgen, weil die Umstände allzu leicht als Exkulpation und schnelle Verantwortungsdelegation missbrauchbar sind.[1025]
Soweit sich eine rechtsethische Begründung des nemo tenetur-Grundsatzes im Hinweis auf eine Unzumutbarkeit erschöpft, ist sie daher nicht überzeugend. Vertreter der Ansicht bleiben zum einen die Einbettung der ethischen Unzumutbarkeit in eine Rechtsethik schuldig und zum anderen erheben sich noch weitere Einwände in Bezug auf die Grenzen des auf Unzumutbarkeiten basierenden Konzepts.

---

[1019] Schneider, Grund und Grenzen, S. 21.
[1020] Hare, Freedom and Reason, S. 90 ff.
[1021] Alexy, Theorie der juristischen Argumentation, S. 101.
[1022] Alexy, Theorie der juristischen Argumentation, S. 100.
[1023] Alexy, Theorie der juristischen Argumentation, S. 99 ff.
[1024] Alexy, Theorie der juristischen Argumentation, S. 101.
[1025] Alkofer, Quellen der Moralität, 35 (43).

## (2) Die Probleme der Unzumutbarkeit

### (a) Die Konfliktlage

In der angloamerikanischen Literatur hat sich die Ansicht durchgesetzt, dass die behauptete innere Konfliktlage anhand einer überfordernden („cruel") Unzumutbarkeit nur ein intuitives Gefühl sei und sich nicht ethisch begründen lasse.[1026] Der richtigerweise Beschuldigte hat sich schließlich in diese Situation selbst gebracht und ist daher aus ethischer Sicht zur Kooperation verpflichtet.[1027]
Daneben bestehen selbst an dem Bestehen der behaupteten Konfliktlage begründete Bedenken. Eine psychologische, seelische Konfliktlage setzt als Erklärungsansatz voraus, dass Selbstbelastungen tatsächlich ein unnatürliches Verhalten darstellen und jene dazu führen, dass entsprechende verpflichtende Normen den Beschuldigten nicht mehr erreichen und zu normgetreuem Verhalten anhalten könnten. Eine solche fehlende Normbefolgungsfähigkeit wurde bislang jedoch zum einen empirisch nicht festgestellt und ist zum anderen kontraintuitiv, da viele Beschuldigte, wie der in der Einleitung erwähnte Raskalnikow, „reinen Tisch" machen wollen und deren Normbefolgungsfähigkeit noch durchaus ausgeprägt ist.[1028]
Insbesondere ist die Existenz der Konfliktlage für zu Unrecht Beschuldigte fragwürdig,[1029] denn in dem Modell nach der These der ethischen Unzumutbarkeit kann ein Unschuldiger niemals in einen inneren Konflikt

---

[1026] Dolinko, UCLA Law Review 1986, 1063 (1107); Ellis, Iowa Law Review 1970, 829 (838); andere Ansicht Greenawalt, William and Mary Law Review 1981, 23 (34 ff.).
[1027] Dolinko, UCLA Law Review 1986, 1063 (1097 ff.); Redmayne, OJLS 2007, 209 (221).
[1028] Eidam, Selbstbelastungsfreiheit, S. 371: Der Schutz vor einem inneren Konflikt ist lediglich ein willkommener Nebeneffekt.
[1029] Eidam, Selbstbelastungsfreiheit, S. 117 f.; Verrel, Selbstbelastungsfreiheit, S. 266; Ransiek/Winsel, GA 2015, 620 (635); Ransiek, Polizeivernehmung, S. 51; siehe auch Dallmeyer, KritV 2000, 252 (263).

geraten, da er objektiv nichts zu verbergen hat.[1030] Er ist schließlich lediglich gehalten, die Wahrheit zu sagen.[1031] Daher hält sich seit Bentham die Ansicht, der nemo tenetur-Grundsatz schütze nur die Schuldigen. Für die Unschuldigen sei das Recht zu schweigen gänzlich „unbrauchbar", da diese reden wollen[1032], sie müssten daher die Selbstbelastungsfreiheit niemals beanspruchen[1033].

Hiergegen wird vorgebracht, dass auch Unschuldige ohne den Schutz des nemo tenetur-Grundsatzes oftmals vor einem inneren Konflikt stünden. Sie müssten sich entscheiden, ob sie Bekannte oder Freunde belasten oder zur Lüge griffen.[1034] Dieser Konflikt ist jedoch ein anderer als derjenige, welcher mit dem nemo tenetur-Grundsatz im angloamerikanischen Recht zusammenhängt, bei welchem es sich nämlich um eine zweifache Selbstbelastung handelt. Entweder bekennt sich der Beschuldigte zur Straftat oder er läuft Gefahr, sich wegen eines Meineids strafbar zu machen.[1035]

Trotz fehlenden inneren Konflikts zwischen Selbstbelastung und Lügen kann es dennoch Situationen geben, in denen der Unschuldige aus Gründen der effektiven Verteidigung schweigen möchte. Als Beispiel ist hier an eine schwierige Aktenlage zu denken, in der ohne Mitwirkung des Beschuldigten keine Aufklärung erfolgen kann und daher die Unschuldsvermutung ihre ganze Kraft entfalten kann, oder an eine Notwehrsituation, welche es glaubhaft darzustellen gilt.

---

[1030] Für einen Schutz allein des faktisch Schuldigen Samson, wistra 1988, 130 (131); Reiche, Täuschungsverbot, S. 31 f.; Puppe, GA 1987, 289 (299); siehe auch Möller, JR 2005, 314 (318), der lediglich das Schweigerecht des Unschuldigen für verfassungsrechtlich gewährleistet sieht.
[1031] Freier, ZStW 2010, 117 (129); Bosch, Aspekte, S. 34 f.
[1032] Bentham, A Treatise on Juridical Evidence, S. 241.
[1033] Bentham, Rationale of Judicial Evidence, S. 454: „[...] the rule which excludes self-criminative evidence, not only are the guilty served, but it is they alone that are served: they alone, and without any mixture of the innocent."; später auch Wigmore, Harvard Law Review 1891, 71 (86); Caplan, Vanderbilt Law Review 1986, 1417 (1467).
[1034] So auch Redmayne, OJLS 2007, 209 (222).
[1035] Redmayne, OJLS 2007, 209 (227). Diese Gefahr besteht im deutschen Recht freilich nicht.

Darüber hinaus wird der nemo tenetur-Grundsatz sogar teilweise als Schutzrecht der Unschuldigen gesehen.[1036] Dieser Schutz soll anhand der Signalisierungsthese erklärt werden. Während schweigende Schuldige den Ermittlungspersonen ihre Schuld durch ihr Verhalten signalisieren und damit weitere Ermittlungen anregen, separieren sich die Unschuldigen durch ihre Gesprächsbereitschaft. Würde nun das Recht zu Schweigen abgeschafft, würden einige Schuldige versuchen, sich lügend zu exkulpieren, wodurch kein Unterschied mehr zu Unschuldigen, die sich wahrheitsgemäß exkulpieren, gemacht werden kann.[1037]

Dagegen ist jedoch vorzubringen, dass eine derartige Separation bei einem geltenden nemo tenetur-Grundsatz nicht erfolgt. Viele Schuldige greifen schon jetzt auf einen lügenhaften Exkulpationsversuch zurück.[1038] Ebenso ist die Signalisierungs-These eine empirische Begründung schuldig geblieben.[1039] Es ist zweifelhaft, ob ein derartiges Signal von den Ermittlungsbehörden überhaupt wahrgenommen wird.

Der nemo tenetur-Grundsatz als Schutzrecht nur von Unschuldigen ist jedoch technisch nicht durchsetzbar, da Ermittlungsbehörden jeden Beschuldigten aufgrund der Unschuldsvermutung als unschuldig behandeln müssen und das Verfahren gerade der Feststellung der Schuld dient. Eine separierende Zuteilung von Verfahrensrechten durch staatliche Behörden bereits im Ermittlungsverfahren würde den Sinn von Beschuldigtenrechten ad absurdum führen.[1040]

(b) Das Problem der Bestimmung der Reichweite

Eine auf einen inneren Konflikt abstellende Unzumutbarkeitsthese hat beträchtliche Probleme, die Reichweite des Schutzbereichs des nemo tenetur-Grundsatzes zu bestimmen. So soll stets drohen, dass der

---

[1036] So Amar, The Constitution and Criminal Procedure, S. 74: „The self-incrimination clause, as best read, is designed to protect a truly innocent defendant […]."; Seidmann/Stein, Harvard Law Review 2000, 431 ff.; andere Ansicht Dolinko, UCLA Law Review 1986, 1063 (1074 ff.); Redmayne, OJLS 2007, 209, (220).
[1037] Seidmann/Stein, Harvard Law Review 2000, 431 ff.; kritisch hierzu Roberts/Zuckerman, S. 424 f.
[1038] So auch Roberts/Zuckerman, S. 423.
[1039] Roberts/Zuckerman, S. 424.
[1040] Schlauri, Verbot des Selbstbelastungszwangs, S. 101; andere Ansicht Lesch, KMR-StPO, Vor § 133, Rn. 32.

Grundsatz entweder zum bloßen Gefühlsschutz degeneriert[1041] oder, solange man keine Abwägungen akzeptiert, jede selbstbegünstigende Rechtsverletzung rechtfertigt[1042]. Die Konkretisierung der Reichweite des Unzumutbarkeitskriteriums mittels eines Geheimhaltungsinteresses durch Rogall bringt aufgrund seiner Unbestimmtheit auch keine Besserung mit sich. Eine derart hohe Schutzwürdigkeit von Geheimhaltungsinteressen, dass jede Offenlegung für den Betroffenen unzumutbar wäre, ist weder aus der Rechtsethik noch dem Verfassungsrecht[1043] entnehmbar. Die Zulässigkeit von staatlichem Zwang bestimmt sich nach dem Bundesverfassungsgericht gerade auch anhand der schutzwürdigen Interessen Dritter an der betreffenden Information,[1044] ein ausnahmsloses Verbot staatlichen Zwangs zur Offenlegung strafbarer Handlungen besteht daher nicht.[1045]

Entscheidend ist jedoch, dass beim Zugrundelegen dieser rechtsethischen Ratio das qualifizierte Schweigen (Leugnen) oder gar das Lügen nicht umfasst wäre, denn bereits durch das Einräumen eines Schweigerechts wäre der Konflikt aufgelöst. Der Beschuldigte müsste sich nicht länger zwischen einer Selbstbelastung und einer Lüge entscheiden, sondern könnte sich im Verfahren gegen ihn selbst schweigend verhalten. Ein darüber hinausgehendes Recht auf aktive Obstruktion der Wahrheitsermittlung rechtfertigt die Unzumutbarkeitsthese somit nicht.[1046]

Dieser Einwand wird von Weßlau noch weitergehend herangezogen. Auch die beweiswürdigungsrechtliche Ausprägung des nemo tenetur-Grundsatzes, der zufolge das Verhalten des Beschuldigten generell nicht nachteilig verwertet werden dürfe,[1047] soll sich nicht mit der Formel vom

---

[1041] Keller, Provokation, S. 134: „bloßes Sensibilisierungsgebot"; Freier, ZStW 2010, 117 (128).
[1042] Freier, ZStW 2010, 117 (128); Pawlik, GA 1998, 379 (379 ff.).
[1043] Siehe auch Ranft, Strafprozeßrecht, Rn. 344; Verrel, Selbstbelastungsfreiheit, S. 261; Queck, Geltung, S. 647: Ein derartiges Geheimhaltungsrecht existiert nicht.
[1044] BVerfG, 2 BvR 480/04 vom 09.05.2004, Rn. 2.
[1045] BVerfGE 56, 37 (42).
[1046] Eser, ZStW 1967, 565 (573); Wessels, JuS 1966, 169 (173 f.) mit weiteren Nachweisen; Walder, Vernehmung, S. 71 ff.; Peters, Strafprozess, S. 178.
[1047] Ständige Rechtsprechung; vgl. nur BGHSt 25, 365 (368); vgl. auch Rogall, Der Beschuldigte, S. 247 ff.; Grünwald, Das Beweisrecht der Strafprozessordnung, S. 66; jüngst Schneider, NStZ 2017, 73 (73 ff.).

unzumutbaren Konflikt erklären lassen.[1048] „Das Beweiswürdigungsproblem entsteht ja gerade nur dann, wenn dem Beschuldigten der Konflikt erspart geblieben ist, weil er die zumutbare Alternative ‚Schweigen' wählen konnte. An der Möglichkeit, die Alternative zu wählen, ändert sich nichts, wenn später bei der Beweiswürdigung das Gericht Schlüsse aus dem Schweigen zieht."[1049] Dabei ist jedoch zu bedenken, dass auch ein mittelbarer Zwang ausreichen kann, einen inneren Konflikt auszulösen. Die drohende negative Würdigung des Schweigens stellt den Beschuldigten vor die Frage, entweder auszusagen oder aber jene Würdigung zu akzeptieren.[1050] Diese Konstruktion eines mittelbaren Zwangs hält Weßlau für gekünstelt,[1051] ohne ihren Einwand jedoch deutlich zu formulieren. Kommt es auf einen inneren Konflikt an, der zu einer ethischen Unzumutbarkeit führt, dann ist die Form der Zwangswirkung nicht maßgeblich. Das Einbeziehen auch mittelbarer Zwänge ist dann nicht gekünstelt, sondern vielmehr konsequent. Die möglicherweise nachteilige Beweiswürdigung ist für den Beschuldigten ein weiteres Übel, für welches er sich entscheiden kann. Der Einwand Weßlaus schlägt damit fehl. Die Möglichkeit zu schweigen löst den Konflikt nicht auf, sondern verlagert ihn nur vom konflikthaften Lügen zum konflikthaften Schweigen.

(c) Gefühlszustände
Auch soweit der Begriff des inneren Konflikts durch individuell-subjektive Gefühlszustände beschrieben wird, ist er zu kritisieren. In der Rechtsprechung des Bundesgerichtshofes wurde vereinzelt auf eine Demütigung durch Selbstbezichtigung abgestellt, welche nicht zumutbar erscheine.[1052] Diese Annäherung an den inneren Konflikt überzeugt jedoch nicht, da eine derartige demütigende Wirkung empirisch nicht festgestellt

---

[1048] Weßlau, ZStW 1998, 1 (27); siehe auch Freier, ZStW 2010, 117 (129).
[1049] Weßlau, ZStW 1998, 1 (26); siehe auch Böse, wistra 1999, 451 (452); Freier, ZStW 2010, 117 (129).
[1050] Rogall, Der Beschuldigte, S. 249; Schneider, NStZ 2017, 73 (74 ff.); Stürner, NJW 1981, 1757 (1757).
[1051] Weßlau, ZStW 1998, 1 (26).
[1052] BGHSt 11, 213 (216 f.). Diese Auffassung des BGH ist wegen des Rekurs auf die Zumutbarkeit an dieser Stelle erörtert und nicht bereits im Kantianismus. Siehe auch Beling, Beweisverbote, S. 12 f.

ist. Es ist prima facie auch nicht einleuchtend, warum es für den Betroffenen demütigend sein sollte, sich zu einer von ihm begangenen Tat zu bekennen. Vielmehr erscheint es durchaus möglich, dass der Beschuldigte durch seine Aussage sein Gewissen erleichtert und sich dadurch kein demütigendes Gefühl einstellt.

Zu denken ist hier wiederum an Raskalnikow, welcher im Geständnis geradezu eine Erlösung erblickt und sich daneben sogar das Ingangsetzen einer resozialisierenden Wirkung erhofft. Zwar ist auch diese These nicht empirisch nachgewiesen, es bestehen jedoch deutliche Zweifel an der anthropologischen Auffassung des Gerichtshofes. Vorausgesetzt, es gäbe den Demütigungseffekt, müsste man sich in einem zweiten Schritt fragen, inwiefern es das Ziel des Rechts und der Rechtsethik ist, Peinlichkeiten[1053] oder moralische Erniedrigungen[1054] für den Beschuldigten zu vermeiden. Dabei rückt die Vorschrift des § 55 StPO ins Blickfeld, nach welchem Zeugen nicht berechtigt sind, sich auf ihr Auskunftsverweigerungsrecht zu berufen, wenn die selbstbelastend zu offenbarende Tat verjährt oder die Verfolgung aus anderem Grund ausgeschlossen ist.[1055] An der Ehrenrührigkeit ändert die Verjährung und das Verfolgungshindernis jedoch nichts, sondern allein an der Möglichkeit, noch bestraft zu werden.[1056] Der Strafprozessordnung kommt es daher im Zusammenhang mit Zeugen- und Beschuldigtenaussagen ganz und gar nicht auf den Schutz vor Demütigungen unterhalb des Grundrechtsschutzes an.

Daneben ist die Wertung der §§ 68a Abs. 1, 70 StPO zu berücksichtigen, welche normieren, dass auch höchst unangenehme, peinliche Aussagen vorgenommen werden müssen. Auf eine Unzumutbarkeit der Wahl zwischen Schweigen und Aussagen kann es folglich nicht ankommen.[1057] Ransiek verweist insoweit auf einen sich einstellenden Wertungswiderspruch hin, wenn ein Vergewaltigungsopfer die Tat im Verfahren in allen

---

[1053] Wolff, Selbstbelastung, S. 106 f.
[1054] Keller, Provokation, S. 135 f.
[1055] BGH, Urt. v. 14.01.1958 – 5 StR 503/57; BeckOK-StPO/Huber, § 55, Rn. 5.
[1056] Dannecker, ZStW 2015, 370 (396).
[1057] Ransiek, Polizeivernehmung, S. 51.

Details wahrheitsgetreu preisgeben muss, demgegenüber dem Beschuldigten eines Diebstahls geringwertiger Sachen eine derartige Pflicht nicht zugemutet werden können soll.[1058] Auf eine Demütigung oder eine Verletzung des Schamgefühls kann es daher nicht angekommen.

Ganz erhebliches Gewicht gegen die Unzumutbarkeit als rechtsethische Grundlage des nemo tenetur-Grundsatzes hat der Einwand, dass das Abstellen auf eine Unzumutbarkeit es unmöglich mache, die Grenzen der staatlichen Informationserhebung konsistent zu bestimmen.[1059] Der nemo tenetur-Grundsatz soll auch vor heimlichen, auf einen Irrtum abzielenden Ermittlungsmaßnahmen schützen. Dabei ist es wenig plausibel, die Eröffnung des Schutzbereiches davon abhängig zu machen, ob der Betreffende seinen Rechtsnachteil bewusst erlebt.[1060] Eine subjektiv empfundene Zwangslage vorauszusetzen, wird daher verbreitet kritisiert.[1061]

Weßlau hält die höchstrichterliche ethische Anknüpfung an die Unzumutbarkeit eines Konflikts daher auch für ein Missverständnis. Das Zugrundelegen einer Konfliktlage soll nur in einzelnen Konstellationen zur Abgrenzung herangezogen worden sein und kein grundsätzliches Fundament darstellen. Eine ethische Unzumutbarkeit kann daher nicht als notwendige Bedingung für das Eingreifen des nemo tenetur-Grundsatzes aufgefasst werden. Sie soll lediglich dazu dienen, Zwänge auszuschließen, die außerhalb des Strafverfahrens wurzeln. Damit spricht Weßlau die Fälle an, in denen der Betroffene als Gemeinschuldner, als Asylbewerber oder als Haftpflichtversicherter gezwungen wurde, selbstbezichtigende Tatbestände zu offenbaren. In diesen Fällen soll es zu keiner Unzumutbarkeit gekommen sein, da die Betroffenen auch durch andere Lösungen den strafrechtlichen Konsequenzen ausweichen konnten.[1062]

---

[1058] Ransiek, Polizeivernehmung, S. 51.
[1059] Freier, ZStW 2010, 117 (129 f.).
[1060] Eidam, Selbstbelastungsfreiheit, S. 116 f.; so auch Möller, JR 2005, 314 (317); Eisenhardt, nemo tenetur-Prinzip, S. 201.
[1061] Keller, Provokation, S. 134; Puppe, GA 1978, 289 (299); Eisenhardt, nemo tenetur-Prinzip, S. 201; Pawlik, GA 1998, 378 (379).
[1062] Weßlau, ZStW 1998, 1 (24 f.).

Für alle anderen Fälle soll die ethische Unzumutbarkeit eines inneren Konflikts keine Rolle spielen. Als allgemeines rechtsethisches Fundament ist diese Konzeption vor dem Hintergrund der „Gefühlszustände" äußerst fraglich.

(d) Die Beschränkung auf das Strafprozessrecht

Letztlich wird im Anschluss an die Ausführungen Weßlaus an der Unzumutbarkeitsthese kritisiert, dass sie nicht in der Lage sei, die Beschränkung des sachlichen Schutzbereiches auf das Strafprozessrecht und vergleichbare repressive Verfahren[1063] zu erklären.[1064] Ein auf Unzumutbarkeit beruhendes rechtsethisches Konzept stände in einem höchst fragwürdigen Widerspruch zum geltenden Recht, wenn nicht-strafrechtliche, aber auf den Betroffenen ebenso negativ wirkende Konsequenzen nicht erfasst wären.[1065] Wäre der nemo tenetur-Grundsatz auf eine rechtsethische Unzumutbarkeit zurückzuführen, dann müsste er auch in Verfahren gelten, in denen den Betroffenen schwerwiegende nicht-strafrechtliche Übel treffen würden.[1066] Dass der psychologisch-motivatorische Druck beim drohenden Verlust des gesamten wirtschaftlichen Vermögens unter individual-psychologischer Perspektive nicht berücksichtigt wird, sei nicht nachvollziehbar. Verwaltungsrechtliche oder zivilrecht-

---

[1063] Etwa das Disziplinarrecht oder das berufsgerichtliche Verfahren, siehe BVerfGE 56, 37 (43); Meyer-Goßner/Schmitt, § 55 Rn. 5; Geerds, FS-Stock, 171 (174).

[1064] Herrschende Praxis wegen § 46 Abs. 1 OWiG und der Gleichstellung von Straf- und Ordnungswidrigkeitenverfahren in § 55 StPO, BVerfGE 55, 144 (144 ff.); BVerfGE 56, 1 (37 ff.); BVerfG NStZ 2002, 378; OLG Düsseldorf, NStZ 2001, 260; Göhler, OWiG, § 55 Rn. 8; Geppert, in FS-Spendel, 655 (673); Nothhelfer, Freiheit vom Selbstbezichtigungszwang, S. 83 Dingeldey, NStZ 1984, 529 (531); siehe jüngst Brandenburgisches Oberlandesgericht, Beschluss vom 16. April 2013 – (2 B) 53 Ss-Owi 58/13 (55/13), Rn. 22; ); andere Ansicht Ransiek, Unternehmensstrafrecht, S. 357 f.; Stürner, NJW 1981, 1759.

[1065] Kasiske, JuS 2014, 15 (16); so auch Böse, GA 2002, 98 (105); Mahlstedt, Verdeckte Befragung, S. 65; siehe zur dieser Frage auch Dolinko, UCLA Law Review 1986, 1063 (1147): „Unless this question can be answered, no new individual rationale can succeed where the ones we have examined have failed."

[1066] Dannecker, ZStW 2015, 370 (396); andere Ansicht BVerfGE 56, 37 (49): „unzumutbar und mit der Würde des Menschen unvereinbar wäre ein Zwang, durch eigene Aussagen die Voraussetzungen für eine strafgerichtliche Verurteilung [...] liefern zu müssen"; Ransiek, Unternehmensstrafrecht, S. 357 f.: Nemo-Tenetur ist aus der Strafrechtstheorie zu erschließen, welche dem Strafrecht eine freiheitsschützende Funktion zuweist.

liche Auskunfts- und Mitwirkungspflichten können hinsichtlich ihrer Zumutbarkeit ähnlich zu bewerten sein wie strafprozessuale Pflichten.[1067] Beispielsweise führt die steuerrechtliche Wahrheitspflicht nach § 90 Abs. 1 S. 2 AO zu enormen wirtschaftlichen Nachteilen und müsste unter Unzumutbarkeitsgesichtspunkten auch in den Schutzbereich des nemo tenetur-Grundsatzes fallen. Die Aussagefreiheit wird andererseits auch dann gewährt, wenn psychologisch eine schwerwiegende Zwangslage kaum zu befürchten steht, beispielsweise bei der drohenden Verhängung geringfügiger Geldbußen oder Geldstrafen.[1068] Nach verbreiteter Ansicht ist der Geltungsbereich des Grundsatzes jedoch auf das Strafrecht im weiteren Sinne begrenzt.[1069] Maßgebliche Bedeutung kommt dabei der gesellschaftlichen Funktion des Strafrechts zu. Das Strafrecht ist das schärfste und härteste Mittel,[1070] das soziale Gemeinschaften zum Schutz nach innen einsetzen können,[1071] weshalb dort besonders hohe Maßstäbe anzulegen sind.[1072] Dies kann zur physischen und/oder sozialen Vernichtung des Mitglieds führen, da mit einer Strafe auch immer ein sozialethisches Unwerturteil ausgesprochen ist.[1073] Daher soll in diesem der Grund für die Geltungsbeschränkung auf das Strafrecht im

---

[1067] Freier, ZStW 2010, 117 (130).
[1068] Freier, ZStW 2010, 117 (129); Wolff, Verfahrenstrennung, S. 46 f.; Böse, GA 2002, 98 (105); Mahlstedt, Verdeckte Befragung, S. 65; Kasiske, JuS 2014, 15 (16); weitere Beispiele sind bei Joecks, FS-Kohlmann, 451 (463) zu finden.
[1069] Rau, Schweigen, S. 38; Queck, Geltung, S. 211.
[1070] Zur Diskussion um den eigenständigen, neben der Erforderlichkeit liegenden Bedeutungsinhalt des ultima-ratio-Prinzips siehe Frisch, NStZ 2016, 16 (23 f.), welcher kritisiert, dass das ultima-ratio-Prinzip oftmals als inhaltsgleiche Reformulierung des Erforderlichkeitsgrundsatzes für den Bereich des Strafrechts angesehen wird; vgl. zur Entwicklung des Prinzips in der Rechtsprechung sowie zur Anwendungsperspektive Gärditz, JZ 2016, 641 (642 ff., 649 f.); kritisch hierzu Jahn/Brodowski, JZ 2016, 969 (974).
[1071] BVerfGE 90, 145 (172).
[1072] So auch BVerfG, 2 BvL 19/08 vom 13.05.2009, Rn. 77; Zur Geltung des nemo tenetur-Grundsatzes in der Untersuchungshaft siehe BVerfG, 2 BvR 1136/07 vom 06.11.2007, Rn. 14: zur Sicherung der Anstaltsordnung ist ein Zwang zur Abgabe einer Urinprobe nach dem Verfassungsgericht zulässig; Arzt, in FS-Burgstaller, 221 (229).
[1073] So zumindest die umstrittene These des Bundesverfassungsgerichts, siehe BVerfGE 22, 49 (79); BVerfGE 45, 272 (288); BVerfGE 95, 96 (140); BVerfGE 96, 245 (249); BVerfGE 101, 257 (287); BVerfGE 110, 1 (13); BVerfGE 133, 168 (198); kritisch Stuckenberg, GA 2016, 689 (699 f.); Jakobs, AT, 3/7 ff.

weiteren Sinne liegen, denn erst durch das Unwerturteil kommt der innere Konflikt im besonderen Maße zum Tragen. Sofern eine Aussage in einem Strafverfahren verwertet werden soll, soll es sich deshalb stets um einen besonders schweren Eingriff handeln, weswegen die Schutzvorrichtungen zugunsten des Beschuldigten im Strafverfahren besonders ausgeprägt sein müssen und der Grundsatz daher im Strafverfahren am stärksten wirken.

Da nach herrschender Ansicht der Zwang zur Selbstbelastung hinsichtlich leichtester Ordnungswidrigkeiten im Straßenverkehrsrecht unzulässig, aber bei schwersten Straftaten über ein Verwertungsverbot in §§ 393 II 2, 30 IV Nr. 5 AO oder auch im Konzessions-, Insolvenz-[1074] oder Asylrecht[1075] zulässig ist, kann die Argumentation hinsichtlich des Unwerturteils nicht überzeugen.[1076] Die Begründung der Unzumutbarkeit der Mitwirkungspflicht im Strafverfahren im sozialethischen Unwerturteil des strafrechtlichen Übels zu suchen, erscheint daher bereits deshalb fragwürdig, weil dem nemo tenetur-Grundsatz auch im Ordnungswidrigkeitenrecht Geltung zugesprochen wird[1077].

Des Weiteren ist zu beachten, dass der Begriff der Zumutbarkeit auf der Ebene der Schuld und nicht des Unrechts anzusiedeln ist. Er ist ein normativer Bestandteil des zweckrationalen Schuldbegriffs[1078] und trifft als solcher eine Aussage über die Vorwerfbarkeit im Einzelfall. Eine abstrakt-generelle Regelung würde sich daher in Bereichen, in denen die Sanktionen so unterschiedlich sein können, verbieten. Ob dem Betreffenden eine Aussage zugemutet werden kann, lässt sich erst feststellen,

---

[1074] LG Potsdam Beschl. v. 24.04.2007 – 27 Ns 23/06 Rn. 14.
[1075] BGH NJW 1990, 1426 (1427); LG Berlin, StV 2015, 704 (705); kritisch Dannecker, ZStW 2015, 370 (396); Freier, ZStW 2010, 117 (129); Siehe zur Wahrheitspflicht von Asylsuchenden siehe BGH NJW 1990, 1426 (1427), Meyer, JR 1986, 170 (170 ff.); andere Ansicht OLG Hamburg NJW 1985, 2541.
[1076] Dannecker, ZStW 2015, 370 (396 f.).
[1077] BVerfGE 25, 269, 286 – Der ordnungswidrigkeitenrechtlichen Ahndung soll es demgegenüber am Ernst staatlichen Strafens fehlen, BVerfGE 9, 167, 171. Zur durchgreifenden Kritik an diesem Kriterium Brodowski, ZStW 2016, 370 (372 ff.); Jahn/Brodowski, JZ 2016, 969 (970); Achenbach, GA 2008, 1 (1 ff.); Roxin, FS-Volk, 601 (603 ff.).
[1078] Momsen, Zumutbarkeit als Begrenzung, S. 478.

wenn die Folge seiner Aussage klar ist. Ist diese eine sehr niedrige Geldstrafe, wird man kaum von einer fehlenden Vorwerfbarkeit wegen der Unzumutbarkeit normgemäßen Verhaltens sprechen können. Eine Lösung über die Differenzierung der Anwendbarkeit des Grundsatzes je nach vom Beschuldigten vorgenommener Straferwartung erscheint vor dem Hintergrund, dass der Beschuldigte nur in den seltensten Fällen die Strafhöhe exakt einzuschätzen vermag, jedoch nicht praktikabel. Es kann von keinem, insbesondere von keinem nicht strafrechtlich bewanderten, Menschen erwartet werden, dass er die exakte Höhe der Strafe für sein rechtswidriges Verhalten kennt und auf Basis dieser Kenntnis selbst entscheidet, ob es ihm freisteht, sich selbst zu belasten, oder ihn eine Zeugnispflicht trifft. Jedoch wäre eine Regelung vorstellbar, die dem Richter das unter strengen Voraussetzungen entstehende Recht verleiht, über den inneren Konflikt zu entscheiden und davon abhängig eine Schweigerecht zu gewähren oder nicht. Verwiesen sei an dieser Stelle beispielsweise auf einen Fall des einfachen Diebstahles mit der Straferwartung einer Geldstrafe. In derartigen Fällen wäre der Richter sodann befugt, dem Beschuldigten eine Aussagepflicht aufzuerlegen, da sein innerer Konflikt nicht unzumutbar erscheint.[1079] Der dagegen geführte Einwand, dass bei einem geringeren Tatvorwurf auch das Interesse an der Tataufklärung abnimmt,[1080] ist jedenfalls abzuweisen, da es hier nicht auf Interesse an der Tataufklärung als abwägungsrelevanten Umstand ankommt, sondern auf einen inneren Konflikt, welcher dem Betroffenen nicht zugemutet werden soll.

f) Ergebnis
Die These, der nemo tenetur-Grundsatz beruhe auf einem rechtsethischen Konzept der Unzumutbarkeit, leidet im Ergebnis unter mehreren durchgreifenden Mängeln. Zum einen wird an keiner Stelle in der Literatur in diesem Zusammenhang die Rechtsethik tiefergehend bemüht. Oftmals wird die These lediglich aufgestellt und das besondere Gewicht der Rechtsethik betont, aber keine Begründung geliefert. Die Behauptung

---

[1079] So ähnlich auch Bosch, Aspekte, S. 33; Queck, Geltung, S. 148.
[1080] Günther, GA 1978, 193 (202).

einer ethischen Überforderung kann für die Begründung einer Selbstbelastungsfreiheit nicht ausreichen. Das faktisch-kreatürliche Interesse des Beschuldigten, sich nicht selbst zu belasten, ersetzt nicht die Begründung dafür, warum dieses Interesse durch das Strafprozessrecht anerkannt werden muss.[1081] Wie im Beispiel des „the old woman's reason"[1082] von Bentham ist hier die Frage zu stellen, warum eine individuell empfundene Unzumutbarkeit eine normative Rolle spielen solle.
Eine inhaltliche Annäherung an das materielle Recht, der Unzumutbarkeit normgemäßen Verhaltens, kann ferner keinen Erkenntnisgewinn liefern, da sich die Situationen zu sehr unterscheiden. Zum anderen ist die Konfliktlage nicht für jeden strafprozessualen Akteur deutlich und es stellen sich viele Abgrenzungsprobleme bei der rechtsethischen Herleitung aus einer Unzumutbarkeit des Beschuldigten.
Eine rechtsethische Unzumutbarkeit zu beschwören, ist bereits mangels rechtsethischen Fundaments zweifelhaft, kann darüber hinaus aber auch nicht erklären, warum der Grundsatz nur im Strafrecht gelten sollte.

6. Konsequentialistische Ethiktheorien
Als letzte zu untersuchende rechtsethische Rechtfertigungstheorie verbleibt die Analyse einer konsequentialistischen Begründung des Grundsatzes, welche nun im Folgenden dargestellt werden soll.

a) Grundlegung
Der Konsequentialismus ist eine an den Folgen orientierte Ethiktheorie und seit dem 18. Jahrhundert der am weitesten verbreitete Gegenentwurf zum Kantianismus, wobei heutzutage im Utilitarimus die einflussreichste Unterform zu sehen ist.[1083] Dieser wird in vielerlei Spielarten, wie beispielsweise dem Aktutilitarismus oder dem Regelutilitarismus[1084],

---

[1081] Pawlik, GA 1998, 378 (378); siehe auch Kelsen, Reine Rechtslehre, passim: Normen lassen sich nicht aus Tatsachen, sondern nur aus anderen Normen zulässigerweise ableiten.
[1082] Bentham, Rationale of Judicial Evidence, S. 452 ff.
[1083] Mahlmann, Rechtsphilosophie und Rechtstheorie, § 9 Rn. 1.
[1084] Regelutilitarismus meint im Gegensatz zum Aktutilitarismus einen Utilitarismus, welcher nicht den Gesamtnutzen einer Handlung, sondern den Gesamtnutzen einer Regel, die diese Handlung anordnet, betrachtet. Maßgeblich ist sodann, ob die generelle

vertreten.[1085] Maßgeblich für die moralische Richtigkeit ist dabei stets die Maximierung der Differenz hedonistischer Wertgefühle (Freud und Leid) bei möglichst vielen Menschen[1086] über eine möglichst lange Zeit.[1087] Der Utilitarismus verbindet folglich den folgenorientierten Konsequentialismus mit dem Maximierungsprinzip zum Nützlichkeitsprinzip und erhebt es zum zentralen Grundprinzip.[1088]

Als einer der Begründer gilt Bentham[1089], welcher das Prinzip der Nützlichkeit wie folgt formulierte: Die Handlung, welche das höchste Maß an Glück für die größte Anzahl von Menschen erreicht, ist der Maßstab für Richtig und Falsch.[1090] Damit erhob Bentham „Glück" zum höchsten und alleinigen Gut seiner Theorie. Indem er Benthams Prinzip der Nützlich-

---

Befolgung der Regel nutzenmaximierend ist. Vergleiche hierzu auch Seelmann, Rechtsphilosophie, § 10 Rn. 7; Ott, Moralbegründungen, S. 116, 117.

[1085] Vergleiche zur Herkunft und Entwicklung sowie zu den verschiedenen Spielarten des Utilitarismus Bentham, The Principles of Morals and Legislation, passim; Mill, Utilitarismus, passim; Sidgwick, Methods of Ethics, passim; P. Singer, Praktische Ethik, S. 31: „Förderung der Interessen der Betroffenen". Siehe auch Hare, Moralisches Denken, S. 46 ff., welcher den Begriff des Erzengel-Utilitarismus prägte; Nussbaum, Gerechtigkeit oder Das gute Leben, passim, welche die Vermeidung von Leid und Schmerz als negativ formulierten Utilitarismus betont. Vergleiche Mahlmann, Rechtsphilosophie und Rechtstheorie, § 9 Rn. 15.

[1086] Vergleiche zur Streitfrage, ob und in wie weit Staaten ethisch relevante Subjekte darstellen Ott, Moralbegründungen, S. 104: „Ganzheiten wie Kulturen, Staaten oder Gemeinschaften sind nicht um ihrer selbst willen zu berücksichtigen. Es gibt daher in der politischen Philosophie des Utilitarismus kein Gemeinwohl außerhalb des Zufriedenheitsniveaus der Staatsbürger. Für Bentham ist die Gemeinschaft ein „fictious body"; real sind nur die Interessen der Einzelpersonen."; ebenso Pfordten, Normative Ethik, S. 28; andere Ansicht Tammelo, Theorie der Gerechtigkeit, S. 78: Außerhalb des utilitaristischen Kontextes wird durchaus vertreten, dass Staaten Gerechtigkeitssubjekte, in Sinne von denjenigen, die das Gerechte tun sowie denen gegenüber das Gerecht getan wird, darstellen können. Maßgeblich soll die Rechtssubjektqualität sein, auch wenn dies den Nachteil der rechtspolitischen und rechtstechnischen Beliebigkeit trägt. Begründet wird dies mit der Artverwandtschaft von Gerechtigkeit und Recht, da Gerechtigkeitsnormen immer entweder Rechtsnormen sind, oder Rechtsnormen werden können. Hinsichtlich des Einwands der Beliebigkeit soll beachtet werden, dass das Rechtssubjekt-Sein selbst zu einer Frage der Gerechtigkeit erhoben werden kann. Maßgeblich dürfte jedoch vielmehr die Fähigkeit zu moralischem Bewusstsein als die Rechtssubjektsqualität sein, so auch Baranzke, zfmr 2010, 10 (15).

[1087] Bentham, The Principles of Morals and Legislation, S. 31; Mahlmann, Rechtsphilosophie und Rechtstheorie, § 9 Rn. 2 mit weiteren Nachweisen.

[1088] Mahlmann, Rechtsphilosophie und Rechtstheorie, § 9 Rn. 2.

[1089] Mahlmann, Rechtsphilosophie und Rechtstheorie, § 9 Rn. 1.

[1090] Bentham, The Principles of Morals and Legislation, S. 2.

keit die Vermeidung von Leid hinzufügt, ist Mills Formulierung des Utilitarismus ein Beispiel für eine gemischte Form: Handlungen sind insoweit und in dem Maße richtig, als sie dazu tendieren, Glück zu fördern, und falsch, als sie dazu tendieren, das Gegenteil von Glück hervorzubringen.[1091]

Nach Bentham und Mill war das Prinzip der Moralität mit dem Ziel menschlichen Strebens im Sinne des psychologischen Hedonismus identisch:[1092] Ziel menschlichen Strebens ist – deskriptiv-anthropologisch – die Mehrung von Freude und die Minimierung von Leid.[1093] Die „Gesetze der Billigkeit und Gerechtigkeit" verdanken daher ihre Geltung dem Nutzen, der der Gesellschaft aus ihrer Anwendung zukommt.[1094] Am meisten verbreitet ist in der Moderne der sogenannte Präferenzutilitarismus, nach welchem statt Lust und Leid die Präferenzen der ethischen Akteure, die ganz unterschiedlich sein können und über deren Wertigkeit im Einzelnen heftiger Streit herrscht, entscheidend sind.[1095]

b) These

Fraglich ist, ob und inwieweit der nemo tenetur-Grundsatz utilitaristisch begründen lässt. Eine Suche nach dem Geltungsgrund des nemo tenetur-Grundsatzes im Utilitarismus drängt sich zumindest nicht auf, bildet dieser doch den ethischen Nährboden für Begründungen hinsichtlich einer Zulässigkeit von Folter.[1096] Gerade Ausführungen zum ticking-bomb Szenario werden hierzu immer wieder herangezogen.[1097] Das ticking-bomb Szenario hat stets einen zu folgender Konstellation vergleichbaren Inhalt: Eine von einem Terroristen platzierte Bombe droht eine Stadt mit

---

[1091] Mill, Utilitarismus, S. 134.
[1092] Bentham, The Principles of Morals and Legislation, S. 1 ff.; Mill, Utilitarismus, S. 162.
[1093] Mahlmann, Rechtsphilosophie und Rechtstheorie, § 9 Rn. 5.
[1094] Hume, Untersuchung über die Prinzipien der Moral, S. 24 f.
[1095] Pfordten, Normative Ethik, S. 28.
[1096] Eine Kombination aus utilitaristischen und deontologischen Begründungen eines beschränkten Foltergebots findet sich – soweit ersichtlich - nur bei Steinhoff, On the Ethics of Torture, S. 11 ff.
[1097] Brugger, Der Staat 1996, 67 (67ff.); ders., JZ 2000, 165 (165 ff.). Siehe auch Steinhoff, On the Ethics of Torture, S. 53 f.; in einem sehr stark an das ticking-bomb-Szenario angelehnten Fall wollte v. Soden, Geist der Gesetzgebung, S. 280 aus Präventions- und Sicherheitsinteressen eine Folter zulassen. Kritisch Kinzig, ZStW 2003, 791 (803 ff.).

300.000 Einwohnern zu vernichten. Die Polizei wird des mutmaßlichen Terroristen habhaft, der über die Informationen verfügt, die man braucht, um die Katastrophe abzuwenden. Sonstige Möglichkeiten der Gefahrenabwehr bestehen nicht. In einer derartigen Situation soll das Foltern zulässig sein. Das menschliche Leben hat in dem vom Utilitarismus geprägten ticking-bomb Szenario keinen absoluten, nicht einschränkbaren Kern. Einzelne Personen können um des Anstiegs der gesamtgesellschaftlichen Nutzensumme willen gefoltert oder gar getötet werden.

Angesichts des Beispiels ließe sich nun vieleher die These aufstellen, dass die Norm, dass ein Beschuldigter gegen sich selbst wahrheitsgetreu aussagen muss, einen hohen Gesamtnutzen für die Gesellschaft hinsichtlich des Strafverfahrensrechts hätte. Denn eine Pflicht zur wahrheitsgemäßen Aussage kann das strafprozessuale Ziel der Wahrheitsfindung fördern und gleichzeitig staatliche Strafverfolgungskosten einsparen, da oftmals weniger Aufwand zum Tatnachweis betrieben werden müsste, wenn der Beschuldigte an der Aufklärung der Wahrheit beteiligt würde. Diesen positiv zu bewertenden Folgen ständen zwar Freiheitseinbußen einzelner Individuen gegenüber, welche die Vorteile hinsichtlich der Wahrheitsförderung und der daraus resultierenden erhöhten Chance auf die Sicherung des Rechtsfriedens jedoch nicht zwingend aufwiegen könnten. Ein Aussagezwang würde damit – a maiore ad minus zur Folter – zulässig sein.

c) Stellungnahme

(1) Allgemein
Der Utilitarismus ist bereits im Allgemeinen zu kritisieren, da er in seiner klassischen Form keine Kriterien für eine Bewertung der Qualität von Präferenzen vorgibt.[1098] Ott führt zur Untermalung dieses Arguments das Kegelbahnbeispiel aus: Wenn viele Menschen in einen positiv bewerteten Bewusstseinszustand gelangen, indem sie kegeln, und weniger Men-

---

[1098] Siehe auch Hare, Moralisches Denken, S. 204; Ott, Moralbegründungen, S.105; Heinrichs, Moralische Intuition und ethische Rechtfertigung, S. 51.

schen in einen vergleichbaren Zustand, indem sie klassische Musik hören, wäre es für eine Gesellschaft angezeigt, Kegelbahnen statt Konzerte zu finanzieren. Pointiert drückt dies der „Happiness-for-pigs"-Einwand aus, indem er einen Haufen glücklicher Schweine für utilitaristisch „besser" hält als einen unglücklichen Sokrates.[1099] Der Versuch Mills, einigen Präferenzen einen höheren Wert als anderen zuzuschreiben, muss mangels normativer Kriterien als inkonsequent kritisiert werden.[1100]

Darüber hinaus bedarf der Utilitarismus einer Quantifizierung von Lust, welche wegen der unterschiedlichen personalen Empfindungen nicht allgemein gültig durchgeführt werden kann.[1101] Dadurch steht der Utilitarismus vor großen Problemen hinsichtlich seiner Durchführbarkeit.[1102] Mehrungen des gesamtgesellschaftlichen Nutzens sind als empirische Umstände nach Kant aufgrund der Schwierigkeit Lust allgemeingültig zu quantifizieren außer Betracht zu lassen. Nützlichkeit oder Schädlichkeit einer Handlung hängen mitunter von reinen Zufälligkeiten ab und sind allein deshalb für die moralische Reflexion nur beschränkt tragfähig. „Empirische Prinzipien taugen überall nicht dazu, um moralische Gesetze darauf zu gründen."[1103] Ein sittliches Konzept, welches wie der Utilitarismus auf empirischen Empfindungen basiert, kann nicht universal geltend postuliert werden.[1104]

Zentral ist ferner der Einwand, dass das Maximierungsprinzip zu individueller Überforderung führe, indem Anforderungen an den einzelnen Menschen gestellt werden, denen er nicht gerecht werden kann.[1105] Das in der Ethiktheorie des Utilitarismus verankerte Element des Maximierungsprinzips ist daher meist der umstrittenste Punkt in der Diskussion um die utilitaristische Theorie.[1106] Hinzu kommt, dass die meisten zeit-

---

[1099] Zitiert nach Ott, Moralbegründungen, S. 102, 103.
[1100] So auch Ott, Moralbegründungen, S. 106.
[1101] Mahlmann, Rechtsphilosophie und Rechtstheorie, § 9 Rn. 17 f.
[1102] Ott, Moralbegründungen, S. 108.
[1103] Kant, Grundlegung zur Metaphysik der Sitten, AA IV, S. 442.
[1104] Aul, Neue Hefte für Philosophie 1983, 62 (66).
[1105] Pfordten, Normative Ethik, S. 194; relativierend Mahlmann, Rechtsphilosophie und Rechtstheorie, § 9 Rn. 16.
[1106] Pfordten, Rechtsethik, S. 364.

genössischen Utilitaristen in der ethischen Theorie zwar ein individualistisches Element vertreten, dies vermag angesichts des Maximierungsprinzips jedoch nicht überzeugen. Ein Maximierungsprinzip, welches so verstanden wird, dass die Maximalsumme des „Guten" erreicht werden soll, sei mit dem Individualprinzip, welches das menschliche Individuum als letzte legitime Quelle der Rechtfertigung von Normen sieht, unvereinbar.[1107] Denn zur Realisierung des größten gesellschaftlichen Gesamtnutzens können einzelne Individuen nach dem Maximierungsprinzip nicht nur benachteiligt, sondern vollkommen übergangen werden.[1108]

(2) Ticking-bomb Szenario
Aus einer utilitaristischen Warte heraus kann Folter zwar im ticking-bomb Szenario zulässig sein,[1109] denn auf den ersten Blick stehen mehrere hunderttausend Menschenleben gegen die körperliche Unversehrtheit eines einzigen. Nach Brugger stehen sich sogar die Menschenwürde des Terroristen jeweils mit der Würde von 300.000 Menschen gegenüber. Diese Abwägung Würde gegen Würde sorge gar für eine Gebotenheit der Folter beziehungsweise der Einlassungs- und Mitwirkungspflicht.[1110]

---

[1107] Pfordten, Normative Ethik, S. 192, 211; ders. Rechtsethik, S. 356 mit weiteren Nachweisen zu den zeitgenössischen Utilitaristen; Rawls, Eine Theorie der Gerechtigkeit, S. 29.
[1108] Pfordten, Rechtsethik, S. 365: Daher wird eine Abschwächung des Maximierungsprinzips vertreten. Maßgeblich wird danach das Paretoprinzip erklärt, nach welchem zwar die Gesamtsumme der Interessen zu maximieren ist, dabei jedoch niemand schlechter gestellt werden darf als vor der Maximierung.
[1109] Zur Unzulässigkeit einer Folter in diesem Fall siehe Sandkühler, Menschenwürde und Menschenrechte, S. 189, 311: Vertreter einer Zulässigkeit häten ein „unterentwickeltes" Rechts- und Unrechtsbewusstsein und bedürften der „Bildung und Erziehung zu Überzeugungen, Einstellungen und moralischen Intuitionen auf dem Niveau des Art. 1 GG"; kritisch zu dieser plakativen Haltung angesichts der Tragik der Entscheidungssituation Pawlik, ZStW 2015, 737 (741 f.); siehe auch die Auseinandersetzung bei Bieri, Über die Vielfalt menschlicher Würde, S. 304; v. Sonnenfels, Abschaffung der Tortur, S. 81 ff. Differenzierend Bielefeldt, Folterverbot im Rechtsstaat, S. 8, nach welchem der folternde Polizeibeamte sich zumindest strafbar macht. Nach ihm ist nachträglich von Strafe abzusehen, wenn ein Polizeibeamter in einer tatsächlich eingetretenen ausweglosen Situation zur Folter gegriffen hat. Er mahnt jedoch gleichzeitig an, dass der Staat nicht den Eindruck erweckt, er würde Folter billigen oder zu dieser ermutigen. Dieser Eindruck ließe sich jedoch spätestens nach dem zweiten nachträglichen Straflosstellen nicht verhindern.
[1110] Brugger, JZ 2000, 165 (171); ebenso Mahlmann, Rechtsphilosophie und Rechtstheorie, § 31 Rn. 59; andere Ansicht Merten, JR 2003, 404 (407).

Jedoch könnte anhand des utilitaristischen Analyseinstrumentariums auch ein anderes Ergebnis vertreten werden. Zu diesem Instrumentarium zählen die Handlungsabsicht, die Handlungsumstände sowie die Handlungsfolgen. Die Handlungsabsicht ist dabei offensichtlich objektiv erheblich schwerer greifbar als Umstände, Mittel, Kontexte, Rahmenbedingungen und die tatsächlich oder mit Wahrscheinlichkeit eintretenden Folgen.[1111] Daher liegt der Schwerpunkt hier auf den berücksichtigungsfähigen, tatsächlichen und hypothetischen Folgen einer Handlung.[1112] Die langfristigen Folgen, das Herausbilden von humanistisch geprägten Sympathien mit den Straftätern und der Verlust der Fähigkeit des Staates, moralische Standards setzen zu können, wiegen schwer. Des Weiteren sind die Umstände der Abwägung schwierig zu bestimmen, da die 300.000 menschlichen Leben nur mit einer gewissen Wahrscheinlichkeit gerettet werden. Es besteht nämlich stets die Möglichkeit, dass der Gefolterte unschuldig ist und daher nichts zur Tataufklärung beitragen kann. Es müsste eine Wahrscheinlichkeit gefunden werden, die aus utilitaristischer Sicht ausreichend erscheint, Zwang dennoch anzuwenden. Auf der anderen Seite ist die Verletzung der Autonomie und der körperlichen Unversehrtheit des Gefolterten gewiss. Diese sichere Folge müsste mit einer nur unbestimmt wahrscheinlichen Folge abgewogen werden. Die Abwägung basiert folglich auf erheblichen, unsicheren Faktoren, namentlich die Umstände und die Folgen.

Andererseits verstehen Stimmen in der Literatur den nemo tenetur-Grundsatz als strafverfahrensrechtliche Reaktion auf die schlechten Erfahrungen mit der Folter.[1113] Der Grund des nemo tenetur-Grundsatzes könnte in dem Bestreben, das Folterverbot möglichst weitgehend abzusichern, liegen. Sähe die Strafverfahrensordnung den nemo tenetur-

---

[1111] Teilweise wörtlich so bei Alkofer, Quellen der Moralität, 35 (39).
[1112] Mit anschaulichem Beispiel Pfordten, Normative Ethik, S. 190.
[1113] Kraft, nemo tenetur-Prinzip, S. 182; Chiesa, Bosten College Third World Law Journal 2010, 35 (57 ff.).

Grundsatz nicht vor, könnten die Ermittlungspersonen auf die Folter zurückgreifen.[1114] Der Grundsatz bietet daher bereits in einem frühen Stadium Schutz vor staatlicher Tyrannei.[1115] Gäbe es eine Rechtspflicht zur Beantwortung von Fragen staatlicher Ermittlungspersonen, würden jene Pflicht zur Erzwingung selbstbelastender Aussagen genutzt werden, um Ressourcen der Strafverfolgung zu sparen.[1116] Dabei wird zu bedenken gegeben, dass die Pflicht nur dann erfolgreich durchgesetzt werden könne, wenn ein Zwangsmittel existiert. Dabei führt jedes erfolglos gebliebene Zwangsmittel auf die Anwendung stärkeren Drucks hin, bis zu dem Punkt, an dem nur noch die Folter in Betracht kommt.[1117] An diesem Argument ist zu kritisieren, dass kein normativer Grund ersichtlich ist, wieso nicht einige Zwangsmittel rechtsethisch noch zulässig sein sollten, und andere, wie die Folter, eben nicht. Die angedeutete Gewaltspirale ist jedenfalls alles andere als zwingend. Aber selbst wenn man diesen Einwänden zustimmen würde, wäre die Begründung heutzutage weggefallen, da unabhängig vom nemo tenetur-Grundsatz auch ein Folterverbot besteht.[1118]

(3) Ergebnis
Die Vereinbarkeit des nemo tenetur-Grundsatzes mit dem Konsequentialismus ist folglich äußerst schwierig festzustellen und bietet sich für eine weitere, zielgerichtete Untersuchung an. Letztlich hat der Konsequentialismus jedoch enorme Schwierigkeiten, einen nemo tenetur-Grundsatz zu begründen. Gerade das Maximierungsprinzip sorgt für erhebliche Einschränkungen beim Schutz von Leib und Leben eines einzelnen Menschens. Das ticking-bomb Szenario lässt sich – wenn überhaupt – nur unbefriedigend lösen. Da bislang jedoch auch noch kein rechtsethisches,

---

[1114] Heinze, Strafprocessuale Erörterungen, S. 32; Rosenberg/Rosenberg, NYU Law Review 1988, 955 (1041).
[1115] Diese Ansicht ist im angloamerikanischen Rechtsraum in den 1950er und 1960er Jahren weit verbreitet gewesen, siehe zu zahlreichen Nachweisen Dolinko, UCLA Law Review 1986, 1063 (1077).
[1116] Schlauri, Verbot des Selbstbelastungszwangs, S. 98.
[1117] Heinze, Strafprocessuale Erörterungen, S. 32.
[1118] Doege, nemo-tenetur-Grundsatz, S. 61; andere Ansicht Schlauri, Verbot des Selbstbelastungszwangs, S. 98. Kritisch auch Wahlberg, Kritik des Entwurfs einer Strafproceßordnung, 1873, S. 66.

konsequentialistisches Konzept für den nemo tenetur-Grundsatz vorgelegt wurde, sind die Ausführungen als Ansatz für weitergehende Untersuchungen zu verstehen.

d) Aus dem Utilitarismus deduzierte Ansätze
Die strafverfahrensrechtliche Literatur bringt den nemo tenetur-Grundsatz oftmals mit funktionalistisch argumentierenden Begründungen in Verbindung. Funktionalistisch meint hier, dass der Grundsatz einer weiteren Funktion des Strafverfahrens oder einer Prozessmaxime dient. Die drei zu diskutierenden Positionen beziehen sich entweder auf strafzwecktheoretische Erwägungen oder auf Grundsätze der Durchführung des Strafverfahrens. Bei ersterem wird sowohl die Spezial- als auch die Generalprävention zur Fundierung vorschlagen. Bei letzterem wird zum einen auf das Prinzip der materiellen Wahrheit und zum anderen auf die Unschuldsvermutung rekurriert.

Die Begründungen lassen sich aufgrund ihrer Universalität nicht ohne weiteres exakt einem Modell zuordnen und müssen daher anhand einer Deduktion untersucht werden. Diese drei verschiedenen Ansätze lassen sich dabei auf einem gemeinsamen Ursprung zurückführen: Sie sollen dem Strafverfahren Legitimation verschaffen, indem sie entweder unterschiedliche präventive Ziele verfolgen oder einer Legitimationsbedingung wie dem Grundsatz der Wahrheitsermittlung oder der Unschuldsvermutung dienen. Eine rechtsethische Deduktion dieser Ansätze ist zwar auf verschiedenen Wegen denkbar, überzeugend lässt sie sich jedoch nur in utilitaristischer Weise darstellen. Die auf die Steigerung der Rechtsfrieden schaffenden Wirkkraft des Strafverfahrens zielenden Ansätze können als utilitaristische Gerechtigkeitssätze verstanden werden, da die Prozessmaximen der Verwirklichung der materiellen Gerechtigkeit dienen sollen.[1119] Das Strafverfahren eines modernen Rechtsstaates zeichnet sich dadurch aus, Gerechtigkeit herstellen zu wollen – wobei

---

[1119] Siehe nur Roxin/Schünemann, Strafverfahrensrecht, § 10 Rn. 5; Meyer-Goßner/Schmitt, Einl. Rn. 4 mit zahlreichen Nachweisen; auch Hassemer, StV 1982, 275 (280).

natürlich umstritten ist, was im Einzelnen als „gerecht" bezeichnet werden kann.[1120] So beruhen die drei Ansätze auf Prozessmaximen oder strafprozessuale Grundstrukturen, welche der Verwirklichung materieller Gerechtigkeit dienen. Jedenfalls ist es im Utilitarismus maßgeblich, ob die Durchführung des Strafverfahrens zu einer Nutzenmaximierung hinsichtlich des Rechtsfriedens führt, wodurch eine enorm große Anzahl von Menschen profitieren würde.

(1) Strafzwecktheoretischer Ansatz

(a) These: Regel-Ausnahme-Konstruktion
Pawlik und Lesch gehen von einer grundsätzlich bestehenden, staatsbürgerlichen Mitwirkungspflicht hinsichtlich der Verfolgung staatlicher, auch strafprozessualer, Zwecke aus.[1121] Die Existenz des nemo tenetur-Grundsatzes wird dabei jedoch nicht bestritten, sondern es wird versucht, jenen Grundsatz als eine eng umgrenzte Ausnahme von dieser Pflicht zu begründen.[1122] Angelehnt an das Legitimationskonzept Luhmanns[1123] soll der Grundsatz als notwendiges Element der Legitimation des staatlichen Strafanspruchs fungieren,[1124] indem er gesellschaftli-

---

[1120] Doege, nemo-tenetur-Grundsatz, S. 60; Börner, Legitimation durch Strafverfahren, 2014, S. 27; Rieß, JR 2006, 269 (277); Murmann, GA 2004, 65 (69). Die Erreichung der materiellen Gerechtigkeit ist freilich das Ziel jeder Rechtsethik, vgl. Pfordten, Rechtsethik, S. 231 ff.

[1121] Dies erinnert an den Begriff der „Grundpflicht": Schmidt, Grundpflichten, S. 58 ff., 169, 173 ff.: Der Begriff der Grundpflicht wird im Grundgesetz nicht ausdrücklich erwähnt. Jedoch finden sich in den Art. 5 Abs. 3 S. 2, 6 Abs. 2, 12a, 14 Abs. 2 GG einige derartiger Pflichten. In einigen Landesverfassungen und im zweiten Hauptteil der Weimarer Reichsverfassung werden Grundpflichten stets gemeinsam mit Grundrechten genannt. Siehe auch Isensee, DÖV 1982, 609 (609 ff.); Hoerster, Was ist Recht?, S. 114 ff.; Pollähne, FS-Beulke, 39 (39); Viganò, FS-Beulke, S. 55 (65 f.).

[1122] Pawlik, GA 1998, 378 (381); Lesch, ZStW 1999, 624 (636 ff.); ders., KMR-StPO, § 136, Rn. 17 f.; siehe auch Fischer, Selbstbelastungspflichten, S. 94, 99; im Ansatz so auch Eisenhardt, nemo tenetur-Prinzip, S. 207.

[1123] Luhmann, Legitimation durch Verfahren, S. 97 ff.

[1124] Pawlik, GA 1998, 378 (382); andere Ansicht wohl Heinze, Strafprocessuale Erörterungen, S. 25 f., welcher die generalpräventive Bedeutung der Beschuldigtenvernehmung betont. Das Rechtsbewusstsein, insbesondere das Vertrauen in die Macht des Staates, soll nach Heinze erschüttert werden, wenn auf die Vernehmung verzichtet wird.

chen Protest absorbiert und dadurch die soziale Akzeptanz der strafgerichtlichen Urteile stärkt.[1125] Andernfalls würde durch die Erzwingung der Mitwirkung des Beschuldigten an der eigenen Verurteilung die Legitimation der Bestrafung desavouiert werden.[1126] Als Beispiel dafür mag die zur Geständniserlangung eingesetzte Folter verstanden werden, die die Gesellschaft des 18. Jahrhunderts empörte.[1127]

Pawliks Kernthese lautet daher: „Strafprozessuale Mitwirkungspflichten, selbst wenn ihre Erfüllung weh tut, sind mithin auch und gerade in einem Rechtsstaat vom Grundsatz her keine extern auferlegten Schranken der Freiheit der von ihnen betroffenen Bürger, sondern sie sind dieser Freiheit, der sie erst zu sozialer Wirklichkeit verhelfen, prinzipiell immanent."[1128]

Im Mittelpunkt der Theorie steht damit eine strafprozessuale Mitwirkungspflicht des Bürgers, von welcher ausnahmsweise dann abgesehen wird, wenn es um den Schutz der Zurechnung von Verhaltensweisen im Strafverfahren geht. Die Geltung der Selbstbelastungsfreiheit soll demnach sicherstellen, dass eine Aussage eines Beschuldigten ihm als sein selbstdarstellendes Werk zugerechnet werden kann. Im Fall einer zwangsweise herbeigeführten Aussage könnte der Aussagende auf den Zwang verweisen und sich geistig von seiner Aussage trennen.[1129]

Auch nach Mittermaier hängt die Wirksamkeit der Strafurteile mit dem gesellschaftlichen Vertrauen zusammen, „dass das Strafverfahren auf

---

Dies begründet er reaktionär mit einer seit Jahrhunderten verwurzelten Gewohnheit, die mit der Vorstellung der Machtvollkommenheit des Staates sowie der Unterordnung des Einzelnen unter das Gemeinwesen verwoben sein soll. Diese Gewohnheit ist jedoch seit dem Wandel des Verhältnisses des Staates zu seinem Staatsvolk von Untertanen zu Bürgern erudiert.

[1125] Pawlik, GA 1998, 378 (382); Lesch, Strafprozessrecht, S. 104; siehe hierzu auch Krack, NStZ 2002, 120 (123).
[1126] Luhmann, Legitimation durch Verfahren, S. 97 ff.; Pawlik, GA 1998, 378 (379 ff.); Lesch, ZStW 1999, 624 (636 ff.); ders., GA 2000, 355 (362 f.); Kasiske, JuS 2014, 15 (16).
[1127] Voltaire, Kommentar zu dem Buch Über Verbrechen und Strafe, S. 58.
[1128] Pawlik, GA 1998, 378 (381).
[1129] Luhmann, Legitimation durch Verfahren, S. 97 ff.

voller Gleichheit der Waffen des Anklägers und des Angeklagten beruhte."[1130] Diese Waffengleichheit[1131] sieht es vor, dass der Staat den Vorwurf beweisen müsse: „Daher darf auch dem Angeklagten kein Zwang sich über eine ihm vorgehaltene Beschuldigung zu erklären, aufgelegt werden, weil er berechtigt ist, zu warten bis der Ankläger seine Behauptungen bewiesen hat."[1132]

Der Verzicht auf die Mitwirkung des Beschuldigten soll – wegen des Teilverzichts auf autoritative Beweisermittlung – für eine überzeugende Legitimation des Strafurteils sorgen.[1133] Daher sei der nemo tenetur-Grundsatz nur in dem Umfang zu gewähren, wie es für die strafprozessuale Legitimation erforderlich und sozial unabdingbar ist.[1134] Zur Legitimation des Strafprozesses muss dieser die Funktion staatlichen Strafens, die Sicherung und Wiederherstellung des Rechtsfriedens in einer Gesellschaft und die Sicherung eines geordneten menschlichen Zusammenlebens durch den Schutz der elementaren Werte, schützen.[1135] Die Schaffung von Rechtsfrieden soll nach der Systematik des Verfahrensrechts und kriminalpolitischen Erwägungen folglich das vorrangige Ziel des Verfahrens sein.[1136] Es ist eine Entscheidung zu finden, die so beschaffen

---

[1130] Mittermaier, Gesetzgebung, S. 286.
[1131] Diesem Gedanken der Waffengleichheit liegt der fox-hunter's reason zu Grunde. Siehe zum „fox-hunter's-reason" bei Bentham, Rationale of Judicial Evidence, S. 454: „This consists in introducing upon the carpet of legal procedure the idea of fairness, in the sense in which the word is used by sportsmen. The fox is to have a fair chance for his life: he must have (so close is the analogy) what is called law: leave to run a certain lenght of way, for the express purpose of giving him a chance for escape." Kritisch mit weiteren Nachweisen Caplan, Vanderbilt Law Review 1986, 1417 (1443).
[1132] Mittermaier, Gesetzgebung, S. 287.
[1133] Pawlik, GA 1998, 378 (382).
[1134] Pawlik, GA 1998, 378 (383); siehe auch Luhmann, Legitimation durch Verfahren, S. 55 ff., 121 ff.
[1135] Roxin/Schünemann, Strafverfahrensrecht, § 1 Rn. 3; Ranft, Strafprozeßrecht, Rn. 2; Kindhäuser, Strafprozessrecht, § 1 Rn. 8; Ostendorf, ZIS 2013, 172 (173 ff.); Landau, NStZ 2015, 665 (667).
[1136] Siehe zum Streit um das Verhältnis der Prozessziele: BVerfG, NJW 2013, 1058 (1060): „Aufgabe des Strafprozesses ist es, den Strafanspruch des Staates um des Schutzes der Rechtsgüter Einzelner und der Allgemeinheit willen in einem justizförmigen Verfahren durchzusetzen und dem mit Strafe Bedrohten eine wirksame Sicherung seiner Grundrechte zu gewährleisten. [...] Zentrales Anliegen des Strafprozesses ist die Ermittlung des wahren Sachverhalts, ohne den sich das materielle Schuldprinzip nicht verwirklichen lässt."; Meyer-Goßner/Schmitt, Einl. Rn. 4; Radtke/Hohmann, Einl. Rn.

ist, dass sie von der Rechtsgemeinschaft als akzeptabler Abschluss des Verfahrens angesehen werden kann, welche das staatliche Gewaltmonopol und den Verzicht auf Selbsthilfe zu rechtfertigen in der Lage ist.[1137] Das Verfahren muss dabei sämtliche Proteste gegen die Entscheidung absorbieren können, das heißt in einem normativen - und nicht in einem empirisch-realen, sozialpsychologischen - Sinne als unvernünftig und deshalb nicht maßgeblich erscheinen lassen.[1138]

Dabei sind nicht nur generalpräventive, sondern auch spezialpräventive Erwägungen denkbar, um welche der Ansatz von Pawlik und Lesch daher ergänzt werden sollte. Die Aussagefreiheit wird dem Beschuldigten auch deshalb gewährt, damit das Urteil spezialpräventive Wirkung entfalten kann. Sie soll den Neutralisierungstechniken wie dem Leugnen der Verantwortlichkeit für die Tat oder der Marginalisierung des angerichteten Schadens entgegenwirken.[1139] Im Falle der rechtlichen Existenz einer Aussagepflicht würden Strafverfahren Gefahr laufen, vom Beschuldigten nicht als legitim anerkannt zu werden,[1140] welcher Umstand jedoch die Grundlage ist, um den Beschuldigten zur Rechtstreue zu motivieren.[1141] Der nemo tenetur-Grundsatz schafft – oder fördert zumindest

---

4; Weigend, Deliktsopfer und Strafverfahren, S. 215; Rieß, JR 2006, 269 (270 f.); Schmidhäuser, FS-Schmidt, 511 (521 ff.); Bosch, Aspekte, S. 116 f.; Ranft, Strafprozeßrecht, Rn. 2; Kindhäuser, Strafprozessrecht, § 1 Rn. 8; von einer Gleichrangigkeit der Ziele geht eine andere Ansicht aus: Ostendorf, Strafprozessrecht, Rn. 9, 12; HKGS/Gerecke/Temming, Einl. Rn. 8; Sternberg-Lieben, ZStW 1996, 721 (726 ff.); Beulke, Strafprozessrecht, Rn. 3; Roxin/Schünemann, Strafverfahrensrecht, § 1 Rn. 3; Kröpil, JR 2013, 553 (554).

[1137] So auch Rieß, JR 2006, 269 (271); Murmann, GA 2004, 56 (67); Neumann, ZStW 1989, 52 (54); Trüg, StV 2010, 528 (531); Kröpil, JR 2013, 553 (556); ähnlich Bosch, Aspekte, S. 116; Kindhäuser, Strafprozessrecht, § 1 Rn. 11 f.; Roxin/Schünemann, Strafverfahrensrecht, § 1 Rn. 2. Andere Ansicht Luhmann, Legitimation durch Verfahren, S. 21 ff., welcher das Strafverfahren vom materiellen Recht lösen möchte.

[1138] So fast wörtlich bei Lesch, ZStW 1999, 624 (624); Dölling, Beulke-FS, S 679 (685 ff.). Siehe zu den Voraussetzungen der Absorptionswirkung Lesch, ZStW 1999, 624 (625); Paulus, FS-Spendel, 687 (697); Grasnick, FS-Pötz, 55 (69 f.); Müller, StV 1996, 358 (359); Herdegen, JZ 1998, 54 (54 ff.); Beling, Beweisverbote, S. 2; Luhmann, Legitimation durch Verfahren, S. 107 ff.

[1139] Kaiser/Schöch, Kriminologie, Jugendstrafrecht, Strafvollzug, 3/45 f.

[1140] Zu dem Telos von § 136a StPO so auch Krack, NStZ 2002, 120 (123).

[1141] Zur Lehre von der Spezialprävention siehe Roxin, AT I, § 3 Rn. 11 ff.; Jescheck/Weigend, AT, S. 69.

– die innere Bereitschaft des Beschuldigten, das Urteil anzunehmen, indem der Grundsatz ihm das Gefühl vermittelt, dass er einen fairen Prozess bekommen hat. Daraus soll sodann die Motivation erwachsen, die Chance auf Resozialisierung eher zu ergreifen.[1142] Dem Beschuldigten soll durch die Gewährung der Aussagefreiheit deutlich gemacht werden, dass er als Beteiligter des Strafverfahrens ernst genommen werde, sodass im Folgenden von ihm erwartet werden kann, dass er das Urteil gegen sich akzeptiert.[1143] Daher ist die Ermöglichung der Partizipation des Beschuldigten durch das Schaffen einer Plattform für die strafprozessuale Kommunikation Voraussetzung für die spezialpräventive Wirkkraft des Strafverfahrens.[1144]

Das Herstellen einer kommuniativen Plattform erscheint nur prima facie für lediglich ein Rederecht und nicht für ein Schweigerecht zu sprechen, denn gerade die freie Entscheidung über das Ob der Kommunikation kann Enttäuschungen abmildern. „Es soll die für eine Annahme des Urteils und damit, falls sich die Schuld des Betroffenen herausstellen sollte, für eine Resozialisierung des Täters notwendige Voraussetzung geschaffen werden, den Beschuldigten als mündigen Bürger zu akzeptieren, der selbst entscheiden kann und darf, inwieweit er durch eigene Aussagen zur Urteilsfindung beitragen möchte."[1145] Nach der dem heutigen Strafverfahrensrecht zugrunde liegenden Strafverfassungstheorie wird durch das Anheimstellen der Wahrnehmung prozessualer Handlungsoptionen die grundrechtliche Position des Beschuldigten konkretisiert.[1146] Diese Optionen müssen den Beschuldigten in eine Lage versetzen, in der er auf das Verfahren erfolgreich einwirken kann und über einen Handlungswert hinaus müssen die Optionen dem Beschuldigten einen potenziellen Erfolgswert eröffnen.[1147] Aus diesem verfahrenssoziologischen fair-process-effect wird von der US-amerikanischen procedural-justice-Forschung hinsichtlich der gesamtpräventiven Wirkkraft

---

[1142] Bosch, Aspekte, S. 118.
[1143] Kühl, JuS 1986, 115 (117).
[1144] Berkemann, JR 1989, 221 (225) mit Verweis auf Mead, Philosophie der Sozialität, 1969, S. 64 sowie Festinger, A theory of cognitive dissonance, 1957, passim.
[1145] Bosch, Aspekte, S. 118.
[1146] Jahn, ZStW 2015, 549 (557) mit weiteren Nachweisen.
[1147] Jahn, ZStW 2015, 549 (558).

des Strafverfahrens hergeleitet, dass potentiell und aktuell Betroffene eine für sie nachteilige Entscheidung eher zu akzeptieren bereit sind.[1148] Für die Legitimation des Verfahrens sei dabei die Grenze zu berücksichtigen, dass sowohl die Rechtsfolgen als auch die Ermittlungsmaßnahmen im Strafverfahren weder physisch noch psychisch zerstörend wirken dürfen.[1149]

Die Anerkennung der Selbstbelastungsfreiheit als Recht soll nach Pawlik infolgedessen nur deshalb angezeigt sein, weil sich die Annahme einer Aussagepflicht des Beschuldigten nicht ausreichend legitimieren lässt. Die Versuche in den 1930er Jahren, das Strafprozessrecht in dieser idealistischen Weise zu prägen[1150], seien unter dem Eindruck der staatlichen Gewaltsamkeit gescheitert.[1151] Der nemo tenetur-Grundsatz müsse nur dort Geltung entfalten, wo seine „Außerachtlassung auf eine Verfahrensgestaltung hinausliefe, die nach den semantischen Vorgaben der gegenwärtigen Gesellschaft dieser gegenüber nicht mehr als legitim begründet werden könnte: nämlich auf die Statuierung einer Lage, die im Ergebnis einer Aussagepflicht nahekommt."[1152] Nach Lesch kann nur dieses Regel-Ausnahme-Verhältnis erklären, warum den Beschuldigten teilweise aktive Mitwirkungspflichten, etwa in §§ 133 Abs. 2, 134 Abs. 1, 230, 231 StPO, ebenso wie passive Duldungspflichten (bspw. Hausdurchsuchung, Telekommunikationsüberwachung) zulässigerweise treffen können.[1153]

---

[1148] Jahn, ZStW 2015, 549 (558); siehe grundlegend Tyler, Law & Society Review 1988, 103 (104 ff.); Tschentscher, Demokratische Legitimation der dritten Gewalt, S. 199 f. Hierzulande hat sich bislang eher der Begriff „Akzeptanzfunktion" durchgesetzt, vgl. Jung, FS-Hassemer, 73 (79 f.); dies., FS-Roxin, 2011, 1233 (1238), Börner, Legitimation durch Strafverfahren, 2014, S. 179 f.
[1149] So Naucke, Zerbrechlichkeit des rechtsstaatlichen Strafrechts, S. 415 zur rechtsstaatlichen Grenze der Rechtsfolgen im Strafrecht.
[1150] Siehe Pawlik, GA 1998, 378 (382) mit weiteren Nachweisen.
[1151] Pawlik, GA 1998, 378 (382). Nach Kölbel, Selbstbelastungsfreiheiten, S. 257 sei die Gewährung eines Schweigerechts selbst im Dritten Reich für die Verfahrenslegitimation erforderlich gewesen. Wobei dies zumindest für die Verfahren vor den Sondergerichten nicht zu überzeugen vermag, da dort nicht einmal der Schein eines fairen Verfahrens aufrechterhalten wurde, siehe Rüping/Jerouschek, Strafrechtsgeschichte, Rn. 292.
[1152] Pawlik, GA 1998, 378 (389).
[1153] Lesch, Strafprozessrecht, S. 198.

## (b) Die Rechtsperson

Die Innovation der Ansicht liegt in der umfassenden Grundlegung einer Rechtsanthropologie, da Pawlik sich erstmals fundiert mit dem Axiom der oben diskutierten rechtsethischen Ansätze auseinandersetzt, welche einen egozentrisch-utilitaristisch denkenden Menschen zum Ausgangspunkt erwählen. Der komplexen Stellung des Menschen im modernen Rechtsstaat soll eine solche Rechtsanthropologie im hobbes'schen Sinne nicht gerecht werden. Der Mensch sei vielmehr als Bürger zu sehen, welche durch die Erfüllung strafprozessualer Mitwirkungspflichten mittelbar seinen eigenen staatlich geschützten Status als Rechtsperson schützt.[1154] Zur Feststellung der Tatsachen, welche erforderlich sind für die strafrechtliche Beurteilung eines Verhaltens, benötigt der Staat oftmals die Mitwirkung seiner Bürger, da es dem Staat ohne sie in vielen Fällen unmöglich wäre, seiner Hauptaufgabe, der wirksame Schutz der Rechtspositionen seiner Bürger, nachzukommen. Um den eigenen Freiheitsraum zu schützen, soll demnach jeder Bürger verpflichtet sein, an der Verfolgung von Straftaten mitzuwirken. Diese Rechtspflicht sei die Gegenleistung desjenigen, welcher den ihm zukommenden Rechtsstatus wirksam ausleben möchte.[1155] Der Mensch muss als Person mit gesellschaftlich verliehener Handlungszuständigkeit gedacht werden: So wie die Person - im Sinne von Jakobs – für sich das Recht zur freien Verwaltung eines Organisationskreises in Anspruch nimmt, hat sie auch – gleichsam als Kehrseite dieses Rechts – die Konsequenzen einer fehlerhaften Gestaltung zu tragen; es besteht also ein Synallagma zwischen Organisationsfreiheit und Folgenverantwortung.[1156] Daraus folgt – in hegelscher Tradition[1157] – die Verantwortlichkeit für eine Negation sowohl der individuellen Rechte des Opfers als auch der gesamten Rechtsordnung durch das Begehen einer Straftat. Dadurch soll sich der Beschuldigte selbst negieren, indem er sich in Widerspruch zur durch ihn mitkonstituierten Rechtsordnung setzt.[1158] Der Täter behauptet entgegen

---

[1154] Kritisch Verrel, Selbstbelastungsfreiheit, S. 241.
[1155] Pawlik, GA 1998, 378 (380).
[1156] Pawlik, GA 1998, 378 (381); Lesch, ZStW 1999, 624 (637); ders., GA 2000, 355 (362 f.).
[1157] Vergleiche Mahlmann, Rechtsphilosophie und Rechtstheorie, § 8 Rn. 7 ff.
[1158] Freier, ZStW 2010, 117 (136) mit Verweis auf Köhler, Strafrecht AT, S. 48.

dem Recht in „einseitiger Geltungsanmaßung" eine Unrechtsregel und begründet damit einen ideellen Normgeltungsschaden.[1159] Das gesellschaftliche Anliegen der Durchsetzung des staatlichen Strafanspruchs zur Bekräftigung der Normgeltung ist in der Weise auszutragen, dass der Verurteilte die Entscheidung auch als seine eigene begreifen kann.[1160] Fälschlicherweise geht Freier jedoch von einer subjektiven Geltungsreflexion[1161] als notwendiger Bedingung der Wiederherstellung der Rechtsordnung aus. Auf eine Überwindung des Unrechtswillens durch den Beschuldigten kommt es gerade nicht allein an, vielmehr führt erst die objektive Geltungsreflexion zur gesellschaftlichen Befriedung.

Der Bezugspunkt der Verantwortlichkeit einer Person soll aber nicht allein im eigenen Verhalten der Person liegen, sondern zusätzlich sollen auch objektiv verdachtsbegründende Tatsachen eine Verantwortlichkeit begründen können. Daher soll eine Person auf derartigen Tatsachen beruhende Ermittlungen dulden müssen.[1162] Lesch konstatiert hierzu: „Freiheit ohne Verantwortung ist keine wirklich personale Freiheit, sondern schiere subjektive Willkür"[1163] und kann sich dabei auf das Bundesverfassungsgericht berufen, nach welchem „der Staatsbürger nicht entwürdigt [wird], wenn die Rechtsordnung von ihm verlangt, dass er für die Folgen seines menschlichen Versagens einsteht [...]."[1164] Dem Individuum könne kein Raum unverzichtbarer Freiheit zugestanden werden, da jede Freiheit stets in ihrer sozialen Bedingtheit aufzugehen hat.[1165] Dieses von Pawlik übernommene, idealistische Verständnis des Staatsbürgers sieht vor, dass niemand Geheimnisse vor dem Staat haben darf,

---

[1159] Freier, ZStW 2010, 117 (136).
[1160] Freier, ZStW 2010, 117 (137).
[1161] Freier, ZStW 2010, 117 (138).
[1162] Pawlik, GA 1998, 378 (381); Lesch, GA 2000, 355 (362 f.).
[1163] Lesch, ZStW 1999, 624 (637); ganz ähnlich der Begriff „freedom" im dworkin'schen Sinne, vergleiche Dworkin, Gerechtigkeit für Igel, S. 18: „Hier unterscheide ich zwischen Freiheit im weiteren Sinn (freedom), als der Fähigkeit, tun zu können, was man will, ohne von der Regierung daran gehindert zu werden, und Freiheit im engeren Sinn (liberty), die in jenem Teil von Freiheit im weiten Sinn besteht, den eine Regierung nicht einzuschränken legitimiert ist.".
[1164] BVerfGE 16, 191 (194).
[1165] Pawlik, GA 1998, 378 (385).

da jeder Bürger selbst die mikrokosmische Spiegelung des Staates darstellt.[1166]

(c) Kritik und Stellungnahme
Diese Begründung ist in der Literatur fünf Einwänden ausgesetzt.

(i) Das Verantwortungsargument
Die Vertreter der Auffassung, der Straftäter solle die Verantwortung für das eigene Fehlverhalten übernehmen, sollen übersehen haben, „dass der nemo tenetur Grundsatz dem Beschuldigten nicht die Folgen für seine Tat abnehmen will, sondern nur die aktive Mitwirkung."[1167] Daher erfüllt der Straftäter seine Verantwortungspflicht bereits dadurch, dass er die staatlich festgelegte Sanktion akzeptiert. Er muss sich darüber hinaus nicht an der Aufklärung des Tatgeschehens beteiligen.[1168] Eine Grundpflicht zu einer über die Teilnahme hinausreichenden Mitwirkung an der Sachverhaltsaufklärung im Strafverfahren soll sich rechtlich, auch wegen Art. 1 Abs. 1 GG, nicht herleiten lassen.[1169]

(ii) Der Unschuldige
Darüber hinaus werde die Zuständigkeit für eine Folgenverantwortung erst im Strafverfahren festgestellt, davor können folglich noch gar keine Pflichten zur Mitwirkung entstanden sein.[1170] Geht man sodann vorgelagert davon aus, dass bereits objektiv verdachtsbegründendes Verhalten eine Verantwortung begründet, stellt sich die Frage, wieso die Pflichten auch denjenigen treffen, der ohne zuständigkeitsbegründendes Verhalten in den Verdacht einer Straftat gerät. Pointiert lässt sich dies als Frage

---

[1166] Pawlik, GA 1998, 378 (385); siehe zur Zulässigkeit aktiver Täuschung in strafrechtlichen Ermittlungsverfahren befürwortend Nowrousian, NStZ 2015, 625 (625 ff.); so ähnlich bereits Weßlau, ZStW 1998, 1 (9 f.); andere Ansicht Eschelbach, GA 2015, 545 (554, 563); Dencker, StV 1994, 667 (681).
[1167] Wolff, Selbstbelastung, S. 45; so auch Torka, Nachtatverhalten, S. 96; Verrel, Selbstbelastungsfreiheit, S. 241.
[1168] Eisenhardt, nemo tenetur-Prinzip, S. 208 f.
[1169] Eisenhardt, nemo tenetur-Prinzip, S. 208.
[1170] Kölbel, Selbstbelastungsfreiheiten, S. 197.

nach der auf Folgenverantwortung abzielenden Zuständigkeitsbegründung für einen Unschuldigen formulieren.[1171]
Die zwangsweise Durchsetzung einer etwaigen Mitwirkungspflicht könnte den in Art. 1 Abs. 1 und Art. 20 Abs. 3 GG verankerten Schuldgrundsatz[1172] verletzen, da daraus die Aufgabe des Staates fließt, Unschuldige vor Fehlverurteilungen zu schützen.[1173] Die notwendigen Zwangsmittel könnten nämlich nur dann effektiv sein, wenn sie einen höheren Leidensdruck aufbauen als das zu erwartende Strafübel. Nach Eisenhardt und Nothhelfer würden unrichtige Geständnisse produziert, wenn die Selbstüberführung das kleinere Übel darstellen würde, da sich der Beschuldigte stets für dieses entscheiden würde. Sofern daraus die Bestrafung eines Unschuldigen resultierte, läge ein Verstoß gegen den Schuldgrundsatz vor.[1174]

(iii) Die generalpräventive Wirkkraft
Es wird bestritten, dass der nemo tenetur-Grundsatz eine notwendige Bedingung dafür darstellt, dass das Strafverfahren befriedend wirken kann.[1175] Die generalpräventive Wirkung[1176] eines auf dem nemo tenetur-Grundsatz beruhenden Strafverfahrens ist empirisch jedenfalls bislang nicht nachgewiesen.[1177] Zwar sei nach „procedural-justice-Forschung" eine von den Bürgern zumindest als solche wahrgenommene Verfahrensfairness Voraussetzung für die Akzeptanz einer gerichtlichen Entscheidung. Ob ein Verfahren jedoch nur dann als fair bewertet wird, wenn es einen nemo tenetur-Grundsatz gewährleistet, ist unbewiesen.[1178] Des Weiteren steht Kölbel der Annahme kritisch gegenüber, dass die „procedural-justice-Forschung" sich normativ verwerten lasse,

---

[1171] Mahlstedt, Verdeckte Befragung, S. 78.
[1172] BVerfGE 20, 323 (331); BVerfGE 25, 269 (285).
[1173] BVerfGE 80, 367 (379); Erb, GA 2017, 113 (115).
[1174] Nothhelfer, Selbstbezichtigungszwang, S. 76; Eisenhardt, nemo tenetur-Prinzip, S. 209.
[1175] Verrel, Selbstbelastungsfreiheit, S. 241 f.
[1176] Zur positiven Generalprävention Jakobs, AT, 1/4 ff.; Müller-Dietz, FS-Jescheck, 813 (813 ff.); Armin Kaufmann, Die Aufgabe des Strafrechts, S. 17.
[1177] Kölbel, Selbstbelastungsfreiheiten, S. 200.
[1178] Kölbel, Selbstbelastungsfreiheiten, S. 200 f. mit weiteren Nachweisen; siehe zum Stand der Forschung insbesondere Machura, Fairness und Legitimität, S. 103, 123 ff.

da die Ergebnisse „viel zu uneindeutig" seien.[1179] Die Bewertung der Legitimität eines Verfahrens sollte daher nicht anhand der faktischen Akzeptanz des Verfahrens, sondern anhand ihrer Geeignetheit zur Wahrung festgesetzter Kriterien erfolgen.[1180] Prima facie erscheint sogar eine gegenteilige Wirkung möglich: Die Selbstinkriminierung scheint oftmals zu gesellschaftlicher Anerkennung zu führen.[1181] So soll ein Richter, der ein Geständnis, welches unter Verletzung des nemo tenetur-Grundsatzes zustande gekommen ist, nicht zur Grundlage seines Urteils macht, dies nur schwerlich mit der ansonsten mangelnden sozialen Akzeptanz des Urteils begründen können.[1182] Die Gesellschaft würde demnach hier wegen des Geständnisses eine Bestrafung erwarten und verlangen. Der Richter habe sodann darzulegen, warum eine Verwertung des Geständnisses mit dem kollektiven Rechtsgefühl kollidieren würde. Letztlich lässt sich dies auf den Gedanken zurückführen, dass das Gemeinwesen der Ansicht ist, über effektive Kompensationsmittel zu verfügen, die - trotz der Selbstschutzmöglichkeiten - eine realistische Chance auf Überführung des Straftäters bieten.[1183] Aus gesellschaftlicher Warte wird ein Beschuldigter eher aufgrund einer Verletzung des nemo tenetur-Grundsatzes und der daraus resultierenden Unverwertbarkeit seines Geständnisses freigesprochen, als dass stets zu befürchten wäre, dass das Geständnis unfreiwillig, und viel wichtiger: unrichtig, abgegeben wird. Inwieweit oben genannte Kompensationsmittel jedoch tatsächlich zur Verfügung stehen, soll anhand einer Aufklärungsquote nach der polizeilichen Kriminalstatistik von durchschnittlich 50 bis 60 Prozent in den Jahren 2001 bis 2015[1184] und der entsprechenden sozio-medialen Kritik an diesem Zustand bezweifelt werden können.[1185]

---

[1179] Kölbel, Selbstbelastungsfreiheiten, S. 201.
[1180] Kölbel, Selbstbelastungsfreiheiten, S. 201; siehe auch Lesch, ZStW 1998, 624 f.; ders., JR 2005, 302 (303); Müssig, GA 1999, 119 (123).
[1181] Ähnlich Mahlstedt, Verdeckte Befragung, S. 67: „Ehre und Ansehen" werden durch das Geständnis überhaupt erhalten.
[1182] Kasiske, JuS 2014, 15 (16); so auch Verrel, Selbstbelastungsfreiheit, S. 241 ff.
[1183] Siehe zu diesem Ansatz Schneider, Grund und Grenzen, S. 383, welcher sich freilich nur auf das materielle Strafrecht bezieht.
[1184] Siehe PKS 2015, Version 6.0,, S. 35.
[1185] So Torka, Nachtatverhalten, S. 70 f.

(iv) Umkehrung des Regel-Ausnahme-Verhältnisses

Ferner soll die Umkehrung des Regel-Ausnahme-Verhältnisses, nach welchem die Mitwirkung des Beschuldigten am Strafverfahren als Regel und die Selbstbelastungsfreiheit als Ausnahme vorgesehen ist, mit den normativ-liberalen Grundsätzen[1186] des Rechtsstaates nach dem Grundgesetz nicht zu vereinbaren sein. Nicht die Verweigerung einer Mitwirkung an staatlichen Maßnahmen, sondern die Inanspruchnahme des Bürgers bedürfe in einer freiheitlich verfassten Grundordnung der legitimierenden Begründung.[1187] Eine allgemeine Mitwirkungspflicht des Bürgers an der Strafverfolgung, auch der eigenen, sei mit dem die freiheitlich-permissiven Grundordnung mitkonstituierenden Prinzip, die im Grundgesetz konkretisierten Menschenrechte staatlicherseits zu achten,[1188] nicht vereinbar.[1189] Die staatliche Gewalt ist gemäß Art. 1 Abs. 3 GG an die Grundrechte gebunden, diese vermitteln den Bürgern Freiheitsräume, welche möglichst weitgehend ausgelebt werden dürfen und in deren Wesensgehalt nach Art. 19 Abs. 2 GG nicht eingegriffen werden darf. Dem Staat ist es damit nur gestattet, in diese Positionen einzugreifen, soweit der Eingriff aus Verfassungsgründen gerechtfertigt ist.[1190] Bei einem von Pawlik und Lesch zugrunde gelegten Verständnis des nemo tenetur-Grundsatzes gibt man die Bemühungen um eine freiheitliche Legitimation des Strafrechts gerade auf.

(v) Die Funktionsfähigkeit des Strafverfahrens[1191]

Das Verständnis des nemo tenetur-Grundsatzes als eng umgrenzter Ausnahme von einer allgemeinen Mitwirkungspflicht des Staatsbürgers

---

[1186] Vergleiche Pfordten, JZ 2005, 1069 (1070).
[1187] Kasiske, JuS 2014, 15 (17); Mahlstedt, Verdeckte Befragung, S. 78 f.; siehe auch Hassemer, StV 1982, 275 (278).
[1188] BVerfGE 2, 1 (12 f.); BVerfGE 5, 85 (140); Maunz/Dürig/Klein/Dürig, GG, Art. 18 Rn. 62; Jarass/Pieroth/Pieroth, GG, Art. 21 Rn. 33.
[1189] BVerfGE 2, 1 (12 f.); BVerfGE 5, 85 (140).
[1190] Vergleiche zum Ganzen auch Bäcker, Gerechtigkeit im Rechtsstaat, S. 208.
[1191] Zur Herleitung und Entwicklung dieses Begriffs siehe BVerfGE 33, 367 (383); Hassemer, StV 1982, 275 ff.; siehe zur Bedeutung des Begriff im europäischen Kontext Gaede, wistra 2016, 89 (91 ff.); zur Herleitung aus der Schutzfunktion der Grundrechte Bittmann, NStZ 2016, 249 (255); sehr kritisch zum „inflationären" Bemühung dieses Arguments Putzer, Gerichte, Terror und Verfahren, S. 148 f.; kritisch auch Grünwald,

im Strafverfahren könnte angesichts der Sicherung der Funktionsfähigkeit des Staates[1192] jeden Anwendungsbereich verlieren. Die Bedürfnisse der staatlichen Gemeinschaft sind prinzipiell unbegrenzt und daher in ihrem Zugriff potenziell totalitär.[1193] Soll die generalpräventive Wirkkraft des strafgerichtlichen Verfahrens gesichert werden, besteht die Gefahr, dass die Geltung des nemo tenetur-Grundsatzes gegen Null tendiert.[1194] Diese Sicherung der Funktionsfähigkeit stellt nach richtiger Ansicht von Hassemer eine Art Superrechtsprinzip dar[1195], da es Rechtsfriede, Gerechtigkeit und Funktionsfähigkeit vereint und damit unschlagbar in der Abwägung mit anderen Interessen wie dem nemo tenetur-Grundsatz wäre[1196]. „Denn wie müsste ein solches Interesse rechtstheoretisch und rechtsethisch ausgestattet sein, um es nicht nur mit Effektivität und Rechtssicherheit, sondern auch mit Gerechtigkeit und Rechtsfriede aufzunehmen? Ich sehe keinen rechtlichen Grundsatz, auf den sich ein solches Interesse mit Erfolg berufen könnte. Bei einer solchen ‚Abwägung' ist über deren Ergebnis bereits entschieden, bevor sie angestellt wird; sie wird nur scheinhaft veranstaltet. Ihre tatsächliche Funktion ist die Vereinzelung, die Entrechtlichung der Interessen, die gegen das Effizienzinteresse der ‚funktionstüchtigen Strafrechtspflege' stehen."[1197]

Nach einer allein auf den Schutz der Strafzwecke rekurrierenden konsequentialistischen Konzeption dürfte der Einwand Hassemers durchgreifen. Angesichts der potentiell ergänzungsfähigen Prinzipien des Schutzes der Wahrheitsfindung und der Unschuldsvermutung muss jedoch beachtet werden, dass dem nemo tenetur-Grundsatz dadurch immenses

---

JZ 1981, 423 (427 f.); Stuckenberg, Untersuchungen zur Unschuldsvermutung, S. 554 f.

[1192] Die Funktionsfähigkeit der Strafrechtspflege ist dogmatisch lediglich eine mögliche Eingriffsrechtfertigung, nicht jedoch bereits eine immanente Schutzbereichsbegrenzung.
[1193] Stuckenberg, Untersuchungen zur Unschuldsvermutung, S. 556.
[1194] Unverfügbare Rechtsnormen sind eine notwendige Folgerung aus der „Faktizität der Macht", siehe Peter-Alexis Albrecht, Der Weg in die Sicherheitsgesellschaft, 2010, S. 931.
[1195] Hassemer, StV 1982, 275 (276 ff.); affirmativ Gaede, wistra 2016, 89 (90).
[1196] Der Funktionsfähigkeit der Strafrechtspflege kommt nicht bereits prima facie ein allgemeiner Vorrang vor den Justizgrundrechten zu, siehe dazu auch Gaede, wistra 2016, 89 (97).
[1197] Hassemer, StV 1982, 275 (277).

Gewicht zukommt, da er die Grundpfeiler eines rechtsstaatlichen Strafverfahrens zu schützen sucht.

(2) Schutz der Wahrheitsfindung
Daher ist die Erweiterung des Schutzgegenstandes auf eine weitere utilitaristisch deduzierbare Ansicht, dem Schutz der Wahrheitsfindung, zu untersuchen.

(a) Begriffsklärung
Die Bedeutung der Wahrheitsfindung in einem rechtsstaatlichen Strafverfahren ist unbestritten hoch. Wahrheit und Wahrhaftigkeit stellen in ihrer sozialen Dimension eine notwendige Bedingung für ein gelungenes Gemeinschaftsleben dar.[1198] Dementsprechend flankiert der rechtliche Grundsatz der Wahrheitsermittlung den strafprozessualen Verfahrenszweck der Rechtsfriedenssicherung in der Weise, dass die Wahrheitsermittlung zwar nicht das Verfahrensendziel[1199], aber Bedingung für eine verbindliche, gesellschaftliche Anerkennung der gerichtlichen Entscheidung ist.[1200] Durch das Ermitteln der Wahrheit wird die Voraussetzung dafür geschaffen, dass das Strafrecht seine ihm zugeschriebene, befriedende Funktion ausfüllen kann und damit für eine möglichst große Zahl

---

[1198] So auch Alkofer, Quellen der Moralität, 35 (57).
[1199] BGH, NJW 1954, 649: Die Erforschung der Wahrheit ist die Hauptpflicht des Strafverfahrens. Diese hat auf justizförmige Weise zu erfolgen. Das Strafprozessrecht regelt die Anwendung des materiellen Strafrechts. Es ist zu klären, ob strafrechtliche Deliktstatbestände erfüllt sind, wer an dieser Erfüllung in welcher Weise beteiligt war und welche Rechtsfolge ein solcher Verstoß haben soll. Hierzu ist die Wahrheitsermittlung unabdingbar. In einem Rechtsstaat ist diese Wahrheit in einem justizförmigen Verfahren zu ermitteln. Einen strafprozessualen Grundsatz der Wahrheitsermittlung um jeden Preis gibt es nicht. Andere Ansicht hinsichtlich des Rangverhältnisses: BVerfGE 57, 250 (257); 118, 212 (231); 122, 249 (270); 130, 1 (26); 133, 168 (199); Roxin/Schünemann, Strafverfahrensrecht, § 1 Rn. 2; Beulke, Strafprozessrecht, Rn. 3; Schlüchter, Das Strafverfahren, 1983, Rn. 2; Naucke, Strafrecht – Eine Einführung, S. 173 f.; Dölling, Beulke-FS, S. 679 (686, 687); Kröpil, JR 2013, 553 (553); Kotsoglou, JZ 2017, 123 (125); hinsichtlich der Prozessordnungsgemäßheit kritisch Bosch, Aspekte, S. 116: Das Prinzip der materiellen Wahrheit ist nur ein Prinzip unter anderen im Strafverfahren:Wahrheitsermittlung ist lediglich ein, nicht das zentrale Anliegen des Strafprozesses. Ziel des Strafverfahrens ist es die materiell richtige, prozessordnungsmäßig zustande kommende, Rechtsfrieden schaffende Entscheidung über die Strafbarkeit des Beschuldigten.
[1200] Ceffinato, ZStW 2016, 804 (819).

von Menschen zu einer möglichst hohen Steigerung des Sicherheitsgefühls und des Gerechtigkeitsempfindens führt. Eine gemeinschaftskonstituierende Kommunikation setzt begriffsnotwendig eine gewisse Belastbarkeit voraus; nur wenn die Kommunikationspartner darauf vertrauen können, dass die Aussagen der Wahrheit entsprechen, werden diese in der vernunftsgeleiteten Entscheidungsfindung berücksichtigt. Das Streben nach Wahrheit ist folglich notwendige Bedingung für die Sachrichtigkeit einer Entscheidung.[1201]

Dies gilt insbesondere auch für den Strafprozess, welcher die Ermittlung der Wahrheit zumindest anstreben muss, damit Gerechtigkeit entstehen kann.[1202] Diese Einsicht liegt auch dem geltenden Recht zugrunde, weshalb § 244 Abs. 2 StPO die Erforschung der Wahrheit auch als zentrale Aufgabe des Gerichts normiert und als das notwendige Zwischenziel zur Erreichung eines gerechten Strafprozesses erhebt.[1203]

Auch wenn Wahrheit erst durch intersubjektive Kommunikation entsteht und es keine ontologisch vorgegebene Wirklichkeit gibt, kann zumindest auf das ernsthaft geführte Bestreben nach der Wahrheit im Strafverfahren nicht verzichtet werden.[1204] Ein Urteil, das auf einem sog. Alford plea[1205] basieren würde, könnte nicht als Mittel sozialer Gestaltung anerkannt werden.[1206]

Die Ermittlung der objektiven Wahrheit ist daher notwendige Voraussetzung für eine vernünftige strafgerichtliche Entscheidung, welche dadurch sozial akzeptiert werden kann und somit als „gerecht" gelten kann.

---

[1201] Tammelo, Theorie der Gerechtigkeit, S. 97.
[1202] Siehe Roxin/Schünemann, Strafverfahrensrecht, § 1 Rn. 3; so auch Herzog, GA 2014, 688 (691); Landau, NStZ 2015, 665 (669); so auch das Deal-Urteil BVerfGE 133, 168 (199).
[1203] BVerfGE 57, 250 (275); BVerfGE 63, 45 (61); BVerfGE 74, 358 (370 f.); BVerfGE 118, 212 (231); BVerfGE 122, 248 (270); BVerfGE 130, 1 (25 f.); BVerfGE 133, 168 (199); kritisch Stuckenberg, GA 2016, 689 (692 ff.). Beachte aber BGHSt 14, 358 (365): Es gibt – mit dem Hinweis auf die §§ 245, 52 ff., 252, 81a ff., 95 ff., 69 Abs. 3 StPO - keinen strafprozessualen Grundsatz, dass die Wahrheit um jeden Preis erforscht werden müsste.
[1204] Näher mit Nachweisen Arthur Kaufmann, Rechtsphilosophie im Wandel, S. 102 ff.; Ransiek, StV 1994, 343 (346).
[1205] Der Angeklagte Alford legte in einem amerikanischen Strafverfahren ein formelles Schuldbekenntnis zu einem Mord ab, erklärte jedoch gleichzeitig, die Tat nicht begangen zu haben.
[1206] Weigend, FS-Rissing-van Saan, 749 (752); Jung, JZ 2009, 1129 (1130).

## (b) Wahrheitsschutzthese

Nach der Wahrheitsschutzthese soll der nemo tenetur-Grundsatz einen Beitrag zur Herstellung von einer rechtsstaatlichen Gerechtigkeit leisten, indem er den Grundsatz der Wahrheitsfindung schützt.[1207] Diese These ist über die deutschsprachige Literatur hinaus auch im angloamerikanischen Rechtsraum Gegenstand lebhafter Diskussionen.[1208] Dort heißt es, die Sicherung der Wahrheitsfindung sei zumindest auch ein rechtsethischer Grund für den nemo tenetur-Grundsatz.[1209]

Die auf Wahrheit bauende Vernunft soll dazu führen, dass die Gesellschaft auf Zwang zur Selbstbelastung verzichtet, denn sowohl das freiwillige als auch das unter Zwang abgegebene Geständnis sind hinsichtlich der Wahrheit stark fehleranfällig.[1210] Nur wenn „der Beschuldigte eigenverantwortlich und gerade nicht verwirrt, verunsichert oder eingeschüchtert an der Vernehmung teilhat, kann eine wahre Aussage zustande kommen".[1211] Es bestünde die ernstzunehmende Gefahr, dass die der Gerechtigkeitsfrage zugrundeliegende Wahrheitsermittlung beeinträchtigt wird, wenn der Beschuldigte zu einer Aussage gezwungen und ihr Ergebnis verwertet werden würde. Wegen der hohen Wahrscheinlichkeit des Eintritts dieser Gefahr wird das Aussageergebnis von

---

[1207] BGHSt 1, 105 (106); Ransiek, Polizeivernehmung, S. 84 f.; Safferling/Hartwig, ZIS 2009, 784 (793); Lesch, GA 2000, 355 (356 f.); Velten, ZJS 2008, 76 (83); Stümpfler, DAR 1973, 1 (7); so auch in der Rechtsprechung des EGMR zu finden, siehe EGMR, Urt. v. 21.04.2009, Marttinen v. Finnland, 19235/03, Rn. 60; EGMR, Urt. v. 03.05.2001, J.B. v. Schweiz, 31827/96, Rn. 64; siehe bereits Meyer, Parteien im Strafproceß, 1873, S. 20 f.; Hippel, Der Deutsche Strafprozess, 1941, S. 277, 417. Andere Ansicht: Rogall, Der Beschuldigte, S. 260, welcher den nemo tenetur-Grundsatz als Bestandteil des Persönlichkeitsschutzes sieht, der der Wahrheitserforschung vorgehen soll; Bosch, Aspekte, S. 107 f.; Doege, nemo-tenetur-Grundsatz, S. 61 f.; Kröpil, JR 2013, 553 (555); Weigend, ZStW 2001, 271 (293); wie Rogall bereits schon Beling, Beweisverbote, S. 11; widersprüchlich Verrel, Selbstbelastungsfreiheit, S. 249, 258.

[1208] Seidmann/Stein, Harvard Law Review 2000, 431 ff.; mit weiteren Nachweisen Amar, The Constitution and Criminal Procedure, S. 68; andere Ansicht Bentham, A Treatise on Juridical Evidence, S. 245, nach welchem die Selbstbelastungsfreiheit die Wahrheitsfindung erschwert; kritisch auch Dennis, Cambridge Law Journal 1995, 342 (348 ff.).

[1209] Sicherung der Zuverlässigkeit der Beweismittel als Zweck der Selbstbelastungsfreiheit erkennt, wenn auch kritisch, Amar, The Constitution and Criminal Procedure, S. 71; Andere Ansicht Redmayne, OJLS 2007, 209 (218): „the privilege is not concerned [...] with the reliability of evidence."

[1210] Meixner, Der Indizienbeweis, S. 17.

[1211] Ransiek, StV 1994, 343 (346).

Ransiek/Winsel für unbrauchbar gehalten, die Wahrheitsermittlung als Ziel des Strafverfahrens zu fördern.[1212] Bei den Geständnissen unter Folter leuchtet dies prima facie ein, aber auch die mehr oder weniger freiwillig abgegebenen Geständnisse werden – siehe die Praxis zum „Deal" – oftmals aus prozesstaktischen Gründen abgegeben und sind somit der Wahrheit wenig dienlich.[1213] Die Wahrheitsschutzthese kommt sodann im Ergebnis zur Annahme, dass durch den nemo tenetur-Grundsatz mehr Fehlurteile vermieden als geschaffen werden, da zum einen auf Zwang verzichtet wird und zum anderen den Beschuldigten die Möglichkeit gegeben wird, sich schweigend zu verhalten statt sich wahrheitswidrig einzulassen.

(i) Historische Genese der These

Trotz der im rechtshistorischen Abschnitt genannten Probleme, die sich im Zusammenhang mit der Analyse des talmudischen Rechts stellen, ist die rechtshistorische Verbindung zum Talmud durchaus erwähnenswert, weil die Aussagefreiheit beziehungsweise das Aussageverbot im Talmud nach Maimonides auch zum Zwecke fundierter Wahrheitsermittlung eingeführt worden sein soll.[1214]

Diesem Ansatz liegt der Gedanke zugrunde, dass der Zwang zur Aussage nicht als Mittel zur Wahrheitsfindung tauglich ist.[1215] Und auch wenn in den Abhandlungen Carpzovs zur Folter noch keine Ausführungen zum nemo tenetur-Grundsatz enthalten sind, wurde jener Gedanke

---

[1212] Ransiek/Winsel, GA 2015, 620 (636 f.).
[1213] Lesch, ZStW 1999, 624 (636): Kritisch im Hinblick auf die „Zuverlässigkeit der Beweiserhebung"; siehe auch Exner, Strafprozeßrecht, 1947, S. 37; Birkmeyer, Deutsches Strafprozeßrecht, 1898, S. 335 f.
[1214] Mit weiteren Nachweisen Levy, Origins, S. 438 f.; Levine, ILR 2006, 257 (265, 273).
[1215] Carpzov, Practica nova, Pars III, quaestio 117 n. 5 und 7 – abgedruckt in: Sellert, Inquisitionsprozess, S. 23 f.: Carpzov war jedoch auch der Meinung, dass die Folter nützlich sei, da sie „zwar nicht immer, aber trotzdem auch nicht niemals" zuverlässig sei; Beccaria, Von Verbrechen und Strafen, § XVI, Über die Folter, S. 92 ff; Voltaire, Preis der Gerechtigkeit und der Menschenrechte, S. 158; vgl. zu Voltaire auch Koch, in: Feuerbach, 39 (47, 63); Hippel, Der Deutsche Strafprozess, 1941, S. 422.

eben dort entwickelt. Die Avantgarde strafrechtlicher Reformbestrebungen im Europa[1216] des 18. und 19. Jahrhunderts um Voltaire[1217] und Beccaria verbreiteten den Gedanken sodann und schufen damit die Voraussetzung dafür, dass er gegen Ende des 19. Jahrhunderts von der deutschen Strafprozessrechtswissenschaft rezipiert werden konnte. Dort wurde die Verbindung zwischen dem nemo tenetur-Grundsatz und dem Grundsatz der Wahrheitsermittlung hergestellt, indem jener vor den negativen Erfahrungen, die mit der Erzwingung von Aussagen hinsichtlich der Wahrheitserforschung gemacht wurden, schützen solle.[1218] Auf diese Weise ist auch Hippel zu verstehen, wenn er ausführt: „Dem Ziel zutreffender Wahrheitsermittlung widerspricht jeder Versuch, die Aussage des Angeklagten in dem einen oder anderen Sinne zu beeinflussen, sie also in eine bestimmte Bahn zu drängen, insbesondere also jede Täuschung, erst recht jeder Zwang in dieser Richtung."[1219]

Auf die Thesen der aufklärerischen Avantgarde rekurrierte in seiner Anfangszeit auch der BGH, welcher im Schutz der Wahrheitsermittlung die strafverfahrensrechtliche Begründung für das Fehlen einer Geständnispflicht sah.[1220]

In der neuzeitlichen Literatur haben insbesondere Ransiek/Winsel auf das unbeherrschbare Risiko von falschen Aussagen unter dem Eindruck von Zwang aufmerksam gemacht, wodurch so gewonnene Aussagen für den Strafprozess stets unbrauchbar seien. Aber auch die Aussicht auf Strafmilderung durch die Abgabe eines Geständnisses sehen sie in diesem Kontext als problematisch an.[1221] Wird Wahrheitsermittlung als Kommunikationsvorgang verstanden, stelle die Selbstbelastungsfreiheit

---

[1216] So ähnlich Koch, in: Feuerbach, 39 (39); Naucke, Zerbrechlichkeit des rechtsstaatlichen Strafrechts, S. 25.
[1217] Voltaire, Bericht vom Tode des Chevalier de la Barre, S. 257 f., 271; ders., Preis der Gerechtigkeit und der Menschenrechte, S. 158; ders., Kommentar zu dem Buch Über Verbrechen und Strafe, S. 58, 59. Gleichzeitig kam für Voltaire jedoch in Betracht, eine Geldbuße für das Leugnen einer Straftat zu verhängen, Voltaire, Die eigentümliche Beschaffenheit des Prozesses des Grafen von Morangiés gegen die Familie Véron, S. 289.
[1218] Meyer, Parteien im Strafproceß, 1873, S. 20 f.; John, StPO, 1884, S. 933 f.
[1219] Hippel, Der Deutsche Strafprozeß, 1941, S. 422.
[1220] BGHSt 1, 105 (106).
[1221] Ransiek/Winsel, GA 2015, 620 (637).

eine begriffsnotwendige Bedingung jener dar.[1222] Indem der Beschuldigte das Ob und den Inhalt seiner Aussage frei wählen könne, werde das strafprozessuale Ziel der Wahrheitsermittlung und nachgelagert die Gerechtigkeit gefördert.[1223] Gerade auf die historische Erfahrung mit dem Aussagezwang in Form der Folter und deren Wirkung auf die Wahrheitserforschung macht auch Krack aufmerksam. Insbesondere das Verbot der zwangsweisen Einwirkung auf die Aussage schalte Fehlerquellen aus und sei daher im Interesse der Wahrheitsfindung entstanden.[1224] In neuerer Zeit, namentlich durch Schuhr, wird die wahrheitssichernde Begründung des nemo tenetur-Grundsatzes auch mit der Geständnisfähigkeit des Beschuldigten in Verbindung gebracht: „Die negative Aussagefreiheit ist Voraussetzung dafür, dass dieses Geständnis etwas über den Täter aussagt, denn ein Bekenntnis (zur Tat) setzt Bekenntnisfreiheit voraus."[1225] Die Geständnisfähigkeit ist somit die Grundlage dafür, dass Geständnissen Bedeutung zugemessen werden kann, da sie die Annahme stärken, dass das Geständnis wahr ist. „Die Anforderungen an die justizförmige Weise des Zustandekommens von Beweismitteln und die Aussage- und Mitwirkungsfreiheit unterstützen daher auch die prozessuale Wahrheitsfindung."[1226]

(ii) Die Rolle des Europäischen Gerichtshofs für Menschenrechte
Auch der Europäische Gerichtshof für Menschenrechte scheint sich der Wahrheitsschutzthese angeschlossen zu haben, bevor jedoch eine nähere Untersuchung der Schutzzwecke des nemo tenetur-Grundsatzes in dessen Rechtsprechung untersucht wird, erfolgt eine kurze Grundlegung des rechtlichen Rahmens dieser Rechtsprechung.

---

[1222] Ransiek, Polizeivernehmung, S. 84 f.
[1223] Ransiek/Winsel, GA 2015, 620 (637).
[1224] Krack, NStZ 2002, 120 (122); so auch Lesch, ZStW 1999, 624 (644); ausführliche Übersicht zu Nachweisen bei Stuckenberg, Untersuchungen zur Unschuldsvermutung, S. 28, Fn. 113.
[1225] MüKo-StPO/Schuhr, Vor §§ 133 ff, Rn. 70.
[1226] MüKo-StPO/Schuhr, Vor §§ 133 ff, Rn. 77; siehe auch BGH, NJW 1954, 649 f.; BVerfG, NJW 1984, 428; Günther, GA 1978, 193 (199 ff.).

Obwohl die Europäische Konvention für Menschenrechte und Grundfreiheiten (EMRK) das Verbot von Selbstbelastungszwang nicht ausdrücklich beinhaltet, hat der Europäische Gerichtshof für Menschenrechte (EGMR) die Selbstbelastungsfreiheit als elementaren Ausdruck, als Kernstück, des fair-trail-Grundsatzes aus Art. 6 Abs. 3 EMRK anerkannt.[1227] Hinsichtlich der rechtsethischen Begründung stellt er in der Entscheidung Saunders gegen das Vereinigte Königreich fest: „Their rationale lies, inter alia, in the protection of the accused against improper compulsion by the authorities thereby contributing to the avoidance of miscarriages of justice and to the fulfilment of the aims of Article 6. The right not to incriminate oneself, in particular, presupposes that the prosecution in a criminal case seek to prove their case against the accused without resort to evidence obtained through methods of coercion or oppression in defiance of the will of the accused. In this sense the right is closely linked to the presumption of innocence contained in Article 6 para. 2 of the Convention."

Zwar scheint der nemo tenetur-Grundsatz auf den ersten Blick nach Auffassung des EGMRs verschiedene Schutzzwecke zu verfolgen[1228] - Schlauri geht insoweit von fünf gleichrangigen Schutzzwecken aus[1229] -, ist dies jedoch nicht der Fall.

Die Einleitung der Saunders-Formel[1230] des EGMRs könnte sogar derart verstanden werden, dass nicht der Wahrheitsschutz, sondern die Respektierug des Willens des Beschuldigten – übersetzt in die deutsche

---

[1227] EGMR, StV 2003, 257 (259); Gleß, FS-Beulke, 723 (724). Die Auslegung der innerstaatlich im Rang eines einfachen Gesetzes geltenden Europäischen Konvention für Menschenrechte und Grundfreiheiten durch den EGMR ist als Ausgestaltung und Konkretisierung bei der Anwendung des nemo tenetur-Grundsatzes zu berücksichtigen, siehe hierzu BVerfGE 111, 307; BVerfGE 128, 326; BVerfGE 109, 133; BVerfG, NVwZ 2007, 811; Michael/Morlok, Grundrechte, Rn. 116; Meyer-Goßner/Schmitt, Vorb. Art. 1 MRK Rn. 3.
[1228] EGMR, Urt. v. 17.12.1996 – Az.: 19187/91, Rn. 68.
[1229] So Schlauri, Verbot des Selbstbelastungszwangs, S. 97.
[1230] Kritisch Roth, ZStrR 2011, 296 (313); SK-StPO/Paeffgen, Art. 6 EMRK, Rn. 84a: siehe auch EGMR, Urt. v. 25.02.1993, 10828/84 – Funke v. Frankreich, Rn. 44; EGMR, Urt. v. 03.05.2001, 31827/96 – J.B. v. Schweiz, Rn. 65 ff.; EGMR, Urt. v. 21.04.2009, 19235/03 – Marttinen v. Finnland, Rn. 69 ff.

Rechtsethik: die Autonomie - den vorrangigen Schutzgegenstand darstellt: „The right not to incriminate oneself is primarily concerned, however, with respecting the will of an accused person to remain silent."[1231] Gestützt wird ein solches Verständnis durch die Diktion der Saunders-Formel selbst, welche zumindest prima facie, von der Autonomie des Angeklagten geprägt zu sein scheint: „The right not to incriminate oneself does not extend to the use in criminal proceedings of material which may be obtained from the accused through the use of compulsory powers but which has an existence independent of the will of the suspect such as, inter alia, documents acquired pursuant to a warrant, breath, blood and urine samples and bodily tissue for the purpose of DNA testing."[1232]

Einer genaueren Analyse hält dieses autonomie-geprägte Verständnis jedoch nicht stand. Das in der Einleitung der Formel verwendete „primarily" ist nicht im Sinne eines Rangverhältnisses, sondern als aufeinander aufbauender Pyramidenbau gemeint, bei welchem der Schutz der Autonomie die erste Stufe darstellt, um die weiteren in Art. 6 EMRK umfassten Zwecke zu erreichen, welche auf der zweiten Stufe stehen. Daher erstreckt sich der Schutz des Grundsatzes nach dem EGMR auch nicht auf Atem-, Blut- oder Urinproben, selbst wenn der Beschuldigte autonom entscheidet, diese nicht abzugeben.[1233] Erlaubt bleibt folglich die Verwertung von Beweismitteln, deren Existenz vom Willen des Beschuldigten unabhängig ist, selbst wenn ein Beschuldigter diese den staatlichen Behörden erst infolge einer Zwangseinwirkung überlässt.[1234] Damit ist die Reichweite des Grundsatzes in der Hinsicht beschränkt, dass nicht jedes durch staatlichen Zwang erlangte Beweismittel strafprozessual unverwertbar ist.[1235]

---

[1231] EGMR, Urt. v. 17.12.1996, 19187/91, Rn. 69 – Saunders v. Vereinigtes Königreich.
[1232] EGMR, Urt. v. 17.12.1996, 19187/91, Rn. 69 – Saunders v. Vereinigtes Königreich.
[1233] EGMR, Urt. v. 17.12.1996, Saunders v. Vereinigtes Königreich, 19187/91 Rn. 69; EGMR, NJW 2006, 3117 (3123) - Jalloh v. Deutschland.
[1234] Gleß, FS-Beulke, 723 (729).
[1235] Gleß, FS-Beulke, 723 (729); siehe zu unter Verwaltungszwang erlangten Informationen auch Nieto Martín/Blumenberg, FS-Beulke, 855 (860)..

Unter anderem soll der Grundsatz auf der zweiten Stufe ferner im Schutz des Angeklagten vor unangebrachtem Zwang der staatlichen Organe begründet liegen.[1236] Aber auch diese Begründung liegt lediglich auf der ersten Stufe und dient in Kombination mit dem Schutz der Autonomie dazu, die Ziele des Art. 6 EMRK zu erreichen und insbesondere Fehlurteile zu vermeiden.[1237] Zum einen ergibt sich ein solches Verständnis aus dem Wortlaut des Urteils, indem der EGMR die Stufen durch „thereby" verknüpft. Zum anderen ist ein derartiges Verständnis angezeigt, da der EGMR Beweismittel zulässt, die auf einem naturwissenschaftlichen Erkenntnisverfahren basieren und daher besonders beweissicher sind. Das Abstellen auf die Unabhängigkeit von der Autonomie des Beschuldigten erklärt sich daraus, dass dadurch sichergestellt werden kann, dass dieser den Beweiswert nicht verfälschen kann.

Fraglich ist, ob der Gerichtshof in der Entscheidung Jalloh v. Deutschland den Fokus der Begründung subjektivieren wollte, indem er den Schutz des Angeklagten vor unzulässigem Zwang auf die zweite Ebene hochhob. Schließlich spricht er davon, dass der Grundsatz „insbesondere" dem Schutz des Angeklagten vor unzulässigem Zwang diene.[1238] Dabei gilt es aber zu berücksichtigen, dass der Grundsatz „zugleich" dazu beitragen soll, Fehlurteile zu vermeiden.[1239] Daher sollen Beweismittel, die unabhängig vom Willen des Beschuldigten existieren, zwar regelmäßig nicht durch den nemo tenetur-Grundsatz ausgeschlossen sein,[1240] ausnahmsweise jedoch schon, wenn der Grad des Zwangs zu

---

[1236] Insbesondere ist hiermit die Anwendung von Folter gemeint. Siehe EGMR, NJW 2006, 3117 (3123): ein durch Folter durchgesetzter Zwang zur Selbstbelastung würde der Gewalttätigkeit den Anschein von Gesetzmäßigkeit verleihen.

[1237] EGMR, NJW 2002, 499 (501); EGMR, Urt. v. 25.02.1993, Funke v. Frankreich, 10828/84, Rn. 44; EGMR, Urt. v. 17.12.1996, Saunders v. Vereinigtes Königreich, 19187/91 Rn. 68 f.; EGMR, v. 10.03.2009 – 4378/02, Rn. 90 – Bykov v. Russland; mit weiteren Nachweisen Meyer/Wohlers, JZ 2015, 761 (765): Maßgeblich ist die Beweiskraft. Diese ist umso höher, desto weniger an der Verlässlichkeit und Genauigkeit des Beweismittels gezweifelt werden kann. Bei einem Zwang zur Selbstbelastung wird eine der Folter in der Struktur ähnliche, jedoch in der Intensität gegebenenfalls niedrigere Situation konstruiert, in der – wie bei der Folter – ganz erhebliche Zweifel an der Verlässlichkeit bestehen.

[1238] EGMR, NJW 2006, 3117 (3123) - Jalloh v. Deutschland.

[1239] EGMR, NJW 2006, 3117 (3123) - Jalloh v. Deutschland.

[1240] EGMR, Urt. v. 17.12.1996, 19187/91 – Saunders v. Vereinigtes Königreich, Rn. 69: „[The right not to incriminate oneself] does not extend to the use in criminal proceedings

hoch wird.[1241] Entgegen Dannecker[1242] bestätigt der EGMR dadurch nicht lediglich die Saunders-Rechtsprechung, sondern forciert eine Weiterentwicklung. Die Pyramide erhält hier eine dritte Ebene: die Verfahrensfairness nach Art. 6 EMRK. Auch wenn es der Wahrheitsermittlung dienen könnte, stark wirkenden Zwang anzuwenden, ist er ab einem gewissen Grad unzulässig, da ansonsten die Verfahrensfairness und dadurch die Legitimation des Verfahrens beeinträchtigt wären.

(iii) Separationsthese

Die Wahrheitsschutzthese ist in einer utilitaristischen Rechtsethik anzusiedeln. Dies wird besonders deutlich, wenn Seidmann/Stein in einem spieltheoretischen Modell bentham'scher Prägung argumentieren, nach welchem nur die Schuldigen von dem Schweigerecht profitieren, da nur sie das Recht nutzen[1243], und darauf aufbauend die Separationsthese entwickeln[1244]: Das Schweigerecht sorge für eine Trennung der Schuldigen von den Unschuldigen anhand ihres Aussageverhaltens. Im Prozess zu schweigen, sei eine attraktive Alternative für Schuldige, welche stets vor der Entscheidung stehen, ihre angebliche Unschuld durch lügenhaftes Verhalten vorzutäuschen.[1245] Viele Beschuldigte entschieden sich daher für das Schweigen, wodurch sich leichter zwischen schweigenden Schuldigen und redenden Unschuldigen unterscheiden lasse und die Glaubwürdigkeit der Aussagen von Unschuldigen erhöht wird[1246].

---

of material which may be obtained from the accused through the use of compulsory powers but which has an existence independent of the will of the suspect such as, inter alia, documents acquired pursuant to a warrant, breath, blood and urine samples and bodily tissue for the purpose of DNA testing."; nur im Grundsatz bestätigt in EGMR, Urt. v. 11.07.2006, 54810/00 – Jalloh v. Deutschland, Rn. 112 ff.

[1241] EGMR, Urt. v. 11.07.2006, 54810/00 – Jalloh v. Deutschland, Rn. 112 ff.: „the degree of force used in the present case differs significantly from the degree of compulsion normally required to obtain the types of material referred to in the Saunders case."

[1242] Dannecker, ZStW 2015, 991 (1001).

[1243] Seidmann/Stein, Harvard Law Review 2000, 431 (436 ff.; 451 ff.); Bentham, Treatise on Judicial Evidence, S. 241; vergleiche auch Lippke, New Criminal Law Review 2010, S. 90 (111 ff.).

[1244] Seidmann/Stein, Harvard Law Review 2000, 431 (503): „whereas guilty suspects separate themselves by rationally exercising the right".

[1245] Meixner, Der Indizienbeweis, S. 15.

[1246] Seidmann/Stein, Harvard Law Review 2000, 431 (451 ff., insbesondere 469).

Die Glaubwürdigkeit von Geständnissen Schuldiger spiele hingegen keine ausdrückliche Rolle in der Separationsthese.[1247] Seidmann/Stein sehen den Strafprozess wahlweise als Spiel oder als Marktplatz,[1248] auf dem einem potentiellen Lügner das Schweigerecht „gezahlt" wird, damit dieser die Glaubwürdigkeit der wahren Aussagen der Unschuldigen nicht durch lügenhaftes Verhalten schmälert.[1249]

Den Anwendungsbereich ihrer These sehen die Autoren erst ab einem gewissen Schwierigkeitsgrad der Aufklärung einer Straftat eröffnet. Nur so lange wie die Strafverfolgungsbehörde den Beweis der Beteiligung an einer Straftat schwerlich erbringen kann, hilft das Schweigerecht dem Schuldigen. Andernfalls, im Falle leichter Erbringlichkeit, nutzt das Schweigerecht dem Beschuldigten im Ergebnis nicht. Die Separationsthese soll daher nur für Fälle von einiger Schwierigkeit hinsichtlich der Beweisbarkeit begründungstheoretische Relevanz besitzen.[1250]

Als Axiom legen Seidmann/Stein zugrunde, dass Schweigen und lügenhaftes Verhalten als Antwort auf eine strafrechtliche Beschuldigung in der Regel als Schuldsignal zu sehen sind. Unschuldige Beschuldigte würden dagegen die Wahrheit aussagen, um sich selbst zu entlasten. Sogenannte Einzelfälle, in denen auch ein Unschuldiger schweigt, seien ohne Auswirkung auf die These.[1251] Nach empirischen Erkenntnissen soll lediglich derjenige Beschuldigte ein Geständnis ablegen, welcher sich selbst bereits als überführt ansieht.[1252]

Bereits die Herleitung der Separationsthese wird in der angloamerikanischen Literatur kritisiert.[1253] Das beweisrechtliche Gewicht des Abstreitens durch den Beschuldigten soll gleich bleiben, unabhängig davon, wie die strafprozessualen Regelungen gestaltet sind. Der bloßen Aussage des Beschuldigten soll von den Ermittlungspersonen in aller Regel wenig

---

[1247] So aber Schlauri, Verbot des Selbstbelastungszwangs, S. 101.
[1248] Seidmann/Stein, Harvard Law Review 2000, 431 (441, 459).
[1249] Seidmann/Stein, Harvard Law Review 2000, 431 (461).
[1250] Seidmann/Stein, Harvard Law Review 2000, 431 (471).
[1251] Seidmann/Stein, Harvard Law Review 2000, 431 (444, 466 f.).
[1252] Seidmann/Stein, Harvard Law Review 2000, 431 (450 f.).
[1253] Redmayne, OJLS 2007, 209 (220) mit weiteren Nachweisen; kritisch auch Roberts/Zuckerman, S. 422-425.

Beweiskraft zugemessen werden.[1254] Ferner wird an der Behauptung von Seidmann/Stein, dass ein Weniger an Aussagen zu einem Mehr an Beweisen oder Fakten führt, kritisiert, kontraintuitiv und nicht nachgewiesen zu sein.[1255]

Dieser Einwand trifft auch bezüglich eines weiteren Axioms zu, denn nach mittlerweile herrschender Meinung soll es keinen Erfahrungssatz geben, nach welchem nur Schuldige schweigen, denn auch Unschuldige besitzen mitunter anerkennenswerte Motive für ein Schweigen.[1256] Wegen der Vielschichtigkeit der Gründe des Schweigens soll diesem kein spezifischer Beweiswert zukommen.[1257] Zwar kann allein der Umstand, dass ein belastendes Indiz vorliegt, noch nicht zur Überzeugung des Gerichts über das Vorliegen einer Tatsache führen, es ist jedoch die Frage zu klären, ob das belastende Indiz in der Gesamtbetrachtung mit weiteren Indizien ausreichen kann, den Tatsachennachweis zu führen.[1258] Fraglich ist damit, ob das schweigende oder leugnende Verhalten in einem sogenannten Beweisring gewürdigt werden könnte. Nach jüngst formulierter Rechtsprechung des BGH ist „die bloße Widerlegung von Angaben des Angeklagten [...] grundsätzlich kein Schuldindiz, weil auch ein Unschuldiger Zuflucht zur Lüge nehmen kann".[1259]

Zur Zeit der Kodifizierung der RStPO war ein derartiger Erfahrungssatz hingegen durchaus verbreitet. Es wurde in Teilen der Literatur angenommen, dass nur der Schuldige Grund habe zu schweigen und man seine

---

[1254] Redmayne, OJLS 2007, 209 (220 f.) mit empirischen Untersuchungen in Großbritannien: Seit den 1990er Jahren machen weniger Beschuldigte Gebrauch vom Schweigerecht, jedoch wird dies auf eine erhöhte Lügenbereitschaft zurückgeführt.
[1255] Redmayne, OJLS 2007, 209 (220).
[1256] BVerfG, Beschl. v. 06.09.2016, 2 BvR 890/16, Rn. 16; Doege, nemo-tenetur-Grundsatz, S. 62; Schneider, JURA 1990, 572 (573); Schaefer, Der Nemo-Tenetur-Grundsatz, S. 157; SK-Rogall, Vor §§ 133, Rn. 197. Siehe zum Beweiswert des Schweigens auch Eisenberg, Beweisrecht, Rn. 900; Meyer, GA 2007, 15 (21); KK-StPO/Engelhardt, § 261, Rn. 39.
[1257] Eisenberg, Beweisrecht, Rn. 900; Meyer, GA 2007, 15 (21).
[1258] BGH, NStZ-RR 2015, 439 (350); Kopp/Schmidt, JR 2015, 51 (56); Ceffinato, ZStW 2016, 804 (816); Bosch, Aspekte, S. 108; so auch Doege, nemo-tenetur-Grundsatz, S. 61.
[1259] BGH, StV 2016, 417 (417).

Schuld daran erkennen könne.[1260] Jener Erfahrungssatz wird heute hingegen richtigerweise als „Westentaschen-Psychologie"[1261] abgetan. Aus der Verneinung der Richtigkeit einer Aussage kann keinesfalls auf deren Gegenteil geschlossen werden, da stets noch eine Vielzahl an Aussagegehalten im Zwischenbereich möglich sind.[1262]

(c) Gegenthese zur Wahrheitsschutzthese
In neuerer Zeit wird jedoch auch wieder verstärkt die Gegenposition eingenommen, nach welcher der nemo tenetur-Grundsatz nicht zum Befördern der Wahrheitsermittlung führe, sondern dazu, dass Abstriche bei dem Interesse an der Sachverhaltsaufklärung gemacht werden.[1263] Der nemo tenetur-Grundsatz sei als Schutzrecht von Schuldigen der Wahrheitsfindung abträglich.[1264] Teilweise wird die Beeinträchtigung der Möglichkeiten zur Wahrheitsermittlung explizit als Preis, den eine Gesellschaft für den Schutz der Unschuldigen zahlen müsse, bezeichnet.[1265]

Dieser Gegenposition liegt die Annahme zugrunde, dass der nemo tenetur-Grundsatz die Wahrheitsfindung erschwere, indem er staatliche Ermittlungstätigkeit durch den Ausschluss des nächstliegenden Beweismittels begrenze und erschwere.[1266] Die Aussage des Beschuldigten als die potenziell ergiebigste Erkenntnisquelle werde im modernen Strafprozess aufgrund der Relativierung der Verfahrensziele, insbesondere des Ziels der Wahrheitsermittlung, nicht genutzt.[1267] Das Geständnis wird zuwei-

---

[1260] Heinze, Strafprocessuale Erörterungen, S. 27.
[1261] Doege, nemo-tenetur-Grundsatz, S. 62.
[1262] Siehe auch Ceffinato, ZStW 2016, 804 (811).
[1263] Kadelbach, StV 1992, 506 (507); Stree, JZ 1966, 593 (593); ähnlich Meixner, Der Indizienbeweis, S. 30; siehe auch Stuckenberg, Untersuchungen zur Unschuldsvermutung, S. 553, nach welchem Mitwirkungspflichten mit dem Ziel materieller Wahrheit vereinbar sind.
[1264] Doege, nemo-tenetur-Grundsatz, S. 61 ff.; Schlauri, Verbot des Selbstbelastungszwangs, S. 100; ähnlich Eisenhardt, nemo tenetur-Prinzip, S. 193; Bosch, Aspekte, S. 107 f., 122; Weigend, ZStW 2001, 271 (293); Kröpil, JR 2013, 553 (555).
[1265] Dennis, Cambridge Law Journal 1995, 342 (348).
[1266] Kölbel, Selbstbelastungsfreiheiten, S. 198.
[1267] Doege, nemo-tenetur-Grundsatz, S. 61.

len als das Beweismittel bezeichnet, welches den „besten und wertvollsten Beitrag zur Ermittlung der Wahrheit" leisten könne.[1268] Beweisverbote jeder Art sollen die Möglichkeiten zur Wahrheitsermittlung einschränken.[1269]
Der hypothetische Wegfall des nemo tenetur-Grundsatzes lasse es zumindest zu, die Auswirkungen dessen zu erwägen. Dabei wird von der Gegenthese vermutet, dass jener Wegfall zu einer Zunahme von wahren Geständnissen führen könnte. Historisch argumentiert die Ansicht mit der lange Zeit vorherrschenden Ablehnung einer Belehrungspflicht hinsichtlich der Selbstbelastungsfreiheit. Bis 1964 wurden Beschuldigte in Deutschland nämlich im „Interesse der Wahrheitsfindung", damit sie sich irrtümlicherweise für aussageverpflichtet hielten, nicht über diese Freiheit belehrt.[1270] Stree stellte daher 1966 pointiert fest: „Im Spannungsverhältnis zwischen Aussagefreiheit und Wahrheitserforschung hat diese zurückzustehen. Der Vorrang gebührt der Aussagefreiheit."[1271] Im Schutz der Wahrheitsermittlung soll also nicht der Geltungsgrund für den nemo tenetur-Grundsatz gesehen werden können, da der Grundsatz wegen des Verzichts auf ein Beweismittel nichts zur Erhöhung der Wahrscheinlichkeit der Bestrafung von Schuldigen beizutragen vermöge.[1272] Bentham kommentiert wie folgt: „Evidence is the basis of justice: exclude evidence, you exclude justice."[1273]

(d) Stellungnahme
Die spieltheoretischen Erwägungen zur wahrheitsermittlungs-orientierten Begründung des nemo tenetur-Grundsatzes können noch ergänzt werden. Mangels naturwissenschaftlicher Prüfungsverfahren ist die Aussage stets ein mangelbehaftetes Beweismittel, dessen Wahrheitsgehalt

---

[1268] Meixner, Der Indizienbeweis, S. 15.
[1269] Bereits Beling, Beweisverbote, S. 1 ff.; Kühne, GA 2008, 361 (364 ff.); zuletzt Stuckenberg, GA 2016, 689 (700).
[1270] Stree, JZ 1966, 593 (593).
[1271] Stree, JZ 1966, 593 (600).
[1272] So auch Dolinko, UCLA Law Review 1968, 1063 (1074); Doege, nemo-tenetur-Grundsatz, S. 62.
[1273] Bentham, Rationale of judicial evidence, 1827, S. 1.

umfassend überprüft werden müsse und auf das daher am ehesten verzichtet werden könne.[1274] Die Einschränkungen der Wahrheitserforschung durch den Verzicht auf eine Aussagepflicht werden dadurch relativiert, dass sich der faktisch Schuldige nur selten durch eine Aussagepflicht zu einer wahrheitsgemäßen Einlassung veranlasst sähe. Diejenigen Beschuldigten, die gestehen möchte, tun dies ohnehin auch unter der Geltung des Grundsatzes.[1275] Sollte den Beschuldigten eine Aussagepflicht treffen, würde dies deshalb eher zu deutlich mehr schwer überprüfbaren Lügen als zu wahrheitsgemäßen Geständnissen führen.[1276]

Zusammenfassend bestünde durch die Statuierung einer dem nemo tenetur-Grundsatz widersprechenden Aussagepflicht die Gefahr von Falschaussagen, da zum einen der Schuldige sich kaum zu Geständnissen hinreißen lassen würde[1277] und zum anderen der Unschuldige vermehrt falsche Geständnisse ablegen würde, welche bereits jetzt ein massives Problem darstellen.[1278] Eine Ursache falscher Geständnisse kann bereits bei geltender Rechtslage der Vernehmungsdruck durch eine dominant auftretende Vernehmungsperson oder die Aussicht auf positive Folgen eines Geständnisses sein.[1279] Aufgrund des Drucks kann es zu einer Anpassung der eigenen Aussage oder gar zu einer vollstän-

---

[1274] Vergleiche zum Ansatz Verrel, Selbstbelastungsfreiheit, S. 259.
[1275] Vergleiche Redmayne, OJLS 2007, 209 (226).
[1276] Redmayne, OJLS 2007, 209 (221); Seidmann/Stein, Harvard Law Review 2000, 431 (485).
[1277] Laby, Boston University Law Review 1990, 311 (319). Wegen seiner Fehleranfälligkeit wurde die Abschaffung des Zeugenbeweises gar diskutiert, siehe Hecker, Zeugenbeweis, 1930, S. 50 ff.
[1278] Eisenberg, Beweisrecht, S. 266 f.; Börner, Legitimation durch Strafverfahren, 2014, S. 140 f.; Stern, StV 1990; 563 (563); Eschelbach, FS-Rissing-van Saan, 115 (123); Meixner, Der Indizienbeweis, S. 17 ff.; siehe zum anglo-amerikanischen Rechtsraum mit weiteren Nachweisen Levine, ILR 2006, 256 (275); Caplan, Vanderbilt Law Review 1986, 1417 (1446 f.).
[1279] Siehe zum Druck durch Täuschung Krack, NStZ 2002, 120 (122); andere Ansicht Nowrousian, NStZ 2015, 625 (628), welcher die im angelsächsischen Raum gängige Praxis, wahrheitswidrige Behauptungen eines Geständnisses eines Mitbeschuldigten oder des Auffindens von Fingerabdrücken durch Vernehmungspersonen, für zulässig erachtet. Trotz der von Krack aufgezeigten Problematik des Beweiswertes solcher Geständnisse orientiert Nowrousian sich expressis verbis an gerade diesem Beweiswert.

digen Übernahme der von der Vernehmungsperson nahegelegten Aussage kommen. Zwar ist die Anfälligkeit für das Ablegen eines falschen Geständnisses durch den Vernehmungsdruck höchst individuell, die zu Unsicherheit oder zu Resignation führende Vernehmungssituation an sich ist jedoch bereits fehleranfällig.[1280]
Darüber hinaus stünde man vor dem Problem der Durchsetzbarkeit einer Aussagepflicht. Zwangsmittel wie bei Zeugen dürften wirkungslos sein, solange sie hinsichtlich der Eingriffsintensität hinter den erwartbaren strafrechtlichen Sanktionen zurückbleiben.[1281] Ein Einsatz von Folter kommt unabhängig von der Geltung des nemo tenetur-Grundsatzes nicht in Betracht. Da durch die Statuierung einer Aussagepflicht nach dieser Ansicht kaum ein Gewinn auf Seiten der Wahrheitsermittlung zu verzeichnen wäre und gleichzeitig die Sanktionen der Nichtkooperation zu Zeiten der Inquisition als exzessiv empfunden wurden und dadurch delegitimierend gewirkt haben,[1282] spricht im Sinne einer spieltheoretischen und damit utilitaristischen Abwägung vieles für die Existenz des nemo tenetur-Grundsatzes.

Soweit vorgebracht wird, dass durch den Grundsatz unglaubwürdige Zeugen wie der Beschuldigte selbst oder Verwandte als Beweismittel ausgeschlossen werden sollen, wodurch dann die Wahrheitsermittlung geschützt werde,[1283] ist das Zeugnisverweigerungsrecht kein geeignetes Mittel zur Vermeidung dieser Gefahr für die Wahrheitsermittlung. Die Gefahr von vielen Meineiden zu Gunsten von Angehörigen müsste vielmehr zu einem Verbot führen, das jede Aussage jener Personengruppe unterbindet.[1284] Als rechtliche Folge ließe sich ein Beweisverwertungsverbot somit nicht im Interesse der Wahrheitsfindung begründen. Wenn also die

---

[1280] Eisenberg, StV 2013, 779 (783); anders Meixner, Der Indizienbeweis, S. 26, nach welchem einer Selbstbezichtigung zumeist eine übertriebene Geltungssucht zugrunde liegt.
[1281] Doege, nemo-tenetur-Grundsatz, S. 61 mit Verweis auf Günther, GA 1978, 194 (203).
[1282] Redmayne, OJLS 2007, 209 (230).
[1283] Hahn, Materialien, I, S. 107.
[1284] Dies war im talmudischen Recht so auch vorgesehen, siehe Rosenberg/Rosenberg, NYU Law Review 1988, 955 (980).

Wahrheitsermittlung geschützt werden soll, dann müsste ein Zeugnisverbot für Verwandte und den Angeschuldigten bestehen, wie es § 86 der lübeckischen StPO von 1862 vorsah. Aus dem Umstand, dass sich das Verbot bei der Normierung der RStPO nicht durchgesetzt hat, schloss bereits Beling, dass der Schutz der Wahrheitsermittlung nicht der Geltungsgrund des nemo tenetur-Grundsatzes sein könne. Auch der Zeuge, der sich zwischen Selbstbelastung und Lüge entscheiden muss, wird nach geltendem Recht vernommen und seine Aussage der freien richterlichen Beweiswürdigung zugeführt.[1285]

Das spieltheoretische Ergebnis ist ferner nicht eindeutig und kommt bezeichnend in einem von Verrel formulierten Widerspruch zur Geltung: Zwar sollen die Möglichkeiten der Wahrheitsermittlung durch den Wegfall der Aussagepflicht eingeschränkt sein, die Statuierung einer Aussagepflicht würde jedoch falsche Aussagen befördern.[1286]

Andererseits bestehen im Falle eines Zeugnisverbots Widersprüche zum geltenden Recht, da gerade Beweiswürdigungen im Rahmen des § 261 StPO konsequenterweise zulässig sein müssten.[1287] Der These Ransieks, nur eine unter Geltung des nemo tenetur-Grundsatzes zustande gekommene Aussage könne wahr sein,[1288] kann insoweit entgegnet werden, dass auch eine durch Täuschung oder Zwang bewirkte Aussage durchaus wahr sein kann. Der Beweiswert einer solchen wäre sodann durch eine freie richterliche Beweiswürdigung festzustellen. Das Statuieren eines grundsätzlichen Verwertungsverbots bei derartigen Hindernissen wäre in der strafprozessualen Beweislehre systemfremd. Hingegen kann die Wahrheitsschutzthese erklären, warum jede Fernwirkung von Beweisverwertungsverboten ausgeschlossen sein muss. Denn der Beweiswert mittelbar erlangter Beweise kann durch einen Zwang zur Selbstbelastung nicht beeinträchtigt werden.[1289] Zwar wüsste man nicht um die Glaubhaftigkeit der Aussage, aber sollten aufgrund der Aussage

---

[1285] Beling, Beweisverbote, S. 13.
[1286] Verrel, Selbstbelastungsfreiheit, S. 258 f.
[1287] Doege, nemo-tenetur-Grundsatz, S. 62.
[1288] Ransiek, StV 1994, 343 (346).
[1289] So ähnlich auch Amar, The Constitution and Criminal Procedure, S. 68; Dennis, Cambridge Law Journal 1995, 342 (349).

weitere Beweise gefunden werden, müssen diese verwertet werden dürfen. Aus der Wahrheitsschutzthese folgt also die hier begründete Beweismittelthese: All diejenigen Maßnahmen müssten zulässig sein, auf deren Ergebnisse der schuldige Beschuldigte nicht einwirken kann. Sämtliche nonverbalen, durch naturwissenschaftliche Verfahren ermittelten Beweismittel wären damit nicht durch den nemo tenetur-Grundsatz ausgeschlossen.[1290]

Letztlich kann gegen die Wahrheitsschutzthese eingewendet werden, dass der Schutz der Zuverlässigkeit der Wahrheitsermittlung, indem es zu weniger falschen Aussagen kommt – sowohl falsche Geständnisse Unschuldiger als auch Lügen und insbesondere Falschbeschuldigungen Schuldiger – aus ergebnisorientierter Sicht nicht das Ziel sein könne.[1291] Andernfalls müsste Zwang zur Aussage in den Fällen zugelassen werden, in denen eine glaubhafte und leicht überprüfbare Aussage generiert werden könnte.[1292] Dies eröffnet die Frage, ob ein in der Zukunft zu entwickelndes „Gedanken-Lesegerät" vor dem Hintergrund des nemo-tenetur-Grundsatzes eingesetzt werden dürfte. Vorausgesetzt ein solches Gerät würde zu ähnlich sicheren Ergebnissen wie das Verfahren zum Fingerabdruckvergleich oder zur Auswertung der Stoffe im Blut führen, würde der Einsatz des Geräts nach der Wahrheitsschutzthese wohl nicht gegen den nemo tenetur-Grundsatz verstoßen.

(3) Schutz der Unschuldsvermutung

Nach einer weit verbreiteten[1293] Ansicht hängen Unschuldsvermutung und der nemo tenetur-Grundsatz zusammen,[1294] wobei die Ausgestaltug

---

[1290] Amar, The Constitution and Criminal Procedure, S. 84 ff.
[1291] Chiesa, Boston College Third World Law Journal 2010, 35 (41 ff.).
[1292] Chiesa, Boston College Third World Law Journal 2010, 35 (43 f.).
[1293] Siehe zum nationalen Recht in den europäischen Staaten und im europäischen Recht Stuckenberg, Untersuchungen zur Unschuldsvermutung, S. 185 ff. (Frankreich), 220 (Italien), 284 (Common Law); EGMR, Urt. v. 17.12. 1996, Saunders v. UK, 19187/91, Rn. 68. Die Ansicht findet sich auch in der us-amerikanischen Literatur, siehe Levy, Origins, S. 331: „It harmonized with the principles that the accused was innocent until proved guilty and that the burden of proof was on the prosecution."
[1294] Arndt, NJW 1966, 869 (870); Guradze, FS-Löwenstein, 151 (163); ders., EMRK, Art. 6, Rn. 23; Leiwesmeyer, Der schweigende Angeklagte, S. 28 ff.; Bauer, Die Aussage,

der Verbindung im Einzelnen streitig ist und oftmals nicht als alleinige Begründung des nemo tenetur-Grundsatzes ausreicht.

(a) Begriffsklärung der Unschuldsvermutung

Der sachliche Gehalt der in Art. 6 Abs. 2 EMRK normierten und im deutschen Verfassungsrecht im Rechtsstaatsprinzip verankerten Unschuldsvermutung ist bis heute nicht abschließend geklärt.[1295] Jedoch hat sich die systemtheoretische Auffassung Stuckenbergs jedenfalls als Grundlage des Schutzgegenstandes herausgebildet.[1296] Pointiert drückt Stuckenberg es wie folgt aus: „Der unbedingte Schutz des Strafverfahrens stellt den tragenden Grund für die als Verbot der Strafantezipation verstandene Zielrichtung der Unschuldsvermutung dar."[1297]

Danach werden das Verfahren und gerade nicht das Individuum im Verfahren unmittelbar geschützt, den Schutz des Individuums im Verfahren bewirke die Unschuldsvermutung nur reflexhaft durch den Schutz des Verfahrens.[1298]

Eine materielle Aufladung der Unschuldsvermutung in der Weise, dass sie die Freiheit des Individuums zu sichern bezweckt, hätte kaum einen erklärenden Wert, da sie die Fragen, warum dem Individuum Schutz vor einer materiell verdienten Strafe zukommen sollte, nicht hinreichend beantworten könnte.[1299] Entscheidend sei vielmehr der Schutz vor einer

---

S. 51; Schulz, Misstrauen, S. 501 ff. ; Safferling/Hartwig, ZIS 2009, 784 (787); Nothhelfer, Selbstbezichtigungszwang, S. 39 f.; Schlüter, Strafbarkeit, S 87; Böse, GA 2002, 98 (124 f.); Torka, Nachtatverhalten, S. 67 f.; Bosch, Aspekte, S. 93 ff.; Wolff, Selbstbelastung, S. 36; Drope, Verbandsstrafe, S. 183; Günther, GA 1978, 193 (199); MüKo-StPO/Schuhr, vor §§ 133, Rn. 74 ff.; Schlauri, Verbot des Selbstbelastungszwangs, S. 99; Ambos, Beweisverwertungsverbote, S. 51; Lorenz, JZ 1992, 1000 (1006); Rüping, JR 1974, 135 (138); Schneider, Grund und Grenzen, S. 40 ff. sieht als weiteren, wichtigen Grund das im 19. Jahrhundert gewandelte Verständnis von Staat und Bürger an.

[1295] Roxin/Schünemann, Strafverfahrensrecht, § 11 Rn. 1; siehe zu den verschiedenen Interpretationen die Übersicht bei Stuckenberg, ZStW 1999, 422 (426 ff.).

[1296] Stuckenberg, Untersuchungen zur Unschuldsvermutung, passim; ders., ZStW 1999, 422 (454); Roxin/Schünemann, Strafverfahrensrecht, § 11 Rn. 1.

[1297] Stuckenberg, Untersuchungen zur Unschuldsvermutung, S. 534 ff. mit Nachweisen auch zur Gegenansicht.

[1298] Stuckenberg, ZStW 1999, 422 (457).

[1299] Stuckenberg, Untersuchungen zur Unschuldsvermutung, S. 535.

Desavouierung des Strafverfahrens,[1300] daher dürfe das Verfahren nicht als Strafe begriffen und zu pönalen Zwecken instrumentalisiert werden.[1301]

Darüber hinaus fungiert die Unschuldsvermutung auch als eine Art einer Beweislastregel.[1302] Da Beweislastverteilungen im deutschen Strafverfahren wegen dessen inquisitorischen Charakters nicht existieren,[1303] muss zwischen formeller und materieller Beweislast differenziert werden.[1304] Während die formelle Beweislast nur in einem Verfahren unter Geltung der Parteimaxime Anerkennung finden kann, ist eine materielle Beweislast aufgrund des Amtsermittlungsgrundsatzes auch im inquisitorischen, deutschen Strafverfahren möglich. In einem Verfahren, in dem eine Verurteilung zwingend auf dem Geständnis des Angeklagten basieren muss, trägt de facto stets dieser die materielle Beweislast.[1305]

(b) Schutz der Unschuldsvermutung

(i) Spiegelbildthese

Die Unschuldsvermutung wird teilweise als „Spiegelbild des Schweigerechts"[1306] bezeichnet, sie verlange nach einem Rechtsinstitut wie dem nemo tenetur-Grundsatz – und umgekehrt.[1307] Der Rechtsstaat wollte mit dem Grundsatz eine Antwort auf die Beweislastverteilung des Inquisitionsprozesses finden, indem er sich die Aufgabe, den Schuldbeweis zu

---

[1300] Andere Ansicht Kotsoglou, JZ 2017, 123 (130).
[1301] Stuckenberg, Untersuchungen zur Unschuldsvermutung, S. 537, 541; Meyer-Goßner/Schmitt, Art. 6 EMRK, Rn. 1; Ahlbrecht, StV 2016, 257 (260).
[1302] Leiwesmeyer, Der schweigende Angeklagte, S. 34; Schubarth, Unschuldsvermutung, S. 8 f.; Roxin/Schünemann, Strafverfahrensrecht, § 11 Rn. 1; Ostendorf, Strafprozessrecht, Rn. 39; Kühne, Strafprozessrecht, Rn. 955; Dannecker, ZStW 2015, 370 (390); Schlauri, Selbstbelastungszwang, S. 99; Salger, Schweigerecht, S. 7; andere Ansicht Stuckenberg, Untersuchungen zur Unschuldsvermutung, S. 528 f.; ders., ZStW 1999, 422 (453 f.); Rogall, Der Beschuldigte, S. 110; Roschmann, Schweigerecht, S. 15; KK-StPO/Fischer, Einl., Rn. 167; Eisenberg, Beweisrecht, S. 54
[1303] Schmidt, StPO I, Rn. 301 ff.
[1304] Walter, JZ 2006, 340 (340 f.).
[1305] Stuckenberg, Untersuchungen zur Unschuldsvermutung, S. 528 f.
[1306] Salditt, FS-Hamm, 595 (608); Safferling/Hartwig, ZIS 2009, 784 (787).
[1307] Mittermaier, Englischen Strafverfahren, 1851, S. 62 f.

erbringen, aufbürdete.[1308] Letztlich versuchen alle Verbindungsthesen eine Konnexität zwischen den Rechtsinstituten zu begründen:[1309] Während die Unschuldsvermutung mit der materiellen Beweislastregel das Ob der staatlichen Beweisführung festlegt, sagt der nemo tenetur-Grundsatz etwas über das Wie der Beweisführung aus.[1310] Der objektiven Beweislastverteilung zu Lasten des Staates folgt nach Dannecker eine subjektive Rollenverteilung, die in der umgangssprachlichen Formulierung „Der Staat muss dem Beschuldigten dessen Schuld nachweisen." zum Ausdruck kommt. Würde der Beschuldigte nicht nur als Beschuldigter, sondern auch als Beweismittel aufgefasst werden und daher gegen sich selbst aussagen müssen, wäre diese Rollenverteilung konterkariert:[1311] „Der Staat darf den ihm obliegenden Schuldbeweis nicht dadurch erbringen, dass er den Beschuldigten zwingt, sich selbst zu belasten. Dies ist gemeint, wenn ausgeführt wird, der nemo tenetur-Grundsatz flankiere die Unschuldsvermutung, oder wenn der nemo tenetur-Grundsatz aus der Unschuldsvermutung hergeleitet wird."[1312]

Gestützt wird die Verknüpfung des nemo tenetur-Grundsatzes mit der Unschuldsvermutung durch die Historie des Strafverfahrensrechts in Deutschland. So ziehen insbesondere Reiß und Weßlau die Wandlung zum sogenannten reformierten Strafprozess im 19. Jahrhundert, in welcher sich das Strafverfahrensrecht vom Beweisrecht des Inquisitionsverfahrens abgekehrt hat, als historisches Argument heran. Die Mitwirkung des Beschuldigten beim Schuldnachweis sollte nicht länger erzwingbar sein, sondern war fortan allein die Aufgabe des Staates.[1313] Nach Weßlau ist es „Sache der Staatsanwaltschaft, den Beschuldigten zu überführen; er ist ‚Gegenspieler' und darf deshalb nicht in Anspruch genommen

---

[1308] Reiß, Besteuerungsverfahren, S. 177; Eidam, Selbstbelastungsfreiheit, S. 134.
[1309] Schlauri, Verbot des Selbstbelastungszwangs, S. 177.
[1310] Schlauri, Verbot des Selbstbelastungszwangs, S. 99.
[1311] Dannecker, ZStW 2015, 370 (392).
[1312] Dannecker, ZStW 2015, 370 (392).
[1313] Reiß, Besteuerungsverfahren, S. 172; Weßlau, ZStW 1998, 1 (32).

werden; deshalb darf die Staatsanwaltschaft nur Beweismittel verwenden, die sie ohne Mitwirkung des Beschuldigten erlangen kann."[1314] Einen derart reinen Akkusationsprozess zugrunde zu legen ist jedoch angesichts der Regelungen in der Strafprozessordnung unzulässig. Die StPO normiert vielmehr eine Mischform des Inquisitions- und des Akkusationsverfahrens, in welcher der mit inquisitorischen Rechten ausgestattete Richter auch die Beweiserhebung durchführen darf. Ohne diesen Einwand zu widerlegen, kommt Weßlau sodann zum Ergebnis ihres rechtshistorischen Arguments: „Allgemeiner ausgedrückt ist die Mitwirkungsfreiheit als Grundsatz des Strafverfahrens nach seinem historisch gewachsenen Verständnis die Kehrseite des Prinzips, wonach es allein den Strafverfolgungsbehörden obliegt, den Schuldnachweis zu führen."[1315]

Die Spiegelbildthese ist letztlich auch in der Rechtsprechung des Bundesverfassungsgerichts zu finden. Denn obwohl das Vollstreckungsverfahren ein Bestandteil des Verfahrens ist, sind dort Mitwirkungspflichten nach dem Bundesverfassungsgericht zulässig. Der Verurteilte kann beispielsweise zur Abgabe von Urinproben in der Bewährungszeit gezwungen werden.[1316] Dies ist nur mit dem Unterschied zwischen einem verurteilten und einem beschuldigten Straftäter zu begründen: der widerlegten Unschuldsvermutung. In Kombination mit dem Schutz der Wahrheitsermittlung, welcher eine überragende Bedeutung in einem rechtsstaatlichen Gemeinwesen zukommt[1317], sorgt die Unschuldsvermutung für das rechtsethische Fundament des nemo tenetur-Grundsatzes.

(a) Die EU-Richtlinie 2016/343
Die Spiegelbildthese scheint sich ferner in der Rechtssetzung der Europäischen Union im 21. Jahrhundert durchgesetzt zu haben. So geht aus den Erwägungsgründen 24, 25 und 27, 28 der Richtlinie zur Stärkung

---

[1314] Weßlau, ZStW 1998, 1 (33).
[1315] Weßlau, ZStW 1998, 1 (36).
[1316] BVerfG, NStZ 1993, 482.
[1317] BVerfG, NJW 2004, 999 (1008); siehe auch BVerfGE 107, 299 (316); BVerfGE 100, 313 (389); BVerfGE 80, 367 (375); BVerfGE 77, 65 (76).

bestimmter Aspekte der Unschuldsvermutung und des Rechts auf Anwesenheit in der Verhandlung in Strafverfahren vom 9. März 2016 hervor[1318], dass die erlassene Richtlinie der Stärkung der Unschuldsvermutung und der damit verbundenen Selbstbelastungsfreiheit in Form eines Aussageverweigerungsrechts und eines Beweisverwertungsverbots für das Schweigen dient.
Besonders deutlich formuliert Erwägungsgrund 24: „Das Aussageverweigerungsrecht ist ein wichtiger Aspekt der Unschuldsvermutung. Es soll vor Selbstbelastung schützen."[1319] Der nemo tenetur-Grundsatz stelle auf diese Weise Waffengleichheit her und verringere die Gefahr von Justizirrtümern.[1320]
Nach Art. 7 Abs. 3 der RL 2016/343 finden die Rechte der Absätze 1 und 2 jedoch dort ihre Grenze, wo die Beschaffung der Beweismittel mithilfe gesetzmäßiger Zwangsmittel erfolgen kann und diese Beweismittel unabhängig vom Willen des Betroffenen existieren. Die Prüfung eines Verstoßes gegen die Rechte aus Art. 7 der RL soll nach dem Erwägungsgrunde 27 anhand des Maßstabs des EGMR zum fair-trail-Prinzip in der Art erfolgen, dass Eingriffe solange zulässig sind, wie das Verfahren im Ganzen noch als fair zu bezeichnen ist.[1321] Der Art. 7 Abs. 4 der RL statuiert sowohl ein umfassendes Beweisverwendungsverbot als auch ein Verwertungsverbot hinsichtlich von Beweismitteln, die zur Klärung der Schuldfrage beitragen sollen. Fraglich ist daher, welcher Regelungsgehalt dem Verwertungsverbot überhaupt zukommen soll. Jedenfalls umfasst das Verwendungsverbot auch das Verbot, das Aussageverhalten des Betroffenen hinsichtlich der Strafzumessungsfrage zu verwerten.
Ähnlich wie in der Rechtsprechung des EGMRs liegt auch der von der Richtlinie bezweckte Schutzgegenstand nur auf den ersten Blick in der

---

[1318] Siehe zur Richtlinie Ahlbrecht, StV 2016, 257 (264); Jahn, ZStW 2015, 549 (612 f.); Brodowski, ZIS 2015, 79 (90).
[1319] Europäische Kommission, KOM(2013) 821 endg., S. 14; vergleiche auch Meyer, GA 2007, 15 (17).
[1320] Europäische Kommission, KOM(2006) 174 endg., S. 8.
[1321] Die Soll-Formulierung im Erwägungsgrund 25 hinsichtlich eines Zwangsverbots im Strafverfahren, in der Weise, dass Zwang nur unterbleiben soll, stellt einen Übersetzungsfehler dar. Die Übertragung aus den „authentischen Sprachen" des Art. 33 Wiener Übereinkommen über das Recht der Verträge, Englisch und Französisch, sorgt daher für normtheoretische Unklarheit.

Autonomie des Beschuldigten. Darauf deutet zwar die Formulierung der willensunabhängigen Existenz hin, tatsächlich soll damit jedoch – auch hier – die Wahrheitsfindung geschützt werden. Dies ergibt sich insbesondere aus dem Erwägungsgrund 29, nach welchem fälschungssichere, hinsichtlich ihrer Existenz willensunabhängige Beweismittel nicht ausgeschlossen werden sollen. Die Willensunabhängigkeit soll in der Richtlinienkonzeption lediglich sicherstellen, dass der Beschuldigte keinen Einfluss auf den Beweiswert des Beweismittels nehmen kann.

Diese These kann durch das von der Richtlinie herangezogene Rechtsinstitut „Fumus boni iuris" gestützt werden. Damit meint die Kommission ein beweisrechtliches Vorgehen, welches letztlich dazu führen kann, dass nachteiliges Schlussfolgern aus einem schweigenden Verhalten seitens des Richters zulässig ist. Wenn die inkriminierenden Beweismittel der Strafverfolgungsbehörden derart überzeugend sind, dass sie vom Beschuldigten schlichtweg eine erklärende Antwort verlangen, soll eine „Fumus boni iuris" vorliegen. Gelingt den Strafverfolgungsbehörden der Nachweis einer derartigen Beweislage, so legitimiere das Schweigen des Beschuldigten auf eine Aufforderung zur Aussage den beweiswürdigenden Richter dazu, im Rahmen seines Ermessens diejenigen Schlüsse aus diesem Verhalten zu ziehen, die der gesunde Menschenverstand[1322] zulässt.[1323] Beispiele finden sich in der EGMR-Entscheidung Murray gegen Vereinigtes Königreich von 1996:[1324] Stellungnahmen des Beschuldigten können demnach dann verlangt werden, wenn Tatspuren auf dessen Kleidung gefunden werden oder er an einem besonderen Ort wie dem Tatort aufgegriffen wird.[1325]

Vor der Würdigung durch den Richter ist der Beschuldigte jedoch nach EGMR-Rechtsprechung zu belehren, welche keinen unzulässigen Zwang darstelle, sondern vielmehr zwingende Voraussetzung für die beweisrechtliche Verwertung des Verhaltens ist. Das Schweigen kann jedoch nicht die alleinige oder auch nur hauptsächliche Grundlage einer Verurteilung sein, andernfalls liegt nach der Kommission in Einklang mit

---

[1322] Sehr kritisch zu dieser Voraussetzung Meyer, GA 2007, 15 (21 f.).
[1323] Meyer, GA 2007, 15 (17).
[1324] EGMR, Urt. v. 08.02.1996, 18731/91 – Murray v. Vereinigtes Königreich.
[1325] Vergleiche wiederum Meyer, GA 2007, 15 (17).

der EGMR-Rechtsprechung im Fall Murray ein Konventionsverstoß gegen Art. 6 Abs. 2 EMRK vor.[1326]
Fraglich erscheint an der Heranziehung des Rechtinstituts erstens, dass es sich bei „fumus boni iuris" um ein Institut aus dem Recht des einstweiligen Rechtsschutzes handelt, dessen Übertragbarkeit ins Strafprozessrecht zumindest zweifelhaft erscheint.[1327] Wird dort eine summarische Prüfung auf verkürzter Tatsachengrundlage vorgenommen, soll das Beweisverfahren eine Streitfrage abschließend und umfassend klären.[1328] Daneben bestehen strukturelle Unterschiede, da im einstweiligen Rechtsschutz nicht wiedergutzumachende Schäden vermieden werden sollen, welche im Strafverfahren nicht drohen. Soll das Institut des Fumus boni iuris zum Tragen kommen, wenn plausible Gründe für die Täterschaft des Beschuldigten gefunden werden, muss deren begriffliche Bedeutung noch geklärt werden.

Zweitens kann befürchtet werden, dass der Fumus boni iuris zu einer Schuldantizipation führt, welche zur einer Voreingenommenheit oder einer Vorverurteilung führen könnte.[1329] Diesem Problem kann jedoch begegnet werden, indem die Voraussetzungen des Rechtsinstituts, konkret die „erdrückenden Beweise", restriktiv ausgelegt werden.

Der dritte Einwand ist ein praktischer, denn um die Entstehung der Obliegenheit zur Erklärung nach Maßgabe des Fumus boni iuris zu bemerken, müssen sich Verteidiger permanent in die Lage des Gerichts hineinversetzen, was zu einer enormen Beurteilungsunsicherheit führen soll.[1330] Dies ist jedoch nach der Konzeption der Kommission gerade nicht der Fall, da das Gericht vor eine beweisrechtliche Würdigung des Schweigens eine Belehrung schalten müsste.[1331]

Das Rechtsinstitut des fumus boni iuris deutet klar auf ein Verständnis des nemo tenetur-Grundsatzes auf europäischer Ebene hin, welches, an der Unschuldsvermutung orientiert, Justizirrtümer zu vermeiden sucht.

---

[1326] Meyer, GA 2007, 15 (18).
[1327] Kritisch Meyer, GA 2007, 15 (23).
[1328] Meyer, GA 2007, 15 (23).
[1329] So Meyer, GA 2007, 15 (30 f.).
[1330] Meyer, GA 2007, 15 (31).
[1331] Europäische Kommission, COM(2013) 821 final 2013/0407 (COD), S. 15.

Neben dem Schutz der Unschuldsvermutung zielt die Richtlinie daher auf den Schutz des Wahrheitsfindungsprozesses.

(b) Die utilitaristische Einordnung der Spiegelbildthese
Die utilitaristische Einordnung des hier dargestellten Ansatzes wird gerade auch an der europäischen Rechtssetzung klar. In älteren Vorschlägen zur Richtlinie findet sich zum Recht auf Selbstbelastungsfreiheit nach Art. 6 und zum Aussageverweigerungsrecht nach Art. 7 noch ausdrücklich jeweils ein Absatz 4: „Unter Verstoß gegen diesen Artikel erlangte Beweismittel sind nicht zulässig, es sei denn, die Verwendung dieser Beweismittel würde die Fairness des Verfahrens insgesamt nicht beeinträchtigen."[1332] Es sollte folglich maßgeblich auf eine Abwägung mit sämtlichen Verfahrensinteressen abgestellt werden, welche insgesamt die legitimationssichernde Fairness des Verfahrens gewährleisten sollte. Zwar sind die Absätze in der ab Dezember 2014 im Europäischen Parlament diskutierten und im März 2016 erlassenen Fassung nicht mehr enthalten,[1333] aber auch nach dieser Fassung ist nicht jeder Zwang stets unzulässig. Zur Feststellung einer Verletzung der Selbstbelastungsfreiheit soll nach Erwägungsgrund 27 der Richtlinie auf die Kriterien der Rechtsprechung des EGMRs zum Verstoß gegen den fair-trial-Grundsatz nach Art. 6 Abs. 2 EMRK abgestellt werden. Nach diesen Kriterien ist jedoch wiederum maßgeblich, ob trotz einzelner Beeinträchtigungen des fair-trial-Grundsatzes das Verfahren im Ganzen noch fair erscheint. Es ist folglich eine an der Legitimationsfunktion orientierte Abwägung vorzunehmen, in der die gesellschaftliche Nutzenmaximierung im Vordergrund steht.

---

[1332] Europäische Kommission, COM(2013) 821 final 2013/0407 (COD), S. 18.
[1333] Generalsekretariat, 2013/0407 (COD) – 16531/14, S. 10 f.

(ii) Unabhängigkeitsthese

Nach der Gegenthese sind die strafprozessualen Garantien Unschuldsvermutung und nemo tenetur-Grundsatz hinsichtlich der Begründung unabhängig voneinander,[1334] wobei teilweise die Differenzierung vertreten wird, dass die Prinzipien sich dennoch gegenseitig unterstützen.[1335] Eine Aussagepflicht soll nicht notwendigerweise auf einer die Unschuldsvermutung verletzenden Schuldpräsumtion beruhen, sofern sie gerade nicht als Geständnispflicht ausgestaltet sei, da eine Aussagepflicht sich wie die Aussagefreiheit auf Belastendes und Entlastendes gleichermaßen bezieht.[1336] Die Einführung einer Aussagepflicht würde die Unschuldsvermutung nicht aufheben, jedoch würde sich dabei die Last der Unschuldsvermutung für den Staat deutlich verringern. Eine hypothetische Aussagepflicht soll der Unschuldsvermutung nicht widersprechen, da eine solche dem Unschuldigen gerade die Gelegenheit gibt, die gegen ihn vorgebrachten Verdachtsgründe zu zerstreuen.[1337] Die Geltung des nemo tenetur-Grundsatzes mache dem Staat die Beweisführung im Strafverfahren also nur schwerer und lasse die Unschuldsvermutung darüber hinaus unberührt.[1338]

Insbesondere ließe sich auch ein Verfahrensrecht denken, in welchem der nemo tenetur-Grundsatz in der Weise gilt, dass ein Beschuldigter nicht verpflichtet ist, eine Aussage zu tätigen, gleichzeitig jedoch eine Schuldvermutung existiert.[1339] Nur de facto wäre der Beschuldigte in aller Regel „gezwungen", etwas auszusagen, um die Schuldvermutung zu widerlegen, nicht jedoch de iure. Dieser Einwand vermag jedoch nicht zu

---

[1334] Günther, JR 1978, 89 (92); LR-StPO/Meyer, § 136, Rn. 28; Eschelbach, GA 2015, 545 (550), welcher dieses Ableitungszusammenhang für „methodologisch falsch" erachtet; SK-StPO/Paeffgen, Art. 6 EMRK, Rn. 81; siehe zum angloamerikanischen Recht Dennis, Cambridge Law Journal 1995, 342 (355); Roberts/Zuckerman, S. 415.
[1335] Freier, ZStW 2010, 117 (135).
[1336] Freier, ZStW 2010, 117 (135).
[1337] Freier, ZStW 2010, 117 (135 f.); Schlauri, Verbot des Selbstbelastungszwangs, S. 98 f. mit weiteren Nachweisen; Redmayne, OJLS 2007, 209 (218 f.).
[1338] Freier, ZStW 2010, 117 (135 f.); Schlauri, Verbot des Selbstbelastungszwangs, S. 98 f. mit weiteren Nachweisen; Redmayne, OJLS 2007, 209 (218 f.).
[1339] So Rogall, Der Beschuldigte, S. 111; SK-StPO/Rogall, vor §§ 133, Rn. 131; Salger, Schweigerecht, S. 7; Eisenhardt, nemo tenetur-Prinzip, S. 156; differenzierend Kölbel, Selbstbelastungsfreiheiten, S. 303 Fn. 397.

überzeugen, da die Unschuldsvermutung ein nahezu universell geltender Grundsatz ist, eine Schuldvermutung folglich – soweit ersichtlich – nirgends existiert.[1340] Ferner könnte das Argument gegen jede Konnexität der Unschuldsvermutung mit irgendeinem anderen Grundsatz sprechen, da ganz unterschiedliche fiktive Rechtsordnungen erdacht und herangezogen werden könnten.

Des Weiteren bringt die Unabhängigkeitsthese den Einwand vor, dass ein aus der Unschuldsvermutung wachsender nemo tenetur-Grundsatz nicht erklären könnte, wieso in der Strafzumessung keine negativen Schlüsse gezogen werden dürfen, wenn diese doch gerade erst nach dem zweifelsfreien Feststellen der Schuld durchgeführt wird.[1341]

Scheinbar wird die Unabhängigkeitsthese durch ein auf Kontraintuitivität ruhendes Argument gestärkt. Die geltungsbegründende Verknüpfung des nemo tenetur-Grundsatzes mit der Unschuldsvermutung würde die Grenze der Zulässigkeit einer hypothetischen Aussagepflicht aufgrund der systemtheoretischen Erwägungen dort ziehen, wo diese Pflicht zur Bestrafung eingesetzt wird. Würde man der Spiegelbildthese folgen, müsste die Aussagepflicht sich lediglich deutlich von der Strafe unterscheiden und unterläge insbesondere dem Verhältnismäßigkeitsgrundsatz.[1342] Bereits dadurch würde sie den Anforderungen der Unschuldsvermutung gerecht werden. Intuitiv erscheinen solche Voraussetzungen als zu niedrige Hürde für die Einführung einer Aussagepflicht, jedoch ist diese Intuitivität durch das geltende Recht indoktriniert: Sie erwächst gerade aus der systeminternen Betrachtung der Strafverfahrensordnung. Nimmt man eine systemtranszendente Stellung ein, verschwindet der Einwand und die Voraussetzungen der Aussagepflicht erscheinen nicht kontraintuitiv, sondern konsequent.

(iii) Stellungnahme

Die Spiegelbildthese, welche eine Konnexität des nemo tenetur-Grundsatzes zur Unschuldsvermutung und eine damit einhergehende Deduktion aus dem rechtsethischen Geltungsgrund der Unschuldsvermutung

---

[1340] Mit Bezug zu nationalsozialistischer Literatur Rogall, Der Beschuldigte, S. 112.
[1341] Freier, ZStW 2010, 117 (136).
[1342] Stuckenberg, Untersuchungen zur Unschuldsvermutung, S. 539.

behauptet, stützt sich auf ein Gedankenspiel, in welchem der nemo tenetur-Grundsatz nicht existiert. Dieses wird ausgehend von der Präsumtion des auf der Unschuldsvermutung basierenden Strafverfahrens, dass die Beweislast beim Staat liegt und daher nicht auf den Beschuldigten übertragen werden darf, vorgenommen. Genau dies soll jedoch möglich sein, wenn ein nemo tenetur-Grundsatz nicht existieren würde. Wenn aus dem Schweigen negative Rückschlüsse gezogen werden könnten, müsste der Beschuldigte in einer solchen strafprozessualen Situation stets befürchten, dass sein Schweigen hinsichtlich der Schuldfeststellung oder der Strafzumessung zu seinem Nachteil verwendet wird. Er würde sich demnach in jedem Fall psychisch einem Aussagezwang ausgesetzt sehen, der in der Lage wäre, die Unschuldsvermutung zu erschüttern.[1343] Der Beschuldigte könnte sich im Ergebnis nicht mehr auf seine Unschuldsvermutung zurückziehen und von ihr profitieren, wenn es keinen nemo tenetur-Grundsatz in der heutigen Gestalt gäbe.[1344]

Andererseits setzt auch der nemo tenetur-Grundsatz die Unschuldsvermutung voraus,[1345] denn müsste der Beschuldigte seine Unschuld beweisen, wird er sich in aller Regel einlassen. Sich schweigend zu verhalten, dürfte dem Beschuldigten oftmals zu riskant erscheinen.

Beide Richtungen des Gedankenspiels vermögen jedoch nicht gänzlich zu überzeugen. Zum einen soll die Unschuldsvermutung nicht jede nachteilige Prozesssituation des Beschuldigten verhindern, sondern nur sicherstellen, dass ihn keine Sanktionen und sanktionsähnlichen Maßnahmen vor dem Nachweis seiner Schuld treffen und die Beweislast im Strafverfahren verteilen. Der Staat bliebe jedoch auch ohne den nemo tenetur-Grundsatz beweispflichtig. Eine selbstbelastende Aussage müsste auf ihre Glaubhaftigkeit untersucht werden. Falls an ihr Zweifel bestünden, müssten weitere Beweise erhoben werden. Zwar ist zuzugeben, dass eine Aussagepflicht in vielen Fällen zu keinen belastbaren Aussagen führen dürfte, in einigen Fällen würde sich die Beweisführung

---

[1343] Dannecker, ZStW 2015, 370 (391); Kölbel, Selbstbelastungsfreiheiten, S. 303 Fn. 397; krit. Salger, Schweigerecht, S. 7 f.
[1344] Weßlau, ZStW 1998, 1 (32); Dallmeyer, KritV 2000, 252 (264); MüKo-StPO/Schuhr, Vor §§ 133 ff, Rn. 66.
[1345] Nothhelfer, Selbstbezichtigungszwang, S. 40; Eser, ZStW 1974, 136 (136); kritisch Rogall, Der Beschuldigte, S. 112; Magold, Kostentragungspflicht, S. 87.

jedoch erheblich erleichtern. Und auch in den erstgenannten Prozesskonstellationen mag die unglaubhafte Aussage Anhaltspunkte für weitere Ermittlungen bieten. Darüber hinaus könnte es aus gesellschaftlicher Sicht nutzenmaximierend erscheinen, ein häufig wiederholtes Leugnen von Indiztatsachen, welches jedes Mal widerlegt werden konnte, zumindest als ein weiteres Schuldindiz wirken zu lassen. Dies ist jedoch abzulehnen, da das wiederholte Leugnen lediglich den Beweiswert der Aussage des Beschuldigten zerstören kann, dadurch gewinnt die Anklage jedoch nicht an Gewicht. Sie muss Beweise dafür finden, dass eben dieser Beschuldigte die vorgeworfene Straftat begangen hat, und gerade nicht, dass er im Verfahren gelogen hat.

Zum anderen kann der nemo tenetur-Grundsatz auch ohne die Unschuldsvermutung sinnvoll existieren. Gäbe es eine Schuldvermutung zulasten des Beschuldigten unter gleichzeitiger Geltung einer Selbstbelastungsfreiheit, bräuchte der Beschuldigte nur insoweit eine Aussage zu machen, wie er es für nötig erachtet, die Schuldvermutung zu entkräften. Dies mag nun nicht als verfahrensprägende Freiheit empfunden werden, eine mögliche Unabhängigkeit beider Grundsätze wird jedoch deutlich.

(4) Ergebnis

Der nemo tenetur-Grundsatz schützt – wie die Unschuldsvermutung auch – das Verfahren selbst vor der eigenen Desavouierung. Ohne den Grundsatz könnten Urteile ihre Funktion, den Rechtsfrieden zu bewahren und das sozialethische Bewusstsein des Bürgers zu stärken, nicht erfüllen.[1346] Der Schutz vor der Desavouierung erfolgt über die Kombination der drei deduzierten Ansätze: Der nemo tenetur-Grundsatz sichert zum ersten die spezial- und generalpräventive Wirkkraft strafgerichtlicher Urteile, zum zweiten schützt er die Wahrheitsfindung im Strafverfahren und zum dritten dient er dem Schutz der Unschuldsvermutung. Grundlegend ist die Mitwirkungspflicht des Bürgers im Strafverfahren. Davon wird lediglich dann eine Ausnahme gemacht, wenn dies aus Gründen der Sicherstellung der Verfahrenslegitimation geboten er-

---

[1346] Welzel, Das Deutsche Strafrecht, S. 4.

scheint. So muss insbesondere bei Gefahren für die Unschuldsvermutung und den Grundsatz der Wahrheitsermittlung eine Ausnahme von der Mitwirkungspflicht gemacht werden: Das Erstreben der Wahrheit ist eine der Grundlagen des Strafprozessrechts. Ohne Fokussierung auf die Wahrheit kann der Strafprozess seine gesellschaftliche und rechtliche Funktion nicht wahrnehmen, denn das Vertrauen der Bevölkerung in eine gerechte Justiz würde andernfalls erodieren. Damit wäre das Strafprozessrecht nicht länger in der Lage, Rechtsfrieden zu stiften und das Strafverfahren würde in die Gefahr seiner eigenen Desavouierung geraten. Unschuldsvermutung und Wahrheitsermittlung zielen daher beide auf den Schutz vor Desavouierung und damit letztlich auf den Schutz des Rechtsfriedens.[1347]

Der Schutz der Wahrheitsermittlung ist zwar nicht das Ziel der Unschuldsvermutung, es besteht zwischen den beiden Grundsätzen jedoch eine enge Verknüpfung. Strafprozessuale Grundsätze, die der Wahrheitsermittlung dienen, können als Anforderungen an den Gegenbeweis zur Erschütterung der Unschuldsvermutung verstanden werden. Somit ist die strafprozessuale Systemfunktion der Unschuldsvermutung im Schutz des Verfahrens selbst zu finden.[1348]

Dass zur Wahrheitsermittlung nicht auf jede mögliche Zwangsmaßnahme zurückgegriffen wird, ist durch die Unschuldsvermutung bedingt, nach welcher keine Zwangsmaßnahme wie eine vorweggenommene Strafe wirken darf.

Die generellen Einwände gegen den Utilitarismus greifen – fast – alle nicht durch. Der „Happiness-for-pigs"-Einwand lässt sich hier leicht entkräften, da die in Frage stehenden Präferenzen die Fortbewegungsfreiheit und die körperliche Unversehrtheit darstellen. Auch ohne Kriterien für eine Bewertung der Qualität der Präferenzen vorlegen zu können, haben diese zweifelsohne ein hohes Gewicht. Hinsichtlich der unterschiedlichen personalen Empfindlichkeit gegenüber einer etwaigen Einlassungs- und Mitwirkungspflicht lässt sich zwar nicht empirisch exakt

---

[1347] Stuckenberg, Untersuchungen zur Unschuldsvermutung, S. 537 ff.; ders., ZStW 1999, 422 (459).
[1348] Stuckenberg, Untersuchungen zur Unschuldsvermutung, S. 576 f.

feststellen, dass es für jeden Menschen unangenehm und mit Leid verbunden wäre, der Pflicht nachzukommen, dies könnte jedoch aufgrund einer gewissen intuitiven Evidenz angenommen werden. Nur gegenüber dem Einwand des etwaigen vollständigen Übergehens eines Individuums im Utilitarismus lässt sich nichts in Stellung bringen. Auch wenn der nemo tenetur-Grundsatz ein enorm gewichtiges Abwägungselement darstellt, ist nicht auszuschließen, dass in einem Einzelfall eine Einlassungs- und/oder Mitwirkungspflicht unter gewissen Bedingungen aus utilitaristischer Perspektive bejaht werden müsste. Falls die Bereitschaft besteht, die Abwägungsfähigkeit des Grundsatzes hinzunehmen, lässt sich demnach eine utilitaristische Begründung des nemo tenetur-Grundsatzes annehmen.

## 7. Fazit

Der nemo tenetur-Grundsatz lässt sich überzeugend lediglich aus einem rechtsethischen Rechtfertigungsmodell ableiten, dem Utilitarismus. Keines der übrigen Modelle kann, unabhängig bereits von jeweiligen theoretischen Unzulänglichkeiten hinsichtlich seiner Geltungskraft, die in der allgemeinen Ethik umfassend kritisiert werden, den nemo tenetur-Grundsatz in seiner Gänze erklären.

Die Herausforderung der utilitaristisch geprägten Auffassungen liegt in der Austarierung des Schutzes der bürgerlichen Freiheitsräume sowie der Gewährleistung der Funktionsfähigkeit der Strafrechtspflege. Die Funktionsfähigkeit der Strafrechtspflege soll letztlich eine Legitimationsbedingung des Verfahrens darstellen.[1349] Gilt das Strafrechtssystem der Erhaltung der Rechtordnung in den Formen der Normbewährung und der Normdurchsetzung, so kommt es ganz entscheidend darauf an, wie das Strafrecht von den Bürgern aufgenommen und bewertet wird. Das Strafverfahren muss daher in einer Weise durchgeführt werden, dass es für den Bürger einsehbar und nachvollziehbar ist.[1350] Dabei kommt einem

---

[1349] Die Funktionsfähigkeit der Strafrechtspflege ist kein auf den Einzelfall bezogenes Gegeninteresse bei der Abwägung mit Individualinteressen und Grundrechtsverbürgungen, sondern stellt einen Aspekt der Pflicht des Staates zur Justizgewährleistung dar, siehe Landau, NStZ 2015, 665 (670); Meyer-Goßner/Schmitt, Einl. Rn. 18; LR-StPO/Kühne, Einl. Abschn. H, Rn. 13.

[1350] Landau, NStZ 2015, 665 (669).

starken nemo tenetur-Grundsatz eine ganz enorme Bedeutung zu, diese ist bei der Abwägung nicht unterzugewichten.

Der nemo tenetur-Grundsatz schützt daher nach richtiger Auffassung vor der Selbst-Desavouierung des Strafverfahrens.[1351] Die These Rogalls, nach welcher der Grundsatz auf einem „hohen ethischen Konzept" beruhe, lässt sich bis hierhin – mit Abstrichen – verifizieren. Es gibt ein auf den Schutz vor Desavouierung zielendes ethisches Konzept für „nemo tenetur". Eine derartige Ableitung lässt sich dabei bereits im Entwurf einer Strafprozessordnung 1876 erkennen, denn schon damals wurde der Geltungsgrund des nemo tenetur-Grundsatzes mit dessen legitimierender Wirkung für das Strafverfahren insgesamt verknüpft.[1352]

---

[1351] Siehe IV. 4. b) (4) (d).
[1352] Hahn, Materialien, II, S. 1531. Siehe auch oben S. 54.

# E Konkreter Schutzumfang

Das deduktiv-theoretische Prozedere auf rechtsethischer Basis vermag der Bestimmung der Reichweite des Schutzes durch den nemo tenetur-Grundsatz Kontur zu verleihen. Die Frage, nach welchen ethischen Modellen der nemo tenetur-Grundsatz einen moralischen Sollgeltungsanspruch erheben kann, ebnet den Weg zur daran anschließenden Frage, welche Grenzen dem nemo tenetur-Grundsatz hinsichtlich seiner Reichweite zu setzen sind. Unabhängig von konkreten Fallgruppen, wie dem Brechmitteleinsatz oder der Hörfalle, ist die Reichweitenbestimmung in zwei Punkten besonders umstritten.

Die erste Streitfrage bezieht sich auf die Abwägungsfestigkeit. Während eine solche in der deutschen strafverfahrensrechtlichen Literatur oftmals behauptet wird, sehen insbesondere angloamerikanische Autoren dies anders. Aber auch in Deutschland verbreitet sich die Ansicht, dass der nemo tenetur-Grundsatz nicht als Regel, sondern als Prinzip angesehen werden muss und folglich abwägungsfähig ist.

Der nicht weniger wichtige zweite Streit bezieht sich auf das Abgrenzungskriterium zwischen noch zulässigen und bereits unzulässigen Mitwirkungspflichten des Beschuldigten. Die nachfolgend skizzierte, noch herrschende Meinung in Deutschland nimmt dabei eine verhaltensorientierte Abgrenzung vor.[1353] Der Beschuldigte dürfe zwar zu Passivität gezwungen werden, ein aktives Tun könne jedoch nicht verlangt werden. Dem wird insbesondere das Kriterium der Verbalität entgegengesetzt. Danach soll der Beschuldigte nicht gezwungen werden können, verbal an seiner Strafverfolgung mitzuwirken, non-verbale Verhaltensweisen können jedoch sehr wohl verlangt und erzwungen werden.

---

[1353] Lorenz, JZ 1992, 1000 (1006); Reiß, Besteuerungsverfahren S. 174 ff.; Wolfslast, NStZ 1987, 103 (104); Schneider, Grund und Grenzen, S. 141 ff.

## I Das Problem der Absolutheit

Die Abwägungsfestigkeit strafprozessualer Grundsätze ist umstritten.[1354] Nach verbreiteter Auffassung beansprucht der nemo tenetur-Grundsatz eine absolute Geltung,[1355] Eingriffe in den Schutzbereich des Grundsatzes könnten demnach durch keine Erwägungen verfassungsrechtlich gerechtfertigt werden.[1356] Für dieses Verständnis des nemo tenetur-Grundsatzes werden gemeinhin drei Begründungen vorgebracht.

### 1. Naturrechtliche Begründung

Hassemer deduziert die Abwägungsfestigkeit aus der Unverfügbarkeit strafprozessualer Garantien, welche er aus dem Naturrecht folgert.[1357] Die absolute Geltung des nemo tenetur-Grundsatzes sei als geschichtliches Naturrecht zu begreifen.[1358] Nach Hassemer ist der einzige Weg, das Strafverfahrensrecht vor einer allgemeinen Abwägungsdogmatik zu retten, die Aufstellung unverfügbarer Normen. Dass dies der einzige Weg für Hassemer ist, wird in dem Satz deutlich: „Wer sich auf eine Abwägung zwischen den drohenden Schäden und den bedrohten Prinzipien einlässt, hat die Prinzipien schon an diesem Punkt der Überlegung aufgegeben."[1359] Erklärte man Prinzipien nicht für „unverfügbar", könnten sie in bestimmten Situationen nicht „überleben".[1360] Die Unverfügbarkeit

---

[1354] Siehe Hassemer, FS-Maihofer, 183 (183 ff.); vergleiche auch Stuckenberg, Untersuchungen zur Unschuldsvermutung, S. 186, 559 f.
[1355] Eidam, Selbstbelastungsfreiheit, S. 192 ff.; Bockemühl, Private Ermittlungen, S. 76; Reiß, Besteuerungsverfahren, S. 157; Hausermann, Der Verband, S. 355; SK-StPO/Rogall, Vor § 133 ff., Rn. 131; ders., ZRP 1975, 278 (289); LR-StPO/Rieß, Einl. I, Rn. 88; Lammer, Verdeckte Ermittlungen, S. 156; Nothhelfer, Selbstbezichtigungszwang, S. 90; Hassemer, FS-Maihofer, 183 (203); Weßlau, Vorfeldermittlungen, S. 211; Wolff, Selbstbelastung, S. 45 ff.; Kraft, nemo tenetur-Prinzip, S. 146; Salditt, GA 1992, 51 (66); Meyer, GA 2007, 15 (31); Ransiek/Winsel, GA 2015, 620 (637); andere Ansicht Kölbel, NStZ 2003, 232 (236); anders auch im angloamerikanischen Recht, siehe nur Ashworth/Redmayne, S. 135; auch der EGMR erkennt in den Urteilen zu Murray v. Vereinigtes Königreich sowie Saunders v. Vereinigtes Königreich einen absoluten Schutzbereich des Grundsatzes nicht an.
[1356] Siehe jüngst zur Unantastbarkeit Linke, JuS 2016, 888 (891).
[1357] Hassemer, FS-Maihofer, 183 (192 ff.); Kritisch Luhmann, Unverzichtbare Normen, S. 8 ff.
[1358] Hassemer, FS-Maihofer, 183 (192).
[1359] Hassemer, FS-Maihofer, 183 (183 f.).
[1360] Hassemer, FS-Maihofer, 183 (184).

stelle das zentrale Kennzeichen einer jeden naturrechtlichen Rechtsbegründung dar.[1361]

## 2. Menschenwürde

Eine weitere Auffassung sieht in der Menschenwürde sowohl den rechtsethischen als auch den rechtsdogmatischen Grund für die Abwägungsfestigkeit des nemo tenetur-Grundsatzes.[1362] Der sich allgegenwärtig umtreibenden Abwägung soll durch deontologische Schranken wie Art. 1 Abs. 1, 19 Abs. 2 GG Einhalt geboten werden.[1363] Es verstoße gegen die Menschenwürde, wenn der Angeklagte zu einer Kommunikation gebracht werden soll, die seiner Selbstdarstellung widerspricht.[1364]

In dieselbe Richtung stößt die Ansicht Eschelbachs vor, welcher jenseits von dogmatisch-theoretischen Grundlagen mit rein rechtspolitisch-pragmatische Erwägungen argumentiert. So soll derjenige, der den liberalen Rechtsstaat restaurieren will, sich über die Gewährleistung der Achtung der Menschenwürde Gedanken machen müssen (Art. 1 I, 20 III, 79 III GG), da andere Bereiche derzeit nicht vor einer Erosion des Strafverfahrensrechts zu retten seien.[1365] Er erstrebt folglich keine dogmatisch überzeugende Lösung, sondern der liberale Rechtsstaat soll vor der ansteigenden Flut der kriminalpolitisch geforderten Verfahrensbeschleunigungen und Verfahrensvereinfachungen geschützt werden. Dies ist insbesondere deswegen kritisch zu sehen, weil Eschelbach im folgenden Satz das ergebnis-orientierte Behaupten von Thesen selbst kritisiert.[1366]

Ähnlich argumentiert Eidam, nach welchem die Lokalisierung im Verfassungsrecht „überbetont" und „unfruchtbar" ist.[1367] Dennoch soll der

---

[1361] Hassemer, FS-Maihofer, 183 (185).
[1362] Reiß, Besteuerungsverfahren, S. 157; Rieß, L/R-StPO, Einl. I, Rn. 88; Lammer, Verdeckte Ermittlungen, S. 156; Nothhelfer, Selbstbezichtigungszwang, S. 90.
[1363] Rothhaar, Die Menschenwürde als Prinzip des Rechts, S. 98; Rixen, JZ 2016, 585 (591 f.); andere Ansicht Gärditz, JZ 2016, 1116 (1117): Die Leistungsstärke des deutschen Grundrechtssystems liegt in der elatischen „Verhältnismäßigkeitskontrolle und nicht in der Identifikation absoluter Tabuzonen".
[1364] Meyer, GA 2007, 15 (31).
[1365] Eschelbach, GA 2015, 545 (563); vergleiche auch die endzeitlich anmutende Beschreibung der Erosion als Gletscherschmelze bei Eschelbach/Wasserburg, FS-Wolter, 877 (888 f.).
[1366] Eschelbach, GA 2015, 545 (563).
[1367] Eidam, Selbstbelastungsfreiheit, S. 366 f.

Grundsatz jeder Einschränkung gegenüber immun und daher keiner Abwägung zugänglich sein.[1368] Der nemo tenetur-Grundsatz gehöre zum unverfügbaren Kernbestand des rechtsstaatlichen Strafprozesses, welcher abwägungsfrei sein soll – „ähnlich wie die Menschenwürde"[1369]. Der Grund liege in der Gefahr, dass der Staat „seine moralische Überlegenheit" verlieren könnte, wenn die theoretische Möglichkeit, „einen grenzenlosen Rechtsverlust eines Beschuldigten herbeizuführen", bestünde.[1370] Gebe der Staat seine moralische Überlegenheit auf, werde er in seiner Ausgestaltung als Rechtsstaat schwach.[1371]

Warum Eidam den Grundsatz allerdings nur als „ähnlich wie die Menschenwürde" bezeichnet, wird nicht klar, immerhin rekurriert er auf die autonome Subjektstellung des Beschuldigten im liberalen Strafprozessrecht.[1372] Ferner fragt sich, welche moralische Überlegenheit gemeint sei und wie diese begründet sein könnte. Die Befürchtung Eidams, der Beschuldigte würde einen grenzenlosen Rechtsverlust erleiden, kann angesichts der neben der Menschenwürdegarantie existierenden Grundrechte jedenfalls nicht überzeugen.

### 3. Theorie der antizipierten Abwägung

Letztlich kommt in jüngerer Zeit noch eine weitere Ansicht zu dem Ergebnis der Abwägungsfestigkeit des Grundsatzes. Dannecker und Doege vertreten die These, der nemo tenetur-Grundsatz sei das Ergebnis einer präsumierten Abwägung zweier Verfassungsprinzipien[1373], in welcher alle widerstreitenden Interessen bereits Berücksichtigung fanden.[1374] Besondere Aufmerksamkeit sollte hier der Tatsache zukommen, dass Dannecker und Doege die Unabwägbarkeit des nemo tenetur-Grundsatzes trotz fehlenden Menschenwürdebezugs zu begründen versuchen.

---

[1368] Eidam, Selbstbelastungsfreiheit, S. 368.
[1369] Eidam, Selbstbelastungsfreiheit, S. 180.
[1370] Eidam, Selbstbelastungsfreiheit, S. 193.
[1371] Eidam, Selbstbelastungsfreiheit, S. 194.
[1372] Eidam, Selbstbelastungsfreiheit, S. 195.
[1373] Doege, nemo-tenetur-Grundsatz, S. 101 ff.; vorher bereits Dannecker, ZStW 2015, 370 (385 f.).
[1374] Schaefer, Nemo-Tenetur-Grundsatz, S. 119; Dannecker, ZStW 2015, 370 (386).

Nach ihnen sind Strafverfahrensgarantien „vielmehr schon das Ergebnis einer antizipierten Abwägung des Grundgesetzes zwischen Strafverfolgungsinteressen und den Interessen des Beschuldigten. Sie sind Grenzen, an die der Gesetzgeber trotz des öffentlichen Interesses an einer funktionstüchtigen Strafverfolgung gebunden ist."[1375] Dabei lehnt diese Auffassung sich an die intra-prinzipiellen Abwägungen des Rechtsstaatsprinzips an. Als Beispiel führt sie daher das Doppelbestrafungsverbot (ne bis in idem) an, bei dem der Konflikt zwischen Rechtssicherheit und Vertrauensschutz einerseits und der materiellen Gerechtigkeit, die eine Bestrafung verlangen würde, andererseits – allesamt Topoi des Rechtsstaatsprinzips – einseitig zu Gunsten der ersteren entschieden wird.[1376] Als weiteres Beispiel werden das strikte Rückwirkungsverbot des Art. 103 Abs. 2 GG sowie die Unschuldsvermutung hervorgehoben. Diese rechtsstaatlichen Garantien stellen den notwendigen Antagonismus zum staatlichen Strafanspruch dar und dürfen als solche nicht gegen die effektive Strafverfolgung abgewogen werden, da sie andernfalls gerade dort aufgegeben werden, wo sie besonders benötigt werden. In Strafverfahren, in denen hohe Freiheitsstrafen drohen, weshalb das Interesse an einer effektiven Strafverfolgung besonders hoch ist, könnten die Garantien nicht gelten, wenn sie die Abwägung mit jener verlieren. Um eine solche Abwägung im Einzelfall zu vermeiden, wird eine vorgelagerte Abwägung auf abstrakter Ebene vorgenommen, welche dazu führt, dass den rechtsstaatlichen Garantien stets der Vorrang zukommt. In dieser Abwägung und ausdrücklich nicht in einem etwaigen Menschenwürdekern soll der Grund der Unabwägbarkeit des nemo tenetur-Grundsatzes liegen.[1377] Aus der Unabwägbarkeit des nemo tenetur-Grundsatzes fließt nach Doege ein restriktives Verständnis des Anwendungsbereichs des Grundsatzes,[1378] da durch eine extensive Auslegung des Schutzbereichs die Gefahr droht, dass das absolute Schutzniveau

---

[1375] Dannecker, ZStW 2015, 370 (386).
[1376] Dannecker, ZStW 2015, 370 (386).
[1377] Dannecker, ZStW 2015, 370 (386).
[1378] Doege, nemo-tenetur-Grundsatz, S. 101 ff.

nicht haltbar ist.[1379] Wenn nämlich zu viele Eingriffe in den Schutzbereich in der Rechtspraxis vorzufinden sein sollten, ließe sich die Unabwägbarkeit nicht halten.

4. Kritik

Zur Grundlegung der Stellungnahme soll insbesondere dem rechtssoziologischen und -politischen Rahmen der unterschiedlichen Thesen nachgegangen werden. Es stellt sich dabei die Frage, wie es um die gesellschaftliche Stellung von strafprozessualen Garantien steht, wobei die Beantwortung ganz entscheidend mit der subjektiv empfundenen Sicherheitslage der Bürger zusammenhängt.

a) Rechtssoziologische Problemstellung

Es soll sich ein rechtssoziologischer Druck aufgebaut haben, unter dem das Risiko einer völligen Aushöhlung des nemo tenetur-Grundsatzes besteht. Die zu untersuchende These ist folgende: In einer punitiven Sicherheitsgesellschaft[1380], in welcher die gesellschaftliche Bedeutung von Sicherheit ein überaus gesteigertes Maß erreicht hat, könnte nicht einmal ein Kernbestand des Grundsatzes übrig bleiben. Diese Gefahr könnte sich zum einen rechtsdogmatisch, da der Funktionsfähigkeit der Strafverfolgung überragende Bedeutung zugemessen wird, und zum anderen rechtspolitisch, da eine dem nemo tenetur-Grundsatz gegenläufige Normierung drohen würde, realisieren. Ersteres mag mit dem Untersuchungsgegegenstand der viel rezipierten Arbeit Garlands „Culture of control" zu tun haben, in welcher er zu dem Schluss kommt, dass ohne hinreichende kognitive Sicherheit die Normgeltung erodiert.[1381] Das rechtspolitische Risiko hingegen rührt daher, dass Strafrecht stets von

---

[1379] Lammer, Verdeckte Ermittlungen, S. 157; Lorenz, JZ 1992, 1000 (1006); Bosch, Aspekte, S. 30; so letztlich auch Mahlstedt, Verdeckte Befragung, S. 116 ff.; krit. zu diesem Wolter, ZIS 2012, 238 (239).

[1380] Zum Begriff der Sicherheitsgesellschaft siehe Groenemeyer, Wege der Sicherheitsgesellschaft, 2010, 9 (10 ff.); zur ökonomischen, sozialen und kulturellen Entwicklung der Sicherheitsgesellschaft siehe insbesondere Peter-Alexis Albrecht, Der Weg in die Sicherheitsgesellschaft, 2010, S. 667 ff.

[1381] Garland, Kultur der Kontrolle, 2008, S. 12 ff.; Putzer, Gerichte, Terror und Verfahren, S. 201.

der Innenpolitik des staatlichen Gemeinwesens abhängig ist.[1382] Ändert sich die Innenpolitik, ändert sich auch das Strafrecht.[1383]

Diese rechtsdogmatische Problematik wird durch ein strukturelles Defizit bei der Abwägung verstärkt. Die die kollektive Sicherheit schützende Funktionsfähigkeit der Strafverfolgung hat – obwohl in der Rechtsprechung des Bundesverfassungsgerichts zum Schwangerschaftsabbruch betont wurde, dass kollektive Sicherheitsinteressen formal gleichrangig mit Individualrechtsgütern sind[1384] - immer einen quantitativen Vorsprung vor der Freiheit eines einzelnen Beschuldigten.[1385]

Als eine Art warnendes Beispiel für das rechtspolitische Risiko kann die Diskussion um die Lockerung des rechtlichen Folterverbots infolge der Terroranschläge vom 09.11.2001 und deren Befürwortung durch mindestens die republikanische Partei in den USA herangezogen werden.[1386] Seit 2001 gibt es nach einer Auffassung in der Literatur auch in Deutschland im Lichte der Anti-Terror-Gesetzgebung einen Wandel hin zu einer Sicherheitsrechtsprechung.[1387]

Die „Konstruktion und Regulierung von Sicherheit und Unsicherheit" nimmt eine zentrale Stellung in der gesellschaftlichen Kontroverse des

---

[1382] Naucke, Zerbrechlichkeit des rechtsstaatlichen Strafrechts, S. 374 und 394, 395.
[1383] Naucke, Zerbrechlichkeit des rechtsstaatlichen Strafrechts, S. 405 f.
[1384] BVerfGE 39, 1 Rn. 151 - Schwangerschaftsabbruch.
[1385] Vgl. Putzer, Gerichte, Terror und Verfahren, S. 207; jüngst für eine abstrakte Gleichrangigkeit von Freiheit und Sicherheit hinsichtlich ihres Abwägungsgewichts Gierhake, Freiheit, Sicherheit und Strafe im Recht, 2013, S. 154 ff.; zustimmend Weißer, JZ 2016, 794 (795); siehe auch Schick, ZIS 2014, 250 (252).
[1386] Mit weiteren Nachweisen Singelnstein/Stolle, Die Sicherheitsgesellschaft, S. 114; Alexa Albrecht, Zur Erosion der Menschenrechte im demokratischen Rechtsstaat, 2007, S. 126 ff.; Peter-Alexis Albrecht, Der Weg in die Sicherheitsgesellschaft, 2010, S. 669; Bielefeldt, Folterverbot im Rechtsstaat, S. 4; Stübinger, Notwehr-Folter und Notstands-Tötung, S. 240 ff.; siehe zur deutlich weiter fortgeschrittenen anglo-amerikanischen Literatur nur Steinhoff, On the Ethics of Torture, S. 11 ff., 69 ff. zur moralischen Begründbarkeit eines Foltergebots bei gleichzeitiger Ablehnung einer juristischen Legalisierung; dagegen Lohmann, zfmr 2007, 69 (75 ff.); Ashworth/Redmayne, S. 137; siehe auch Kamm, Ethics for Enemies, S. 15 ff.; Kramer, Torture and Moral Integrity, S. 115 ff.; Roberts/Zuckerman, S. 453; Merten, JR 2003, 404 (404 ff.); Reese-Schäfer, zfmr 2007, 37 (43 ff.).
[1387] Putzer, Gerichte, Terror und Verfahren, S. 177 ff.; siehe auch Dünkel/Morgenstern, GA 2013, 78 (88 f.): „neue Straflust".

21. Jahrhunderts ein.[1388] Dabei steht nicht länger der Schutz vor dem Staat, sondern der Schutz durch den Staat im Mittelpunkt der gesellschaftlich geforderten Staatstheorie.[1389] Individuelle Freiheit wird mehr und mehr zugunsten von Sicherheitsbedürfnissen eingeschränkt.[1390] Es sorgen sich knapp 50 % der in einer breit angelegten Studie Befragten über die Entwicklung der Kriminalität.[1391] Dieser subjektiv verbreitet empfundenen Unsicherheit steht jedoch eine objektive Sicherheitslage gegenüber,[1392] welche sich anhand einer Analyse der Polizeilichen Kriminalstatistik (PKS)[1393] ganz erheblich von der Sicherheitsbefindlichkeit der Gesellschaft unterscheidet, denn die polizeilich registrierte Kriminalität ist seit mehreren Jahrzehnten rückläufig.[1394]

Die rechtspolitische Entwicklung des Straf- und Strafprozessrechts wird dementsprechend als porös und rechtsstaatserodierend wahrgenommen.[1395] Bereits 2001 machte Hassemer eine „selbstverständliche Strafbereitschaft, ja Straffreude aus".[1396] Diese sozialpsychologische These kann sich auf eine breite Empirie stützen, bei der sich sowohl harte als auch weiche Fakten finden lassen.[1397] Zu denken ist dabei zum einen an die Einführung neuer Tatbestände und Verschärfungen verschiedener

---

[1388] Groenemeyer, Wege der Sicherheitsgesellschaft, 2010, 9 (17).
[1389] Garland, Kultur der Kontrolle, 2008, S. 12; Sack, Der weltweite „punitive Turn, 2010, 165 (170).
[1390] Singelnstein/Stolle, Die Sicherheitsgesellschaft, S. 123.
[1391] Haverkamp/Arnold, Risiken der Sicherheitsgesellschaft, 275 (286).
[1392] Haverkamp/Arnold, Risiken der Sicherheitsgesellschaft, 275 (283).
[1393] Problematisch sind hier sicherlich die Nichterfassung des Dunkelfeldes und andere Verzerrungen, durch beispielsweise das Anzeigeverhalten, in der PKS.
[1394] Haverkamp/Arnold, Risiken der Sicherheitsgesellschaft, 275 (285).
[1395] Sack, Der weltweite „punitive Turn", 2010, 165 (181).
[1396] Hassemer, FS-Spinellis, 2001, S. 399 (400).
[1397] Siehe die 3 Seiten umfassende Auflistung von sog. Sicherheitsgesetzen und -Verordnungen in Deutschland seit 1997 bei Peter-Alexis Albrecht, Der Weg in die Sicherheitsgesellschaft, 2010, S. 813-815.

Strafrahmen[1398], erhöhte Gefängnisraten in der BRD[1399], die Einführung von heimlichen Ermittlungsmaßnahmen[1400] sowie auch sogenannte Vorworte zu Urteilen in Staatsschutzsachen[1401]. Zum anderen ist zu berücksichtigen, dass repräsentative soziologische Studien einen Zustimmungswert von über 85 Prozent zu der These „Verbrechen sollten härter bestraft werden" und von über 80 Prozent zu der These „Um Recht und Ordnung zu bewahren, sollte man härter gegen Außenseiter und Unruhestifter vorgehen" messen konnten.[1402]

Wird über den Einwand hinweggesehen, Straftäter nicht zu entmenschlichen, mag man sich an die Warnung Nietzsches erinnert fühlen: „Wer mit Ungeheuern kämpft, mag zusehen, dass er nicht dabei zum Ungeheuer wird."[1403]

b) Stellungnahme

Hassemer ist im Ergebnis in seiner Einschätzung, Beschuldigtenrechte werden nicht mehr wertgeschätzt, zuzustimmen.[1404] Hinsichtlich des nemo tenetur-Grundsatzes wird dies an der Einführung von Auskunftspflichten im Verwaltungsverfahren, wie beispielsweise in § 81a GWB, sowie von Informationspflichten im Zivilverfahren, wie beispielsweise in

---

[1398] Sack, Neue Lust auf Strafen, 2005, 7 (22 f.); Hassemer, FS-Spinellis, 399 (417 f.); Hilgendorf, Beobachtungen zur Entwicklung des deutschen Strafrechts 1975-2005, in: Hilgendorf/Weitzel (Hrsg.), Der Strafgedanke in seiner historischen Entwicklung, 2007, S. 191 (200); Landau, NStZ 2015, 665 (668); Kauffmann/Lalissidou, JR 2015, 163 (165); Mitsch, NJW 2015, 209 (211 f.); Zöller, NStZ 2015, 373 (377 ff.); Naucke, Zerbrechlichkeit des rechtsstaatlichen Strafrechts, S. 422; hinsichtlich der Sexualstraftaten vgl. die Übersicht bei Haffke, Vom Rechtsstaat zum Sicherheitsstaat?, in: Rode/Kammeier/Leipert (Hrsg.), Neue Lust auf Strafen, 2005, S. 35 (49 f.); siehe aber auch BGHSt 59, 218, welcher die aktuelle Anti-Terror-Gesetzgebung für verfassungskonform auszulegen hält.
[1399] Sack, Neue Lust auf Strafen, 2005, 7 (16).
[1400] Schleierfahndung, Rasterfahndung, Lauschangriff, TKÜ, siehe Singelnstein/Stolle, Die Sicherheitsgesellschaft, S. 113. Zur Strömung zu mehr rechtlicher Beteiligung des Beschuldigten, siehe Jahn, ZStW 2003, 815 (815 ff.).
[1401] Zaczyk, FS-Beulke, 69 (70 ff.) mit Beispielen aus der Rechtsprechung des OLG Düsseldorfs.
[1402] Sack, Neue Lust auf Strafen, 2005, 7 (22 f.). Nach Schlepper, Strafgesetzgebung in der Spätmoderne, S. 167 ff. und Schünemann, GA 2016, 506 (514 ff.) liegt dies insbesondere an einer Verunsicherung der Mittelschicht und einer Victimalizaion der Moral.
[1403] Nietzsche, Jenseits von Gut und Böse, Nr. 146.
[1404] Bock, FS-Wessing, 159 (175); Landau, NStZ 2015, 665 (665). Nach Leoni, Freiheit und das Recht, S. 89 f. soll dieser Befund seit dem 19. Jahrhundert gelten.

§ 630c Abs. 2 S. 2, 3 BGB und § 802c ZPO, deutlich. Dem Beschuldigten kommen insoweit immer neue Mitwirkungspflichten zu. Des Weiteren lässt sich die Entwicklung am Wandel des Verständnisses der ersten Vernehmung erkennen: Während diese Ende des 19. Jahrhunderts nach der Rechtswissenschaft allein der Funktion diente, dem Beschuldigten die Möglichkeit des rechtlichen Gehörs zu eröffnen, hat sich das Verständnis im 21. Jahrhundert dahingehend geändert,[1405] dass der Vernehmung nunmehr eine Doppelfunktion zukomme[1406]. Neben der Möglichkeit zum rechtlichen Gehör trat die Sachverhaltsermittlung als weiterer Zweck.[1407] In der kriminalpolitisch geprägten Rechtspraxis zielt die polizeiliche Vernehmungstechnik vordergründig klar auf die Sachverhaltsermittlung.[1408]

Trotz der zutreffenden, rechtssoziologischen Annahmen ist die naturrechtliche Begründung jedoch abzulehnen, da auch jene nicht die in der Diskussion um die rechtsethische Begründung des nemo tenetur-Grundsatzes hinreichend aufgedeckten, grundsätzlichen Schwächen des Naturrechts beseitigen. Darüber hinaus ist Hassemers Ansatz normtheoretisch zu kritisieren, da erstens die Abwägungsfähigkeit das begriffskonstituierende Element eines Prinzips ist und zweitens nicht bereits die Möglichkeit einer Abwägung mit anderen Prinzipien zur vollständigen Aufgabe des Ausgangsprinzips führt.[1409] Vielmehr ist die Austarierung

---

[1405] Diesen bemerkenswerten Befund erarbeitete Grünwald, StV 1987, 453 (453) durch einen Vergleich der Kommentierung von § 136 StPO im Standardkommentar von Löwe/Rosenberg. Herangezogen wurden die 9. Auflage von 1898 und die 23. Auflage von 1978.
[1406] Roxin/Schünemann, Strafverfahrensrecht, § 25 Rn. 4; Meyer-Goßner/Schmitt, § 136 Rn. 14; Eser, ZStW 1967, 565 (572); Lesch, ZStW 1999, 624 (635) mit weiteren Nachweisen; auch bereits von Schwarze, StPO, 1878, S. 27.
[1407] Selten wird in der Literatur die Ermöglichung des rechtlichen Gehörs als einzige Funktion angesehen, siehe Degener, GA 1992, 443 (455); Dencker, StV 1994, 667 (675). Dies wird aber bereits im Wortlaut des § 136 StPO nicht deutlich und ist auch nach historischer Auslegung nicht angezeigt, Lesch, ZStW 1999, 624 (626); Verrel, Selbstbelastungsfreiheit, S. 114.
[1408] So Grünwald, StV 1987, 453 (453 f.); Velten, ZJS 2008, 76 (78); Eschelbach, FS-Rissing-van Saan, 115 (120).
[1409] Alexy, Theorie der Grundrechte, S. 87 ff.; Klatt/Meiser, in: Prinzipientheorie und Theorie der Abwägung, 62 (62 ff.). Kritisch zu absoluten Prinzipien Lorenz, JZ 1992, 1000 (1005).

von widerstreitenden Prinzipien und Freiheiten das Wesen der Grundrechtsordnung.[1410] Prinzipien sind wohlverstanden als Optimierungsgebote aufzufassen, welche gebieten, in möglichst hohem Maße realisiert zu werden.[1411] Bereits die Möglichkeit einer Abwägung führt daher keineswegs zur Aufgabe des Prinzips, sondern beschreibt das wesentliche Kriterium zur Unterscheidung zur Norm. Selbst wenn das Ausgangsprinzip einmal gegenüber einem höher zu gewichtenden Prinzip zurücktreten sollte, gilt dies nicht als vollständige Aufgabe des zurücktretenden Prinzips. Sich anders darstellende Umstände können gebieten, die Vorrangfrage umgekehrt zu lösen.[1412] Der Einwand Hassemers träfe daher nur dann zu, wenn die Abwägung im Sinne eines Dezisionsmodells aufgefasst wird, nach welchem der Abwägende allein seinen subjektiven Vorstellungen zu folgen hätte und entsprechende Präferenzsätze aufstellen könnte. Es muss jedoch vielmehr mit dem Begründungsmodell zwischen der Behauptung einer Präferenz und deren Begründung differenziert werden. Nur so kann dem Postulat der Rationalität der Abwägung Rechnung getragen werden.[1413] Dabei greift das Begründungsmodell auf die Theorie der juristischen Argumentation zurück, um der Abwägung ein inhaltliches Kriterium zur Verfügung zu stellen.[1414]

Im Ergebnis folgt aus dem feststellbaren rechtssoziologischen Befund keine naturrechtliche Begründung der Unabwägbarkeit des nemo tenetur-Grundsatzes, sondern vielmehr die Aufgabe für den Gesetzgeber, klare und vor allem starke Beschuldigtenrechte zu formulieren.

Entsprechendes ist zu der Menschenwürdethese zu sagen. Es sollte zum einen nicht jeder „Würdesplitter" zum „unmittelbaren Derivat des Art. 1 Abs. 1 GG" überhöht werden. Dies sei gerade bei den Grundrechtsinnovationen[1415] der Rechtsprechung und der Literatur schwierig, da der

---

[1410] Alexy, Theorie der Grundrechte, S. 75 ff.; ders., Theorie der juristischen Argumentation, S. 99 ff.; Dworkin, Taking Rights Seriously, S. 24, 26.
[1411] Alexy, Theorie der Grundrechte, S. 75 f. mit weiteren Nachweisen.
[1412] BVerfGE 35, 202 (219 ff.); Alexy, Theorie der Grundrechte, S. 79.
[1413] Alexy, Theorie der Grundrechte, S. 144 f.
[1414] Alexy, Theorie der Grundrechte, S. 152.
[1415] Siehe hierzu Hartung, Grundrechtsinnovationen, S. 219 ff. Eine Berücksichtigung des nemo tenetur-Grundsatzes fehlt dort jedoch.

Würdebezug in der deutschen Verfassungsordnung ubiquitär ist.[1416] Darüber hinaus führt die inflationäre Verwendung der Menschenwürde seit den 1970er Jahren zu einer Entwertung.[1417] Zum anderen wendet das Bundesverfassungsgericht bei der Anwendung der Menschenwürdegarantie ohnehin eine „Methode der verschleierten Abwägung" an.[1418] Zwar wird ein Eingriff in die Menschenwürde nicht mit anderen Rechtsgütern abgewogen, diese Abwägung wird jedoch auf der Ebene der Schutzbereichseröffnung vorgenommen.

Kritikwürdig an der Theorie der antizipierten Abwägung ist, dass der nemo tenetur-Grundsatz nicht wie die anderen genannten Prinzipien explizit im Grundgesetz normiert ist und es damit an einer ausdrücklichen Entscheidung des Verfassungsgebers fehlt. Anders als bei den grundgesetzlichen Prinzipien, hat die demokratisch legitimierende Abwägung beim nemo tenetur-Grundsatz gerade nicht stattgefunden. Ferner ist zu kritisieren, dass bei hohen Straferwartungen – dort, wo die rechtsstaatlichen Garantien besonders benötigt werden – der Schutz vor Desavouierung auch gewichtiger werden würde, da besonders diese Verfahren sich auf das Rechtsbewusstsein der Bürger auswirken werden. Es ist vielmehr so, dass die Absolutheit des Schutzbereichs zu wenig nachvollziehbaren Ergebnissen führte, welche die Legitimation des Rechtssystems im gesellschaftlichen Umfeld erschwerten.[1419] Solange am Postulat der Absolutheit festgehalten wird, kann der nemo tenetur-Grundsatz nach Doege nur einen „eng umgrenzten Schutzbereich" haben.[1420] Dies hat jedoch zur Folge, dass die Abwägung – wie in der Rechtsprechung des Bundesverfassungsgerichts – lediglich auf die Ebene des Schutzbereichs vorgezogen wird, wodurch weniger Eingriffe in den Schutzbereich auftreten, die sodann gar nicht mehr am nemo tenetur-Grundsatz gemessen werden. Interessengerechter erscheint es, eine Abwägung in

---

[1416] Gärditz, JZ 2016, 1116 (1117).
[1417] Baldus, Kämpfe um die Menschenwürde, S. 104 ff.
[1418] Baldus, Kämpfe um die Menschenwürde, S. 249, 164; Gröschner, JZ 2017, 298 (298).
[1419] Andere Ansicht Meyer, GA 2007, 15 (31).
[1420] Doege, nemo-tenetur-Grundsatz, S. 102.

Kauf zu nehmen und dafür deutlich mehr Eingriffe am Maßstab des nemo tenetur-Grundsatzes messen zu können.

In der höchstrichterlichen Rechtsprechung deutet sich ferner eine Negierung der Frage nach der Unabwägbarkeit ab. Das Bundesverfassungsgericht hat dafür im Gemeinschuldnerbeschluss den Grundstein gelegt und ausdrücklich ausgesprochen, dass der nemo tenetur-Grundsatz nur in zweipoligen Kollisionen des Grundsatzes mit Strafverfolgungsinteressen überwiegen würde. Sobald Drittinteressen betroffen sind, könne der nemo tenetur-Grundsatz nicht absolut gelten.[1421] Nach der aktuellen Rechtsprechung des BGHs ist der Beschuldigte durch die Selbstbelastungsfreiheit davor geschützt, auf ihn selbst bezogene Informationen zu generieren.[1422] Andererseits hält der BGH die Vorschriften über die Feststellung der Daten zur Person in der Vernehmung für zulässig. Der Beschuldigte ist insoweit gerade nicht davor geschützt, auf ihn bezogene Informationen zu generieren.

Auch im Verwaltungsrecht gilt der Grundsatz nicht absolut, denn sofern in verwaltungsrechtlichen Vorschriften von einer Auskunftspflicht ausgegangen wird, besteht bei Gefahr einer Selbstbezichtigung in vielen Fällen zwar ein Auskunftsverweigerungsrecht,[1423] sollte die Aussage für Dritt- oder Kollektivinteressen jedoch unverzichtbar erscheinen,[1424] statuiert das Gesetz vielfach nur ein Verwertungsverbot.[1425] Der Betroffene bleibt also in der Regel verpflichtet, Auskunft zu erteilen, die Informationen dürfen nur nicht strafrechtlich verwertet werden. Der nemo tenetur-Grundsatz scheint folglich nicht vor jeder Generierung von Information zu schützen und damit nicht absolut zu gelten.

---

[1421] BVerfGE 56, 37 (50); Kölbel, NStZ 2003, 232 (236 Fn. 47).
[1422] Siehe BGH, NStZ 2015, 689 (690) mit Verweis auf BVerfGE 56, 37 (49); BVerfGE 109, 279 (324); BVerfGE 133, 168 (201); Verrel, Selbstbelastungsfreiheit, S. 261 ff.
[1423] Beispielsweise §§ 15 Abs. 3 BLG; 44 Abs. 3 AWG; 46 Abs. 5 GWB; 46 Abs. 1 WaffenG; 10 Abs. 2, 32 Abs. 1 BSeuchenG; 65 Abs. 3 SGB I.
[1424] Klassifizierung nach Kadelbach, StV 1992, 506 (507).
[1425] Beispielsweise §§ 7 Abs. 3 G 10; 46 Abs. 9 GWB.

Der nemo tenetur-Grundsatz ist im Ergebnis vielmehr als Prinzip im alexy'schen Sinne aufzufassen.[1426] Es ist daher möglich, dass der Grundsatz mit anderen rechtsstaatlichen Prinzipien, wie der Funktionsfähigkeit der Strafrechtspflege, kollidiert. Diese Kollision ist dann derart zu lösen, dass eine bedingte Vorrangrelation zwischen den Prinzipien festgesetzt wird.[1427] Fraglich dabei sind die den Vorrang begründenden Bedingungen. Die Aufgabe der Strafrechtswissenschaft kann sich daher nicht darin erschöpfen, eine normtheoretisch schwer haltbare und in der europarechtlich geprägten deutschen Rechtspolitik kaum durchsetzbare Abwägungsfestigkeit aller strafprozessualen Garantien zu fordern,[1428] sondern sie muss sich auf die Statuierung dieser Bedingungen fokussieren.[1429] Nach der Rechtsprechung des EGMR kann der nemo tenetur-Grundsatz jedoch keine absolute Geltung beanspruchen,[1430] für den Gerichtshof ist der nemo tenetur-Grundsatz nämlich seit jeher keine Regel, sondern ein Prinzip. Jedoch führten starke Vorrangbedingungen in den Entscheidungen Saunders und Heaney and McGuiness[1431] noch zu einer Abwägungsfestigkeit im Sinne der eines Präferenzsatzes. Durch Zwang erlangte Beweismittel unterlagen einem strafprozessualen Beweisverwertungsverbot, da sie eine erhebliche Abweichung von einem fairen Verfahren darstellten. Diese konnte im Einzelfall auch nicht durch

---

[1426] Andere Ansicht Doege, nemo-tenetur-Grundsatz, S. 101 ff. und Lorenz, JZ 1992, 1000 (1005 f.): Strenge Präferenzregel. Kritisch zur alexy'schen Prinzipientheorie Wrase, Zwischen Norm und Wirklichkeit, S. 273 ff.; hierzu auch Schulze-Fielitz, JZ 2017, 36 (36).
[1427] Siehe Mahlmann, Rechtsphilosophie und Rechtstheorie, § 14 Rn. 23.
[1428] Hassemer, FS-Maihofer, 183 (183 ff.); andere Ansicht Müssig, GA 2004, 87 (103).
[1429] Art. 103 Abs. 2 GG ist nach Alexy eine Regel, da das von dem Artikel Verlangte stets nur entweder erfüllt oder nicht erfüllt werden kann. Der nemo tenetur-Grundsatz ist jedoch normtheoretisch als Prinzip strukturiert. Das zeigt sich insbesondere an der Zulässigkeit von Mitwirkungspflicht hinsichtlich der Anwesenheit (§ 231 StPO).
[1430] So auch Meurer, FS-Roxin, 2001, 1281 (1295); Lagodny, StV 1996, 167 (171); Mahlstedt, Verdeckte Befragung, S. 112 ff., wobei Mahlstedt, Verdeckte Befragung, S. 116 ff. dies zirkelschlüssig aus der Erlaubtheit der passiven Duldungspflichten herleitet. Diese ist jedoch erst zu begründen.
[1431] EGMR, Urt. v. 21.12.2000, Az.: 34720/97, Rn. 57 f.: „The Court, accordingly, finds that the securtiy and public order concerns […] cannot justify a provision which extinguishes the very essence of the applicants' rights to silence and against self-incrimination …".

die Komplexität der Wirtschaftskriminalität oder das an der Aufklärung bestehende öffentliche Interesse gerechtfertigt werden.[1432] Bis zu diesem Zeitpunkt wurde allein im Verfahren Jalloh v. Deutschland im Jahr 2006 ein gegenläufiger Präferenzsatz angenommen, da das Verfahren insgesamt noch den Anforderungen eines fairen Verfahrens gerecht werde, wenn zur Feststellung dessen das öffentliche Interesse an der Strafverfolgung gegen das Interesse des Beschuldigten an der rechtmäßigen Beweisbeschaffung abgewogen wurde.[1433] Diese Auffassung hat sich in der Rechtsprechung des EGMR mittlerweile gefestigt, wonach nun besondere Aufklärungsschwierigkeiten einen Eingriff in den nemo tenetur-Grundsatz rechtfertigen können.[1434] In eine ähnliche Richtung scheint auch die Erwägung des EGMR zu gehen, dass nicht jeder Zwang, der auf eine aktive Selbstbelastung gerichtet ist, Art. 6 Abs. 1 EMRK verletzt.[1435] Maßgeblich sollen insbesondere die Art und Schwere des Zwangs zur Selbstbelastung sowie das Gewicht des öffentlichen Interesses an der Strafverfolgung sein.[1436]

Entscheidend für den Präferenzsatz sind danach stets die Umstände des konkreten Einzelfalls, wobei der Legitimationsbegründung des nemo tenetur-Grundsatzes prima facie ein sehr hohes Gewicht zukommt.

Bei der Statuierung der Vorrangbedingungen gilt der Satz, je umfangreicher die Gruppe der Bedingungen, desto höher ist die Wahrscheinlichkeit dafür, dass der nemo tenetur-Grundsatz gegenläufigen Prinzipien vorgeht.[1437] Insbesondere der Grundsatz der Wahrheitsermittlung und

---

[1432] EGMR, Urt. v. 17.12.1996 – Az.: 19187/91, Rn. 74; EGMR, Urt. v. 21.04.2009 – Az.: 19235/05, Rn. 74; siehe zur heftigen Kritik der Vagheit der Entscheidung nur SK-StPO/Paeffgen, Art. 6 EMRK, Rn. 84a; Dannecker, ZStW 2015, 991 (993).
[1433] EGMR, Urt. v. 11.07.2006, Az.: 54810/00, Rn. 95 ff.; siehe auch Dannecker, ZStW 2015, 991 (993).
[1434] Dannecker, ZStW 2015, 991 (993).
[1435] EGMR, Urt. v. 29.06.2007, Az.: 15809/2 – O'Halloran and Francis v. United Kingdom, Rn. 53 ff.
[1436] Kritisch Dannecker, ZStW 2015, 991 (994 f.): Strafverfahrensbezogene Verfassungsgarantien und Gewährleistungen, die die Bedingung einer rechtsstaatlich verhängten Strafe betreffen, gelten unabhängig von der Schwere des konkreten Tatvorwurfs und beanspruchen trotz des öffentlichen Aufklärungsinteresses Geltung. Dannecker warnt ausdrücklich vor einer allgemeinen Abwägungsdogmatik, die zu einer Unterminierung der rechtsstaatlichen Sicherungen in Form der Verteidigungsrechte führen würde.
[1437] Alexy, Theorie der Grundrechte, S. 95.

die Unschuldsvermutung bieten dabei sinnvolle Anknüpfungspunkte. Denn würde ein Aussagezwang existieren, erwüchsen ganz erhebliche Zweifel an dem Wahrheitsgehalt einer Aussage des unter Zwang vernommenen Beschuldigten. Daneben würde dieser Zwang vielfach als vorweggenommene, die Unschuldsvermutung verletzende Strafe aufgefasst werden. Die Umstände, die einen umgekehrten Vorrang begründen, sind dagegen nur schwerlich zu finden. Daher rührt die Stärke des nemo tenetur-Grundsatzes.

## II Die verhaltensorientierte Abgrenzung

Äußerst bestritten wird auch die verhaltensorientierte Abgrenzung der bereits in der Weimarer Republik sowie im NS-Staat[1438] herrschenden Meinung, welche den Rahmen zulässiger Zwangsanwendung zur Erreichung einer Selbstbelastung anhand des Kriteriums der Verhaltensweise des Beschuldigten abgrenzt. Während der Beschuldigte nicht zu einer aktiven Mitwirkung gezwungen werden dürfe, müsse er Zwangsmaßnahmen jedoch passiv dulden.[1439] Nach der Rechtsprechung des Bundesverfassungsgerichts umfasst der nemo tenetur-Grundsatz das Recht auf Aussage- und Entschließungsfreiheit. Dazu gehöre, dass niemand gezwungen werden dürfe, sich verbal, das heißt durch seine eigene Aussage, einer Straftat zu bezichtigen oder sonst auf irgendeine

---

[1438] Stock, Zur Strafprozesserneuerung, 1935, S. 16.
[1439] BVerfGE 109, 279 (324); BVerfGE 56, 37 (42, 49); BVerfGE 47, 239 (246 ff.); BGHSt 42, 139 (152); BGHSt 40, 66 (71); BGHSt 38, 214 (220 f.); BGHSt 34, 39 (45 f.); SK-StPO/Rogall, Vor § 133 ff., Rn. 73, 142; LR-StPO/Gleß, § 136, Rn. 27; MüKo-StPO/Schuhr, Vor §§ 133 ff, Rn. 91 ff.; Kindhäuser, Strafprozessrecht, § 6 Rn. 26; Eidam, Selbstbelastungsfreiheit, S. 143 ff., 370; Rogall, Der Beschuldigte, S. 42, 158; Eisenberg, Beweisrecht, S. 329; Doege, nemo-tenetur-Grundsatz, S. 105; Schneider, Grund und Grenzen, S. 29, 36; Hausermann, Der Verband, S. 337; Renzikowski, FS-Amelung, 669 (670); LR-StPO/Kühne, Einl. J, Rn. 90; Redmayne, OJLS 2007, 209 (225); Bärlein/Pananis/Rehmsmeier, NJW 2002, 1825 (1827); Möller, JR 2005, 314 (317); Kraft, nemo tenetur-Prinzip, S. 181 f.; Kühl, JuS 1986, 115 (118); Schneider, NStZ 2017, 126 (131); EGMR, Urt. v. 17.12.1996; Saunders v. UK, 19187/91, Rn. 69; US-Supreme Courts, Schmerber v. California 384 U.S. 757 (1966) (764); kritisch Sautter, AcP 1962, 215 (249): „alt und unbewiesen"; Eisenhardt, nemo tenetur-Prinzip, S. 209 ff.; Weßlau, ZStW 1998, 1 (28 f.); Verrel, NStZ 1997, 415 (417).

Weise nonverbal zu seiner Überführung aktiv beizutragen.[1440] Der nemo tenetur-Grundsatz schütze somit vor willensbeugendem Zwang zu aktiven Handlungen. Der Bruch oder das Übergehen des Willens des Beschuldigten falle als Duldung einer staatlichen Zwangsmaßnahme hingegen nicht in den Schutzbereich.[1441] Die Trennlinie verläuft nach Reiß damit zwischen vertretbaren und unvertretbaren Beschuldigtenhandlungen.[1442]

1. Konzeptionsgründe
Die Differenzierung zwischen aktiven Mitwirkungspflichten und passiven Duldungspflichten wird mit verschiedenen, oft singulären Schwerpunkten auf insgesamt fünf Begründungen gestützt. Diese sollen, wenn möglich, sogleich einer kritischen Betrachtung unterworfen werden. Daran anschließend wird umfassend Kritik an der verhaltensorientierten Abgrenzung geübt.
Der erste Grund trägt den Gemeinschuldnerbeschluss des Bundesverfassungsgerichts und ist auch in der Literatur sehr verbreitet. Dort wird darauf rekurriert, dass die Pflicht zur passiven Duldung weniger eingriffsintensiv hinsichtlich der Selbstbelastungsfreiheit sei als die Pflicht zur aktiven Mitwirkung.[1443] Diese schwache Eingriffsintensität führe dazu, dass

---

[1440] BVerfGE 56, 37 (49); 109, 279 (324); BVerfG, Beschl. v. 25.08.2014, 2 BvR 2048/13, Rn. 13; siehe auch Eisenberg, Beweisrecht, S. 352.
[1441] Siehe auch BVerfG, NStZ 2000, 96; kritisch zu den Ausführungen zur vis absoluta und vis compulsiva Eidam, Selbstbelastungsfreiheit, S. 157: Es bestehe kein qualitativer Unterschied.
[1442] Reiß, Besteuerungsverfahren, S. 176 ff., 179; bezugnehmend auf die Zulässigkeit von Polygraphentests so auch Frister, ZStW 1994, 303 (318); grundlegend für diese Ansicht ist das sog. Informationsbeherrschungsrecht, siehe dazu Renzikowski, JZ 1997, 710 (714); Müssig, GA 2004, 87 (96); Amelung, Informationsbeherrschungsrechte, S. 35; ausdrückliche Abkehr desselben in JR 2008, 327 (327 f.). Kritisch zur Vertretbarkeitsthese Doege, nemo-tenetur-Grundsatz, S. 100; Ranft, Strafprozeßrecht, Rn. 344; Eisenhardt, nemo tenetur-Prinzip, S. 170; Queck, Geltung, S. 647; SK-StPO/Rogall, vor §§ 133, Rn. 138; Schneider, Grund und Grenzen, S. 36, 47: „Träfe es zu, daß das Wissen des Straftäters um seine Straftat als Ausfluß höchster individueller Intimität einen unantastbaren Geheimhaltungsschutz genösse, so ergäbe sich letztendlich die Unzulässigkeit staatlicher Strafverfolgung."
[1443] BVerfGE 56, 37 (42); auch der Bundesgerichtshof BGHSt 40, 66 (71); bejahend auch LR-StPO/Rieß, Einl. I, Rn. 91; SK-StPO/Rogall, Vor §§ 133 ff. Rn. 142; Rogall, Der Beschuldigte, S. 164 f.; Doege, nemo-tenetur-Grundsatz, S. 104 f.; Eidam, Selbstbelastungsfreiheit, S. 135-161, 370; Renzikowski, JZ 1997, 710 (717); Bosch, Aspekte,

die Verpflichtung zur Duldung von strafrechtlichen Ermittlungsmaßnahmen „verfassungsrechtlich unbedenklich"[1444] sein soll.
Ergänzend wird in der zweiten Begründung auf den Wortlaut des lateinischen Satzes „nemo tenetur se ipsum accusare/prodere" abgestellt, wonach niemand gezwungen werden solle, sich selbst anzuklagen oder zu belasten. Damit sollen alle aktiven Verhaltensweisen gemeint sein, die eine Selbstüberführung zur Folge haben könnten.[1445] Der überlieferte Wortlaut ist jedoch nicht belastbar,[1446] da die auf ihn gestützte Argumentation sich in einem hermeneutischen Zirkel verläuft: Der erwartete und gewollte Sinnzusammenhang des nemo tenetur-Grundsatzes wird bei der Auslegung der einzelnen Worte in der Weise herangezogen, dass die Wortauslegung diesen Sinn trifft.[1447] Daneben unterscheiden sich die beiden Überlieferungen je nach Übersetzung von „prodere" überhaupt nicht. „Accusare" im Sinne einer Selbstanklage und „prodere" im Sinne einer Mitteilung würden dann jedoch die Wortlautthese nicht stützen, da sie nicht die gesamte Mitwirkung, insbesondere nicht die nonverbale, umfassen würden. Sollte „prodere" jedoch im Sinne eines Hervorbringens von Beweismitteln verstanden werden, würde die Diskrepanz der Übersetzungen dazu führen, dass die Herleitung auf der Grundlage solch kurzer, kryptischer Übersetzungen nicht sehr tragfähig ist.
Drittens wird die Systematik der Strafprozessordnung herangezogen, nach welcher es keine Eingriffsermächtigung geben solle, durch die ein Beschuldigter zu aktiver Mitwirkung gezwungen werden könnte.[1448] Dies

---

S. 277 ff.; 283 ff.; Kölbel, Selbstbelastungsfreiheiten, S. 44 ff., 48 ff.; Ransiek/Winsel, GA 2015, 620 (628 f.), nach welchen die Unverhältnismäßigkeit oder die Brutalität entscheidend sein sollen; Meyer, JR 1987, 215 (216); Kramer, ZRP 2001, 386 (386); Dallmeyer, KritV 2000, 252 (265 f.); Nothhelfer, Freiheit vom Selbstbezichtigungszwang, S. 91 f.; Haas, GA 1997, 369 f.; Eser, ZStW 1974, 136 (146); Ranft, Strafprozeßrecht, Rn. 712, 725; kritisch insbesondere Reiß, Besteuerungsverfahren, S. 176-179; ablehnend Weßlau, ZStW 1998, 1 (29); Verrel, Selbstbelastungsfreiheit, S. 283 ff.

[1444] BVerfG v. 29.5.1963, 2 BvR 161/63, BVerfGE 16, 191.
[1445] Eidam, Selbstbelastungsfreiheit, S. 143 ff.; Hartmann-Hilter, Warten am Unfallort, S. 17; Torka, Nachtatverhalten, S. 56.
[1446] MüKo-StPO/Schuhr, Vor §§ 133 ff, Rn. 11.
[1447] Siehe zu diesem Begriff Larenz/Canaris, Methodenlehre, S. 28 f.
[1448] BGHSt 34, 39 (45 f.); Reiß, Besteuerungsverfahren, S. 176; Schmidt, NJW 1962, 1745 (1745 ff.); Dahs/Wimmer, NJW 1960, 2217 (2219); Rogall, Der Beschuldigte, S. 158; Dingeldey, JA 1984, 407 (412 f.).

trifft angesichts zahlreicher Eingriffsermächtigungen zur Erzwingung aktiver Mitwirkung nicht zu. Zu denken ist dabei nur an die Erscheinenspflicht des Beschuldigten und die Aussagepflicht hinsichtlich Angaben zu seinen persönlichen Verhältnissen.[1449] Des Weiteren lässt sich aufgrund der Normenhierarchie nur schwerlich von einfachgesetzlichen Ausprägungen, die meist richterrechtlich unter der Ägide der verhaltensorientieren Auffassung entstanden sind, auf das entscheidende Merkmal zur Bestimmung des Schutzbereiches schließen. Die Begründung würde sich andernfalls selbst erschaffen.[1450]

Viertens weist Rogall in diesem Kontext auf die „Gesetzesfassung" hin, die keine andere Auslegung zulasse, als dass der „Beschuldigte die Befugnis hat, sich gegenüber der Beschuldigung passiv zu verhalten und zu schweigen".[1451] Angesichts der sehr lückenhaften „Gesetzesfassung" des nemo tenetur-Grundsatzes ist ein derartiges Verständnis jedoch zumindest zweifelhaft. Mit „Gesetzesfassung" kann Rogall im Grunde nur § 136 StPO meinen, und dort ist lediglich eine Belehrungspflicht der staatlichen Ermittlungsbehörden über das Recht zu schweigen normiert. Die Differenzierung nach der abverlangten Mitwirkungshandlung ist hingegen in keiner gesetzlichen Grundlage auffindbar, insbesondere auch nicht in der ausdrücklichen Formulierung des Art. 14 Abs. 3 lit. g IPBPR: Dort heißt es, der Angeklagte dürfe nicht gezwungen werden, gegen sich selbst als Zeuge auszusagen oder sich schuldig zu bekennen. Der Wortlaut beschränkt sich folglich auf verbale Verhaltensweisen und umfasst gerade nicht sämtliche Mitwirkungsakte.[1452] Die extensive Lesart Rogalls scheint über die „Gesetzesfassung" im Sinne des Wortlauts der Norm weit hinauszugehen. Aus der Deutung aus dem positiven Recht wäre nicht das Kriterium der Verhaltensweise, sondern allenfalls das der Verbalität abzuleiten.

---

[1449] Dieser Einwand lässt sich freilich dadurch entkräften, dass der nemo tenetur-Grundsatz eben auch vor einer beweisrechtlichen Verwertung im Rahmen der Strafzumessung der Verweigerung des Angeklagten vor Gericht Angaben zu Person zu machen, die selbstbelastend wirken können, schütze, siehe BGH, StraFo 2015, 324; siehe auch Müller/Schmidt, NStZ 2016, 649 (655).
[1450] Ähnlich Verrel, Selbstbelastungsfreiheit, S. 233.
[1451] Rogall, Der Beschuldigte, S. 42, 155.
[1452] So auch Verrel, Selbstbelastungsfreiheit, S. 198.

Das Aufführen der fünften Begründung soll nur der Vollständigkeit dienen und aufzeigen, dass mitunter auch rein ideologische Gründe herangezogen werden, um die verhaltensorientierte Abgrenzung des Schutzes durch den nemo tenetur-Grundsatz zu stützen. So betont Eidam, die Differenzierung der herrschenden Meinung zwischen aktiver Mitwirkungspflicht und passiver Duldungspflicht „kann und darf" nicht verworfen werden.[1453] Im Ergebnis soll der Beschuldigte nach dieser Konzeption letztlich nur Beweismittel sein, soweit er als Gegenstand des Augenscheins bei Maßnahmen nach §§ 81, 81a, 81b StPO betrachtet wird.[1454] Zu Stimmvergleichen, Schriftproben oder ähnlicher Tests darf er nicht gezwungen werden.[1455]

Abschließend bleibt folglich lediglich der zuerst vorgetragene Grund der geringeren Eingriffsintensität bis hierin unbestritten, auf diesen wird zu einem späteren Zeitpunkt im Rahmen der Stellungnahme zurückzukommen sein.

## 2. Kritik

Die herrschende Meinung wird in letzter Zeit vermehrt in zusammengefasse vier Punkten kritisiert.[1456]

### a) Vorbereitungs- und Begleithandlungen

Der erste hier vorgestellte Einwand besteht darin, dass die Abgrenzung zwischen aktiven Mitwirkungspflichten und passiven Duldungspflichten des Beschuldigten keinen normativen Gehalt habe.

---

[1453] Eidam, Selbstbelastungsfreiheit, S. 143.
[1454] Roxin/Schünemann, Strafverfahrensrecht, § 25 Rn. 2.
[1455] BGHSt 40, 66 (71 f.); Eisenhardt, nemo tenetur-Prinzip, 209 ff.; Sautter, AcP 1962, 215 (215 ff.); andere Ansicht Eidam, Selbstbelastungsfreiheit, S. 128 ff.; SK-StPO/Rogall, Vor § 133 Rn. 142.
[1456] Verrel, Selbstbelastungsfreiheit, S. 219-235, 283 ff.; ders., NStZ 1997, 415 (417); Neumann, FS-Wolff, 373 (378 ff., 383); Lesch, Strafprozessrecht, S. 198; Radtke, FS-Meyer-Goßner, 321 (330 f.); Schlauri, Verbot des Selbstbelastungszwangs, S. 179; Lorenz, JZ 1992, 1000 (1006); Torka, Nachtatverhalten, S. 58; Eisenhardt, nemo tentur-Prinzip, S. 55; Groth, Unbewusste Äußerungen, S. 75; Ransiek/Winsel, GA 2015, 620 (629); Queck, Geltung, S. 151; Drope, Verbandsstrafe, S. 186; Mahlstedt, Verdeckte Befragung, S. 76; Reiß, Besteuerungsverfahren, S. 171, 176; Wolfslast, NStZ 1987, 103 (103); siehe auch schon Beling, Beweisverbote, S. 12.

Dass die Grenze zwischen passiven Duldungspflichten und aktiven Mitwirkungspflichten verlaufen soll, sei eine rein deskriptive Unterscheidung, die nichts über den Grund der Unterscheidung aussagt. Besonders deutlich wird dies in den von der herrschenden Meinung[1457] als unbedenklich eingestuften Fällen der Duldungspflichten, denn denen sind in aller Regel gewisse aktive Verhaltensweisen des Beschuldigten, sogenannte Vorbereitungs- und Begleithandlungen, zeitlich vorgelagert.[1458]

Als Beispiel lässt sich hierfür das Prozedere einer hoheitlich durchgeführten Blutprobenentnahme heranziehen. Das Mitgehen zum Ort der Entnahme, das Hochkrempeln der Ärmel und die Einnahme einer Blutentnahme ermöglichenden Körperhaltung stellen aktive Verhaltensweisen dar, welche jedoch zulässigerweise erzwungen werden können. Selbst das An- oder Entkleiden soll als Vorbereitungshandlung erzwingbar sein, daher kann den Beschuldigten sogar eine Pflicht treffen, eine Strumpfmaske überzuziehen.[1459] Des Weiteren kann der Beschuldigte nach dem BGH zum Zwecke der Erstellung von Vergleichsaufnahmen in eine bestimmte Körperhaltung gebracht werden.[1460]

Im Ergebnis bestehen folglich zahlreiche aktive Mitwirkungspflichten für den Beschuldigten, welche sich nicht von den Duldungspflichten abgrenzen lassen. Wenn es also in der Rechtsprechung des BGH oder der verfahrensrechtlichen Literatur heißt, dem Beschuldigten stehe Freiheit vom

---

[1457] Ranft, Strafprozeßrecht, Rn. 725; Geppert, FS-Spendel, 655 (660); Schlüchter, Strafprozeßrecht, Rn. 179; LR-StPO/Dahs, § 81a Rn. 17; Meyer-Goßner/Schmitt, § 81a Rn. 12; OLG Köln, NJW 1962, 692; OLG Hamm, NJW 1968, 1202; LG Düsseldorf, NJW 1973, 1931; kritisch Rogall, JuS 1992, 551 (554, Fn. 45); Bosch, Aspekte, S. 288, 296 f.; Verrel, Selbstbelastungsfreiheit, S. 225.

[1458] Verrel, Selbstbelastungsfreiheit, S. 225; Bosch, Aspekte, S. 288; Neumann, FS-Wolff, 373 (378); Dennis, Cambridge Law Journal 1995, 342 (355).

[1459] Schlauri, Verbot des Selbstbelastungszwangs, S. 122 mit weiteren Nachweisen.

[1460] BGH, NStZ 1993, 47 (48); BGH, StV 1993, 458; LR-StPO/Gleß, § 136, Rn. 36; Eisenhardt, nemo tenetur-Prinzip, S. 48.. Der nemo tenetur-Grundsatz beansprucht auch nach KG, JR 1979, 347 (348) keine Geltung für unumgängliche Vorbereitungshandlungen, daher sind diese zulässig. Ebenso zu finden bei Geppert, DAR 1980, 315 (318). Nach Mahlstedt, Verdeckte Befragung, S. 75 fehlt für eine Zulässigkeit derartigen Zwangs eine „konsistente Begründung"; ebenso bereits Grünwald, JZ 1981, 423 (428).

Zwang zur Mitwirkung am Strafverfahren zu[1461], ist dies vor dem Hintergrund der strafprozessualen Gesetzesnormen nicht richtig. Es ist vielmehr so, dass der Beschuldigten einen vielfältigen Pflichtenkatalog zu erfüllen hat. So muss der Beschuldigte über die Vorbereitungs- und Begleithandlungen hinaus an der Hauptverhandlung teilnehmen. Kommt er dieser Pflicht nicht nach, kann er nach § 230 Abs. 2 StPO vorgeführt werden. Ferner hat er nach § 231 StPO zudem die Pflicht, sich während der Verhandlung nicht zu entfernen.[1462] Sein Verbleiben kann durch Fesselung, Bewachung und Ingewahrsamnahme (§ 231 Abs. 1 S. 2 StPO, § 176 GVG) sichergestellt werden.[1463] Fraglich ist in diesem Zusammenhang auch die Pflicht zu Angaben über persönliche Verhältnisse, da auch diese zu einer Selbstbelastung führen können.[1464] Gerade eine Aussage zum Beruf kann ganz erhebliche Tatindizien schaffen, wenn die in Rede stehende Tat auf besonderen beruflichen Kenntnissen aufbaut.
Um aus diesen Widersprüchlichkeiten nicht die Konsequenz zu ziehen, dass die Abgrenzung der herrschenden Meinung nicht tragfähig ist, vertritt Schuhr die Auffassung, dass eine Ausnahme bei der Erscheinenspflicht und der Pflicht zu Angaben über persönliche Verhältnisse gemacht werden müsste.[1465] Dies kann jedoch mangels Begründung, warum gerade hier eine Ausnahmeregelung angezeigt ist, nicht überzeugen.
Andere Vertreter der verhaltensorientierten Abgrenzung ziehen zur Entkräftung des auf der Widersprüchlichkeit ruhenden Einwandes heran,

---

[1461] BGHSt 42, 139 (153); Volk, Grundkurs StPO, S. 50; vgl. auch Eisenberg, Beweisrecht, S. 328 mit dem fehlerhaften Hinweis auf BGH, StV 1986, 422 (423), da sich der BGH hier mit § 261 StPO und der Unschuldsvermutung und nicht mit dem nemo tenetur-Grundsatz beschäftigt.
[1462] Andere Ansicht Weßlau, ZStW 1998, 1 (1).
[1463] Vgl. auch Salditt, FS-Beulke, 999 (1007); Siehe zu der Anwesenheitspflicht des Angeklagten in der Hauptverhandlung Eisenberg, Beweisrecht, S. 286 ff.; Kindhäuser, Strafprozessrecht, § 6 Rn. 27.
[1464] Siehe BGHSt 21, 334 (364); BGHSt 25, 17; kritisch Eisenberg, Beweisrecht, S. 325.
[1465] MüKo-StPO/Schuhr, vor § 133, Rn. 91.

dass die Handlungen typischerweise notwendig sind, damit die Strafverfolgungsbehörden ihre Arbeit überhaupt erledigen können.[1466] Nach Eidam fallen Unterstützungshandlungen bereits nicht in den Schutzbereich des nemo tenetur-Grundsatzes, da sie keiner unmittelbaren Beweiswürdigung unterliegen, eine derartige Unmittelbarkeit für die Beweisführung aber notwendiges Kriterium des Schutzbereichs sei.[1467] Das Freimachen des Armes oder die Erscheinenspflicht führen nicht zu einer Beweissicherung, sondern es sind noch weiterführende Handlungen in einer mehraktigen Handlungskette erforderlich.[1468]

b) Straf(verfahrens)rechtliche Systematik

Dass sich die verhaltensorientierte Abgrenzungstheorie nicht auf die strafverfahrensrechtliche Systematik berufen kann, wurde oben bereits skizziert.[1469] Soweit die Zulässigkeit passiver Duldungspflichten mit den Belehrungsvorschriften begründet wird, ist dies nicht einleuchtend, der Rekurs auf diese Normen ist vielmehr ein Argument der Gegenthese. Schneider behauptet zwar hinsichtlich des nemo tenetur-Grundsatzes: „Konstitutiv ist also das Recht zur Passivität, das seinen augenfälligen Ausdruck in den Belehrungsvorschriften der §§ 115 III 1, 128 I 2, 136 I 2, 163a III 2, 163a IV 2 und 243 IV 1 StPO gefunden hat."[1470] Diese Vorschriften normieren jedoch nur die Aussagefreiheit und können die als Recht auf Passivität bezeichnete Mitwirkungsfreiheit im Übrigen nicht erklären.

Ein weiterer Einwand gegen die verhaltensorientierte Abgrenzung lässt sich aus der allgemeinen Strafrechtssystematik herleiten, welchem die Gleichstellung passiver Duldung mit dem Unterlassen des Widerstandes gegen die Ermittlungsmaßnahme zugrundeliegt. Als Beispiel mag der Grimassen-Fall dienen: In einer Gegenüberstellung soll der Beschuldigte

---

[1466] Geppert, FS-Sepndel, 655 (660, 664); Meyer-Goßner, § 81a Rn. 12; Doege, nemo-tenetur-Grundsatz, S. 103 bezieht diese Entkräftung nur auf gewisse notwendige Duldungspfleihten.
[1467] Eidam, Selbstbelastungsfreiheit, S. 146.
[1468] Eidam, Selbstbelastungsfreiheit, S. 145.
[1469] Siehe S. 233 f.
[1470] Schneider, Grund und Grenzen, S. 29 f.

eine bestimmte Körperhaltung einnehmen und darf diese nicht verändern. Darüber hinaus muss er besondere Gesichtsausdrücke unterlassen oder sogar eine Strumpfmaske überziehen.[1471] Dort wurde der Beschuldigte nach Ansicht des Kammergerichts lediglich zur Aufgabe des Widerstandes gegen die Erfüllung der ihm obliegenden passiven Duldungspflicht gezwungen.[1472] Die Aufgabe von Widerstand ist jedoch mehr als Duldung, nämlich Unterlassung.

Zum einen kann hier wiederum die mangelnde Tragfähigkeit des Autonomiekonzepts erkannt werden. Würde nämlich auf die Willensfreiheit des Beschuldigten abgestellt werden, müsste dessen Wille, die Maßnahmen nicht erdulden zu müssen, wohl beachtet werden, was zu ihrer Unzulässigkeit führen müsste. Zum anderen, und darauf kommt es hier besonders an, lässt sich hier ganz deutlich erkennen, dass zwischen aktiver Mitwirkung und passiver Duldung nicht immer zweifelsfrei abgegrenzt werden kann. Die Lösung Verrels, die Gegenüberstellung als Ausnahme der durch den nemo tenetur-Grundsatz geschützten Mitwirkungsfreiheit zu sehen, kann lediglich als verzweifelter Versuch, die herrschende Meinung doch zu bewahren, bewertet werden.[1473] Ebenso wie Schuhr versucht Verrel ohne nähere Begründung, wieso gerade bei der Gegenüberstellung eine Ausnahme von der verhaltensorientierten Abgrenzung gemacht werden solle, durch eine Ausnahmekonstruktion die herrschende Meinung noch zu halten.

Die normative Behandlung des Unterlassens im Strafrecht nach § 13 StGB zeigt auf, dass ein Unterlassen einem Handeln hinsichtlich seines Unrechtsgehalts grundsätzlich gleichsteht.[1474] Nur fakultativ kann die Strafe nach §§ 13 Abs. 2, 49 Abs. 1 StGB gemildert werden. Maßgeblich ist, ob der Unterlassende garantenpflichtig und die Entsprechungsklausel erfüllt ist.[1475] Anderer Auffassung ist Eidam, nach welchem die Unterlassensdogmatik eine vergleichbare Abgrenzung wie die herrschende Dogmatik des nemo tenetur-Grundsatzes vornehme. „Es kann daher

---

[1471] Siehe BGH, NStZ 1993, 47.
[1472] KG, NJW 1979, 1668 (1669).
[1473] Siehe auch Verrel, Selbstbelastungsfreiheit, S. 218.
[1474] So auch Torka, Nachtatverhalten, S. 301.
[1475] Vergleiche Roxin, AT II, § 32 Rn. 1 ff.

nicht überzeugen, eine Abkehr von der phänomenologischen Unterscheidung Tun / Dulden wegen Abgrenzungsschwierigkeiten einzufordern, wo doch an anderer Stelle im Rechtssystem eine nahezu gleiche Abgrenzung geleistet werden kann."[1476] Wie schwierig die Abgrenzung jedoch ist, zeigt sich an den zahlreichen Zweifelsfällen der Unterlassensdogmatik. Gerade der Grimassenfall eignet sich außerordentlich gut, um dies zu veranschaulichen, da die Abgrenzungstheorien zum § 13 StGB hier zu einem bemerkenswerten Ergebnis gelangen würden. Sowohl nach der Lehre vom Energieeinsatz als auch nach der Theorie des Schwerpunkts der persönlichen Vorwerfbarkeit wird der Beschuldigte im Grimassenfall zu einem aktiven Tun gezwungen. Es läge mithin – entgegen der Auffassung des Kammergerichts – ein Verstoß gegen den nemo tenetur-Grundsatz vor. Wegen dieser Abgrenzungsschwierigkeiten greifen Stimmen in der Literatur, namentlich Schuhr und Verrel, wiederum auf Ausnahme-Konzeptionen zurück, um unerwünschte Ergebnisse doch noch vermeiden zu können. Die verhaltensorientierte, phänomenologische Abgrenzung ist daher äußerst problematisch.

Dass die allgemeine Strafrechtssystematik die Definitionskategorien Aktivität und Passivität nicht zur Abgrenzung unterschiedlicher Intensitäten kennt, zeigt sich auch an der am Rechtsgüterschutz (Erfolg) orientierten Systematik.[1477] Nach der sozialen Handlungslehre ist jedes vom Willen beherrschbare Verhalten mit sozialerheblicher Wirkung eine Handlung.[1478] Damit kommt es auf aktives Tun oder passives Dulden nicht an. Auch die Strafnormen der §§ 240, 253 StGB statuieren eine Systematik der Gleichrangigkeit von aktivem Tun, passiven Dulden und Unterlassen. Das abgenötigte Verhalten kann sowohl in der Durchführung einer Hand-

---

[1476] Eidam, Selbstbelastungsfreiheit, S. 147.
[1477] Roxin, AT I, § 2 Rn. 2 ff.
[1478] Roxin, AT I, § 8 Rn. 27 mit weiteren Nachweisen.

lung als auch in dem Dulden oder Unterlassen eines Verhaltens liegen.[1479] Begründet wird dies mit dem Rechtsgut der Willensentschließungs- und –betätigungsfreiheit,[1480] welches nach herrschender Meinung sowohl vor vis absoluta als auch vis compulsiva geschützt wird.[1481] Nötigt A den B durch Drohung mit einem empfindlichen Übel zur Abgabe eines Fingerabdrucks, macht er sich genauso nach § 240 StGB strafbar, als würde er den Daumen des B selbst ergreifen und das Abdrucksverfahren mit dem Daumen gewaltsam durchführen. Ein Unterschied hinsichtlich der Strafbarkeit läge nicht vor. Wieso daraus dennoch eine unterschiedliche Bewertung hinsichtlich der Einschlägigkeit des nemo tenetur-Grundsatzes folgen soll, erschließt sich nicht.

c) Gleichwertigkeit der Verhaltensweisen

Eng mit der zuvor abgehandelten Problematik hängt zusammen, dass unklar bleibt, wieso auf Ebene des Schutzbereiches allein die Verhaltensform des Beschuldigten das maßgebliche Kriterium sein soll.

Prima facie wäre es einleuchtender, – wie stets in der Grundrechtsdogmatik – dies sowie die Eingriffsintensität im Rahmen der verfassungsrechtlichen Rechtfertigung zu berücksichtigen. Ohne nähere Begründung behauptet das Bundesverfassungsgericht, dass mit der passiven Duldungspflicht hinsichtlich einer Ermittlungsmaßnahme weniger hart in den nemo tenetur-Grundsatz eingegriffen wird als mit der Pflicht zur aktiven Mitwirkung.[1482]

Nach einer in der Literatur verbreiteten Gegenansicht sind Duldungspflichten jedoch gerade nicht eingriffsmilder als Handlungspflichten. Vielmehr soll gar kein gradueller Unterschied zwischen aktiver Mitwirkung

---

[1479] SK-StGB/Horn/Wolters, § 240 Rn. 5; Fischer, § 240 Rn. 4.
[1480] BVerfGE 73, 237 (237 ff.); 92, 1 (13); BGHSt 34, 71 (77); SK-StGB/Horn/Wolters, § 240 Rn. 2; Fischer, § 240 Rn. 2.
[1481] BGHSt 41, 182; SK-StGB/Horn/Wolters, § 240 Rn. 9, 23; BeckOK-StGB/Valerius, § 240 Rn. 25; LK-StGB/Altvater, § 240 Rn. 45 f.; Schönke/Schröder/Eser/Eisele, § 240 Rn 4; Fischer, § 240 Rn. 9.
[1482] BVerfGE 56, 37 (42); in der Literatur so auch Rüping, JR 1974, 135 (139); Weßlau, ZStW 1998, 1 (28); Freier, ZStW 2010, 117 (130); SK-StPO/Rogall, vor §§ 133 ff., Rn. 132; Kasiske, JuS 2014, 15 (16).

und passiver Duldung bestehen.[1483] Gerade die in der Praxis zu beobachtende Erfahrung, dass Beschuldigte Duldungszwang durch aktive Mitwirkung abzuwenden suchen, zeige, dass ein derartiger Unterschied nicht besteht.[1484] Entsprechend wird vermutet, dass Beschuldigte in der Regel die zu duldende Maßnahmen aktiv abzuwenden bemüht sein werden.[1485] Das durch den nemo tenetur-Grundsatz begründete Weigerungsrecht hinsichtlich einer Atemalkoholprobe wird entwertet, indem durch die Androhung einer zu duldenden Blutabnahme mittelbar Druck ausgeübt werden kann. Der Hinweis der Ermittlungsbehörden auf die Folgen der Verweigerung, namentlich der Einsatz von Zwangsmitteln nach §§ 81 ff. StPO, sorgt in der Regel für die Herstellung einer Kooperationsbereitschaft seitens des Beschuldigten, um Schlimmeres abzuwenden.[1486]

Eidam versucht, dieses Argument durch ein verfassungsrechtliches Infragestellen des § 81a StPO aufzulösen. Sollten § 81a StPO und der nemo tenetur-Grundsatz in einem Konflikt stehen, sei der Konflikt auf Ebene des einfachen Rechts aufzulösen.[1487]

Ein anschauliches Beispiel ist der Vergleich einer Duldungspflicht hinsichtlich einer Blutabnahme und der Mitwirkungspflicht hinsichtlich des kräftigen Pustens in ein Messgerät zur Bestimmung des Atemalkoholspiegels. Es bestehe aus Sicht des Beschuldigten kein Unterschied zwischen passiver Erduldung der Blutprobenentnahme und der Aktivität erfordernden Atemalkoholanalyse.[1488] Der Einwand gilt insbesondere rechtsethischen Ansätzen, die auf der Autonomie des Beschuldigten aufbauen. Denn wenn Zwang zur Duldung zulässig sein soll, erzeugt dies faktisch ganz enormen Druck auf die Willensentschließungsfreiheit.[1489]

---

[1483] Verrel, Selbstbelastungsfreiheit, S. 232; Weßlau, ZStW 1998, 1 (31); Neumann, FS-Wolff, 373 (378 f.); Zaczyk, StV 2002, 125 (126); Dallmeyer, KritV 2000, 252 (260 ff.); Mahlstedt, Verdeckte Befragung, S. 72.
[1484] Verrel, Selbstbelastungsfreiheit, S. 283.
[1485] Verrel, Selbstbelastungsfreiheit, S. 232.
[1486] Reiß, Besteuerungsverfahren, S. 173 f.; Neumann, FS-Wolff, 373 (373 ff.).
[1487] Eidam, Selbstbelastungsfreiheit, S. 148 f.
[1488] Verrel, Selbstbelastungsfreiheit, S. 232 f., 283.
[1489] So auch Mahlstedt, Verdeckte Befragung, S. 72.

Weßlau formuliert pointiert: „Denn häufig wird der Beschuldigte dort, wo ihn eine Duldungspflicht trifft, den erzwingbaren Eingriff in seine Rechtssphäre durch ‚freiwillige' Mitwirkung abwenden können, und dem Beschuldigten ist diese Möglichkeit der Mitwirkung – sofern sie das mildere Mittel darstellt – auch zunächst zu gewähren. Aus der Perspektive des Beschuldigten handelt es sich dann aber durchaus nicht um eine ‚freiwillige', sondern um eine ‚abgenötigte' Mitwirkung[1490], weil sie unter dem Druck eines ansonsten drohenden Zwangseingriffs erfolgt. Daher unterscheiden sich unter dem Blickwinkel einer Beeinträchtigung der Willensentschließungsfreiheit Duldungspflichten nicht grundsätzlich von Mitwirkungspflichten."[1491]

Ferner stößt die herkömmliche verhaltensorientierte Abgrenzung des Grundsatzes an Grenzen, wenn diese im Bereich der verdeckten Ermittlungen angewendet wird.[1492] Es ist kein Grund ersichtlich, wieso es im Bereich heimlicher Ermittlungen verboten sein sollte, dem Beschuldigten selbstbelastende Äußerungen zu entlocken, da diese eine aktive Mitwirkung darstellen würden, gleichzeitig das Mithören von Äußerungen des Beschuldigten in Privatgesprächen aber vor dem nemo tenetur-Grundsatz unbedenklich sein soll, da dies dem Beschuldigten lediglich ein passives Dulden abverlangt.[1493]

Gerade angesichts der rechtsethischen Konzepte der Unzumutbarkeitsthese und des Selbsterhaltungstriebes leuchtet die Argumentation unmittelbar ein. Weder kann die Mitwirkung weniger zumutbar erscheinen, noch macht es für den Selbsterhalt des Beschuldigten einen Unterschied, ob er aktiv werden soll oder passiv bleiben darf. Auch das die verschiedenen Autonomiethesen, insbesondere das ergänzende Demütigungskonzept, führen nicht zu einem anderen Ergebnis, da die demütigende Wirkung vergleichbar sein dürfte. So kommen Teile der Literatur

---

[1490] Dass diese Einwilligung die Beweiserhebung legitimieren kann, soll nichts an der faktischen Beeinträchtigung der Willensentschließungsfreiheit ändern. Vgl. zum Ganzen Amelung, Die Einwilligung in die Beeinträchtigung eines Grundrechtsgutes, 1981, S. 105 ff.
[1491] Weßlau, ZStW 1998, 1 (31).
[1492] Weßlau, ZStW 1998, 1 (30).
[1493] Weßlau, ZStW 1998, 1 (29).

zu der These, die beiden Verhaltensweisen beeinträchtigen den Beschuldigten in gleichem Maße.[1494]
Verrel kritisiert weitergehend die rechtsethischen Ansätzen, die auf der Autonomie des Beschuldigten basieren, mit folgendem Beispiel: „So ist nicht einsehbar, warum der sich gegen eine Blutentnahme heftigst sträubende, von mehreren Polizeibeamten zur Ermöglichung des Einstichs fest- und niedergehaltene Beschuldigte noch Subjekt, dagegen der beispielsweise durch eine Bußgeldandrohung zur aktiven Mitwirkung an einem Atemalkoholtest veranlasste Beschuldigte nur bloßes Objekt der Strafverfolgung sein soll."[1495] Des Weiteren verweist er auf die nach § 81a StPO zulässigen zwangsweisen Eingriffe wie beispielsweise Liquorentnahme, Hirnkammerluftfüllung oder Magenausspülung[1496], bei welchen keine unzulässige Instrumentalisierung des Betroffenen angenommen wird. Daraus schließt Verrel, dass die These, der Beschuldigte werde nur im Falle erzwungener aktiver Mitwirkung zum ausschließlichen Gegenstand staatlicher Wahrheitsfindung gemacht, „vollends" haltlos sei.[1497] Ein weiterer Beispielsfall lässt sich bereits bei Beling finden, welcher den operativen „Schnitt, durch den eine Flintenkugel zum Vorschein gebracht werden soll, die der des Wilderns Beschuldigte von dem angegriffenen Jäger davongetragen hat"[1498], als einen derartigen zwangsweisen Eingriff benennt.

Angesichts dieser Kritik und da das Bundesverfassungsgericht den nemo tenetur-Grundsatz verfassungsrechtlich auch in der Menschenwürdegarantie verankert sieht[1499] und diese anhand der Objektformel prüft, welche wiederum auf Dürig und Kant zurückgeht,[1500] fragt sich, ob

---

[1494] Verrel, NStZ 1997, 415 (417); Schlauri, Verbot des Selbstbelastungszwangs, S. 112 ff.; Bosch, Aspekte, S. 277 ff.
[1495] Verrel, Selbstbelastungsfreiheit, S. 227 f.
[1496] Vgl. die Aufzählung bei Meyer-Goßner/Schmitt, § 81a Rn. 22; Kasiske, JuS 2014, 15 (16).
[1497] Verrel, Selbstbelastungsfreiheit, S. 229; so auch Neumann, FS-Wolff, 373 (382); Günther, GA 1978, 193 (196); Schäfer, NJW 1997, 2437 (2438); Grüner, JuS 1999, 122 (124 f.); Bosch, Aspekte, S. 40; Weßlau, StV 1997, 341 (343).
[1498] Beling, Beweisverbote, S. 12.
[1499] BVerfGE 56, 37 (41 f.).
[1500] Grundlegend Dürig, AöR 1956, 117 (117 ff.).

sich aus einer Autonomiethese hinsichtlich des Schutzgegenstandes eine unterschiedliche Intensität herleiten ließe. Jedoch scheint es auch bezüglich einer Menschenwürdeverletzung gänzlich unerheblich, ob der Beschuldigte zu aktivem Tun oder passiver Duldung gezwungen wird. Besonders deutlich wird dies anhand der Fallkonstellation, in der Zwang dahingehend ausgeübt wird, die Haartracht entweder selbst zu verändern oder die Veränderung durch einen Dritten zu dulden oder auch im Grimassen-Fall, der in seiner gerichtlichen Begründung schon zynisch anmutet:[1501] „[...] Die Beschuldigten sind nicht gezwungen worden, einen bestimmten Gesichtsausdruck anzunehmen. Vielmehr mußten sie gewaltsam daran gehindert werden, durch Abwenden oder Senken des Kopfes, Schließen der Augen und Grimassenschneiden den Zweck der Gegenüberstellung dadurch zu vereiteln, daß sie den Zeugen die Betrachtung ihrer Gesichtszüge im normalen, unverstellten Zustand unmöglich machten. Sie wurden also nicht zu einem aktiven, willentlichen Tun, sondern zur Aufgabe ihres rechtswidrigen Widerstandes gegen die Erfüllung der ihnen obliegenden passiven Duldungspflicht gezwungen."[1502]

Nach anderer Ansicht prägt sich in den vorstehenden Beispielen gerade die Autonomieverletzung ganz unterschiedlich aus. Es bestehe eine qualitative Differenz zwischen dem Überwältigen oder Brechen eines Willens und dessen Einspannen oder Beugung unter Strafverfahrenszwecke. Die Beugung stelle dabei den schwerwiegenderen Angriff auf die Autonomie des Beschuldigten dar.[1503]

Jüngst wurde dies von Doege vertreten, nach welchem es auf die Instrumentalisierung der verfahrensrechtlichen Autonomie ankomme.[1504] Sobald diese zur Kompromittierung der Verteidigungsposition des Beschul-

---

[1501] Verrel, Selbstbelastungsfreiheit, S. 209; Wolfslast, NStZ 1987, 103 (103).
[1502] KG, NJW 1979, 1668 (1669).
[1503] SK-StPO/Rogall, vor §§ 133, Rn. 132; Freier, ZStW 2010, 117 (130); Keller, Provokation, S. 136; Wolff, Selbstbelastung, S. 94 f.
[1504] Doege, nemo tenetur-Grundsatz, S. 104; davor BVerfG, NJW 2005, 352 (353); BVerG, Beschl. v. 13.05.2009 - 2 BvL 19/08, juris, Rn. 74; Rau, Schweigen, S. 39; Weßlau, ZStW 1998, 1 (26); Rn. 132; Keller, Provokation, S. 132; Rüping, JR 1974, 135 (139); Rau, Schweigen, S. 52; vergleiche auch Klass, GS-Blumenwitz, 25 (33 ff.); SK-StPO/Rogall, vor §§ 133 ff.

digten instrumentalisiert werde, sei der nemo tenetur-Grundsatz betroffen. Nach Doege negieren willensbrechende Zwangsmittel die Autonomie des Beschuldigten nicht in der Weise, wie es eine Willensbeugung tut.[1505]

Diese These bleibt jedoch unbegründet. Sie stellt lediglich darauf ab, dass der Beschuldigte in der Situation der Willensbeugung einen Willen bildet und äußert, welchen er ohne Zwang so nicht geformt hätte. Jedoch ist dabei zu beachten, dass der Beschuldigte hier immer noch eine Wahl treffen kann und seine Wahl staatlicherseits auch ernst genommen wird. Weigert sich der Beschuldigte, an der Atemalkoholanalyse mitzuwirken, liegt in dem darauf folgenden Bußgeldbescheid eine Anerkennung als autonomes Wesen, dessen Entscheidung zwar als ordnungswidrig eingestuft, aber akzeptiert wird. Solange sich die staatliche Reaktion auf die Mitwirkungsverweigerung in den grundgesetzlichen Schranken bewegt, das heißt insbesondere keine menschenwürdewidrige Folter oder unverhältnismäßigen Ungehorsamsstrafen angewendet werden, hat der Beschuldigte eine tatsächlich bestehende, auf Freiwilligkeit beruhende Wahl. Hinsichtlich seiner Willensbildung kommt lediglich ein weiterer Faktor, der erwartete Zwang, hinzu, den er abzuwägen hat.

Ganz anders stellt sich die Situation beim Brechen eines Willens dar: Der Beschuldigte bildet den Willen, weder aktiv mitzuwirken noch Maßnahmen zu dulden und äußert ihn sodann auch gegenüber dem Staat. Setzt sich die staatliche Ermittlungsperson nun über den Willen hinweg, indem sie ihn zur Duldung der Maßnahme zwingt, ignoriert der Staat in deutlich höherem Maße die selbstbestimmte Zwecksetzung des Bürgers. Diesem wird zu verstehen gegeben, dass er zwar frei sei, einen Willen zu bilden und zu äußern, dieser aber keinerlei Auswirkungen in der äußerlichen Welt hat. Die Ablehnung des Erduldens einer Ermittlungsmaßnahme wird in diesem Fall von den Strafverfolgungsbehörden nicht als verbindliche Rechtswahrnehmung akzeptiert. Die dem Beschuldigten belassene Autonomie wäre auf die freie Willensbildung beschränkt, eine darüber hinaus gehende Freiheit, auch nach dem gebildeten Willen, also selbstbestimmt, zu handeln, erkennt die Ansicht hingegen nicht an.

---

[1505] Doege, nemo tenetur-Grundsatz, S. 104.

Im Ergebnis wird die die Menschenwürde konstituierende selbstbestimmte Willensbildung und –ausübung in beiden Fällen, sowohl im Zwang zur Aktivität als auch im Zwang zur Passivität, beeinträchtigt. Bevorzugt es der Beschuldigte beim Zwang zur Aktivität, eine Handlung nicht vorzunehmen, erstrebt er beim Zwang zur Passivität, eine Handlung nicht zu unterlassen.[1506]

Trotz allem sind die von Verrel und Beling vorgebrachten Beispiele kritikwürdig, da sie das Thema der Autonomie verfehlen. Die Beispiele beziehen sich auf die Eingriffsintensität hinsichtlich der körperlichen Unversehrtheit, nicht jedoch auf die autonomiegeprägte Willensfreiheit. Insofern ist auch die Warnung Schlauris, es bestehe eine Gefahr von Gewaltexzessen bei der Durchsetzung mit vis absoluta, verfehlt.[1507] Bei der Instrumentalisierung der Autonomie kommt es nicht auf die körperliche, sondern die intellektuelle Unterwerfung an.[1508]

Teile der Literatur versuchen der durch die Gleichwertigkeit beider Verhaltensweisen ausgelöste Widersprüchlichkeit dadurch zu begegnen, dass sie auch die Passivität zum geschützten Bereich des nemo tenetur-Grundsatzes zählen.[1509] Sowohl aktives Tun als auch passives Dulden dürfe vom Beschuldigten nicht verlangt werden, denn wird – wie von großen Teilen der Literatur und der Rechtsprechung – die Theorie des Selbsterhaltungstriebs oder die Unzumutbarkeitsthese zugrundegelegt, müsste konsequenterweise auch Zwang zu passiven Dulden für unzulässig erklärt werden.[1510]

Zum Beispiel wäre § 81a StPO dann richtigerweise für verfassungswidrig zu erklären, was die effektive Strafverfolgung zumindest enorm erschweren würde.[1511] Ohne sämtliche Duldungspflichten – so auch Doege –

---

[1506] Schlauri, Verbot des Selbstbelastungszwangs, S. 114.
[1507] Schlauri, Verbot des Selbstbelastungszwangs, S. 161 f.
[1508] Doege, nemo tenetur-Grundsatz, S. 104.
[1509] Sautter, AcP 1962, 215 (247 ff.).
[1510] So auch Sautter, AcP 1962, 215 (248 ff.); Günther, GA 1978, 193 (196); Wolfslast, NStZ 1987, 103 (103 f.); Torka, Nachtatverhalten, S. 55 f., 128; so auch in der anglo-amerikanischen Literatur Redmayne, OJLS 2007, 209 (219); Dolinko, UCLA Law Review 1986, 1063 (1083); Dennis, Cambridge Law Journal 1995, 342 (355).
[1511] Gössel, FS-Meyer, 1990, 132: Diese Erschwerung würde „in weltweit beispielloser Weise" geschehen; siehe auch Verrel, Selbstbelastungsfreiheit, S. 238.

wäre die Durchführung des Strafverfahrens sogar undenkbar.[1512] Ähnlich argumentiert auch Eisenhardt, nach welcher der nemo tenetur-Grundsatz vor jeder Verletzung der körperlichen Integrität gegen den Willen des Beschuldigten zum Zwecke der Informationserlangung im Strafverfahren schützen soll.[1513] Sie sieht den „Schutz der körperlichen Integrität"[1514] als Kernbestand des Grundsatzes an. Hierbei unterliegt sie jedoch einer Ungenauigkeit. Konsequenterweise müsste es bei ihr heißen, der Schutz des freien Willens zur Entscheidung, ob und wie der eigene Körper zur selbstbetreffenden Strafverfolgung nutzbar gemacht werden darf, sei eben dieser Kernbestand. In diese Richtung argumentiert auch Kühne: Im Strafverfahren sei der Beschuldigte auch davor geschützt, passiv an der eigenen Strafverfolgung mitwirken zu müssen. Der nemo tenetur-Grundsatz schütze nicht nur vor Zwang zu aktiver Mitwirkung, sondern auch vor Zwang zur Passivität. Das Zugrundelegen der Theorie der ethischen Unzumutbarkeit als Geltungsgrund führt zu einem omnipotenten Schutzbereich, der einen absoluten Kern hat und sowohl Aktivität und Passivität sowie verbales und nonverbales Verhalten umfasst. Tun und Unterlassen werden gleichermaßen privilegiert, da beide Verhaltensweisen die Strafverfolgungsgefahr erhöhen und daher selbstbelastend wirken können. Sonst könnte der Gesetzgeber wie bei § 142 StGB Warte- und Aufklärungspflichten bei jedem Fahrlässigkeitsdelikt und erst recht bei Vorsatzdelikten einführen.[1515]

Gegen diesen Schluss aus einem Vergleich zu § 142 StGB sind zwei Einwände erhoben worden. Zum einen wird kritisiert, dass von einer einzelnen, materiellen Strafnorm nicht auf die Reichweite eines ungeschriebenen Verfassungsgrundsatzes geschlossen werden darf.[1516] Und zum anderen wird vorgebracht, dass bei anderen Delikten als § 142 StGB Schadensersatzansprüche mangels Schnelligkeit und Anonymität des Regelungskomplexes nicht so schwer durchsetzbar und Mitwirkungspflichten daher aufgrund der ultima-ratio-Funktion des Strafrechts nicht

---

[1512] Doege, nemo-tenetur-Grundsatz, S. 103.
[1513] Eisenhardt, nemo tenetur-Prinzip, S. 212 f.
[1514] Eisenhardt, nemo tenetur-Prinzip, S. 212.
[1515] Kühne, Beweisverbote, S. 53 ff.
[1516] Schneider, Grund und Grenzen, S. 33.

erforderlich sind.[1517] Aus dem Vergleich zu § 142 StGB soll daher im Ergebnis kein Recht auf Mitwirkungsfreiheit abzuleiten sein.[1518] Würde die Gleichbehandlungsthese durchgreifen, wäre ein Strafverfahren niemals denkbar, da spätestens im Vollstreckungsverfahren nicht mehr auf Zwang zu passiven Dulden verzichtet werden kann. Allein deshalb ist die Ansicht abzulehnen. Sie taugt jedoch, den Missstand der Argumentation des Bundesverfassungsgerichts und von Teilen der Literatur hinsichtlich der Theorie des Selbsterhaltungstriebs oder die Unzumutbarkeitsthese durch eine Art argumentum ad absurdum eindrucksvoll aufzuzeigen. Würde der nemo tenetur-Grundsatz eine dieser beiden rechtsethischen Begründungen aufweisen, müsste dessen Schutzbereich konsequenterweise anhand der Gleichbehandlungsthese sowohl einen Schutz vor Zwang zu aktiven Tun als auch solchem vor Zwang zu passiven Dulden umfassen.

d) praktische Tauglichkeit
Letztlich kann gegen die verhaltensorientierte Abgrenzung der herrschenden Meinung noch der Einwand erhoben werden, dass die Abgrenzung zwischen aktiver Mitwirkung und passiver Duldung in der praktischen Handhabung oftmals auf Schwierigkeiten stößt. Bei vielen Zwangsmaßnahmen ist gar nicht klar, ob der Beschuldigte zu einem Tun oder Unterlassen gezwungen werden soll. Aus dieser mangelnden Trennschärfe resultiere eine bedeutsame Willkürgefahr, insbesondere für die oben vorgestellten Vorbereitungs- und Begleithandlungen. Einerseits betreffen diese zwar nicht die Beweiserhebung im zeitlich engeren Sinne, in welcher der Beschuldigte körperlich passiv bleiben kann, andererseits ermöglichen sie diese jedoch maßgeblich durch eine aktive Mitwirkung. Ferner sind Zwangsanwendungen in Form des Brechmitteleinsatzes oder der Fixierung von Gesichtszügen bei Gegenüberstellungen kaum als lediglich passives Dulden zu erfassen.[1519] Das OLG Frankfurt formulierte daher auch: „Die zwangsweise Verabreichung eines

---

[1517] Schneider, Grund und Grenzen, S. 34.
[1518] Schneider, Grund und Grenzen, S. 29, 36.
[1519] Verrel, Selbstbelastungsfreiheit, S. 283; ähnlich Eisenhardt, nemo tenetur-Prinzip, S. 47, 181; Eidam, Selbstbelastungsfreiheit, S. 140 f.; Neumann, FS-Wolff, 373 (375 ff.).

Brechmittels [...] soll den Beschuldigten zwingen, aktiv etwas zu tun, wozu er nicht bereit ist, nämlich sich zu erbrechen."[1520] Mit dem Bundesverfassungsgericht könnte jedoch auch angenommen werden, der Beschuldigte müsse lediglich eine körperliche Reaktion dulden, auf die seine Willenssteuerung keine Kontrolle hat. Eine körperliche Reaktion auf eine Medikamentierung geschieht gerade ohne den Willen des Betroffenen.[1521] Die mangelnde Trennschärfe tritt hier besonders deutlich zutage. Noch komplizierter macht die Abgrenzung im Falle des Brechmitteleinsatzes die Entscheidung des Beschuldigten, kein Brechmittel verabreicht bekommen zu wollen, da diese Entscheidung auf der Willensbetätigungsfreiheit ruht und welche hier deshalb verletzt scheint.[1522] Die phänomenologische Ähnlichkeit von aktiver Mitwirkung und passiver Duldung lässt sich dann letztlich anhand der zwangsweisen Herbeiführung eines bestimmten Gesichtsausdrucks im Rahmen einer Gegenüberstellung aufzeigen.[1523] Trifft den Beschuldigten in diesen Fällen eine Pflicht, seine Gesichtsmuskeln nicht anzuspannen, und damit eine Pflicht zur Passivität, oder trifft ihn die Pflicht, die Mimik in einem gleichbleibenden Zustand zu halten, und damit eine Pflicht zur Aktivität?

Auch die Einordnung der Anwesenheitspflicht des Beschuldigten aus §§ 230 Abs. 1, 133, 163a Abs. 3 S. 1 StPO ist in diesem Kontext problematisch. Danach hat die Pflicht zwei gleichrangige Zwecke, indem sie zum einen dem Beschuldigten die Möglichkeit eröffnet, jederzeit rechtliches Gehör finden zu können, und zum anderen soll sie der Pflicht zur Wahrheitsfindung dienen.[1524]

Verstößt der Beschuldigte gegen diese Pflicht, drohen ihm erhebliche wirtschaftlich nachteilige Rechtsfolgen. So bestimmt § 467 Abs. 2 StPO

---

[1520] OLG Frankfurt, StV 1996, 651 (652).
[1521] BVerfG, StV 2000, 1 (1); so auch Eisenhardt, nemo tenetur-Prinzip, S. 178.
[1522] Eisenhardt, nemo tenetur-Prinzip, S. 179.
[1523] Neumann, FS-Wolff, 373 (375); Verrel, Selbstbelastungsfreiheit, S. 209 ff.; Eidam, Selbstbelastungsfreiheit, S. 140.
[1524] BVerfG, StraFo 2007, 190 (191 f.); EGMR, Urt. v. 05.11.2012, Neziraj v. Deutschland, 30804/07, Rn. 49; BGHSt 3, 187 (190 f.); RGSt 69, 253 (255); Rieß, ZStW-Beiheft 1978, 175 (184 f.); ders., JZ 1975, 265 (267); eine andere Auffassung lehnt die Pflicht zur Anwesenheit aus teleologischen und verfassungsrechtlichen Gründen ab: Wohlers, FS-Paeffgen, 621 (627 ff.); Weigend, FS-Kühl, 947 (957 ff.); Stein, ZStW 1985, 303 (307 ff.); Püschel, StraFO 2012, 493 (495).

eine Kostentragungspflicht, wenn der Beschuldigte schuldhaft seine Säumnis während der Hauptverhandlung verursacht hat[1525], und auch das bedingt vorsätzliche Verschweigen von wesentlichen, entlastenden Umständen kann nach § 467 Abs. 3 S. 2 Nr. 1 StPO zu einer Kostentragungspflicht für den Beschuldigten führen.[1526] Er ist folglich einerseits verpflichtet, aktiv in die Hauptverhandlung zu kommen und mitzuwirken. Andererseits führt die Anwesenheitspflicht im Strafverfahren dazu, dass der Beschuldigte sich hinsichtlich seiner Körpergröße und seines Aussehens zum Beweismittel macht. Insoweit muss er diese Beweiserhebung lediglich dulden. Eine exakte Abgrenzung fällt folglich auch hier schwer.

e) Stellungnahme

Die herrschende Meinung steht zu Recht stark in der Kritik, da sie nur ein oberflächlich taugliches Abgrenzungskriterium liefert.

Fraglich ist, ob die Unterlassensdogmatik des allgemeinen Strafrechts hier weiterführen könnte, denn dort wurde die Abgrenzung zwischen aktivem Tun und passivem Unterlassen bereits ausführlich untersucht. Jedoch kann dies offen bleiben, da ferner kein Grund zu erkennen ist, wieso es auf die Verhaltensweise des Beschuldigten ankommen solle. Insbesondere kommen die der herrschenden Meinung zugrundeliegenden rechtsethischen Positionen, die Theorie des Selbsterhaltungstriebes, die Theorie der ethischen Unzumutbarkeit und die Autonomiethese in ihren verschiedenen Ausprägungen, zu keiner derartigen Abgrenzung. Auch kann die herrschende Meinung die Vernachlässigung von Vorbereitungs- und Begleithandlungen nicht überzeugend erklären. Sehr gewichtig ist sodann, dass kein herkömmliches rechtsethisches Konzept und keine Schutzgegenstandsbestimmung die Beschränktheit auf die aktive Mitwirkung erklären kann.

---

[1525] KK-StPO/Gieg, § 467, Rn. 4; BeckOK-StPO/Niesler, § 467, Rn. 3.
[1526] KK-StPO/Gieg, § 467, Rn. 8; BeckOK-StPO/Niesler, § 467, Rn. 9; Stuckenberg, ZStW 1999, 422 (434 f.).

## III Verbalität

Die am weitesten verbreitete Gegenposition zur herrschenden Meinung ist die der Verbalitätsthese. Insbesondere in anderen nationalen Rechtsordnungen und dem internationalen Strafverfahrensrecht kommt der Verbalitätsthese immense Bedeutung zu.

### 1. Inhalt der Verbalitätsthese

Aber nicht nur dort, auch in der deutschen Literatur wird die Verbalitätsthese vertreten. Nach ihr erschöpft sich der nemo tenetur-Grundsatz inhaltlich in der Aussagefreiheit,[1527] die Grenzlinie verlaufe demnach zwischen verbalem und nonverbalem Verhalten des Beschuldigten.[1528] Der Schutz der Selbstbelastungsfreiheit sei lediglich auf selbstbelastende Aussagen bezogen.[1529]

Nach Pawlik und Lesch findet der Grundsatz daher nur bei förmlichen Vernehmungen Anwendung und ist dort auf die Gewährleistung einer Aussagefreiheit begrenzt.[1530] Dabei wird teilweise ein absoluter Schutzbereich für den Aussagezwang angenommen.[1531] Nonverbale Selbstbelastungen sollen dann jedoch nicht gänzlich aus dem Schutzbereich herausfallen, sie sollen nur einfacher verfassungsrechtlich gerechtfertigt werden können, indem vor Zwang zu nonverbalen Belastungen nur relativ geschützt werde.[1532]

---

[1527] Lesch, ZStW 1999, 624 (638); Gneist, Vier Fragen zur Deutschen Strafproceßordnung, 1857, S. 115; Schlauri, Verbot des Selbstbelastungszwangs, S. 179 ff.; Queck, Geltung, S. 205 ff.; Böse, Wirtschaftsaufsicht, S. 438 ff.; Lorenz, JZ 1992, 1000 (1006); Dannecker, ZStW 2015, 370 (392); andere Ansicht BVerfGE 56, 42; BGHSt 34, 3945 f.; SK-StPO/Rogall, vor § 133 Rn. 73 mit weiteren Nachweisen; Eidam, Selbstbelastungsfreiheit, S. 370.
[1528] Verrel, Selbstbelastungsfreiheit, S. 238 ff.; ders., NStZ 1997, 417; Böse, GA 2002, 98 (128); Lorenz, JZ 1992, 1000 (1006); Richter, wistra 2000, 1 (3). Vergleiche zur Pflicht zu nonverbaler Mitwirkung im Verwaltungsverfahren BVerfGE 55, 144 (150 f.); Bärlein/Pananis/Rehmsmeier, NJW 2002, 1825 (1828); Gallandi, wistra 1987, 127 (129).
[1529] Ransiek/Winsel, GA 2015, 620 (636).
[1530] Pawlik, GA 1998, 378 (383); Lesch, Strafprozessrecht, S. 198.
[1531] Ransiek/Winsel, GA 2015, 620 (637).
[1532] Nach Ransiek/Winsel, GA 2015, 620 (638) unterliegen derartige Zwänge zur Selbstbelastung den Anforderungen des Verhältnismäßigkeitsgrundsatzes.

Auch Verrel vertritt mit dem von ihm vorgeschlagenen „Leib-Seele-Dualismus" im Kern die Verbalitätsthese.[1533] Der Beschuldigte müsse „mit seinem Körper als Beweismittel zur Sachverhaltsaufklärung beitragen, darf aber nicht gezwungen werden, sein nicht weiter vergegenständlichtes, in seinem Geiste verborgenes Tatwissen preiszugeben"[1534].

Im Ausgangspunkt scheint diese Ansicht durch die einfachgesetzlichen Normen vorgegeben zu sein, denn in der zentralen Norm des § 136 Abs. 1 StPO wird lediglich eine Freiheit des Beschuldigten, sich zu äußern oder nicht auszusagen, geregelt. Eine allgemeine Mitwirkungsfreiheit wird - entgegen Rogall[1535] - nicht statuiert. Auch der Wortlaut des Art. 14 Abs. 3 lit. g IPBPR ergibt lediglich eine Aussagefreiheit, indem geregelt wird, dass ein Zwang, auszusagen oder sich schuldig zu bekennen, unzulässig wäre. Ferner verstand Eberhard Schmidt im Jahr 1957 stellvertretend für die damals herrschende Auffassung den Grundsatz so, dass der Beschuldigte nicht verpflichtet sei, „positiv durch Erklärungen zu seiner Belastung beizutragen"[1536].

Auch die frühere höchstrichterliche Rechtsprechung sah durch den nemo tenetur-Grundsatz lediglich die Aussage- und keine darüber hinausgehende Freiheit, keine Beweise gegen sich liefern zu müssen, geschützt.[1537] Über die Aussagefreiheit hinaus konnten jedoch allgemeine Mitwirkungspflichten statuiert werden. Andere Erkenntnismöglichkeiten, die den Bereich der Aussagefreiheit nicht berühren, sollten nicht unter Hinweis auf die Selbstbelastungsfreiheit eingeschränkt werden.[1538]

---

[1533] Verrel, Selbstbelastungsfreiheit, S. 254 mit der Einschränkung, dass das im Geiste vorborgene Tatwissen sich auch in anderer Form als durch Aussagen entäußern könne.
[1534] Verrel, Selbstbelastungsfreiheit, S. 254.
[1535] SK-StPO/Rogall, Vor § 133 ff., Rn. 130.
[1536] Schmidt, Lehrkommentar StPO, Teil II, 1957, § 136 Rn. 10.
[1537] BGH, NJW 1974, 1570 (1571); BVerfG, NJW 1975, 103 (104).
[1538] BVerfG, NJW 1981, 1087 (1087 f.).

## 2. Begriffsklärung

Die Aussagefreiheit besteht nach der Verbalitätsthese aus zwei Teilen: Zum einen sind Maßnahmen, die auf die Erzwingung einer Aussage gerichtet sind und somit auf die Durchsetzung einer nicht existierenden Pflicht, nicht zulässig und zum anderen dürfen an die Ausübung des Schweigerechts keine nachteiligen Folgen geknüpft werden.

Um das Verbot nicht uferlos und damit eine Strafverfolgung unmöglich werden zu lassen, sei als beschränkendes Kriterium eine Finalität bezüglich der Herbeiführung einer Aussage zu verlangen. Dadurch fällt beispielsweise die Untersuchungshaft solange nicht in den Schutzbereich des Grundsatzes, wie dies Rechtsinstitut nicht zur Aussagegewinnung zweckentfremdet wird. Auf die möglicherweise objektive Wirkung der Untersuchungshaft auf die Geständnisbereitschaft kommt es insofern nicht an.[1539] Problematisch können auf Basis der Verbalitätsthese die Fälle der Begünstigung kooperativen Verhaltens werden. Beispielsweise ist daran zu denken, dass psychischer Druck ausgeübt wird, indem eine positive Strafzumessung oder eine Verständigung nach § 257c StPO unter die Voraussetzung eines Geständnisses gestellt wird.[1540]

Der Begriff der Verbalität umfasst zunächst nur die sprachlich durchgeführte Aussage, jedoch können daneben auch konkludente Äußerungen in den Schutzbereich fallen. Zu denken ist dabei an die Herausgabe von Beweismitteln wie Unterlagen oder Dokumenten, mit der konkludent auch geäußert wird, das Beweismittel zu besitzen, oder vorgelagert, dass sie überhaupt existieren bzw. zusammengestellt werden können. Das Produzieren oder Herausgeben von Beweismitteln könnte daher von der Verbalitätsthese erfasst sein, wenn in der Herstellung oder der

---

[1539] BGH, NJW 1990, 1188 (1188); BGH, NJW 1995, 2933 (2936); BGH, StV 1996, 73 (76); Paeffgen, NStZ 1997, 115 (118 f.); Eidam, HRRS 2008, 241 (243); andere Ansicht Fezer, StV 1996, 77 (78) und Ambos, Beweisverwertungsverbote, S. 26, nach welchen die einfache Rechtswidrigkeit der Durchsuchungshaft ausreichen würde. Darüber hinaus reicht die Möglichkeit der Vollstreckbarkeit aus, siehe Hüttinger, Schutz, S. 102; Schäfer, FS-Dünnebier, 11 (42); MüKo-StPO/Schuhr, vor § 133, Rn. 81; kritisch Rüster, wistra 1988, 49 (54).

[1540] BGH, NStZ 2000, 366; BGH, NJW 1996, 3018 (3018); Schaefer, Nemo-Tenetur-Grundsatz, S. 165 ff.; Leitmeier, JR 2014, 372 (372).

Herausgabe ein eigenständiger Erklärungswert liegt.[1541] Einen Erklärungswert soll ein Herstellungs- oder Herausgabeakt dann besitzen, wenn der Beschuldigte zum Ausdruck bringt, dass es den Gegenstand gibt und er wüsste, wo er zu finden ist.[1542] In Fällen, in denen bereits der Besitz des Gegenstandes verboten ist, stände die Herausgabe einem Geständnis hinsichtlich der beweisrechtlichen Wirkung in nichts nach.[1543] Vergleichbar wirkt die Herstellung und Herausgabe, wenn der Existenz oder dem Besitz Indizcharakter zukommt, dies ist insbesondere bei Tatobjekten und Tatmitteln gegeben.[1544] Eine Verpflichtung zur aktiven Teilnahme an Tests und Versuchen soll, gemessen an der Verbalitätsthese, ebenfalls unzulässig sein.[1545]

3. Rechtsvergleich

Im internationalen Vergleich bildet die Aussagefreiheit den anerkannten Zentralgehalt des nemo tenetur-Grundsatzes. Die Verbalitätsthese ist die außerhalb Deutschlands am weitesten verbreitete Schutzbereichsbestimmung und hat daher den Vorteil, einer europäischen Harmonisierung und der internationalen Zusammenarbeit zugänglich und förderlich zu sein.[1546]

Die Stellung der Verbalitätsthese wird ganz anhand der näheren Untersuchung zweier Rechtsordnungen, nämlich zum einen die spanische, da sich der nemo tenetur-Grundsatz dort verfassungsrechtlich positiv formuliert findet, und zum anderen die US-amerikanische, deren Rechtsprechung durch den Supreme Court maßgeblich von der Verbalitätsthese geprägt ist, deutlich.

---

[1541] Queck, Geltung, S. 207; Schaefer, Nemo-Tenetur-Grundsatz, S. 179 ff.; Böse, Wirtschaftsaufsicht, S. 439; Hefendahl, wistra 2003, 1 (8); Bosch, Aspekte, S. 303; andere Ansicht Verrel, Selbstbelastungsfreiheit, S. 253 ff.
[1542] Queck, Geltung, S. 207; Reiß, Besteuerungsverfahren, S. 178.
[1543] Queck, Geltung, S. 207.
[1544] Ähnlich Queck, Geltung, S. 207.
[1545] LR-StPO/Krause, § 81a, Rn. 23 ff.; KK-StPO/Senge, § 81a, Rn. 4; Meyer-Goßner/Schmitt, § 81a Rn. 11. Das Hervorrufen von Körperreflexen dürfte nicht umfasst sein, siehe Rogall, StV 2008, 219 (221); Dallmeyer, StV 1997, 606 (608).
[1546] Dannecker, ZStW 2015, 991 (1015).

In einer der seltenen verfassungsrechtlichen Kodifizierungen normiert Art. 24 Abs. 2 S. 1 der Verfassung des Königreichs Spaniens von 1978: „Ebenso haben alle das Recht [...] auf Nichtaussage gegen sich selbst [...]." In § 118 Abs. 1 der spanischen Strafverfahrensordnung wird weiter konkretisiert, dass jeder Beschuldigte in einem Strafverfahren das Recht zu schweigen sowie das Recht hat, sich nicht schuldig bekennen zu müssen. Diese Rechte gelten nach der herrschenden Ansicht in der Rechtsprechung absolut und uneinschränkbar. Nur aus dem Ausüben des Schweigerechts lässt sich zwar noch keine Widerlegung der Unschuldsvermutung herleiten, jedoch kann es als ein Indiz für Schuld gewürdigt werden. Sollten alle vorgelegten Beweise im Verfahren nach einer Erklärung des Beschuldigten verlangen, kann sein Schweigen sogar ausnahmsweise zum Schuldnachweis führen.[1547] Dass keine entschuldigenden Erklärungen vorgelegt wurden, wird vom spanischen Recht somit in Ausnahmefällen als würdigungsfähig anerkannt, so in einem Verfahren gegen einen ETA-Terroristen, der trotz erdrückender Beweislage keine Erklärungen abgab.[1548]

Im US-amerikanischen Recht ist die Verbalitätsthese schon seit dem 17. Jahrhundert, als sich der nemo tenetur-Grundsatz in den USA langsam etablierte, angelegt.[1549] Die weitere Entwicklung im 18. Jahrhundert war maßgeblich durch Pufendorf geprägt und mündete 1789 in der Konstitutionalisierung des Grundsatzes im Fünften Verfassungszusatz: „No person [...] shall be compelled in any Criminal Case to be a witness against himself".[1550] Ein Meilenstein zur Stärkung dieses Rechts war sodann das

---

[1547] Spanish Supreme Criminal Court (2013) Sentencia N° 684/2013 del Tribunal Supremo, Sala 2ª, de lo Penal, 3 de Septiembre 2013.
[1548] Spanish Supreme Criminal Court (2010) Sentencia N° 652/2010 del Tribunal Supremo, Sala 2ª, de lo Penal, 1 de Julio de 2010.
[1549] Levy, Origins, S, 368 ff.; Erdmann, strafprozessuale Garantien, S. 130 ff.; Guradze, FS-Löwenstein, 151 (156); vergleiche auch Newman, Das Englisch-Amerikanische Beweisrecht, S. 59 f.
[1550] Zitiert nach Schroeder/Verrel, Strafprozessrecht, Rn 360.

Miranda-Urteil[1551] aus dem Jahr 1966, nach welchem die Polizei verpflichtet ist, auf das strafprozessuale Schweigerecht hinzuweisen.[1552] Dieser zentralen Entscheidung wurde im weiteren Verlauf des 20. Jahrhunderts die absolute Wirkkraft durch das Aufstellen einer Ausnahmeregelung zu der Belehrungspflicht wieder genommen. Im Jahr 1984 statuierte der Supreme Court die sogenannte „public safety exception", nach welcher die Belehrungspflicht in bestimmten Fällen ausgesetzt ist.[1553] 2011 legte das US-Justizministerium fest, dass diese Ausnahme bei Verfahren gegen Terrorverdächtige standardmäßig zum Tragen kommen soll.[1554]

Die Leitentscheidung des Supreme Courts zur rechtsethischen Grundlage des nemo tenetur-Grundsatzes erging bereits 1964. Wie bereits ausgeführt hat sich der Supreme Court in der als Murphy v. Waterfront Commission bekannt gewordenen Entscheidung nicht auf eine einzelne Zweckbestimmung festgelegt, sondern einen Zweckpluralismus vertreten.[1555] Entgegen Kraft, welcher den Sinn und Zweck des Privilegs nach

---

[1551] Siehe zur Entwicklung der „Miranda-Warnings" Salditt, GA 1992, 51 (54 ff.); Lorenz, StV 1996, 172 (174 ff.).
[1552] Kraft, nemo tenetur-Prinzip, S. 209 ff.; sehr kritisch aufgrund mangelnder Differenzierung hinsichtlich der Voraussetzungen dieser Belehrungspflicht Caplan, Vanderbilt Law Review 1986, 1417 (1447).
[1553] Ransiek, Polizeivernehmung, S. 23 ff.; Rosenberg/Rosenberg, NYU Law Review 1988, 955 ( 959 f.).
[1554] Vergleiche Nowak, zfmr 2007, 55 (55).
[1555] Murphy v. Waterfront Commission, 378 U.S. 52 (1964), 55. Lehrbuchartig fasst das Gericht mehrere Zweckbestimmungen zusammen: „The privilege against self-incrimination registers an important advance in the development of our liberty - one of the great landmarks in man's struggle to make himself civilized. It reflects many of our fundamental values and most noble aspirations: our unwillingness to subject those suspected of crime to the cruel trilemma of self-accusation, perjury or contempt; our preference for an accusatorial, rather than an inquisitorial system of criminal justice; our fear that self-incriminating statements will be elicited by inhumane treatment and abuses; our sense of fair play which dictates a fair state-individual bal-ance by requiring the government to leave the individual alone until good cause is shown for disturbing him and by requiring the government in its contest with the individual to shoulder the entire load; our respect for the inviolability of the human personality and of the right of each individual to a private enclave where he may lead a private life; our distrust of self-deprecatory statements; and our realization that the privilege, while some-times a shelter to the guilty, is often a protection to the innocent."

dem Supreme Court „vor allem" im Schutz des „akkusatorischen Prinzips" sieht[1556], lassen sich im Ergebnis fünf gleichrangige Schutzzwecke systematisieren.[1557] Als erster Zweck ist der Schutz des Aussagenden vor einem grausamen Trilemma zwischen Selbstbeschuldigung, Meineid und Verachtung zu nennen. An zweiter Stelle steht der Schutz vor staatlichem Machtmissbrauch, ferner drittens die Gewährleistung der Beweislastverteilung im akkusatorischen Strafverfahrenssystem, viertens der Schutz der Unverletzlichkeit der Person und schließlich fünftens die Förderung der Wahrheitsfindung sowie der Schutz der unschuldig Belasteten.

Die Kritik der US-amerikanischen Literatur an dieser Rechtsprechung bezieht sich sowohl auf die scheinbar bestehende Beliebigkeit hinsichtlich der Hirarchie der Schutzzweckbestimmugnen,[1558] als auch darauf, dass der Supreme Court zwar annimmt, dass der nemo tenetur-Grundsatz ein fundamentaler Bestandteil des verfassungsrechtlichen Gefüges sei, dessen sachlicher und personaler Schutzbereich jedoch völlig ungklärt sein soll.[1559] Nach Schlauri bleibt der Supreme Court an dieser Stelle bewusst unbestimmt, damit die Zweckbestimmung einem gewünschten Auslegungsergebnis nicht im Weg steht.[1560] Eben diese Einschätzung vermag nicht auf die deutsche Rechtsprechung übertragbar sein, jedoch ist es bezeichnend im Umgang mit dem nemo tenetur-Grundsatz, dass er als ein fundamentales Recht gilt, die Grundlagen jedoch gänzlich ungeklärt geblieben sind.

Hinsichtlich der Verbalitätsthese bleibt festzuhalten, dass nur die Aussagefreiheit durch den 5. Zusatzartikel der US-Verfassung, der Körper des Beschuldigten hingegen vor Zwängen zur Mitwirkung durch den 14. Zusatzartikel geschützt wird.[1561]

---

[1556] Kraft, nemo tenetur-Prinzip, S. 186; andere Ansicht auch Erdmann, strafprozessuale Garantien, S. 132.
[1557] Systematisierung nach Schlauri, Verbot des Selbstbelastungszwangs, S. 92; vgl. auch Laby, Boston University Law Review 1990, 311 (313).
[1558] McKay, S. Ct. Rev. 1967, 197 (207).
[1559] Murphy v. Waterfront Commission, 378 U.S. 52 (1964), 56.
[1560] Schlauri, Verbot des Selbstbelastungszwangs, S. 92 f.
[1561] Amar, The Constitution and Criminal Procedure, S. 83.

Jedoch wird neben der rechtsethischen Fundierung auch die Abgrenzung des nemo tenetur-Grundsatzes anhand der Verbalität in der Rechtsprechung des Supreme Courts von der Literatur kritisiert. Es sei kein Grund ersichtlich, zwischen „Speech" auf der einen und „blood samples and documents" auf der anderen Seite zu differenzieren, denn sowohl die Eingriffsintensität als auch die Zuverlässigkeit der Beweismittel sollen vergleichbar sein.[1562] Angesichts der Schutzzwecke und des Wortlauts des 5. Zusatzartikels, welcher klar auf verbales Verhalten beschränkt ist, scheint die Verbalitätsthese jedoch zu Recht als die herrschende Auffassung.[1563]

## 4. Rechtsethische Begründung

Trotz der Verbreitung der Verbalitätsthese in den verschiedenen nationalen Rechtsordnungen und im internationalen Recht kristallisieren sich drei omnipräsente, wiederkehrende Begründungsansätze heraus, welche sich anhand der hier vorgenommenen rechtsethischen Untersuchung gliedern lassen. Die Verbalitätsthese wird demnach sowohl auf die Autonomiethese, auf die Theorie der ethischen Unzumutbarkeit und den utilitaristisch ausgeprägten Schutz des Verfahrens vor Desavouierung.

Erstens wird verschiedentlich auf die Autonomie des Beschuldigten rekurriert, indem die Selbstbelastungsfreiheit als Ausfluss der kommunikativen Autonomie des Beschuldigten wahrgenommen wird. Daher soll der Beschuldigte selbst und frei entscheiden können, ob und inwieweit er an seiner eigenen Verurteilung mitwirkt.[1564] Diese kommunikative Autonomie kann jedoch lediglich den Bestandteil des nemo tenetur-Grundsatzes begründen, welcher auf die Aussagefreiheit zielt. Weitere zentrale, aber non-kommunikative Ausprägungen können hingegen nicht auf diese Art der Autonomie zurückgeführt werden. Die Freiheit, nicht zur

---

[1562] Mit weiteren Nachweisen Ashworth/Redmayne, S. 132; Amar, The Constitution and Criminal Procedure, S. 84 ff.; vgl. auch die rechtsvergleichenden Ausführungen von Kraft, nemo tenetur-Prinzip, S. 184.
[1563] Kritisch zu der Abgrenzung des Supreme Courts Kraft, nemo tenetur-Prinzip, S. 183 ff.
[1564] BVerfGE 56, 37 (49); BGHSt 38, 214 (220); Beulke, Strafprozessrecht, Rn. 125; Eschelbach, GA 2015, 545 (548); Sautter, AcP 1962, 215 (215 ff.); Rogall, Der Beschuldigte, S. 124 ff.; siehe auch Doege, nemo-tenetur-Grundsatz, S. 99 ff.

non-verbalen Mitwirkung am eigenen Strafverfahren gezwungen werden zu können, oder die strenge gesetzliche Handhabung von passiven Duldungspflichten wären nicht einmal bei einem sehr weiten semantischen Verständnis von kommunikativer Autonomie als Ausgestaltung dieser denkbar.

Ferner könnte der Vergleich zwischen Aussagen und nonverbalen Mitwirkungen unter Wertungsgesichtspunkten auf eine unterschiedliche Eingriffsschwere hinsichtlich der Autonomie des Beschuldigten hinweisen.[1565] Die fremdbestimmte Festlegung der Entscheidung über das Aussageverhalten könnte eine Negierung der Autonomie darstellen, die intensiver als die Erzwingung nonverbaler Mitwirkungen eingreift. Geschützt soll daher vor mittelbarer oder unmittelbarer Anwendung von Zwang zur Aussageerzielung werden.[1566] Die Instrumentalisierung der Autonomie liegt im Zwang, ein verbales Beweismittel zu produzieren und herauszugeben. Die reine Herausgabe von Sachbeweisen, wie Urkunden, greift dabei in die Selbstgesetzgebung weniger hart sein.[1567] Schließlich ist zumindest die Existenz des Beweismittels unabhängig vom Willen des Beschuldigten bereits gegeben, in die Herstellungsautonomie greift eine Pflicht zu nonverbaler Mitwirkung mithin nicht ein.[1568] Eine allgemeine Willensbildungs- oder -ausübungsfreiheit wird durch den nemo tenetur-Grundsatz nicht oder nur in dem begrifflich umrahmten Mindestmaß geschützt.[1569] Freilich können andere Rechtsinstitute wie das Folterverbot in bestimmten Fällen der Erzwingung nonverbaler Mitwirkung einschlägig sein.

Angesichts der oben formulierten Schwächen des Autonomieansatzes schlägt dieses Begründungsargument jedoch nicht durch. Die Beschrän-

---

[1565] Vergleiche auch Verrel, NStZ 1997, 415 (419).
[1566] SK-StPO/Rogall, vor § 133, Rn. 139; Engländer, ZIS 2007, 163 (163).
[1567] Doege, nemo-tenetur-Grundsatz, S. 99; Nothhelfer, Selbstbezichtigungszwang, S. 92; Schröder/Hansen, ZBB 2003, 113 (121).
[1568] Willensunabhängigkeit ist das maßgebliche Kriterium des EGMRs, siehe nur EGMR, Urt. v. 17.12.1996, Saunders v. UK, 19187/91, Rn. 69; krit. hierzu Roth, ZStrR 2011, 296 (313).
[1569] Doege, nemo-tenetur-Grundsatz, S. 108; SK-StPO/Rogall, vor § 133, Rn. 139; Schaefer, Nemo-Tenetur-Grundsatz, S. 143; andere Ansicht Ransiek, Polizeivernehmung, S. 49 ff.; Rzepka, Fairness, S. 388.

kung auf das verbale Aussageverhalten in Verbindung mit der semantischen Aufweichung von Verbalität liefert kein praktisch taugliches Abgrenzungskriterium. Darüber hinaus ist die unterschiedliche Beeinträchtigung der Autonomie bei verbalen und nonverbalen Mitwirkungen durchaus fraglich. Der Wille, einen intimen, bereits existierenden Beweisgegenstand nicht herauszugeben, dürfte weit ausgeprägter sein, als der Wille, nicht an der Herstellung einer Atemalkoholanalyse mitzuwirken.

Die zweite argumentationstheoretische Säule stellt die Theorie der ethischen Unzumutbarkeit dar, welche auf den inneren Konflikt des Beschuldigten hinweist, welcher beim Zwang zu einer Aussage schwerwiegender als beim Zwang zu nonverbaler Mitwirkung sein soll, da die psychische Belastung dort intensiver wirke. Des Weiteren soll es sich als demütigend darstellen, wenn der Straftäter sich selbst verbal als Straftäter kennzeichnen müsste.[1570] Das Zurverfügungstellen des Körpers und seiner Bestandteile soll weniger demütigend und daher zumutbarer sein, als sich verbal zu einem Vorwurf verhalten zu müssen.[1571] Diese Selbstkennzeichnung würde jedoch auch bei einer Pflicht zur Herausgabe von Aufzeichnungen und Dokumentationen strafrechtlich relevanten Verhaltens erfolgen. Es ist nicht ersichtlich, dass sich eine derartige nichtkommunikative Handlung weniger demütigend auswirkt (sollte die Selbstbelastung denn überhaupt als demütigend wahrgenommen werden). Auch die Zwangslage ist vergleichbar. Es besteht sowohl bei verbaler als auch bei nonverbaler Mitwirkung ein innerer Konflikt.[1572] Hinzu kommt das fehlende Konzept eines Zumutbarkeitsbegriffs. Weder § 35 StGB noch das Rechtsinstitut der Unzumutbarkeit normgemäßen Verhaltens lassen sich zur inhaltlichen Anreicherung dieser rechtsethischen Begründung heranziehen.

Bleibt nur noch der im Utilitarismus begründete Schutz vor Desavouierung des Verfahrens als drittes Argument zur Begründung der Differenzierung auf Basis der Verbalitätsthese. Verbale Beweismittel sind fehleranfälliger als nonverbale, da die Aussage des Beschuldigten weniger zuverlässig hinsichtlich der Wahrheitsfindung als naturwissenschaftlich

---

[1570] Verrel, NStZ 1997, 415 (419).
[1571] Verrel, Selbstbelastungsfreiheit, S. 284.
[1572] Dannecker, ZStW 2015, 991 (1005).

messbare Werte ist.[1573] Gerade wenn auch noch der erlittene Zwang die zentrale Motivation zur Aussage darstellt, ist die Gefahr von Falschaussagen besonders groß.[1574] Auf die Resultate naturwissenschaftlicher Analysen nonverbaler Mitwirkung hat der Zwang hingegen weniger Einfluss.[1575] Außerhalb des Strafverfahrens nimmt das Bundesverfassungsgericht daher auch eine Vorlagepflicht von Büchern und Geschäftspapieren an, da diese Erkenntnismöglichkeit „den Bereich der Aussagefreiheit" nicht berühre.[1576]

Der utilitaristisch begründete Schutz vor Desavouierung des Verfahrens kann die Verbalitätsthese demnach stützen: Maßgeblich für die Verbalitätsthese ist, ob der Beschuldigte sich verbal oder nonverbal, aber mit eigenem Erklärungswert zum Tatvorwurf verhalten muss. Sobald dem Verhalten ein eigener Erklärungswert in der Weise zukommt, dass der Beschuldigte auf den Beweiswert des Mittels Einfluss hat, muss es angesichts des nemo tenetur-Grundsatzes ausscheiden, da das Beweismittel nicht zuverlässig ist.

Eine Aussagepflicht wäre insbesondere schwer durchsetzbar, da wegen des Folterverbots keine unmittelbaren Zwangsmittel in Betracht kommen und der Beschuldigte sich stets auf Erinnerungslücken berufen könnte, bei denen fast nie festgestellt werden könnte, ob sie tatsächlich oder nur behauptet vorhanden sind. Sie scheidet daher aus.

Ein Zwang zu anderen nonverbalen Mitwirkungen, soweit er darauf abzielt, die Ergebnisse der Mitwirkung naturwissenschaftlich zu untersuchen, ist hingegen zulässig. Zu denken ist da beispielsweise insbesondere an eine Pflicht zur Mitwirkung an der Atemalkoholanalyse: Zur Mitwirkung ein Blasen in das Messgerät zu verlangen, führt nicht zu einer Beeinträchtigung des Beweiswertes der Untersuchung und daher nicht zu einer der Wahrheitsfindung, demnach würde das Verfahren nicht desavouiert werden. Weigert sich der Beschuldigte, können aus der Weigerung freilich negative Schlüsse gezogen werden. Darüber hinaus steht

---

[1573] Verrel, Selbstbelastungsfreiheit, S. 284; Amar, The Constitution and Criminal Procedure, S. 71.
[1574] Ransiek/Winsel, GA 2015, 620 (636); Möller, JR 2005, 314 (320).
[1575] Verrel, Selbstbelastungsfreiheit, S. 284.
[1576] BVerfGE 55, 144 (150 f.).

diesem Ergebnis auch nicht die Unschuldsvermutung entgegen. Sie schützt gerade nicht vor einer Verwertung der Weigerung sowohl auf der Ebene der Schuldfeststellung, als auch auf der Ebene der Strafzumessung als Nachtatverhalten im Sinne des § 46 Abs. 2 S. 2 StGB, solange nicht die Beweislastverteilung im Strafprozess umgekehrt wird. Solange der Staat den Nachweis der Schuld führen muss und die Mitwirkungspflichten nicht wie Strafen wirken, verstößt die Verwertung der Weigerung eine Mitwirkungspflicht zu erfüllen nicht gegen die Unschuldsvermutung.

5. Stellungnahme

Die Verbalitätsthese ist im internationalen Vergleich verbreitet und auch in Deutschland zurecht auf dem Vormarsch. Ausgangspunkt der Betrachtung des konkreten Schutzumfangs muss der Wortlaut des Gesetzes sein und § 136 Abs. 1 S. 2 StPO verlangt lediglich die Belehrung über eine vorausgesetzte Aussagefreiheit.[1577] Insbesondere die Belehrungsvorschriften verdeutlichen daher den Fokus der gesetzlichen Systematik auf der Aussagefreiheit.[1578] Nach § 136 Abs. 1 S. 2 bis 4, 163a Abs. 3 S. 2 und Abs. 4 S. 2 StPO ist der Beschuldigte zu Beginn der ersten Vernehmung zu belehren. Inhalt der Belehrung ist, „daß es ihm nach dem Gesetz freistehe, sich zu der Beschuldigung zu äußern oder nicht zur Sache auszusagen und jederzeit, auch schon vor seiner Vernehmung, einen von ihm zu wählenden Verteidiger zu befragen". Eine nachfolgende Vernehmung durch den Staatsanwalt löst diese Belehrungspflicht erneut aus, unabhängig von einer bereits erfolgten Belehrung in der polizeilichen Vernehmung. Sollte der Beschuldigte auch noch richterlich vernommen werden, ist er wiederum zu belehren. Nach § 243 Abs. 5 S. 1 StPO ist der Beschuldigte nach der gerichtlichen Mitteilung, ob und mit welchem Inhalt eine Erörterung über die Möglichkeit einer Verständigung stattgefunden hat, nochmals zu belehren. Das Gesetz

---

[1577] Vgl. auch Meyer-Goßner/Schmitt, § 136 Rn. 7.
[1578] Andere Ansicht Rogall, Der Beschuldigte, S. 76: „[...] heute geläufigen Grundsatzes, daß niemand verpflichtet ist, sich zum Beweismittel gegen sich selbst zu machen."; Eisenberg, Beweisrecht, S. 328: „Ihn (Den Beschuldigten, AdV) trifft keine Pflicht, das Gericht bei der Sachverhaltsaufklärung zu unterstützen."

sieht damit vor, dass der Beschuldigte zu Beginn der Hauptverhandlung bereits bis zu viermal zu belehren ist. Diese Belehrungen beziehen sich inhaltlich jedoch stets nur auf die Aussagefreiheit. § 115 Abs. 3 S. 1 StPO spricht insoweit ausdrücklich von einem Recht des Beschuldigten, sich zur Beschuldigung zu äußern oder nicht zur Sache auszusagen. Der Beschuldigte hat eine dahingehende Entscheidungsfreiheit.[1579] Im selben Sinne ergibt sich auch aus Art. 14 Abs. 3 lit. g IPBPR: Der Beschuldigte darf nur nicht gezwungen werden, eine Aussage zur Sache zu machen. Auch systematische Erwägungen sprechen nicht gegen die Verbalitätsthese, denn obwohl die Aussage des Beschuldigten zwar wegen der Systematik des § 244 Abs. 1 StPO kein Beweismittel im engeren Sinne ist[1580], kann sie aber als Beweismittel im materiellen Sinne genutzt werden.[1581]

Rechtshistorisch bezog sich die Diskussion um den nemo tenetur-Grundsatz stets auf das mit der Aussagefreiheit korrespondierende Schweigerecht. Gerade das vielbemühte Beispiel des John Lilburne eignet sich zur Unterlegung dieser These: Ihm ging es allein um eine Freiheit, keine Äußerung abgeben zu müssen.

Auch im Deutschland des späten 19. Jahrhunderts fand die Auseinandersetzung mit dem nemo tenetur-Grundsatz – soweit ersichtlich – stets im Zusammenhang mit der Vernehmungssituation und damit mit der Aussagefreiheit statt.[1582]

Ihre rechtsethische Begründung zieht die Verbalitätsthese nicht aus dem Autonomiebegriff oder einer – irgendwie gearteten – Unzumutbarkeit, sondern aus der konsequentialistisch zu berücksichtigenden Förderung der Wahrheitsermittlung und der Unschuldsvermutung, um das Strafverfahren insgesamt gegen eine Desavouierung abzusichern. Dazu muss auf diejenigen Beweismittel verzichtet werden, auf deren Beweiswert der Beschuldigte einen erheblichen Einfluss hat. Derartige Beweismittel sind nicht in der Lage, die Wahrheitsermittlung zu sichern oder zu fördern.

---

[1579] Meyer-Goßner/Schmitt, § 136 Rn. 7.
[1580] Stübinger, JZ 2008, 798 (799 f.); Weßlau, ZStW 2004, 150 (158, 166); Eschelbach, FS-Rissing-van Saan, 115 (121); Roxin/Schünemann, Strafverfahrensrecht, § 25 Rn. 1; Lesch, ZStW 1999, 624 (624).
[1581] Böse, GA 2002, 98 (117).
[1582] Eisenhardt, nemo tenetur-Prinzip, S. 192.

Aus der Aussageweigerung dürfen jedoch wegen der Unschuldsvermutung nicht unmittelbar nachteilige Schlüsse gegen den Beschuldigten gezogen werden. Eine Beweislastumkehr zu Lasten des Bürgers würde das Strafverfahren desavouieren, wodurch der Strafprozess seine selbst-legitimierende, friedensstiftende Funktion nicht mehr ausfüllen könnte. Ein Schweigerecht ist vor diesem Hintergrund geboten. Ferner dürfen keine Zwangsmittel eingesetzt werden, die den Beweiswert beeinträchtigen oder wie eine vorweggenommene Strafe wirken.

## IV Ergebnis zum Schutzumfang

Die den nemo tenetur-Grundsatz rechtsethisch ausfüllende Theorie des Desavouierungsschutzes, welche auf der Beweiswerttheorie beruht, ist die Grundlage der Verbalitätsthese. Hinsichtlich des Schutzes durch den nemo tenetur-Grundsatz lässt sich daher also Folgendes festhalten:
Der Grundsatz steht nicht jedweder Verwertung des Schweigens in der Schuld- und Strafzumessungsfrage entgegen.[1583] Wenn sich der Tatverdacht durch die übrigen Beweismittel derart verdichtet, dass eine entlastende Erklärung des Beschuldigten zu erwarten wäre, kann eine Nichtaussage nachteilig auf Schuldfestellungs- oder Strafzumessungsebene gewertet werden. Die Einlassung des Beschuldigten ist vom Gericht auf Grund einer Gesamtwürdigung des Ergebnisses der Beweisaufnahme zu bewerten.[1584] Bei hinreichend klarer Beweislage kann das Schweigen und erst recht das Lügen strafzumessungsrelevant negativ zu berücksichtigen sein, ohne gegen die Selbstbelastungsfreiheit zu verstoßen.[1585] Eine nachteilige Beweiswürdigung in durch die Unschuldsvermutung umgrenzten Ausnahmesituationen ist nicht geeignet, das Verfahren zu desavouieren. Der Kernbereich dieser Beweiswertthese ist die verbal vorgenommene Aussage, welche sich inhaltlich sowohl auf die Sache

---

[1583] Andere Ansicht BVerfG, NStZ 1995, 555; BGH, NJW 1984, 1829; BGHSt 20, 281 (283); BGH, NJW 1974, 2295; OLG Brandenburg, NStZ-RR 2015, 53 (53); SK-StPO/Rogall, Vor § 133 ff., Rn. 198; Rzepka, Fairness, S. 389; Stürner, NJW 1981, 1757 (1758).
[1584] Vergleiche BGH, NStZ-RR 2017, 183 (184); BGHSt 34, 29 (34).
[1585] Möller, JR 2005, 314 (320); Mangoldt/Klein/Starck, GG-Kommentar, Art. 1 Rn. 51; ähnlich Stümpfler, DAR 1973, 1 (6).

als auch auf die Person bezieht, der Beschuldigte muss daher aus strafprozessualen Gründen keine Angaben zum Beruf oder zu wirtschaftlichen Verhältnissen machen.[1586]

Die Beweiswertthese zeigt sich auch in einer Tendenz, die sich in der Rechtsprechung des Bundesverfassungsgerichts abzeichnet. Denn im Jahr 2015 scheint das Verfassungsgericht, den nemo tenetur-Grundsatz um die Ausprägung der Mitwirkungsfreiheit im Strafprozess verkürzt zu haben. In dem Verfahren wendet sich die Beschuldigte gegen zwei Durchsuchungsbeschlüsse, die im Rahmen eines gegen sie wegen Missbrauchs von Titeln nach § 132a StGB geführten Strafverfahrens erlassen worden sind. Die Durchsuchungen sollten der Auffindung von Beweismitteln, insbesondere der Ernennungsurkunde, dienen.[1587]

Das Bundesverfassungsgericht betonte in diesem Zusammenhang zwar zum einen die fehlende Verpflichtung der Beschuldigten, zu ihrer Strafverfolgung aktiv beizutragen,[1588] sie unterliege auch keiner Darlegungs- oder Beweislast im Strafverfahren.[1589] Im Falle einer etwaigen Nichtvorlage der Ernennungsurkunde wären die Instanzgerichte jedoch nicht gehindert gewesen, hieraus verwertbare Schlüsse zu ziehen. Der Grund hierfür liege darin, dass der Beweiswert gleich geblieben wäre, die Beschuldigte jedoch in weniger schwerwiegender Weise als durch eine Durchsuchung belastet gewesen wäre.[1590] Diese Entscheidung des Verfassungsgerichts kann als fundamentale Kehrtwende in der Diskussion um den rechtsethischen Schutzgegenstand des nemo tenetur-Grundsatzes und dessen konkreten Schutzumfang aufgefasst werden. Der Fokus liegt nicht länger auf dem subjektiven Individuenschutz, beispielsweise in Form der Autonomiethese, sondern auf der Herstellung und dem

---

[1586] So schon Hippel, Der Deutsche Strafprozess, S. 423; LR-StPO/Gleß, § 136, Rn. 17; SK-StPO/Rogall, § 136, Rn. 34, 35; siehe auch Rogall, Der Beschuldigte, S. 178 f., nach welchen der Beschuldigte lediglich immer den korrekten Namen nennen muss; Dingeldey, JA 1984, 411 f.; andere Ansicht seit langem und verbreitet in der Kommentarliteratur vertreten, insbesondere mit Hinweis auf § 111 OWiG Löwe/Rosenberg, StPO, 16. Auflage, 1925, § 136 Rn. 7; MüKo-StPO/Schuhr, § 136, Rn. 50.
[1587] BVerfG, Az.: 1 BvR 1951/13, Rn. 2 f.
[1588] BGHSt 34, 39 (46).
[1589] BVerfGK 4, 227 (234) mit weiteren Nachweisen.
[1590] BVerfG, Az.: 1 BvR 1951/13, Rn. 20.

Schutz der Legitimationsbedingungen des Strafverfahrens. Dadurch verschiebt sich sodann auch der Schutzumfang: Maßgeblich ist nicht länger, ob der Beschuldigte die Handlung selbst aktiv vornehmen muss, sondern ob der Beweiswert des Beweismittels durch den Beschuldigten erheblich beeinträchtigt werden kann.

Diese Rechtsprechungsänderung steht im Einklang mit europäischen Vorgaben des EGMRs und der neuen Richtlinie 2016/343, soweit in der Rechtsprechung des EGMRs seit Murray und Telfner sogar verbreitet ist, dass ein Schweigen unter engen Voraussetzungen als Schuldindiz gewertet werden kann.[1591]

Der Beschuldigte hat daher im Ergebnis durch den nemo tenetur-Grundsatz lediglich ein Schweigerecht, durch welches für ausreichenden Schutz des Verfahrens vor einer Desavouierung gesorgt ist.

Aus der einfachgesetzlichen Gewährleistung des Schweigerechts des Angeklagten in § 136 Abs. 1 S. 2 StPO lässt sich zwar keine Wahrheitspflicht, aber auch kein „Recht zur Lüge"[1592] ableiten.[1593] Zum einen darf das Prozessverhalten Faktor bei der Strafzumessung im Sinne des § 46 Abs. 2 StGB (rechtsfeindliche Gesinnung, mangelnde Unrechtseinsicht)[1594] sein.[1595] Lässt sich dies unter einen Strafzumessungsfaktor

---

[1591] EGMR, Urt. v. 08.02.1996, 18731/91 – Murray v. Vereinigtes Königreich; EGMR, Urt. v. 20.03.2001, 33501/96 – Telfner v. Österreich.
[1592] Affirmativ BGHSt 3, 149 (152); Kindhäuser, Strafprozessrecht, § 6 Rn. 14.
[1593] BGH, NStZ 2015, 689 (690): „Wie der BGH bereits entschieden hat, lässt sich aus der einfachgesetzlichen Gewährleistung des Schweigerechts des Angeklagten in § 136 Abs. 1 S. 2 StPO als Ausprägung der Selbstbelastungsfreiheit zwar keine Wahrheitspflicht aber auch kein „Recht zur Lüge" ableiten."; BGH, Urteil v. 10.02.2015, 1 StR 488/14, Rn. 37; BGH, Beschluss vom 17. März 2005 - 5 StR 328/04, NStZ 2005, 517, 518 Rn. 10; siehe auch OLG Koblenz, Beschluss vom 6. Dezember 2012 - 2 Ws 480/10 Rn. 13, NStZ-RR 2011, 178; siehe auch Kölbel, Selbstbelastungsfreiheiten, S. 25 ff.
[1594] BGHSt 1, 105 ff.; BGH, NStZ 1981, 257; LR-StPO/Gleß, § 136, Rn. 63; andere Ansicht MüKo-StPO/Kudlich, Einleitung, Rn. 285; SK-StPO/Rogall, Vor § 133 ff., Rn. 72.
[1595] So auch hinsichtlich der Strafzumessung noch im 19. Jahrhundert: Fels, Strafprozeß der Preussischen Criminal-Ordnung, S. 55; andere Ansicht BGH, StV 2016, 417 (417); BGH, Beschl. v. 22.05.2013, 4 StR 151/13, Rn. 5; BGH, Beschl. v. 08.11.1995, 2 StR 527/95, Rn. 6; nach Eisenberg, Beweisrecht, S. 205 ist eine Lüge als strafschärfender Gesichtspunkt ungeeignet, da vom Angeklagten eine Gefährdung seiner Verteidigungsposition nicht verlangt werden dürfe. Dies ist jedoch nicht der Fall, da der Angeklagte einfach schweigen könnte und sich und seine Position nicht gefährden würde.

subsumieren, können sowohl das Leugnen als auch das Lügen strafschärfend berücksichtigt werden.[1596] Das Gericht darf den Beschuldigten daher zur Wahrheit ermahnen, ihn bei erkannter Unwahrheit in Widersprüche verwickeln und auf den Wegfall der strafmildernden Wirkung eines Geständnisses hinweisen.[1597]
Zum anderen kann eine entdeckte Lüge zur Folge haben, dass die allgemeine Glaubwürdigkeit des Beschuldigten vom Gericht in Frage gestellt wird.[1598]
Die Begehung neuen Unrechts ist derweil durch die Selbstbelastungsfreiheit nie gedeckt,[1599] da die staatliche Strafverfolgung nicht behindert werden darf, indem in Rechtsgüter Dritter eingegriffen wird.[1600]
Der Beschuldigte kann nach hier vertretener Auffassung sowohl Objekt des Augenscheins, beispielsweise im Rahmen von Untersuchungen oder Gegenüberstellungen, als auch zur aktiven Mitwirkung Verpflichteter, beispielsweise bei einer Atemalkoholprobe, sein.
Der nemo tenetur-Grundsatz steht solchen Maßnahmen nur entgegen, soweit das Verfahren desavouiert zu werden droht. Dies ist dann der Fall, wenn der Beschuldigte auf den Beweiswert des Beweismittels maßgeblichen Einfluss hat. Daher ist beispielsweise ein Zwang zur Schriftprobe unzulässig. Anders als es die auf der verhaltensorientierten Abgrenzung fußende herrschende Auffassung vertritt[1601], kann die Verweigerung der aktiven Mitwirkung durch den Beschuldigten als belastendes

---

[1596] Andere Ansicht BGH, StV 1983, 102 ff.; BGH, NStZ 1987, 171.
[1597] LR-StPO/Gleß, § 136, Rn. 66; MüKo-StPO/Schuhr, § 136, Rn. 49; Meyer-Goßner/Schmitt, § 136 Rn. 18, der dem Beschuldigten dennoch keine Wahrheitspflicht auferlegt; gegen eine Wahrheitspflicht auch Eisenberg, Beweisrecht, S. 204 f. mit weiteren Nachweisen.
[1598] So auch Beulke, Strafprozessrecht, Rn. 125; LR-Hanack, § 136 Rn. 42; zurückhaltener LK-Gleß, § 136 Rn. 65; ganz abweisend Fezer, FS-Stree/Wessels, 663 (683).
[1599] RGSt 72, 20 (23); 74, 44 (47); BGHSt 5, 75 (81); 17, 236 (238); Rogall, NStZ 2006, 41 (42); Schneider, Grund und Grenzen, S. 30 f.; Dehne-Niemann, NStZ 2015, 677 (678).
[1600] So auch Rogall, Der Beschuldigte, S. 41, insbesondere auch S. 158 ff.; Walder, Vernehmung, S. 87 ff.; Magold, Kostentragungspflicht, S. 129 ff.
[1601] Andere Ansicht: Wenn eine Einwilligung in eine DNA-Reihenuntersuchung versagt wird, dürfen hieraus keine Schlüsse gezogen werden. So die ganz herrschende Meinung aufgrund der verhaltensorientierten Abgrenzung, siehe BVerfG, NJW 1996, 1587; BVerfG, NJW 1996, 3071; BGHSt 49, 56 (60); LG Regensburg, StraFo 2003, 131; BeckOK-StPO/Ritzert, § 81h, Rn. 4.1; Roxin/Schünemann, Strafverfahrensrecht, § 34 Rn. 35; Senge, NJW 2005, 3028 (3032).

Beweisanzeichen angesehen werden. Zu beachten sind dabei jedoch die übrigen Grundrechte des Beschuldigten und der Verhältnismäßigkeitsgrundsatz.

# F Fazit und Rechtspolitik

## I Fazit

Das Ergebnis dieser rechtsethischen Studie ist, dass der nemo tenetur-Grundsatz ein zur Unschuldsvermutung wesensgleicher Grundsatz ist. Beide Grundsätze schützen das Strafverfahren vor einer Desavouierung, indem sie Konstitutionsbedingungen sichern, damit das Verfahren sein Ziel, die Schaffung von Rechtsfrieden, erreichen kann. Dem nemo tenetur-Grundsatz liegt damit ein rechtsethisches Konzept zugrunde, wenngleich ein anderes, als Rogall es 1977 vermutet hatte.

Der Grundsatz schützt dementsprechend vor denjenigen Ermittlungsmaßnahmen, die auf die Erzielung von Beweismitteln gerichtet sind, auf deren Beweiswert der Beschuldigte Einfluss nehmen kann. Andere Maßnahmen sind zulässig, sofern sie die Unschuldsvermutung beachten und das Verfahren nicht insgesamt als illegitim erscheinen lassen. Letzteres ist dann der Fall, wenn gegen strafprozessuale Ziele, insbesondere general- und spezialpräventive Ziele, verstoßen werden würde.

Auf Grundlage dieses Verständnisses bestimmt sich der Schutzumfang des nemo tenetur-Grundsatzes durch dessen Abwägungsfähigkeit und die Verbalitätsthese. Zur näheren Konkretisierung wird dafür die oben ausgeführte Beweiswerttheorie herangezogen, nach der diejenigen Beweismittel verwendet werden können, deren Beweiswert durch einen Zwang zur Selbstbelastung nicht beeinträchtigt werden können. Deshalb ist die Erhebung sämtlicher nonverbalen, durch naturwissenschaftliche Verfahren ermittelten Beweismittel nicht durch den nemo tenetur-Grundsatz ausgeschlossen.[1602]

---

[1602] Vergleiche S. 260 f.

## II Rechtspolitischer Ausblick

Da die richterliche Rechtsfortbildung den erforderlichen, erheblichen Begründungsaufwand hinsichtlich einer ergänzungsbedürftigen Unvollständigkeit des Gesetzes nicht bewältigt hat und andernfalls der Grundsatz vom Vorbehalt des Gesetzes nach Art. 20 Abs. 3 GG, welcher sich auf die zentralen Verfassungsprinzipien der Gewaltenteilung und des Demokratieprinzips stützen kann, verletzt ist, sollte der Grundsatz durch eine Kodifizierung präzisiert und konkretisiert werden.[1603] Die grundgesetzliche Verteilung judikativer und legislativer gesellschaftlicher Steuerungsmacht kann durch diese Art der Rechtsfortbildung aus der Balance geraten, sie ist daher im Moment „demokratietheoretisch prekär"[1604]. Rechtsstaatliches Strafrecht muss gesetzlich fundiert sein.[1605]

Daher besteht eine Erkenntnis dieser Arbeit darin, dass es dringend notwendig ist, den nemo-tenetur-Grundsatz einfachgesetzlich zu konkretisieren, da ansonsten die Grenzen der Rechtsfortbildung überschritten zu werden drohen[1606]. Die Bestimmung des wesentlichen rechtlichen Inhalts und des Umfangs der verfahrensrechtlichen Befugnisse, die dem Beschuldigten einzuräumen sind, ist in erster Linie Sache des Gesetzgebers.[1607] Dabei sollte er sich an den europarechtlichen, vereinheitlichenden Vorgaben orientieren. Dementsprechend muss sich die deutsche Strafverfahrenswissenschaft insbesondere mit der Rechtsprechung des EGMRs und der neuen Richtlinie 2016/343[1608] intensiv auseinandersetzen und eine darauf möglichst harmonisch abgestimmte Auslegung des innerstaatlichen Rechts erarbeiten. Es dürfte für die deutsche Strafverfahrenswissenschaft eine enorme Herausforderung dar-

---

[1603] Larenz/Canaris, Methodenlehre, S. 246 f.; zu den fließenden verfassungstheoretischen Grenzen der richterlichen Rechtsfortbildung Kulick, JZ 2016, 67 (70).
[1604] Kulick, NJW 2016, 2236 (2241); Habermas, Faktizität und Geltung, S. 367 ff.: Der demokratische Prozess hat eine erhebliche legitimatorische Wirkung.
[1605] Naucke, Zerbrechlichkeit des rechtsstaatlichen Strafrechts, S. 414.
[1606] Mahlmann, Konkrete Gerechtigkeit, § 8 Rn. 34 ff.
[1607] So zum fair-trial-Grundsatz auch Jahn, ZStW 2015, 549 (577).
[1608] Richtlinie (EU) 2016/343 des europäischen Parlaments und des Rates vom 9. März 2016 über die Stärkung bestimmter Aspekte der Unschuldsvermutung und des Rechts auf Anwesenheit in der Verhandlung in Strafverfahren, veröffentlicht am 11. März 2016 in Amtsblatt der Europäischen Union 59. Jahrgang L 65/1.

stellen, die EU-Richtlinie 2016/343 in die durch eine Abwägungsfestigkeit und eine verhaltensorientierte Schutzbereichsbestimmung abstellende Dogmatik einzufügen.

Des Weiteren führt der Grundsatz gegenseitiger Anerkennung justizieller Entscheidungen dazu, dass die aktuelle Situation in Europa, welche durch unterschiedliche Schutzniveaus geprägt ist, kaum mehr tragbar erscheint. Wenn jeder EU-Staat die Entscheidungen der anderen anerkennt, hängt die Rechtmäßigkeit im Ausland erzielter Beweisergebnisse von der normativen Konstruktion des Beweisrechts des betreffenden Landes ab und kann daher stark variieren.[1609] Dies kann die Legitimation des Beweisverfahrens im Strafrecht ganz erheblich beschädigen.

Über die demokratietheoretischen und legitimatorische Erwägungen hinaus zwingt nun auch das EU-Recht zur Umsetzung. Nach Art. 14 Abs. 1 der RL 2016/343 muss der deutsche Gesetzgeber den Inhalt der Richtlinie, insbesondere Art. 7, umsetzen. Nach der Rechtsprechung des Europäischen Gerichtshofes verlangt die Umsetzung einer Richtlinie in innerstaatliches Recht nicht notwendigerweise, dass ihre Bestimmungen förmlich und wörtlich in einer ausdrücklichen besonderen Gesetzesvorschrift wiedergegeben werden. Je nach dem Inhalt der Richtlinie kann ein allgemeiner rechtlicher Rahmen genügen, wenn er tatsächlich die vollständige Anwendung der Richtlinie in so klarer und bestimmter Weise gewährleistet, dass - soweit die Richtlinie Ansprüche des einzelnen begründen soll - die Begünstigten in der Lage sind, von allen ihren Rechten Kenntnis zu erlangen und diese gegebenenfalls vor den nationalen Gerichten geltend zu machen.[1610]

Eine Umsetzung, die sich ausschließlich auf bereits in der Rechtsordnung eines Mitgliedstaats vorhandene, mit der umzusetzenden Richtlinie konforme Bestimmungen stützt, ist nur in sehr engen Grenzen zulässig. Wenn die Richtlinie wie im vorliegenden Fall den Zweck verfolgt, die Beschuldigten durch eine Gewährung genau umschriebener Rechte zu

---

[1609] Vergleiche auch hierzu Meyer, GA 2007, 15 (24 f.).
[1610] EuGH, Urt. v. 23.05.1985 – 29/84, Rn. 23; EuGH, Urt. v. 28.02.1991 – C-131/88, Rn. 6; EuGH, Urt. v. 15.06.1995 – C-220/94, Rn. 10; EuGH, Urt. v. 10.05.2001 – C-144/99, Rn. 14, 17; EuGH, Urt. v. 14.01.2010 – C-343/08, Rn. 34, 40.

schützen, muss die Umsetzung in expliziter und eindeutiger Form erfolgen.[1611]
„Sowohl der Grundsatz der Rechtssicherheit als auch die Notwendigkeit, die volle Anwendung der Richtlinien in rechtlicher und nicht nur in tatsächlicher Hinsicht zu gewährleisten, verlangen nämlich, dass alle Mitgliedstaaten die Bestimmungen der betreffenden Richtlinie in einen eindeutigen, genauen und transparenten gesetzlichen Rahmen aufnehmen, der in dem von dieser Richtlinie betroffenen Bereich zwingende Bestimmungen vorsieht."[1612]

Bei der gesetzlichen Fixierung sollte sich der Gesetzgeber neben der EU-Richtlinie 2016/343 auch an der aktuellen Rechtsprechung des Bundesverfassungsgerichts orientieren, welche sich mit den europäischen Regelungen zu harmonisieren versucht. Im englischen Recht steht es dem Gericht nach § 35 Criminal Justice and Public Order Act 1994 (PACE) offen, im Rahmen der richterlichen Beweiswürdigung aus dem Schweigen des Beschuldigten Rückschlüsse auf dessen Schuld zu ziehen. Daher muss es erst recht möglich sein, ein solches Schweigen auch auf der Ebene der Strafzumessung zu verwerten. Jedoch darf das in § 35 PACE genannte Verhalten des Beschuldigten nach § 38 Abs. 3 PACE nicht alleinige Grundlage einer Verurteilung sein. Zwar soll die beweisrechtliche Würdigung des Schweigens nach der Rechtsprechung des Bundesverfassungsgerichts mit dem nemo tenetur-Grundsatz unvereinbar sein,[1613] berühre aber nicht den menschenwürderechtlichen Kern des Grundsatzes und könne als Ergebnis einer Abwägung daher durchaus in Betracht kommen.[1614] Diese Rechtsprechung stimmt mit der des EGMR seit der Entscheidung Murray überein.[1615]

Das Bundesverfassungsgericht erkennt zwar die Gefahr, dass die mögliche beweisrechtliche Verwertung des Schweigens des Beschuldigten zu einem mittelbaren Aussagedruck führen kann, gewichtet sie jedoch

---

[1611] So zum Verbraucherrecht EuGH, Urt. v. 10.05.2001 – C-144/99, Rn. 14.
[1612] EuGH, Urt. v. 14.01.2010 – C-343/08, Rn. 40.
[1613] BVerfG, Beschl. v. 06.09.2016, 2 BvR 890/16, Rn. 43.
[1614] BVerfG, Beschl. v. 06.09.2016, 2 BvR 890/16, Rn. 39.
[1615] BVerfG, Beschl. v. 06.09.2016, 2 BvR 890/16, Rn. 42.

nicht so schwer wie ein Zwang zu einer Aussage oder gar zu einer Selbstbezichtigung.[1616] Begründet wird der Vergleich mit dem Umstand, dass das Schweigen nur neben weiteren Beweismitteln im Rahmen einer Gesamtwürdigung zu einer Verurteilung herangezogen werden kann. Eine weitere Relativierung erfährt der Aussagedruck dadurch, dass § 35 PACE nicht vorsieht, dass ein Schweigen stets als belastendes Indiz zu werten ist, sondern dies der freien richterlichen Beweiswürdigung unterstellt. Allein aufgrund seines Schweigens muss kein Beschuldigter fürchten, verurteilt zu werden. Das Bundesverfassungsgericht vergleicht die Konstellation mit der des Teilschweigens und kommt so zu dem Ergebnis, dass die Menschenwürde in solchen Fällen nicht verletzt sei.[1617] Die grenzüberschreitende strafrechtliche Zusammenarbeit in Europa wird durch das hier vom Bundesverfassungsgericht vorgebrachte Vertrauen in die Justiz anderer EU-Länder gefördert.[1618]

Sollte die Richtlinie nicht rechtzeitig oder nur unzulänglich umgesetzt werden, ergibt sich aus der ständigen Rechtsprechung des Europäischen Gerichtshofs, dass sich der Einzelne in all den Fällen, in denen die Bestimmungen einer Richtlinie inhaltlich unbedingt und hinreichend genau sind, vor nationalen Gerichten gegenüber dem Staat auf diese Bestimmungen berufen kann.[1619]

---

[1616] BVerfG, Beschl. v. 06.09.2016, 2 BvR 890/16, Rn. 40.
[1617] Zum Ganzen BVerfG, Beschl. v. 06.09.2016, 2 BvR 890/16, Rn. 41;
[1618] Kritisch, im Ergebnis aber ähnlich R. Esser, StV 2017, 243 (243).
[1619] EuGH, NJW 2004, 3547 (3548) mit weiteren Nachweisen.

# G Thesenübersicht

I.
Der zum deutschen Recht in Ansätzen vergleichbarer Kern des nemo tenetur-Grundsatzes ist im Strafverfahrensrecht des Vereinigten Königreichs des 19. Jahrhunderts als ein auf der Magna Charta beruhendes Aussageverweigerungsrecht entstanden, und gerade nicht im talmudischen, römischen oder arabischen Recht.

II.
In Deutschland gilt der nemo tenetur-Grundsatz erst seit dem 20. Jahrhundert. Vorher, bis 1740, war sogar die Folterung des Beschuldigten statthaft. Nach dessen Abschaffung durch Kabinettsorder Friedrich des Großen blieb der Beschuldigte bis weit ins 19. Jahrhundert hinein verpflichtet, auf die Fragen des Gerichts wahrheitsgemäß zu antworten, es sei denn, er musste sich selbst belasten. Dann durfte er zwar schweigen, musste jedoch seine Beweggründe für das Schweigen offenlegen, was regelmäßig de facto zu einer Selbstbelastung führte.[1620] Darüber hinaus musste er sodann dulden, dass ein unwidersprochener Vortrag jedoch als wahr zugrundegelegt wurde. Ein Schweigen war somit sowohl hinsichtlich der Schuld- als auch der Straffrage nachteilsbeladen.[1621]
Seit der Entstehung hat der für den Beschuldigten mittlerweile so wichtigen Grundsatz somit einen wesensverändernden Wandel vollzogen.

III.
Die rechtsmethodisch angezeigte Verfahrensweise zur Ermittlung des Sinngehalts des nemo tenetur-Grundsatzes ist die analytische Deduktion, deren Bezugsobjekt in der Rechtsethik zu suchen ist.[1622]

IV.

---

[1620] Vergleiche C. II. 1.-3.
[1621] Vergleiche C. I. 1.-3.
[1622] D. I.

© Springer Fachmedien Wiesbaden GmbH 2018
M. Buchholz, *Der nemo tenetur-Grundsatz*, Juridicum – Schriftenreihe zum Strafrecht, https://doi.org/10.1007/978-3-658-21365-7_7

Aufgrund des Erfordernisses eines Bezugsobjektes ist eine rechtsethische Begründung des nemo tenetur-Grundsatzes notwendig.[1623]

V.
In der Rechtsethik ist eine kantianische Begründung des nemo tenetur-Grundsatzes nicht möglich. Eine Autonomieverletzung als Wesenskriterium kann nicht festgestellt werden.[1624]

VI.
Der in der Literatur häufig zur rechtsethischen Begründung herangezogene Selbsterhaltungstrieb ist allgemein-ethisch in den Kontraktualismus einzuordnen. Eine überzeugende Herleitung des nemo tenetur-Grundsatzes aus diesem Trieb mag dennoch nicht gelingen.[1625]

VII.
Die Theorie der ethischen Unzumutbarkeit, die insbesondere in der Rechtsprechung vertreten wird, leidet unter ganz erheblichen konzeptionellen Mängeln und ist daher abzulehnen.[1626]

VIII.
Der auf die möglichst umfassende Verwirklichung unterschiedlicher Rechtsgrundsätze zielende Utilitarismus vermag ein tragfähiges rechtsethisches Konzept darzustellen.[1627]
Der nemo tenetur-Grundsatz schützt das rechtsstaatliche Strafverfahren im Ganzen und insbesondere die fundamentalen Prinzipien der Wahrheitsermittlung und der Unschuldsvermutung vor einer Desavouierung. Auch wenn es der Wahrheitsermittlung dienen könnte, stark wirkenden Zwang anzuwenden, ist er ab einem gewissen Grad unzulässig, da ansonsten die Verfahrensfairness und dadurch die Legitimation des Ver-

---

[1623] D. III.
[1624] D. IV. 2.
[1625] D. IV. 4.
[1626] D. IV. 5.
[1627] D. IV. 6.

fahrens beeinträchtigt wären. Der Schutz des Verfahrens vor Desavouierung liege im Rechtsstaatsprinzip und nicht in der Menschenwürde begründet.[1628]

## IX.
Auf Grund der allein utilitaristischen Möglichkeit der rechtsethischen Begründung erscheint ein absoluter Schutzbereich nicht überzeugend.[1629] Der nemo tenetur-Grundsatz ist ein Prinzip im alexy'schen Sinne. Es ist daher möglich, dass der Grundsatz mit anderen rechtsstaatlichen Prinzipien, wie der Funktionsfähigkeit der Strafrechtspflege, kollidiert und abgewogen werden muss.[1630]

## X.
Die verhaltensorientierte Abgrenzung der herrschenden Meinung hat angesichts des rechtsethischen Teils der Arbeit daher auch keine hinreichende Fundierung.[1631]

## XI.
Der Schutzbereich des nemo tenetur-Grundsatzes ist auf Grundlage der Verbalitätsthese zu bestimmen,[1632] welche sich nicht aus der rechtsethischen Autonomiethese oder der Theorie der ethischen Unzumutbarkeit ableiten lässt, sondern nur aus dem konsequentialistisch zu berücksichtigenden Schutz und der Förderung der Wahrheitsermittlung und der Unschuldsvermutung, um das Strafverfahren insgesamt gegen eine Desavouierung abzusichern.[1633]

## XII.
Zur näheren Ausgestaltung des Schutzgegenstandes nach der Theorie des Verfahrensschutzes vor einer Desavouierung kann auf die Beweis-

---

[1628] Stuckenberg, Untersuchungen zur Unschuldsvermutung, S. 544 ff.
[1629] E. I.
[1630] E. I. 4. b.
[1631] E. II.
[1632] E. III.
[1633] E. III. 5.

wertthese zurückgegriffen werden, nach welcher auf diejenigen Beweismittel zu verzichten ist, auf deren Beweiswert der Beschuldigte einen erheblichen Einfluss hat.[1634]

---

[1634] E. III. 5.

# H Literaturverzeichnis

Abu Yusuf. Kitab al-harag. 2. Auflage Kairo 1932.

Achenbach, Hans. Ahndung materiell sozialschädlichen Verhaltens durch bloße Geldbuße. Goltdammer's Archiv für Strafrecht 2008, S. 1-17.

Ahlbrecht, Heiko. Unschuldig schuldig - zur Unschuldsvermutung in der EU. Strafverteidiger 2016, S. 257-264.

Aichele, Alexander. Was ist und wozu taugt das Brett des Karneades? - Wesen und ursprünglicher Zweck des Paradigmas der europäischen Notstandslehre. Jahrbuch für Recht und Ethik 2003, S. 245-268.

Albrecht, Alexy. Zur Erosion der Menschenrechte im demokratischen Rechtsstaat. Frankfurt am Main 2007.

Albrecht, Peter-Alexis. Der Weg in die Sicherheitsgesellschaft. Berlin 2010.

Alexy, Robert. Begriff und Geltung des Rechts. 5. Auflage Freiburg 2011.

Alexy, Robert. Theorie der juristischen Argumentation: Die Theorie des rationalen Diskurses als Theorie der juristischen Begründung. 3. Auflage Frankfurt am Main 1996.

Alexy, Robert. Theorie der Grundrechte. 3. Auflage Frankfurt am Main 1996.

Alkofer, Andreas. Die „Quellen der Moralität" und die Lüge. In: Matthias Mayer (Hrsg.), Kulturen der Lüge. Köln 2003. (35-67).

Alschuler, Albert. A Peculiar Privilege in Historical Perspective: The Right to Remain Silent. Michigan Law Review 1996, S. 2625-2702.

Amar, Akhil Reed. The Constitution und Criminal Procedure. Yale 1997.

Ambos, Kai. Der Europäische Gerichtshof für Menschenrechte und die Verfahrensrechte: Waffengleichheit, partizipatorisches Vorverfahren und Art. 6 EMRK. Zeitschrift für die gesamte Strafrechtswissenschaft 2003, S. 583-637.

Ambos, Kai. Zum heutigen Verständnis von Akkusationsprinzip und -verfahren aus historischer Sicht. Juristische Ausbildung 2008, S. 586-594.

Ambos, Kai. Beweisverwertungsverbote: Grundlagen und Kasuistik - internationale Bezüge - ausgewählte Probleme. Berlin 2010.
Amelung, Knut. Die Einwilligung in die Beeinträchtigung eines Grundrechtsgutes - Eine Untersuchung im Grenzbereich von Grundrechts- und Strafrechtsdogmatik. Berlin 1981.
Amelung, Knut. Verwendung eines Lügendetektors. Neue Zeitschrift für Strafrecht 1982, S. 38-40.
Amelung, Knut. Rettungsfolter und Menschenwürde. Juristische Rundschau 2012, S. 18-20.
Aristoteles. Nikomachische Ethik. Übersetzt und Nachwort von Dirlmeier. Anmerkungen von Ernst A. Schmidt. Stuttgart 1969.
Arndt, Adolf. Das Schweigen vor Gericht. Neue Juristische Wochenschrift 1966, S. 869-871.
Arzt, Gunther. Schutz juristischer Personen gegen Selbstbelastung. Juristenzeitung 2003, S. 456-460.
Arzt, Gunther. Strafverfahren ohne Menschenrechte gegen juristische Personen. In: Ursula Medigovic/Christian Grafl (Hrsg.), Festschrift für Manfred Burgstaller zum 65. Geburtstag. Wien 2004 (S. 221-238).
Aselmann, Maike. Die Selbstbelastungsfreiheit im Steuerrecht im Lichte der aktuellen Rechtsprechung des Bundesgerichtshofs. Neue Zeitschrift für Strafrecht 2003, S. 71-75.
Aselmann, Maike. Die Selbstbelastungs- und Verteidigungsfreiheit: ein Beitrag zu den Garantiewirkungen von Verfahrensrechten im Hinblick auf die Beweiswürdigung, Strafzumessung und Strafbarkeit des Beschuldigten. Frankfurt am Main 2004.
Ashworth, Andrew/Redmayne, Mike. The Criminal Process. 3. Auflage Oxford, New York 2005.
Aul, Joachim. Aspekte des Universalisierungspostulats in Kants Ethik. Neue Hefte für Philosophie 1983, S. 62-94.
Austin, John. The Province of Jurisprudence Determined and the Uses of the Study of Jurisprudence with an Introduction by H.L.A. Hart. Indianapolis 1998 (Nachdruck).
Aquin, Thomas von. Summa Theologica Buch 2 Teil 2. Band 18 (Recht und Gerechtigkeit). Heidelberg München u.a. 1953.

Bachof, Otto. Naturrecht und Gegenwart. Archiv des öffentlichen Rechts 2014, S. 1-31.
Baldus, Manfred. Kämpfe um die Menschenwürde. Berlin 2016.
Bar, Ludwig von. Kritik der Principien des Entwurfs einer Deutschen Strafproceßordnung vom Januar 1873. Berlin 1873.
Baranzke, Heike. Menschenwürde zwischen Pflicht und Recht - zum ethischen Gehalt eines umstrittenen Begriffs. Zeitschrift für Menschenrechte 2010, S. 10-24.
Baranzke, Heike. Menschenwürde - nichts als ein Rechtsbegriff? Zur notwendigen Differenzierung des Begriffs menschlicher Würde in Recht, Moral und Ethik im Anschluss an die Kantische Moralphilosophie. In: Nikolaus Knöpffler/ Peter Kunzmann/ Martin O'Malley (Hrsg.), Facetten der Menschenwürde. Freiburg 2011 (S. 191-215).
Barton, Stephan. Einführung in die Strafverteidigung. München 2007.
Bauer, Gerhard. Die Aussage des über sein Schweigerecht nicht belehrten Beschuldigten. Göttingen 1972.
Baumann, Jürgen. Die Narkoanalyse. Münster 1950.
Bäcker, Carsten. Gerechtigkeit im Rechtsstaat - Das Bundesverfassungsgericht an der Grenze des Grundgesetzes. Tübingen 2015.
Bährle, Volker. Die Aussagefreiheit des Angeklagten und die Verwertung von Vorverfahrensaussagen in der Hauptverhandlung. Heidelberg 1992.
Bärlein, Michael/ Panaris, Panos/ Rehmsmeier, Jörg. Spannungsverhältnis zwischen Aussagefreiheit im Strafverfahren und den Mitwirkungspflichten im Verwaltungsverfahren. Neue Juristische Wochenschrift 2002, S. 1825-1830.
Beccaria, Cesare. Über Verbrechen und Strafe (Livorno 1766). In: Wilhelm Alff (Hrsg.), Zur Einführung in Beccarias Leben und Denken. Frankfurt am Main 1966.
Beckemper, Katharina. Nemo tenetur-Grundsatz im Steuerstrafrecht - Verwertbarkeit einer gescheiterten Selbstanzeige. Zeitschrift für internationale Strafrechtsdogmatik 2012, S. 221-227.
Beestermöller, Gerhard. Erlaubnis zur Rettungsfolter - Imperativ der Gerechtigkeit. Freiburger Zeitschrift für Theologie und Philosophie 2009, S. 451-476.

Beling, Ernst. Die Beweisverbote als Grenzen der Wahrheitserforschung im Strafprozess. Breslau 1903.

Bennecke, Hans/ Binding, Karl. Lehrbuch des Deutschen Reichs-Strafprozessrechts. 2. Auflage Breslau 1900.

Bentham, Jeremy. An introduction to the principles of morals and legislation. London 1823.

Bentham, Jeremy. A Treatise on Judical Evidence. London 1825.

Bentham, Jeremy. Rationale of Juridical Evidence. Edinburgh 1843.

Berkemann, Jörg. Fairneß als Rechtsprinzip. Juristische Rundschau 1989, S. 221-228.

Bergk, Johann Adam. Die Theorie der Gesetzgebung. Unveränderter Nachdruck der Ausgabe Meissen 1802. Frankfurt am Main 1969.

Bernsmann, Klaus. Verwertungsverbot für Angaben eines Beschuldigten, die dieser ohne Kenntnis des Hintergrundes in einem Gespräch mit einer von der Polizei mit dem Aushorchen beauftragten Privatperson macht? Strafverteidiger 1997, S. 116-119.

Beulke, Werner. Die Vernehmung des Beschuldigten - Einige Anmerkungen aus der Sicht der Prozeßrechtswissenschaft. Strafverteidiger 1990, S. 180-184.

Beulke, Werner. Strafprozessrecht. 13. Auflage Heidelberg 2016.

Bielefeldt, Heiner. Neuzeitliches Freiheitsrecht und politische Gerechtigkeit - Perspektive der Gesellschaftsvertragstheorien. Würzburg 1990.

Bielefeldt, Heiner. Das Folterverbot im Rechtsstaat. Berlin 2004.

Bielefeldt, Heiner. Menschenwürde und Folterverbot - Eine Auseinandersetzung mit den jüngsten Vorstößen zur Aufweichung des Folterverbots. Berlin 2007.

Bieri, Peter. Eine Art zu leben - Über die Vielfalt der menschlichen Würde. München 2013.

Binding, Karl. Grundriss des deutschen Strafprozessrechts. 5. Auflage Leipzig 1904.

Binding, Karl. Die Wahrheitspflicht im Prozess. Deutsche Juristenzeitung 1909, S. 161-167.

Binding, Karl. Strafrechtliche und strafprozessuale Ahandlungen. Zweiter Band - Strafprozessrecht. München Leipzig 1915.

Biskup, Rainer. Naturrecht im 21. Jahrhundert? Versuch einer Prognose. In: Volker Friedrich Dreckrah/ Dietmar Willoweit (Hrsg), Festschrift für Götz Landwehr zum 80. Geburtstag. Köln Weimar Wien 2016 (S. 449-467).

Bittmann, Folker. Wider ein Strafrecht als alltäglicher Begleiter. Neue Zeitschrift für Strafrecht 2016, S. 249-255.

Birkmeyer, Karl von. Deutsches Strafprozeßrecht. Berlin 1898.

Birnbacher, Dieter. Analytische Einführung in die Ethik. 2. Auflage Berlin 2007.

Blusch, Clemens. Das bayerische Strafverfahrensrecht von 1813 - Die Reform des bayerischen Strafverfahrensrecht am Anfang des 19. Jahrhunderts unter Paul Johann Anselm von Feuerbachs Mitwirkung. Frankfurt am Main 1997.

Bock, Dennis. Nebenklage im Wirtschafts- und Unternehmensstrafrecht. In: Helga Ahlbrecht/ Helmut Frister/ Dennis Bock (Hrsg.), Festschrift für Jürgen Wessing zum 65. Geburtstag. München 2016 (S. 159-176).

Bockemühl, Jan. Private Ermittlungen im Strafprozess. Baden-Baden 1996.

Bogner, Daniel. Das Recht des Politischen - ein neuer Begriff der Menschenrechte. Bielefeldt 2014.

Böckenförde, Ernst-Wolfgang. Entstehung und Wandel des Rechtsstaatsprinzips. In: Horst Ehmke/ Carlo Schmid/ Hans Scharoun (Hrsg.), Festschrift für Adolf Arndt zum 65. Geburtstag. Frankfurt am Main 1969 (S. 53-76).

Böckenförde, Ernst-Wolfgang. Staat, Verfassung, Demokratie - Studien zur Verfassungstheorie und zum Verfassungsrecht. Frankfurt am Main 1991.

Böckenförde, Ernst-Wolfgang. Menschenwürde als normatives Prinzip. Juristenzeitung 2003, S. 809-815.

Börner, Renè. Legitimation durch Strafverfahren - Die normative Kraft des Misstrauens. Berlin 2014.

Böse, Martin. Die verfassungsrechtlichen Grundlagen des Satzes „Nemo tenetur se ipsum accusare". Goltdammer's Archiv für Strafrecht 2002, S. 98-128.

Böse, Martin. Wirtschaftsaufsicht und Strafverfolgung. Tübingen 2005.

Bosch, Nikolaus. Aspekte des nemo tenetur-Prinzips aus verfassungsrechtlicher und strafprozessualer Sicht. Ein Beitrag zur funktionsorientierten Auslegung des Grundsatzes „nemo tenetur se ipsum accusare". Berlin 1998.

Bosch, Nikolaus. Die verdeckte Befragung des Beschuldigten - Strafrechtspflege ohne Grenzen. Juristische Ausbildung 1998, S. 236-244.

Bosch, Nikolaus. Die strafprozessuale Regelung von Zeugnis- und Auskunftsverweigerungsrecht. Juristische Ausbildung 2012, S. 33-41.

Braun, Johann. Deduktion und Invention: Gesestzesauslegung im Widerstreit von Gehorsamskunst, Rechtsgefühl und Wahrheitssuche. Tübingen 2016.

Brockmüller, Annette. Von der Wahrheit zum Wert. In: Annette Brockmüller/ Stephan Kirste/ Ulfrid Neumann (Hrsg.), Archiv für Rechts- und Sozialphilosophie 2015, Beiheft 145. Wert und Wahrheit in der Rechtswissenschaft, S. 11-23.

Brodowski, Dominik. Examensrelevante Entwicklungen in der Europäischen Union - ein Überblick. Zeitschrift für Internationale Strafrechtsdogmatik 2015, S. 79-101.

Brodowski, Dominik. Die Verwaltung darf nicht strafen - warum eigentlich nicht? Zugleich eine Vorstudie zu einer rechts-evolutionären, weichen Konstitutionalisierung strafrechtsdogmatischer Grundannahmen. Zeitschrift für die gesamte Strafrechtswissenschaft 2016, S. 370-393.

Bronaugh, Richard. Is there a duty to confess? American Philosophical Association Newsletter on Philosophy and Law 1998, S. 86-92.

Brugger, Winfried. Darf der Staat ausnahmsweise foltern? Der Staat 1996, S. 67-97.

Brugger, Winfried. Vom unbedingten Verbot der Folter zum bedingten Recht auf Folter? Juristenzeitung 2000, S. 165-173.

Bruns, Hans-Jürgen. Der Verdächtige als schweigeberechtigte Auskunftsperson und als selbstständiger Prozeßbeteiligter neben dem Beschuldigten und Zeugen? In: Rainer Hamm/ Walter Matzke (Hrsg.), Festschrift für Erich Schmidt-Leichner. München 1977 (S. 1-10).

Buchholz, Bernd Klaus. Der Betroffene im parlamentarischen Untersuchungsausschuss. Berlin 1990.

Buschmann, Arno. Inquisition und Prozeß - Inquisitionsgerichtsbarkeit und Inquisitionsverfahren bei der Ketzerverfolgung im Hoch- und Spätmittelalter. In: Franz Dorn/ Jan Schröder (Hrsg.), Festschrift für Kleinheyer zum 70. Geburtstag. Heidelberg 2001 (S. 67-94).

Bydlinski, Franz. Juristische Methodenlehre und Rechtsbegriff. 2. Auflage (Nachdruck) Wien 2011.

Cattaneo, Mario. Menschenwürde bei Kant. In: Kurt Seelmann (Hrsg.), Menschenwürde als Rechtsbegriff. Archiv für Rechts- und Sozialphilosophie 2004 Beiheft 101, S. 24-32.

Caplan, Gerald. Questioning Miranda. Vanderbilt Law Review 1985, S. 1417- 1476.

Carpzov, August Benedict. Practica nova imperialis Saxonica rerum criminalium. Pars III. Wittenberg 1635. Abgedruckt in: Sellert, Der Beweis und die Strafzumessung im Inquisitionsprozess, 1994.

Ceffinato, Tobias. Beweiswürdigung und Indizkonstruktion. Zeitschrift für die gesamte Strafrechtswissenschaft 2016, S. 804-823.

Chiesa, Luis. Beyond Torture: The Nemo Tenetur Principle in Borderline Cases. Boston College Third World Law Journal 2010, S. 35-66.

Coing, Helmut. Die obersten Grundsätze des Rechts - Ein Versuch zur Neubegründung des Naturrechts. Heidelberg 1947.

Cole, David. Enemy Aliens. Stanford Law Review 2002, S. 953-1005.

Craemer-Ruegenberg, Ingrid. Logische und andere Eigenschaften des kategorischen Imperativs. Neue Hefte für Philosophie 1983, S. 45-61.

Dahm, Georg. Verbrechen und Tatbestand. Berlin 1935.

Dahs, Hans/ Wimmer, Raimund. Unzulässige Untersuchungsmethoden bei Alkoholverdacht, Neue Juristische Wochenschrift 1960, S. 2217-2223.

Dallmeyer, Jens. Verletzt der zwangsweise Brechmitteleinsatz gegen Beschuldigte deren Persönlichkeitsrechte? Strafverteidiger 1997, S. 606-610.

Dallmeyer, Jens. Die Integrität des Beschuldigten im reformierten Strafprozeß - Zur zwangsweisen Verabreichung von Brechmitteln bei mutmaßlichen Drogendealern. Kritische Vierteljahresschrift für Gesetzgebung und Rechtswissenschaft 2000, S. 252-266.

Danckert, Peter. Aussagepflicht im parlamentarischen Untersuchungsausschuss: Zur Ausgestaltung der Aussagepflicht im künftigen Untersuchungsausschussrecht des Bundes. Zeitschrift für Rechtspolitik 2000, S. 476-480.

Dann, Matthias/ Schmidt, Kerstin. Im Würgegriff des SEC? - Mitarbeiterbefragungen und die Selbstbelastungsfreiheit. Neue Juristische Wochenschrift 2009, S. 1851-1855.

Dannecker, Christoph. Der nemo tenetur-Grundsatz - prozessuale Fundierung und Geltung für juristische Personen. Zeitschrift für die gesamte Strafrechtswissenschaft 2015, S. 370-409.

Dannecker, Christoph. Konturierung prozessualer Gewährleistungsgehalte des nemo tenetur-Grundsatzes anhand der Rechtsprechung des EGMR. Zeitschrift für die gesamte Strafrechtswissenschaft 2016, S. 991-1017.

Degener, Wilhelm. § 139a StPO und die Aussagefreiheit des Beschuldigten. Goltdammer's Archiv für Strafrecht 1992, S. 443-469.

Dehne-Niemann, Jan. Die Strafbarkeit der aktiv selbstbegünstigenden Falschverdächtigung (§ 164 StGB) durch einen Beschuldigten. Neue Zeitschrift für Strafrecht 2015, S. 677-683.

Dencker, Friedrich. Über Heimlichkeit, Offenheit und Täuschung bei der Beweisgewinnung im Strafverfahren. Strafverteidiger 1994, S. 667-683.

Dencker, Friedrich. Gilt das auf einer Verletzung des Gebots, den Beschuldigten vor seiner Vernehmung über sein Schweigerecht zu belehren, beruhende Verwertungsverbot auch in Bezug auf Mitangeklagte oder sonstige Dritte? Strafverteidiger 1995, S. 232-236.

Dennis, Ian. Instrumental Protection, Human Right or Funtional Necessity? Reassessing the Privilege against Self-Incrimination. Cambridge Law Journal 1995, S. 342-376.

Dietrich, Bernhard. Die Bindung des Bußgeldverfahrens an das Strafverfahrensrecht - eine Studie zu Notwendigkeit und Grenzen des § 46 Abs. 1 OWiG. Baden-Baden 2003.

Dingeldey, Thomas. Das Prinzip der Aussagefreiheit im Strafprozeßrecht. Juristische Arbeitsblätter 1984, S. 407-414.

Dingeldey, Thomas. Der Schutz der strafprozessualen Aussagefreiheit durch Verwertungsverbote bei außerstrafrechtlichen Aussage- und Mitwirkungspflichten. Neue Zeitschrift für Strafrecht 1984, S. 529-534.

Doege, Felix. Die Bedeutung des nemo-tenetur-Grundsatzes in nicht von Strafverfolgungsbehörden geführten Befragungen. Frankfurt am Main 2016.

Dohna, Alexander zu. Das Strafprozessrecht. 3. Auflage Berlin 1929.

Dochow, Adolf. Der Zeugniszwang. Jena 1877.

Dolinko, David. Is there a rationale for the privilege against self-incrimination? University of California Los Angeles Law Review 1986, S. 1063-1148.

Donagan, Alan. The Right not to incriminate oneself. In: Ellen Paul (Hrsg.), Human Rights. Oxford 1984 (S. 22-90).

Dostojewski, Fjordor. Schuld und Sühne. Köln 2012.

Dölling, Dieter/ Duttge, Gunnar/ Rössner, Dieter/ Ambos, Kai. Handkommentar Gesamtes Strafrecht. 3. Auflage Baden-Baden 2013.

Dreier, Horst. Bedeutung und systematische Stellung der Menschenwürde im deutschen Grundgesetz. In: Kurt Seelmann (Hrsg.), Menschenwürde als Rechtsbegriff. Archiv für Rechts- und Sozialphilosophie 2004 Beiheft 101, S. 33-48.

Dreier, Horst. Säkularisierung und Sakralität - zum Selbstverständnis des moderen Verfassungsstaates. Tübingen 2014.

Dreyer, Carl Heinrich. Bemerkungen zu den Beschlüssen der Reichstagskommission betreffend die Berathung des Entwurfes einer Strafproceßordnung für das Deutsche Reich. Leipzig 1875.

Drope, Kathrin. Strafprozessuale Probleme bei der Einführung einer Verbandsstrafe. Berlin 2002.

Duff, Antony. Trials and punishments. Cambridge 1991.

Duttge, Gunnar. Die „Sakralität" des Menschen. In: Daniela Demko/ Kurt Seelmann/ Paolo Becchi (Hrsg.), Würde und Autonomie. Archiv für Rechts- und Sozialphilosophie 2015 Beiheft 142, S. 145-159.

Dünkel, Frieder/ Morgenstern, Christine. Kriminologie und Strafverfahren. Goltdammer's Archiv 2013, S. 78-89.

Dürig, Günter. Der Grundrechtssatz von der Menschenwürde. Archiv des öffentlichen Rechts 1956, S. 117-157.

Dworkin, Ronald. Law's Empire. Cambridge 1986.
Dworkin, Ronald. Taking Rights Seriously. 9. Auflage Duckworth 2000.
Dworkin, Ronald. Gerechtigkeit für Igel. Übersetzt von Robin Celikates/ Eva Engels. Berlin 2012.
Eidam, Lutz. Anmerkung zu BGH, Urt. v. 16.09.2004 - 4 StR 84/04. Strafverteidiger 2005, S. 201-203.
Eidam, Lutz. Die strafprozessuale Selbstbelastungsfreiheit am Beginn des 21. Jahrhunderts. Frankfurt am Main 2007.
Eidam, Lutz. Zur Selbstverständlichkeit von Rechtsbrüchen beim Vollzug von Untersuchungshaft. HöchstRichterliche Rechtsprechung im Strafrecht 2008, S. 241-246.
Eisenberg, Ulrich. Urteilsaufhebung bei Nichtrespektierung des Wunsches zur Verteidigerkonsultation - zugleich Besprechung des Urteils des BGH v. 27.06.2013, 3 StR 435/12. Strafverteidiger 2013, S. 779-785.
Eisenberg, Ulrich. Beweisrecht der StPO. 9. Auflage München 2015.
Eisenhardt, Urte. Das nemo tenetur-Prinzip - Grenze körperlicher Untersuchungen beim Beschuldigten. Frankfurt am Main 2007.
Ellis, Dorsey. Vox populi v. suprema lex: A comment on testimonial privilege of the fifth amendment. Iowa Law Review 1970, S. 829-863.
Enders, Christoph. Die Menschenwürde als Recht auf Rechte - die mißverstandene Botschaft des Bonner Grundgesetzes. In: Kurt Seelmann (Hrsg.), Menschenwürde als Rechtsbegriff. Archiv für Rechts- und Sozialphilosophie 2004 Beiheft 101, S. 49-61.
Enders, Christoph. Die Würde des Rechtsstaats liegt in der Würde des Menschen. In: Peter Nitschke (Hrsg.), Rettungsfolter im modernen Rechtsstaat? Eine Verortung. Bochum 2005 (S. 133-148).
Engelhard, Herbert. Die Vernehmung des Angeklagten und die damit zusammenhängenden Probleme. Zeitschrift für die gesamte Strafrechtswissenschaft 1939, S. 335-362.
Engländer, Armin. Die neuen Vertragstheorien im Licht der Kontraktualismuskritik von David Hume: Normativismus oder Sozialtechnonologie. Archiv für Rechts- und Sozialphilosophie 2000, S. 2-28.

Engländer, Armin. Das nemo-tenetur-Prinzip als Schranke verdeckter Ermittlungen. Zeitschrift für Internationale Strafrechtsdogmatik 2007, S. 163-167.

Erb, Volker/ Esser, Robert/ Franke, Ulrich/ Graalmann-Scheerer, Kirsten/ Hilger, Hans/ Ignor, Alexander (Hrsg.). Löwe-Rosenberg - Die Strafprozeßordnung und das Gerichtsverfassungsgesetz. Großkommentar. 26. Auflage Berlin New York 2010.

Erb, Volker. Beweisverwertungsverbote zum Nachteil des Beschuldigten? Goltdammer's Archiv 2017, S. 113-129.

Erdmann, Hans-Henning. Die Ausdehnung der strafprozessualen Garantien der US-Bundesverfassungauf den Strafprozeß der Einzelstaaten - Ein Beitrag zu den Beweisverboten im amerikanischen Recht. Bonn 1969.

Erdmann, Willi. Der Selbstbegünstigungsgedanke im Strafrecht. Göttingen 1969.

Epping, Volker/ Hillgruber, Christian (Hrsg.). Grundgesetz Beck'scher Onlinekommentar. 28. Auflage Stand 01.03.2016.

Eschelbach, Ralf. Regina Probationum. In: Klaus Bernsmann/ Thomas Fischer (Hrsg.), Festschrift für Ruth Rissing-van-Saan zum 65. Geburtstag. Berlin 2011 (S. 115-142).

Eschelbach, Ralf/ Wasserburg, Klaus. Antastung der Menschenwürde im Strafverfahren. In: Mark Zöller/ Hans Hilger/ Wilfried Küper/ Claus Roxin (Hrsg.), Festschrift für Jürgen Wolter zum 70. Geburtstag. Berlin 2013 (S. 878-889).

Eser, Albin. Aussagefreiheit und Beistand des Verteidigers im Ermittlungsverfahren. Zeitschrift für die gesamte Strafrechtswissenschaft 1967, S. 565-623.

Eser, Albin. Der Schutz vor Selbstbezichtigung im deutschen Strafprozessrecht. Zeitschrift für die gesamte Strafrechtswissenschaft 1974 Beiheft, S. 136-171.

Esser, Josef. Vorverständnis und Methodenwahl in der Rechtsfindung. Frankfurt am Main 1972.

Esser, Robert. Grundsatz der Selbstbelastungsfreiheit und Auslieferung. Strafverteidigung 2017, S. 241-244.

Exner, Franz. Strafverfahrensrecht. Berlin 1947.

Fahl, Christian. Angewandte Rechtsphilosophie - „Darf der Staat foltern?". Juristische Rundschau 2004, S. 182-191.

Fahl, Christian. Dürfen Staatsanwaltschaft und Gericht für die Verfahrenseinstellung nach § 153a StPO ein Geständnis verlangen - „Fall Edathy"? Juristische Rundschau 2016, S. 241-245.

Fahrenhorst, Irene. Grenzen strafloser Selbstbegünstigung. Juristische Schulung 1987, S. 707-709.

Fels, Hans. Der Strafprozeß der Preussischen Criminal-Ordnung von 1805. Urach 1932.

Festinger, Leon. A theory of cognitive dissonance. Evanston 1957.

Feuerbach, Paul Johann Anselm von. Vorrede zu Unterholzners juristischen Abhandlungen. In: Feuerbach, Paul Johann Anselm von (Hrsg.), Kleine Schriften vermischten Inhalts. Nürnberg 1833.

Fezer, Gerhard. Hat der Beschuldigte ein „Recht auf Lüge"? In: Wilfried Küper/ Friedrich Dencker (Hrsg.), Festschrift für Walter Stree und Johannes Wessels zum 70. Geburtstag. Heidelberg 1993 (S. 663-684).

Fezer, Gerhard. Verwertung eines von der Polizei veranlaßten Telefongesprächs. Neue Zeitschrift für Strafrecht 1996, S. 289-290.

Fezer, Gerhard. Anmerkung zu BGH, Urt. v. 21.06.1995 - 2 StR 758/94. Strafverteidiger 1996, S. 77-79.

Fezer, Gerhard. Die Rechtsprechung des BGH zum Strafverfahrensrecht seit 1995 - Teil 1. Juristenzeitung 2007, S. 665-676.

Fischer, Bianca. Divergierende Selbstbelastungspflichten nach geltendem Recht: Versuch einer Harmonisierung. Berlin 1979.

Fischer, Thomas. Strafgesetzbuch und Nebengesetze. 63. Auflage München 2016.

Forschner, Maximilian. Reine Morallehre und Anthropologie. Neue Hefte der Philosophie 1983, S. 25-44.

Franck, Lorenz. Herausgabe von Passwörtern und der nemo-tenetur-Grundsatz. Recht der Datenverarbeitung 2013, S. 287-290.

Freier, Friedrich von. Selbstbelastungsfreiheit für Verbandspersonen? Zeitschrift für das gesamte Strafrechtswissenschaft 2010, S. 117-156.

Freisler, Roland. Grundsätzliches zur Strafverfahrenserneuerung. In: Franz Gürtner/ Roland Freisler (Hrsg.), Das kommende deutsche Strafverfahren: Bericht der amtlichen Strafprozeßkommission. Berlin 1938 (S. 11-35).

Frisch, Wolfgang. Veroaussetzungen und Grenzen staatlichen Strafens. Neue Zeitschrift für Strafrecht 2016, S. 16-25.

Frommel, Monika. Rechtsphilosophie in den Trümmern der Nachkriegszeit. Juristenzeitung 2016, S. 913-920.

Gaede, Karsten. Das Erwachen der Macht? Die europäisierte Funktionstüchtigkeit der Strafrechtspflege. Zeitschrift für Wirtschafts- und Steuerstrafrecht 2016, S. 89-97.

Gallandi, Volker. Das Auskunftsverweigerungsrecht nach § 44 Abs. 4 KWG. Zeitschrift für Wirtschafts- und Steuerstrafrecht 1987, S. 127-129.

Gärditz, Klaus Ferdinand. Demokratizität des Strafrechts und Ultima Ratio-Grundsatz. Juristenzeitung 2016, S. 641-650.

Gärditz, Klaus Ferdinand. Anmerkung zu BVerfG, Kammerbeschluss vom 06.09.2016 - 2 BvR 890/16. Juristenzeitung 2016, S. 1116-1119.

Geerds, Friedrichs. Auskunftsverweigerungsrecht oder Schweige- befugnis? - Zur Problematik der §§ 55, 56 StPO. In: Günter Spendel (Hrsg.), Festschrift für Ulrich Stock zum 70. Geburtstag. Würzburg 1966 (S. 171-196).

Geppert, Klaus. „Die Stellung des medizinischen Sachverständigen im Verkehrsstrafprozeß". Deutsches Autorecht 1980, S. 315-323.

Geppert, Klaus. Zur Einführung verdachtsfreier Atemalkoholkontrollen aus rechtlicher Sicht. In: Manfred Seebode (Hrsg.)., Festschrift für Günter Spendel zum 70. Geburtstag. Berlin New York 1992 (S. 655-678).

Geppert, Klaus. Die Peinliche Halsgerichtsordnung Karls V. (die „Carolina"). Juristische Ausbildung 2015, S. 143-153.

Gerlach, Jürgen von. Der Angeklagte als Zeuge gegen sich selbst im englischen Strafverfahren. Marburg 1964.

Gerlach, Jürgen von. Die Vernehmung des Beschuldigten und der Schutz vor Selbstbeschuldigung im deutschen und angloamerikanischen Strafverfahren - Eine entwicklungsgeschichtliche Bilanz. In: Udo

Ebert (Hrsg.), Festschrift für Ernst-Walter Hanack zum 70. Geburtstag. Berlin 1999 (S. 117-144).

Gerland, Heinrich Balthasar. Der deutsche Strafprozess. Mannheim 1927.

Gierhake, Katrin. Der Zusammenhang von Freiheit, Sicherheit und Strafe im Recht. Eine Untersuchung zu den Grundlagen und Kriterien legitimer Terrorismusbekämpfung. Berlin 2013.

Gilbert, Geoffrey. The Law of Evidence. 7. Auflage Philadelphia 1805.

Gillmeister, Ferdinand. Die Verteidigung eines lügenden Beschuldigten. In: Klaus Lüderssen/ Klaus Volk/ Eberhard Wahle (Hrsg.), Festschrift für Wolf Schiller zum 65. Geburtstag. Baden-Baden 2014 (S. 173-187).

Glafey, Adam Friedrich. Grundsätze der bürgerlichen Rechtsgelehrsamkeit. Leipzig 1720.

Glaser, Julius. Über die Vernehmung des Angeklagten und der Zeugen in der öffentlichen Hauptverhandlung. Archiv des Criminalrechts 1851, S. 70-91.

Glaser, Julius. Beiträge zur Lehre vom Beweis im Strafprocesse. Leipzig 1883.

Glaser, Julius. Handbuch des Strafprozesses. Keip 1997 Nachdruck. Goldbach 1883/1885.

Gleß, Sabine. Nemo tenetur se ipsum accusare und verwaltungsrechtliche Auskunftspflichten. In: Christian Fahl/ Eckhart Müller/ Helmut Satzger/ Sabine Swoboda (Hrsg.), Festschrift für Werner Beulke zum 70. Geburtstag. Heidelberg 2015 (S. 723-736).

Gneist, Rudolf von. Vier Fragen zur Deutschen Strafproceßordnung mit einem Schlußwort über die Schöffengerichte. Berlin 1874.

Goerlich, Helmut. Werteordnung und Grundgesetz - Kritik einer Argumentationsfigur des Bundesverfassungsgerichts. Baden-Baden 1973.

Goltdammer, Theodor. Bericht der Justiz-Kommission über den Antrag des Abgeordneten John. Goltdammer's Archiv 1863, S. 504-510.

Goltdammer, Theodor. Der Zeugniszwang nach rheinisch-franz- ösischem Rechte. Goltdammer's Archiv 1863, S. 816-848.

Graf, Jürgen-Peter (Hrsg.). Strafprozessordnung Beck'scher Onlinekommentar. Bearbeitet von Peter Allgayer/ Lars Bachler/ u.a. 26. Edition Stand 01.10.2016.

Grasnick, Walter. Wahres über die Wahrheit - auch im Strafprozeß. In: Jürgen Wolter/ Wolfgang Frisch (Hrsg.), Festschrift für Paul-Günter Pötz zum 70. Geburtstag - 140 Jahre Goltdammer's Archiv für Strafrecht. Heidelberg 1993 (S. 55-76).

Greco, Luís. „Fortgeleiteter Schmerz" - Überlegungen zum Verhältnis von Prozessabsprache, Wahrheitsermittlung und Prozess- struktur. Goltdammer's Archiv 2016, S. 1-15.

Greenawalt, Kent. Silence as a Moral and Constitutional Right. William and Mary Law Review 1981, S. 23-54.

Groenemeyer, Axel. Wege der Sicherheitsgesellschaft - Transformation der Konstruktion und Regulierung innerer Unsicherheiten. In: Axel Groenemeyer (Hrsg.), Wege der Sicherheitsgesellschaft. Wiesbaden 2010 (S. 9-22).

Groth, Kristina. Unbewusste Äußerungen und das Verbot des Selbstbelastungszwangs. Frankfurt am Main 2003.

Grotius, Hugo. De iure belli ac pacis libri tres. Liber primus. Paris 1625.

Gröschner, Ralf. Rezension: Manfred Baldus, Kämpfe um die Menschenwürde. Juristenzeitung 2017, S. 298-299.

Grüner, Gerhard. Die zwangsweise Vergabe von Brechmitteln. Juristische Schulung 1999, S. 122-126.

Grünwald, Gerald. Zur Kritik der Lehre vom überpositiven Recht. Bonn 1971.

Grünwald, Gerald. Probleme der Gegenüberstellung zum Zwecke der Wiedererkennung. Juristenzeitung 1981, S. 423-429.

Grünwald, Gerald. Menschenrechte im Strafprozeß. Strafverteidiger 1987, S. 453-457.

Grünwald, Gerald. Das Beweisrecht der Strafprozessordnung. Baden-Baden 1993.

Gubitz, Michael. Der Anwalt als Strafverteidiger im Ermittlungsverfahren. Juristische Arbeitsblätter 2007, S. 210-215.

Gubitz, Michael. Der Anwalt als Strafverteidiger in der Hauptverhandlung. Juristische Arbeitsblätter 2008, S. 52-58.

Guradze, Heinz. Die Europäische Menschenrechtskonvention. Kommentar. Berlin 1968.

Guradze, Heinz. Schweigerecht und Unschuldsvermutung. In: Henry Steele Commager/ Günther Doeker/ Ernst Fraenkel/ Ferdinand Hermes/ William Havard/ Theodor Maunz (Hrsg.), Festschrift für Karl Löwenstein zum 80. Geburtstag. Tübingen 1971 (S. 151-165).

Gusy, Christoph. Verfassungsverwirklichung durch Verwendung und Nichtverwendung von Information im Strafprozess. Höchst- Richterliche Rechtsprechung im Strafrecht 2009, S. 489-493.

Günther, Hans-Ludwig. Die Schweigebefugnis des Tatverdächtigen im Straf- und Bußgeldverfahren aus verfassungsrechtlicher Sicht. Goltdammer's Archiv 1978, S. 193-206.

Günther, Hans-Ludwig. Strafrichterliche Beweiswürdigung und schweigender Angeklagte. Juristische Rundschau 1978, S. 89-94.

Haas, Günter. Vernehmung, Aussage des Beschuldigten und vernehmungsähnliche Situation - zugleich ein Beitrag zur Auslegung des § 136 StPO. Goltdammer's Archiv 1995, S. 230-235.

Haas, Günter. Der Beschuldigte als Augenscheinsobjekt. Goltdammer's Archiv 1997, S. 368-370.

Habermas, Jürgen. Vorstudien und Ergänzungen zur Theorie des kommunikativen Handelns. Frankfurt am Main 1986.

Habermas, Jürgen. Faktizität und Geltung - Beiträge zur Diskurstheorie des Rechts und des demokratischen Rechtsstaats. Frankfurt am Main 1992.

Habermas, Jürgen. Moralbewusstsein und kommunikatives Handeln. 10. Auflage Frankfurt am Main 2010.

Hafetz, Jonathan. The Supreme Court's ‚Enemy Combatant' Decisions: Recognizing the Rights of Non-Citizens and the Rule of Law. Temple Political & Civil Rights Law Review 2006, S. 409-432.

Haffke, Bernhard. Vom Rechtsstaat zum Sicherheitsstaat. In: Irmgard Rode/ Heinz Kammeier/ Matthias Leipert (Hrsg.), Neue Lust auf Strafen. Münster 2005 (S. 35-66).

Hahn, Carl (Hrsg.). Die gesammten Materialien zur Strafprozeßordnung und dem Einführungsgesetz zu derselben vom 01. Februar 1877 - Erste Abteilung. Berlin 1880.

Hahn, Carl (Hrsg.). Die gesammten Materialien zur Strafprozeßordnung und dem Einführungsgesetz zu derselben vom 01. Februar 1877 - Zweite Abteilung. Berlin 1881.

Haleem, Abdel/ Sherif, Adel Omar/ Daniels, Kate. Criminal Justice in Islam - Judical Procedure in the Sharia. London 2003.

Hamm, Rainer/ Lohberger, Ingram (Hrsg.). Beck'sches Formularhandbuch für den Strafverteidiger. 3. Auflage München 1998.

Hamm, Rainer. Monokeltest und Menschenwürde. Neue Juristische Wochenschrift 1999, S. 922-923.

Hamm, Rainer. Feindstrafrecht - Bürgerstrafrecht - Freundstrafrecht. In: Irmgard Rode/ Heinz Kammeier/ Matthias Leipert (Hrsg.), Neue Lust auf Strafen. Münster 2005 (S. 105-132).

Hammerstein, Dominik. Das Geständnis und sein Wert - Lippenbekenntnisse in der Strafzumessung. Strafverteidiger 1997, S. 48-52.

Hannich, Rolf (Hrsg.). Karlsruher Kommentar zur Strafprozessordnung - mit GVG, EGGVG und EMRK. Bearbeitet von Ekkehard Appl/ Georg Gieg/ u.a. 7. Auflage München 2013.

Hardenberg, Friedrich von. Das philosophische Werk II. In: Richard Samuel/ Paul Kluckhohn (Hrsg.), Schriften - die Werke von Friedrich von Hardenberg. 3. Auflage Stuttgart 1983.

Hare, Richard Mervyn. Freedom und Reason. Oxford 2003.

Hare, Richard Mervyn. Moralisches Denken. Frankfurt am Main 1992.

Hart, Herbert Lionel Adolphus. Law, Liberty and Morality. London 1963.

Hart, Herbert Lionel Adolphus. Recht und Moral. Göttingen 1971.

Hart, Herbert Lionel Adolphus. Der Begriff des Rechts. Berlin 2011.

Hartmann-Hilter, Birgit. Warten am Unfallort - eine unabwendbare Pflicht (§ 142 Abs. 1 Nr. 1 StGB). Frankfurt am Main 1996.

Hassemer, Winfried. Funktionstüchtigkeit der Strafrechtspflege - ein neuer Rechtsbegriff. Strafverteidiger 1982, S. 275-280.

Hassemer, Winfried. Unverfügbares im Strafrecht. In: Arthur Kaufmann/ Ernst-Joachim Mestmäcker (Hrsg.), Festschrift für Werner Maihofer zum 70. Geburtstag. Frankfurt am Main 1988 (S. 183- 204).

Hassemer, Winfried. Gründe und Grenzen des Strafens. In: Nestor Courakis (Hrsg.), Festschrift für Dionysius Spinellis. Athen 2001 (S. 399-428).

Hattenhauer, Christian. „Der Mensch als solcher rechtsfähig" - Von der Person zur Rechtsperson. In: Eckart Klein/ Christoph Menke (Hrsg.), Der Mensch als Person und Rechtsperson - Grundlagen der Freiheit. Berlin 2011 (S. 39-68).

Hauck, Theodor. Das Leugnen des Angeklagten als Strafschärfungsgrund. Zeitschrift für die gesamte Strafrechtswissenschaft 1907, S. 926-928.

Hausermann, Axel. Der Verband als Straftäter und Strafprozesssubjekt. Freiburg 2003.

Haverkamp, Rita/ Arnold, Harald. Subjektive und objektivierte Sicherheiten. In: Marcel Alexander Niggli/ Lukas Marty (Hrsg.), Risiken der Sicherheitsgesellschaft. Mönchengladbach 2014 (S. 275-289).

Hecker, Ludwig. Ueber die Problematik des Zeugenbeweises. Rheine 1930.

Hegel, Georg Wilhelm Friedrich. Grundlinien der Philosophie des Rechts. Berlin 1821.

Heinrichs, Berg. Moralische Intuition und ethische Rechtfertigung. Eine Untersuchung zum ethischen Intuitionismus. Münster 2013.

Heinze, Rufolf. Strafprocessuale Erörterungen. Beitrag zur Kritik der dem Reichstag vorliegenden Entwürfe einer Strafprozeßordnung und eines Gerichtsverfassungsgesetzes. Stuttgart 1875.

Hefendahl, Roland. Beweisermittlungs- und Beweisverwertungsverbote bei Auskunfts- und Mitwirkungspflichten. Zeitschrift für Wirt- schafts- und Steuerstrafrecht 2003, S. 1-9.

Helm, Martin. Das Delikt der Gefangenenbefreiung. Berlin 2010.

Henkel, Heinrich. Die Gestalt des künftigen Strafverfahrens - Gedanken zur Strafverfahrenserneuerung. Deutsche Juristenzeitung 1935, S. 530-538.

Henkel, Heinrich. Richter, Staatsanwalt und Beschuldigter im Strafprozess des neuen Staates - Aussprache. Zeitschrift für die gesamte Strafrechtswissenschaft 1935, S. 35-44.

Henkel, Heinrich. Das deutsche Strafverfahren. Hamburg 1943.

Henkel, Heinrich. Zumutbarkeit und Unzumutbarkeit als regulatives Rechtsprinzip. In: Karl Engisch/ Reinhart Maurach (Hrsg.), Festschrift für Edmund Mezger zum 70. Geburtstag. München 1954 (S. 249-309).

Henkel, Heinrich. Strafverfahrensrecht. 2. Auflage Stuttgart Berlin u.a.O. 1968.

Herzberg, Rolf Dietrich. Grundfälle zur Lehre von Täterschaft und Teilnahme - Dritter Teil: Die Akzessorietät der Teilnahme. Juristische Schuldung 1975, S 792-796.

Herdegen, Gerhard. Anmerkung zu BGHSt 43, 216. Juristenzeitung 1998, S. 54-56.

Herzog, Felix. „Dealen" im Strafverfahren. Goltdammer's Archiv 2014, S. 688-700.

Hettlage, Robert. Der entspannte Umgang der Gesellschaft mit der Lüge. In: Mathias Mayer (Hrsg.), Kulturen der Lüge. Köln 2003 (S. 69-98).

Hilgendorf, Eric. Instrumentalisierungsverbot und Ensembletheorie der Menschenwürde. In: Hans-Ullrich Paeffgen/ Martin Böse/ Urs Kindhäuser (Hrsg.), Festschrift für Ingeborg Puppe zum 70. Geburtstag. Berlin 2011.

Hippel, Robert von. Lehrbuch des Strafrechts. Berlin 1932.

Hippel, Robert von. Deutsches Strafrecht. Band 1 Allgemeine Grundlagen. Berlin 1925.

Hippel, Robert von. Der deutsche Strafprozeß. Marburg 1941.

Hirschberg, Max. Das Fehlurteil im Strafprozeß: zur Pathologie der Rechtsprechung. Frankfurt am Main 1962.

Hobbes, Leviathan. Herausgegeben und eingeleitet von Jacob Peter Mayer. Zürich Leipzig 1936.

Hoffmann, Dieter. Die Selbstbegünstigung. Kiel 1965.

Hohbach, Gustav. Ueber Ungehorsamsstrafen und Zwangsmittel zur Erforschung der Wahrheit gegen anwesende Angeschuldigte. Neues Archiv des Criminalrechts 1832, S. 449-488.

Lekschas, John (Hrsg.). Des Herrn Marquis von Beccaria unsterbliches Werk von Verbrechen und Strafen. Mit Anmerkungen von Karl Ferdinand Hommel. Berlin 1966.

Honneth, Axel. Das Recht der Freiheit - Grundriss einer demokratischen Sittlichkeit. Berlin 2011.

Horn, Christoph. Nichtideale Normativität. Berlin 2014.

Hornung, Gerrit. Grundrechtsinnovationen. Tübingen 2015.

Hoyer, Andreas. Embryonenschutz und Menschenwürde. In: Hans-Heiner Kühne/ Heike Jung/ u.a. (Hrsg.), Festschrift für Klaus Rolinski. Baden-Baden 2002 (S. 81-93).

Hoyer, Andreas. Normative Ansprechbarkeit als Schuldelement. In: Manfred Heinrich/ Christian Jäger/ Hans Achenbach (Hrsg.), Festschrift für Claus Roxin zum 80. Geburtstag. Berlin 2011 (S. 723-736).

Höfling, Wolfram. Die Unantastbarkeit der Menschenwürde - Annäherungen an einen schwierigen Verfassungsrechtssatz. Juristische Schulung 1995, S. 857-862.

Hoerster, Norbert. Ethik und Interesse. Stuttgart 2003.

Hoerster, Norbert. Was ist Recht? 2. Auflage München 2012.

Hoerster, Norbert. Recht und Moral. Stuttgart 2013.

Höra, Knut. Wahrheitspflicht und Schweigebefugnis des Beschuldigten - Eine Analyse der Rechtsstellung des Beschuldigten im Straf-prozeß. Frankfurt am Main 1970.

Hutcheson, Francis. An inquiry into the original of our ideas of beauty and virtue. London 1725.

Hruschka, Joachim. Rechtfertigungs- und Entschuldigungsgründe - Das Brett des Karneades bei Gentz und bei Kant. Goltdammer's Archiv 1991, S. 1-10.

Hsu, Tze-Tien. Die Bewertung des Geständnisses in der Strafzumessung und in der Beweisaufnahme als Sonderproblem der Urteilsabsprache. Tübingen 2007.

Hume, David. A treatise of human nature. London 1740.

Hume, David. Untersuchung über die Prinzipien der Moral. Übersetzt von Carl Winckler. Berlin 1962.

Hüttinger, Stefan. Schutz der Steuerpflichtigen durch Beweisverbote im Steuer- und Steuerstrafverfahren. Tübingen 1997.

Ignor, Alexander. Geschichte des Strafprozesses in Deutschland 1532-1846 - Von der Carolina Karls V. bis zu den Reformen des Vormärz. Paderborn München u.a.O. 2002.

Intrator, Gerhard. Inhalt, Zweck und Schicksale des gescheiterten Strafprozeßentwurfs von 1908. Freiburg 1934.

Isensee, Josef. Die verdrängten Grundpflichten des Bürgers. Die öffentliche Verwaltung 1982, S. 609-618.

Jahn, Matthias. Zur strafschärfenden Wirkung einer Maskierung des Täters bei der Tatausführung. Strafverteidiger 1998, S. 653-656.

Jahn, Matthias. Das partizipatorische Ermittlungsverfahren im deutschen Strafprozess. Zeitschrift für die gesamte Strafrechtswissenschaft 2003, S. 815-844.

Jahn, Matthias. Strafprozessrecht als geronnenes Verfassungsrecht - Hauptprobleme und Streitfragen des § 136a StPO. Juristische Schulung 2005, S. 1057-1062.

Jahn, Matthias. Fair trial als strafprozessuales Leitprinzip im Mehrebenensystem. Zeitschrift für die gesamte Strafrechtswissenschaft 2015, S. 549-615.

Jahn, Matthias/ Brodowski, Dominik. Krise und Neuaufbau eines strafverfassungsrechtlichen Ultima Ratio-Prinzips. Juristenzeitung 2016, S. 969-980.

Jakobs, Günther. Kriminalisierung im Vorfeld einer Rechtsgutsverletzung. Zeitschrift für die gesamte Strafrechtswissenschaft 1985, S. 751-785.

Jakobs, Günther. Strafrecht Allgemeiner Teil - Die Grundlagen und die Zurechnungslehre. 2. Auflage Berlin 1991.

Jakobs, Günther. Das Selbstverständnis der Strafrechtswissenschaft gegenüber den Herausforderungen der Zeit. In: Albin Eser/ Winfried Hassemer/ Björn Burkhardt (Hrsg.), Die Deutsche Strafrechtswissenschaft vor der Jahrtausendwende. Rückbesinnung und Ausblick. München 2000 (S. 47-56).

Jakobs, Günther. Gründe und Grenzen des Strafens. In: Nestor Courakis (Hrsg.), Festschrift für Dionysius Spinellis. Athen 2001 (S. 447-471).

Jakobs, Günther. Terroristen als Personen im Recht? Zeitschrift für die gesamte Strafrechtswissenschaft 2005, S. 839-851.

Jakobs, Günther. Norm, Person, Gesellschaft. 3. Auflage Berlin 2008.

Jarass, Hans/ Pieroth, Bodo. Grundgesetz für die Bundesrepublik Deutschland. Kommentar. 13. Auflage München 2014.

Jerouschek, Günter. Die Herausbildung des peinlichen Inquisitionsprozesses im Spätmittelalter und in der frühen Neuzeit. Zeitschrift für die gesamte Strafrechtswissenschaft 1992, S. 328-360.

Jeschek, Hans-Heinrich/ Weigend, Thomas. Lehrbuch des Strafrechts - Allgemeiner Teil. 5. Auflage Berlin 1996.

Joecks, Wolfgang. Der nemo-tenetur-Grundsatz und das Steuerstrafrecht. In: Hans Joachim Hirsch/ Jürgen Wolter/ Uwe Brauns, Festschrift für Günter Kohlmann. Köln 2003 (S. 451-464).

Joecks, Wolfgang/ Miebach, Klaus (Hrsg.). Münchener Kommentar zum Strafgesetzbuch. Band 1 - §§ 1-37. Bearbeitet von Kai Ambos/ Gunnar Duttge/ u.a. 3. Auflage München 2017.

Joerden, Jan. Menschenwürdeschutz und Sinnstiftung. In: Annette Brockmüller/ Stephan Kirste/ Ulfrid Neumann (Hrsg.). Archiv für Rechts- und Sozialphilosophie 2015 Beiheft 145. Wert und Wahrheit in der Rechtswissenschaft (S. 75-84).

John, Richard. Strafprocessordnung für das Deutsche Reich. Erlangen 1884.

Jung, Heike. Über die Wahrheit und ihre institutionellen Garanten. Juristenzeitung 2009, S. 1125-1135.

Jung, Heike. Zum sozialpsychologischen Gehalt des Formalisierungskonzepts. In: Felix Herzog/ Jong-Dae Pae (Hrsg.), Festschrift für Winfried Hassemer zum 70. Geburtstag. Heidelberg 2010 (S. 73-84).

Jung, Heike. Der Strafprozess aus rollentheoretischer Sicht. In: Manfred Heinrich/ Christian Jäger/ Hans Achenbach, Festschrift für Claus Roxin zum 80. Geburtstag. Berlin 2011 (S. 1233-1244).

Kadelbach, Stefan. Anmerkung zu OLG Düsseldorf, Beschl. v. 15.11.1991 - VI 14/89. Strafverteidiger 1992, S. 506-509.

Kahlo, Michael. Der Begriff der Prozeßsubjektivität und seine Bedeutung im reformierten Strafverfahren, besonders für die Rechtsstellung des Beschuldigten. Kritische Vierteljahresschrift für Gesetzgebung und Rechtswissenschaft 1997, S. 183-210.

Kahlo, Michael. „Die Weisheit der absoluten Theorie". In: Felix Herzog/ Jong-Dae Bae (Hrsg.), Festschrift für Winfried Hassemer zum 70. Geburtstag. Heidelberg 2010 (S. 383-422).

Kahlo, Michael. Die Aufklärung als „Zeitenwende" und ihre Konsequenzen für die strafrechtliche Beurteilung staatlicher Folter. In: Diethelm Klesczewski (Hrsg.), Strafrecht in der Zeitenwende. Paderborn 2010 (S. 45-66).

Kahlo, Michael/ Vanda, Fiorillo. Wege zur Menschenwürde. Münster 2015.

Kaiser, Günther/ Schöch, Heinz/ Kinzig, Jörg. Kriminologie, Jugendstrafrecht und Strafvollzug. 8. Auflage München 2015.

Kallmeier, Albert. Leugnende Angeklagte. Zeitschrift der gesamten Strafrechtswissenschaft 1907, S. 230-234.

Kalscheuer, Fiete. Menschenwürde als Recht im Unrecht. Zur Ergänzungsfunktion der Menschenwürde im Recht bei Kant. Der Staat 2013, S. 401-413.

Kalscheuer, Fiete. Autonomie als Grund und Grenze des Rechts: Das Verhältnis zwischen dem kategorischen Imperativ und dem allgemeinen Rechtsgesetz Kants. Berlin 2014.

Kamm, Frances Myrna. Ethics for Enemies - Terror, Torture and War. New York 2011.

Kant, Immanuel. Grundlegung der Metaphysik der Sitten. Königsberg 1785. In: Königlich Preußische Akademie der Wissenschaften (Hrsg.), Kant's gesammelte Schriften. Band IV. Berlin 1911.

Kant, Immanuel. Kritik der reinen Vernunft. 2. Auflage Königsberg 1787. In: Königlich Preußische Akademie der Wissenschaften (Hrsg.), Kant's gesammelte Schriften. Band III. Berlin 1911.

Kant, Immanuel. Metaphysik der Sitten. Königsberg 1797. In: Königlich Preußische Akademie der Wissenschaften (Hrsg.), Kant's gesammelte Schriften. Band VI. Berlin 1914.

Kant, Immanuel. Über ein vermeintliches Recht aus Menschenliebe zu lügen. In: Königlich Preußische Akademie der Wissenschaften (Hrsg.), Kant's gesammelte Schriften. Band VIII. Berlin 1923.

Kant, Immanuel. Kritik der praktischen Vernunft. Königsberg 1788. In: Königlich Preußische Akademie der Wissenschaften (Hrsg.), Kant's gesammelte Schriften. Band V. 1913.

Kant, Immanuel. Verkündigung des nahen Abschlusses eines Tractas zum ewigen Frieden in der Philosophie. Königsberg 1795. In: Königlich Preußische Akademie der Wissenschaften (Hrsg.), Kant's gesammelte Schriften. Band VIII. 1923.

Kant, Immanuel. Handschriftlicher Nachlass - Moralphilosophie. In: Königlich Preußische Akademie der Wissenschaften (Hrsg.), Kant's gesammelte Schriften. Band XIX. Berlin 1934.

Kantorowicz, Hermann. Albertus Gaudinus und das Strafrecht der Scholastik. Band 1: Die Praxis. Berlin 1907.

Kantorowicz, Hermann. Der Kampf um die Rechtswissenschaft. In: Thomas Würtenberger (Hrsg.), Rechtswissenschaft und Soziologie. Ausgewählte Schriften zur Wissenschaftslehre. Karlsruhe 1962. (S. 13-39).

Kasiske, Peter. Die Selbstbelastungsfreiheit im Strafprozess. Juristische Schulung 2014, S. 15-20.

Kasiske, Peter. Die Selbstbelastungsfreiheit bei verdeckten Befragungen des Beschuldigten. Strafverteidiger 2014, S. 423-430.

Kasiske, Peter. Fern-, Fort- und Frühwirkung von Beweisverwertungsverboten im Strafprozess. Juristische Ausbildung 2017, S. 16-25.

Kauffmann, Philipp/ Lalissidou, Despina, Präventivstrafrecht versus Feindstrafrecht. Juristische Rundschau 2015, S. 163-173.

Kaufmann, Armin. Die Aufgabe des Strafrechts. Opladen 1983.

Kaufmann, Arthur. Rechtsphilosophie, Rechtstheorie, Rechtsdogmatik. In: Winfried Hassemer/ Ulfried Neumann/ Frank Saliger (Hrsg.), Einführung in Rechtsphilosophie und Rechtstheorie der Gegenwart. Heidelberg 2016 (S. 1-22).

Kaufmann, Arther/ Pfordten, Dietmar von der. Problemgeschichte der Rechtsphilosophie. In: Winfried Hassemer/ Ulfried Neumann/ Frank Saliger (Hrsg.), Einführung in Rechtsphilosophie und Rechtstheorie der Gegenwart. Heidelberg 2016 (S. 23-142).

Keiser, Claudia. Die Anwendung des nemo-tenetur-Grundsatzes auf das Prozeßverhalten des Angeklagten. Strafverteidiger 2000, S. 633-637.

Keller, Adolf. Die Strafprozess-Ordnung für das Deutsche Reich nebst Einführungs-Gesetz. 2. Auflage Lahr 1882.

Keller, Rainer. Zum Grenzbereich von strafloser Selbstbegünstigung und strafbarer falscher Verdächtigung gemäß § 164 Abs. 1 StGB. Juristische Rundschau 1986, S. 30-31.

Keller, Rainer. Rechtliche Grenzen der Provokation von Straftaten. Berlin 1989.

Kelsen, Hans. Hauptprobleme der Staatsrechtslehre. Tübingen 1923.
Kelsen, Hans. Juristischer Formalismus und reine Rechtslehre. Juristische Wochenschrift 1929, S. 1723-1726.
Kelsen, Hans. Was ist Gerechtigkeit? Wien 1953.
Kelsen, Hans. Reine Rechtslehre. 2. Auflage (Nachdruck) Wien 2009.
Kelsen, Hans. General theory of law and state. New Brunswick 2007.
Kerkau, Hans-Joachim. Der Naturrechtsgedanke in der Rechtsprechung des Bundesgerichtshofes in Strafsachen. Kiel 1966.
Kindhäuser, Urs/ Neumann, Ulfrid/ Paeffgen, Hans-Ullrich. Strafgesetzbuch - Kommentar. Bearbeitet von Hans-Jörg Albrecht, Karsten Altenhain u.a. 4. Auflage Baden-Baden 2014.
Kindhäuser, Urs. Strafprozessrecht. 4. Auflage Baden-Baden 2016.
Kinzig, Jörg. Not kennt kein Gebot? - Die strafrechtlichen Konsequenzen von Folterhandlungen an Tatverdächtigen durch Polizeibeamte mit präventiver Zielsetzung. Zeitschrift für die gesamte Strafrechtswissenschaft 2003, S. 791-814.
Kipke, Roland/ Gündüz, Eray. Philosophische Dimensionen der Menschenwürde - zu den Grundlagen des höchsten Verfassungsgutes. Juristische Ausbildung 2017, S. 9-15.
Kirchhof, Paul. Ethos der Steuergerechtigkeit. Juristenzeitung 2015, S. 105-113.
Kirsch, Stefan. Freiheit von Selbstbezichtigungszwang? In: Institut für Kriminalwissenschaften (Hrsg.), Vom unmöglichen Zustand des Strafrechts. Frankfurt am Main 1995 (S. 229-244).
Klass, Nadine. Die Menschenwürde im Spannungsfeld zwischen Paternalismus und Selbstbestimmung. In: Gornig, Gilbert-Hanno/ Schöbener, Burkhard/ Bausback, Winfried/ Irmscher, Tobias (Hrsg.), Gedächtnisschrift für Dieter Blumenwitz. Berlin 2008 (S. 25-38).
Klatt, Mattias/ Meister, Moritz. Verhältnismäßigkeit als universelles Verfassungsprinzip. In: Matthias Klatt (Hrsg.), Prinzipientheorie und Theorie der Abwägung. Tübingen 2013 (S. 62-104).
Klein, Oliver. Die Aussageerzwingung bei rechtskräftig verurteilten Straftäters - Strafrechtspflege im Spannungsfeld von Verfolgungsgebot und Rechtsstaatlichkeit. Strafverteidiger 2006, S. 338-340.

Kleinheisterkamp, Daniela. Kreditwesengesetz und Strafverfahren: zur Bedeutung des „nemo-tenetur"-Prinzips für das bankaufsichtliche Verfahren. Tübingen 2010.

Kleinheyer, Gerd. Zur Rolle des Geständnisses im Strafverfahren des späten Mittelalters und der frühen Neuzeit. In: Gerd Kleinheyer/ Paul Mikat (Hrsg.), Gedächtnisschrift für Hermann Conrad. Paderborn 1979 (S. 367-384).

Kleinschrod, Gallus Aloys Kaspar. Ueber das Geständniß als Beweismittel in peinlichen Fällen. Archiv für Criminalrecht 1802, S. 83-126.

Knapp, Natalie. Die Ungehorsamstrafe in der Strafprozesspraxis des frühen 19. Jahrhunderts. Berlin 2011.

Knauer, Christoph/ Kudlich, Hans/ Schneider, Hartmut (Hrsg.). Münchener Kommentar zur Strafprozessordnung - Band 1 §§ 1-150. München 2013.

Koch, Arnd. Die gescheiterte Reform des reformierten Strafprozesses - Liberale Prozessrechtslehre zwischen Paulskirche und Reichsgründung. Zeitschrift für internationale Strafrechtsdogmatik 2009, S. 542-548.

Koch, Arnd. Das Jahrhundert der Strafrechtskodifikation: Von Feuerbach zum Reichsstrafgesetzbuch. Zeitschrift für die gesammte Strafrechtswissenschaft 2010, S. 741-756.

Koch, Arnd. Die Entwicklung des Strafrechts zwischen 1751-1813. In: Arnd Koch/ Michael Kubiciel/ u.a. (Hrsg.), Feuerbachs Bayerisches Strafgesetzbuch. Tübingen 2014, S. 39-67.

Kopf, Robert/ Szalai, Stephan. Der „Nemo-tenetur-Grundsatz" im Steuerrecht, Neue Justiz 2010, S. 363-368.

Kopp, Thomas/ Schmidt, Johannes. Die richterliche Überzeugung von der Wahrheit und der Indizienbeweis im Zivilprozess. Juristische Rundschau 2015, S. 51-59.

Kotsoglou, Kyriakos. Das Fehlurteil gibt es nicht. Zur Aufgabe des Tatrichters. Juristenzeitung 2017, S. 123-132.

Köhler, Michael. Prozeßrechtsverhältnis und Ermittlungseingriffe. Zeitschrift für die gesamte Strafrechtswissenschaft 1995, S. 10-47.

Köhler, Michael. Strafrecht - Allgemeiner Teil. Berlin 1997.

Kölbel, Ralf/ Morlok, Martin. Geständniszwang in parlamentarischen Untersuchungen? Zeitschrift für Rechtspolitik 2000, S. 217-222.

Kölbel, Ralf. Geständnisverwertung bei missglückter Absprache. Neue Zeitschrift für Strafrecht 2003, S. 232-237.

Kölbel, Ralf. Selbstbelastungsfreiheiten - Der nemo-tenetur-Satz im materiellen Strafrecht. Berlin 2006.

König, Stefan. Das Geständnis im postmodernen, konsensualen Strafprozess. Neue Juristische Wochenschrift 2012, S. 1915-1919.

Köstlin, Reinhold. Der Wendepunkt des deutschen Strafverfahrens im neunzehnten Jahrhundert. Tübingen 1849.

Krack, Ralf. Der Normzweck des § 136a StPO. Neue Zeitschrift für Strafrecht 2002, S. 120-124.

Kraft, Oliver Kai-Eric. Das nemo tenetur-Prinzip und die sich daraus ergebenden Rechte des Beschuldigten in der polizeilichen Vernehmung - Eine rechtsvergleichende Untersuchung des amerikanischen und deutschen Strafprozeßrechts. Hamburg 2002.

Kramer, Bernhard. Geständniszwang in parlamentarischen Untersuchungen. Zeitschrift für Rechtspolitik 2001, S. 386-387.

Kramer, Matthew. Torture and Moral Integrity. Oxford 2014.

Kramer, Ernst. Hauptprobleme der Rechtsrezeption. Juristenzeitung 2017, S. 1-11.

Kröpil, Karl. Gerechtigkeit im Strafverfahren. Juristische Rundschau 2013, S. 553-558.

Kruse, Björn. Compliance und Rechtsstaat - zur Freiheit von Selbstbelastung bei internal investigations. Frankfurt am Main 2014.

Kulick, Andreas. Der Kristallisationspunkt moderner Verfassungstheorie: Werte, Verfassungsinterpretation und Gewaltenteilung in Obergefell v. Hodges. Juristenzeitung 2016, S. 67-76.

Kulick, Andreas. „Drittwirkung" als verfassungskonforme Auslegung - zur neuen Rechtsprechung des Bundesverfassungsgerichts. Neue Juristische Wochenschrift 2016, S. 2236-2241.

Kunkel, Wolfgang. Kleine Schriften zum römischen Strafverfahren und zur römischen Verfassungsgeschichte. Weimar 1974.

Kühl, Kristian. Freie Beweiswürdigung des Schweigens des Angeklagten und der Untersuchungsverweigerung eines angehörigen Zeugen – BGHSt 32, 140. Juristische Schulung 1986, S. 115-122.

Kühler, Michael. Moral und Ethik - Rechtfertigung und Motivation. Paderborn 2006.

Kühne, Hans-Heiner. Strafprozessuale Beweisverbote und Art. 1 I Grundgesetz - Zugleich ein Beitrag zur Auslegung des Rechtsbegriffs Menschenwürde. Saarbrücken 1969.

Kühne, Hans-Heiner. Ausmaß der ärztlichen Schweigepflicht. Juristenzeitung 2000, S. 684-685.

Kühne, Hans-Heiner. Die Instrumentalisierung der Wahrheitsfindung im Strafverfahren. Goltdammer's Archiv 2008, S. 361-374.

Kühne, Hans-Heiner. Strafprozessrecht. 9. Auflage Heidelberg 2015.

Künzel, Werner. Brandenburgs Landesverfassung in Geschichte und Gegenwart. Potsdam 1994.

Küper, Wilfried. „Es kann keine Not geben, welche, was Unrecht ist, gesetzmäßig machte". In: Zaczyk, Rainer/ Köhler, Michael/ Kahlo, Michael (Hrsg.), Festschrift für Ernst Amadeus Wolff zum 70. Geburtstag. Berlin 1998 (S. 285-306).

Laby, Arthur. Fishing for documents overseas: The Supreme Court upholds broad consent directives against the claim of self-incrimination. Boston University Law Review 1990, S. 311-337.

Lackner, Karl. Literaturbericht: Festschrift für Hanns Dünnebier zum 75. Geburtstag. Neue Zeitschrift für Strafrecht 1983, S. 254-255.

Lackner, Karl/ Kühl, Kristian. Strafgesetzbuch - Kommentar. 28. Auflage München 2014.

Lagodny, Otto. Verdeckte Ermittler und V-Leute im Spiegel von § 136a StPO als „angewandtem Verfassungsrecht". StV 1996, S. 167-172.

Lammer, Dirk. Verdeckte Ermittlungen im Strafprozeß. Berlin 1992.

Landau, Herbert. Die jüngere Rechtsprechung des Bundesverfassungsgerichts zu Strafrecht und Strafverfahrensrecht. Neue Zeitschrift für Strafrecht 2015, S. 665-671.

Lang, Gerhard. Vernehmung von Beschuldigten und Zeugen. In: Eberhard Kaiser (Hrsg.), Leitfaden zur kleinen Strafprozeßreform. München Frankfurt am Main Berlin 1965 (S. 41-49).

Langbein, John. The historical origins of the privilege against self-incrimination at common law. Michigan Law Review 1994, S. 1047-1085.

Larenz, Karl/ Canaris, Claus-Wilhelm. Methodenlehre der Rechtswissenschaft. 3. Auflage Berlin Heidelberg 1995.

Leiwesneyer, Heinrich. Der schweigende Angeklagte. Kiel 1994.

Leoni, Bruno. Freiheit und das Recht. Stuttgart 2014.

Lesch, Heiko Hartmut. Inquisition und rechtliches Gehör in der Beschuldigtenvernehmung. Zeitschrift für die gesamte Strafrechtswissenschaft 1999, S. 624-646.

Lesch, Heiko Hartmut. „Hörfalle" und kein Ende - Zur Verwertbarkeit von selbstbelastenden Angaben des Beschuldigten in der Untersuchungshaft. Goltdammer's Archiv 2000, S. 355-371.

Lesch, Heiko Hartmut. Strafprozessrecht. 2. Auflage Neuwied Kriftel 2001.

Lesch, Heiko Hartmut. Anmerkung zu BGH, Beschl. v. 12.1.2005 - 5 StR 191/94. Juristische Rundschau 2005, S. 302-204.

Laufhütte, Heinrich Wilhelm/ Rissing-van Saan, Ruth/ Tiedemann, Klaus (Hrsg.). Strafgesetzbuch Leipziger Kommentar. Band 7 (§§ 211-241a). Bearbeitet von Hans Kudlich/ Christoph Krehl/ u.a. 12. Auflage Berlin 2015.

Leue, Friedrich Gottfried. Der mündliche öffentliche Anklageprozess und der geheime schriftliche Untersuchungsprozess in Deutschland. Aachen Leipzig 1840.

Levine, Samuel. An Introduction to Self-Incrimination in Jewish Law, With Appllication to the American Legal System: A Psychlogical and Philosophical Analysis. Loyola of Los Angeles International and Comparative Law Review (ILR) 2006, S. 257-277.

Levy, Leonard. Origins of the Fifth Amendment - The Right Against Self-Incrimination. New York 1968.

Levy, Leonard. Origins of the Fifth Amendment and ist Critics. Cardozo Law Review 1997, S. 821-860.

Liebhart, Christian. Die Gesamtwürdigung im Indizienverfahren. Neue Zeitschrift für Strafrecht 2016, S. 134-138.

Liepmann, Moritz. Die Psychologie der Vernehmung des Angeklagten im deutschen Strafprozeß. Zeitschrift für die gesamte Strafrechtswissenschaft 1924, S. 647-683.

Lindner, Bernd. Täuschungen in der Vernehmung des Beschuldigten. Tübingen 1988.

Lindner, Josef Franz. Zum Verhältnis von Recht und Moral: Grundfragen der Rechtsphilosophie. Juristische Ausbildung 2016, S. 8-16.

Linke, Tobias. Die Menschenwürde im Überblick: Konstitutionsprinzip, Grundrecht, Schutzpflicht. Juristische Schulung 2016, S. 888-893.

Lippke, Richard. Rewarding cooperation: the moral complexities of procuring accomplice testimony. New Criminal Law Review 2010, S. 90-118.

Liszt, Franz von. Strafrechtliche Aufsätze und Vorträge. Bd. 1: 1875-1891. Berlin 1905.

Liszt, Franz von. Das „richtige Recht" in der Strafgesetzgebung. Zeitschrift für die gesamte Strafrechtswissenschaft 1906, S. 553-564.

Liszt, Franz von/ Schmidt, Eberhard. Lehrbuch des Deutschen Strafrechts. 26. Auflage Berlin Leipzig 1932.

Löffelmann, Markus. Die normativen Grenzen der Wahrheitserforschung im Strafverfahren. Berlin 2008.

Lohmann, Georg. Das Menschenrecht, nicht gefoltert zu werden, und die Grenzen des Rechtsstaates. zeitschrift für menschenrechte 2007, S. 71-86.

Lohmann, Georg. Die rechtsverbürgende Kraft der Menschenwürde. Zum menschenrechtlichen Würdeverständnis nach 1945. zeitschrift für menschenrechte 2010, S. 57-71.

Lohsing, Ernst. Das Geständnis in Strafsachen. Halle 1905.

Lorenz, Frank Lucien. „Operative Informationserhebung" im Strafverfahren, „Unverfügbares" und Grundrechtsschutz durch „institutionelle Kontrolle". Juristenzeitung 1992, S. 1000-1011.

Lorenz, Frank Lucien. „Formalismus, Technizismus, Irrealismus": Das argumentative Dreigestirn gegen die Erhaltung strafprozessualer Garantien. Strafverteidiger 1996, S. 172-179.

Löwe, Ewald/ Rosenberg, Werner. Die Strafprozeßordnung für das Deutsche Recht - Kommentar. 16. Auflage Berlin Leipzig 1925.

Lucke, Diana. Strafprozessuale Schutzrechte und parlamentarische Aufklärung in Untersuchungsausschüssen mit strafrechtlich relevantem Verfahrensgegenstand. Berlin 2009.
Luhmann, Niklas. Legitimation durch Verfahren. 3. Auflage Darmstadt 1978.
Luhmann, Niklas. Die Soziologie und der Mensch. 3. Auflage Wiesbaden 2008.
Luhmann, Niklas. „Was ist der Fall" und „Was steckt dahinter?" - die zwei Soziologien und die Gesellschaftstheorie. Bielefeld 1993.
Luhmann, Niklas. Gibt es in unserer Gesellschaft noch unverzichtbare Normen? Heidelberg 1993.
Machiavelli, Niccolò. Der Fürst. Stuttgart 2007 (Nachdruck).
Machura, Stefan. Fairness und Legitimität. Baden-Baden 2001.
Macnair, Mike. The early Development of the Privilege against Self-Incrimination. Oxford Journal Legal Studies 1990, S. 66-84.
Magold, Malte. Die Kostentragungspflicht des Verurteilten: Im Hinblick auf Schuldprinzip, Resozialisierungsprinzip und Selbstbelastungsfreiheit. Berlin 2009.
Mahlmann, Matthias. Konkrete Gerechtigkeit. 3. Auflage Baden-Baden 2017.
Mahlmann, Matthias. Rechtsphilosophie und Rechtstheorie. 4. Auflage Baden-Baden 2017.
Mahlstedt, Tobias. Die verdeckte Befragung des Beschuldigten im Auftrag der Polizei - Informelle Informationserhebung und Selbstbelastung. Berlin 2011.
Malek, Klaus. Abschied von der Wahrheitssuche. Strafverteidiger 2011, S. 559-567.
Mandelbaum, Simcha. The Privilege against Self-Incrimination in Anglo-American and Jewish Law. American Journal of Com- parative Law 1956, S. 115-119.
Margalit, Avishai. The Decent Society. Cambridge 1996.
Mastronardi, Philippe. Verrechtlichung der Menschenwürde – Transformationen zwischen Religion, Ethik und Recht. In: Seelmann, Kurt (Hrsg.), Menschenwürde als Rechtsbegriff. Archiv für Rechts- und Sozialphilosophie 2004 Beiheft 101, S. 93-115.

Matt, Holger. Nemo tenetur se ipsum accusare - Europäische Perspektiven. Goltdammer's Archiv 2006, S. 323-326.

Maunz, Theodor/ Dürig, Günter (Begründer). Grundgesetz für die Bundesrepublik Deutschland. Bearbeitet von: Peter Badura/ Hermann Butzer/ u.a. In: Roman Herzog/ Matthias Herdegen/ u.a. (Hrsg.), Kommentar. 13. Auflage München 2014.

Mauß, Detlef. Die Lügenstrafe nach Abschaffung der Folter ab 1740. Marburg 1974.

Mayer, Max Ernst. Das Leugnen des Angeklagten als Strafschärfungsgrund. Zeitschrift für die gesamte Strafrechtswissenschaft 1907, S. 921-926.

Mayer, Max Ernst. Rechtsphilosophie. 2. Auflage Berlin 1926.

Mead, George Herbert. Philosophie der Sozialität. Frankfurt am Main 1969.

Meixner, Franz. Der Indizienbeweis. 2. Auflage Hamburg 1962.

Merten, Jan. Folterverbot und Grundrechtsdogmatik - Zugleich ein Beitrag zur aktuellen Diskussion um die Menschenwürde. Juristische Rundschau 2003, S. 404-408.

Meurer, Dieter. Informelle Ausforschung. In: Bernd Schünemann (Hrsg.), Festschrift für Claus Roxin zum 70. Geburtstag. Berlin 2001 (S. 1281-1297).

Meyer, Hugo. Die Mitwirkung der Parteien im Strafproceß. Erlangen 1873.

Meyer, Karl. Zur strafrechtlichen Verwertbarkeit einer im Asylverfahren erfolgten Selbtbezichtigung eines Asylbewerbers. Juristische Rundschau 1986, S. 170-172.

Meyer, Karlheinz. Zur strafprozessualen Zulässigkeit einer Identifizierung durch Vergleich eines Erpresser-Anrufs mit heimlich aufgenommenen Sprechproben des Angeklagten. Juristische Rundschau 1987, S. 215-217.

Meyer, Frank. Die Aussagefreiheit und das Prinzip der gegenseitigen Anerkennung. Goltdammer's Archiv 2007, S. 15-35.

Meyer, Frank/ Wohlers, Wolfgang. Tatprovokation quo vadis - Zur Verbindlichkeit der Rechtsprechung des EGMR (auch) für das deutsche Strafrecht. Juristenzeitung 2015, S. 761-770.

Meyer-Goßner, Lutz/ Schmitt, Bertram. Strafprozessordnung Kommentar. 59. Auflage München 2016.
Michael, Lothar/ Morlok, Martin. Grundrechte. 5. Auflage Baden-Baden 2016.
Miebach, Klaus. Die freie Beweiswürdigung der Zeugenaussage in der neueren Rechtsprechung des BGH. Neue Zeitschrift für Strafrecht-Rechtsprechungsreport 2016, S. 329-334.
Mill, John Stuart. Gesammelte Werke - Erster Band. Die Freiheit, Das Nützlichkeitsprinzip, Rectoratsrede. Leipzig 1869.
Mittermaier, Carl Joseph Anton. Theorie des Beweises im peinlichen Prozesse nach den gemeinen positiven Gesetzen und den Bestimmungen der französischen Criminalgesetzgebung. Darmstadt 1821.
Mittermaier, Carl Joseph Anton. Die Lehre vom Beweise im deutschen Strafprozesse nach der Fortbildung durch Gerichtsgebrauch und deutsche Gesetzbücher in Vergleichung mit den Absichten des englischen und französischen Strafverfahrens. Darmstadt 1834.
Mittermaier, Carl Joseph Anton. Das Deutsche Strafverfahren in der Fortbildung durch Gerichts-Gebrauch und Landes-Gesetzbücher und in genauer Vergleichung mit dem englischen und französischen Strafverfahren. Erster Teil. Heidelberg 1845.
Mittermaier, Carl Joseph Anton. Das Deutsche Strafverfahren in der Fortbildung durch Gerichts-Gebrauch und Landes-Gesetzbücher und in genauer Vergleichung mit dem englischen und französischen Strafverfahren. Zweiter Teil. Heidelberg 1846.
Mittermaier, Carl Joseph Anton. Das englische, schottische und nordamerikanische Strafverfahren im Zusammenhange mit den politischen, sittlichen und socialen Zuständen und in den Einzelheiten der Rechtsübung. Erlangen 1851.
Mittermaier, Carl Joseph Anton. Die Gesetzgebung und Rechtsübung über Strafverfahren. Erlangen 1856.
Mitsch, Wolfgang. Vorbeugende Strafbarkeit zur Abwehr terroristischer Gewalttaten. Neue Juristische Wochenschrift 2015, S. 209-212.
Möller, Hauke. Verfassungsrechtliche Überlegungen zum „nemo-tenetur"-Grundsatz und zur strafmildernden Berücksichtigung von Geständnissen. Juristische Rundschau 2005, S. 314-320.

Momsen, Theodor. Zum ältesten Strafrecht der Kulturvölker. Leipzig 1905.

Momsen, Carsten. Die Zumutbarkeit als Begrenzung strafrechtlicher Pflichten. Baden-Baden 2006.

Momsen, Carsten. Verlagerung der Strafverfolgung auf Private im Wirtschaftsrecht - Chance oder Irrweg? In: Britta Bannenberg/ Hauke Brettel/ Georg Freund/ u.a. (Hrsg.), Festschrift für Dieter Rössner zum 70. Geburtstag. Baden-Baden 2015 (S. 871-891).

Murmann, Uwe. Über den Zweck des Strafprozesses. Goltdammer's Archiv 2004, S. 65-86.

Müller, Egon. Anmerkung zu BGH, Urt. v. 12.1.1996 - 5 StR 756/94. Strafverteidiger 1996, S. 358-360.

Müller, Egon/ Schmidt, Jens. Aus der Rechtsprechung zum Recht der Strafverteidigung 2015. Neue Zeitschrift für Strafrecht 2016, S. 649-656.

Müller, Rudolf. Neue Ermittlungsmethoden und das Verbot des Zwangs zur Selbstbelastung. Europäische Grundrechte-Zeitschrift 2001, S. 546-559.

Müller, Ingo. Die Zerstörung der Rechtsstaatlichkeit im Strafrecht des Dritten Reichs. In: Dreckrah, Volker Friedrich / Willoweit, Dietmar (Hrsg.), Festschrift für Götz Landwehr zum 80. Geburtstag. Köln Weimar Wien 2016 (S. 293-307).

Müller-Boysen, Ulrike. Die Rechtsstellung des Betroffenen vor dem parlamentarischen Untersuchungsausschuss: ein Beitrag zu den Mitwirkungsrechten und zum Schweigerecht des Betroffenen. München 1980.

Müller-Dietz, Heinz. Integrationsprävention und Strafrecht. Zum positiven Aspekt der Generalprävention. In: Vogler, Theo (Hrsg.), Festschrift für Hans-Heinrich Jescheck zum 70. Geburtstag. Berlin 1985 (S. 813-827).

Müssig, Bernd. Beweisverbote im Legitimationszusammenhang von Strafrechtstheorie und Strafverfahren. Goltdammer's Archiv 1999, S. 119-142-

Müssig, Bernd. Grenzen der Beweisverwertung beim Einsatz „Verdeckter Ermittler" gegen den Verdächtigen. Goltdammer's Archiv 2004, S. 87-103.

Nack, Armin. Verteidigung bei der Glaubwürdigkeitsbeurteilung von Aussagen. Strafverteidiger 1994, S. 555-564.

Naucke, Wolfgang. Über die Zerbrechlichkeit des rechtsstaatlichen Strafrechts. Baden-Baden 2000.

Naucke, Wolfgang. Strafrecht - eine Einführung. 10. Auflage Neuwied 2002.

Neuhaus, Ralf. Zur Notwendigkeit der qualifizierten Beschuldigtenbelehrung. Neue Zeitschrift für Strafrecht 1997, S. 312-316.

Neumann, Karl. Der englische Strafprozeß im Lichte der deutschen Justiz-Reform. Zeitschrift für die gesamte Strafrechtswissenschaft 1930, S. 1-30.

Neumann, Ulfrid. Materiale und prozedurale Gerechtigkeit im Strafverfahren. Zeitschrift für die gesamte Strafrechtswissenschaft 1989, S. 52-74.

Neumann, Ulfrid. Mitwirkungs- und Duldungspflichten des Beschuldigten bei körperlichen Eingriffen im Strafverfahren. In: Rainer Zaczyk/ Michael Köhler/ Michael Kahlo (Hrsg.), Festschrift für Ernst Amadeus Wolff zum 70. Geburtstag. Berlin 1998 (S. 373-393).

Neumann, Ulfrid. „Methodendualismus" in der Rechtsphilosophie des Neukantianismus. In: Annette Brockmüller/ Stephan Kirste/ Ulfrid Neumann (Hrsg.), Archiv für Rechts- und Sozialphilosophie 2015 Beiheft 145. Wert und Wahrheit in der Rechtswissenschaft (S. 25-40).

Neumann, Ulfrid. Literaturbericht: Johann Braun, Deduktion und Invention. Juristenzeitung 2017, S. 416-418.

Nestler, Nina. „Wer einmal lügt, dem glaubt man nicht..." - Falschaussage, Glaubhaftigkeit, Lügendetektor. Juristische Arbeitsblätter 2017, S. 10-18.

Newman, Karl Max. Das Englisch-Amerikanische Beweisrecht - Mit einem Vorwort über die Behandlung des Beweisproblems im deutschen Strafverfahren von Walter Sachs. Heidelberg 1949.

Nickl, Rolf. Das Schweigen des Beschuldigten und seine Bedeutung für die Beweiswürdigung. München 1979.

Niese, Werner. Narkoanalyse als doppelfunktionale Prozeßhandlung. Zeitschrift für die gesamte Strafrechtswissenschaft 1951, S. 199-228.

Nieto Martin, Adán/ Blumenberg, Axel-Dirk. Das Prinzip nemo tenetur se ipsum accusare und der europäische Strafprozess. In: Fahl, Christian/ Müller, Eckhart/ Satzger, Helmut/ Swoboda, Sabine (Hrsg.), Festschrift für Werner Beulke zum 70. Geburtstag. Heidelberg 2015 (S. 855-870).

Nietzsche, Friedrich. Jenseits von Gut und Böse. Leipzig 1886.

Nietzsche, Friedrich. Zur Genealogie der Moral: eine Streitschrift. Stuttgart 2011 (Nachdruck).

Nissen, Adolph. Bemerkungen zum Entwurf einer Deutschen Strafprocessordnung. Leipzig 1874.

Nothhelfer, Martin. Die Freiheit von Selbstbezichtigungszwang: verfassungsrechtliche Grundlagen und einfachgesetzliche Ausformungen. Heidelberg 1989.

Nowak, Manfred. Die Aushöhlung des Folterverbots im Kampf gegen den Terrorismus. zeitschrift für menschenrechte 2007, S. 55-70.

Nowrousian, Bijan. Darf der Beschuldigte im Ermittlungsverfahren getäuscht werden? - Zur grundsätzlichen Zulässigkeit aktiver Täuschung im Ermittlungsverfahren. Neue Zeitschrift für Strafrecht 2015, S. 625-628.

Nussbaum, Martha. Menschenwürde und politische Ansprüche. zeitschrift für menschenrechte 2010, S. 80-97.

Nussbaum, Martha. Gerechtigkeit oder Das gute Leben. 8. Auflage Frankfurt am Main 2014.

Oehler, Dietrich. Zur Entstehung des strafrechtlichen Inquisitionsprozesses. In: Joachim Hirsch (Hrsg.), Gedächtnisschrift für Hilde Kaufmann. Berlin 1986 (S. 847-862).

Ostendorf, Heribert. Die Beschuldigtenrechte beim Einsatz eines Verdeckten Ermittlers - dargestellt am Fall eines abgenötigten Geständnisses. In: Manfred Heinrich/ Christian Jäger/ Hans Achenbach/ u.a. (Hrsg.), Festschrift für Claus Roxin zum 80. Geburtstag. Berlin 2011 (S. 1329-1340).

Ostendorf, Heribert. Der Wandel vom klassischen zum ökonomischen Strafprozess. Zeitschrift für internationale Strafrechtsdogmatik 2013, S. 172-180.

Ostendorf, Heribert. Strafprozessrecht: Rechtssystem und Rechtsanwendung. 2. Auflage Baden-Baden 2015.

Ott, Konrad. Moralbegründungen zur Einführung. 2. Auflage Hamburg 2005.

Ott, Dominique. Der Grundsatz „nemo tenetur se ipsum accusare" unter besonderer Berücksichtigung der straßenverkehrsrechtlichen Pflichten. Zürich 2012.

Paeffgen, Hans-Ullrich. Vorüberlegungen zu einer Dogmatik des Untersuchungshaftrechts. Köln 1986.

Paeffgen, Hans-Ullrich. Rechtsprechungsübersicht in U-Haft-Sachen 1995/96 - 2. Teil. Neue Zeitschrift für Strafrecht 1997, S. 115-119.

Paulus, Rainer. Prozessuale Wahrheit und Revision. In: Manfred Seebode (Hrsg.), Festschrift für Günter Spendel zum 70. Geburtstag. Berlin New York 1992 (S. 687-719).

Pawlik, Michael. Strafrecht und Staatsunrecht - Zur Strafbarkeit der „Mauerschützen". Goltdammer's Archiv 1994, S. 472-483.

Pawlik, Michael. Verdeckte Ermittlungen und das Schweigerecht des Beschuldigten. Goltdammer's Archiv 1998, S. 378-389.

Pawlik, Michael. Eine Theorie des entschuldigenden Notstandes: Rechtsphilosophische Grundlagen und dogmatische Ausgestaltung. Jahrbuch für Recht und Ethik 2003, S. 287-315.

Pawlik, Michael. Rechtsphilosophie - Literaturbericht. Zeitschrift für die gesamte Strafrechtswissenschaft 2015, S. 737-764.

Peres, Holger. Strafprozessuale Beweisverbote und Beweisver- wertungsverbote und ihre Grundlagen in Gesetz, Verfassung und Rechtsfortbildung. München 1991.

Peters, Karl. Literaturbericht: Klaus Rogall, Der Beschuldigte als Beweismittel gegen sich selbst. Zeitschrift für die gesamte Strafrechtswissenschaft 1979, S. 121-123.

Peters, Carl. Strafprozess. 4. Auflage Heidelberg 1985.

Petry, Horst. Beweisverbote im Strafprozess. Saarbrücken 1971.

Pfordten, Dietmar von der. Normativer Individualismus und das Recht. Juristenzeitung 2005, S. 1069-1079.

Pfordten, Dietmar von der. Menschenwürde, Recht und Staat bei Kant. Paderborn 2010.

Pfordten, Dietmar von der. Normative Ethik. Berlin New York 2010.
Pfordten, Dietmar von der. Rechtsethik. 2. Auflage München 2011.
Pfordten, Dietmar von der. Menschenwürde. München 2016.
Pieroth, Bodo/ Schlink, Bernhard/ Kingreen, Thorsten/ Poscher, Ralf. Grundrechte Staatsrecht II. 31. Auflage Heidelberg 2015.
Pieth, Mark. Strafverfahren gegen das Unternehmen. In: Jörg Arnold/ Björn Burkhard/ Walter Gropp/ u.a. (Hrsg.), Festschrift für Albin Eser zum 70. Geburtstag. München 2005 (S. 599-616).
Planck, Johann Julius Wilhelm. Systematische Darstellung des deutschen Strafverfahrens auf Grundlage der neueren Strafprozess-ordnungen seit 1848. Göttingen 1857.
Plöger, Rainer. Die Mitwirkungspflichten des Beschuldigten im deutschen Strafverfahren von den Anfängen im germanischen Rechtsgang bis zum Ende des germanischen Inquisitionsprozesses. Bochum 1982.
Pollähne, Helmut. Anmerkung zu OLG Oldenburg, Beschl. v. 14.6.2005 - 1 Ws 304/05. Strafverteidiger 2007, S. 88-91.
Pollähne, Helmut. Grenzen des Ungehorsamsstrafrechts. In: Christian Fahl/ Eckhart Müller/ u.a. (Hrsg.), Festschrift für Werner Beulke. Heidelberg 2015 (S. 39-53).
Prittwitz, Cornelius. Der Lügendetektor im Strafprozeß. Monatsschrift des Deutschen Rechts 1982, S. 886-895.
Prittwitz, Cornelius. Der Mitbeschuldigte im Strafprozeß. Frankfurt am Main 1984.
Puchta, Georg Friedrich. Ueber zweckwidrige Beschränkungen der freien Thätigkeit des Inquirenten bei dem ersten Verhöre des Angeschuldigten. Neues Archiv für Criminalrecht 1821, S. 436-458.
Pufendorf, Samuel von. Acht Bücher vom Natur- und Völckerrecht. Frankfurt am Main 1711.
Pufendorf, Samuel von. Über die Pflicht des Menschen und des Bürgers nach dem Gesetz der Natur. In: Klaus Luig (Hrsg.), Frankfurt am Main 1994.
Puppe, Ingeborg. List im Verhör mit Beschuldigten. Goldammer's Archiv 1978, S. 289-306.
Püschel, Christof. Anmerkung zu EGMR v. 08.11.2012 - Nr. 30804/07. Strafverteidiger Forum 2012, S. 493-496.

Putzer, Max. Gerichte, Terror und Verfahren - Eine rechtsvergleichende Untersuchung zur Gewährleistung justizieller Grundrechte anhand verfassungsgerichtlicher und höchstrichterlicher Rechtsprechung in Deutschland und Israel. Tübingen 2015.

Putzke, Holm/ Scheinfeld, Jörg/ Klein, Gisela/ Undeutsch, Udo. Polygraphische Untersuchungen im Strafprozess. Zeitschrift für die gesamte Strafrechtswissenschaft 2009, S. 607-644.

Queck, Nadine. Die Geltung des nemo-tenetur-Grundsatzes zugunsten von Unternehmen. Berlin 2005.

Quentmeier, Kirsten. Geständnis, Schweigerecht und Schweigen des Beschuldigten. Juristische Arbeitsblätter 1996, S. 215-221.

Radbruch, Gustav. Rechtsphilosophie. 3. Auflage Leipzig 1932.

Radtke, Henning. Aktive Mitwirkungspflichten und die „freiwillige" aktive Mitwirkung des Betroffenen bei dem Zugriff auf elektronisch gespeicherte Daten im Strafprozess – Überlegungen am Beispiel sog. Bankendurchsuchungen. In: Albin Eser/ Jürgen Goydke (Hrsg.), Festschrift für Lutz Meyer-Goßner zum 65. Geburtstag. München 2001 (S. 321-346).

Radtke, Henning/ Hohmann, Olaf. Strafprozessordnung Kommentar. München 2011.

Ranft, Otfried. Strafprozeßrecht. 3. Auflage Stuttgart München u.a.O. 2005.

Ransiek, Andreas. Die Rechte des Beschuldigten in der Polizeivernehmung. Heidelberg 1990.

Ransiek, Andreas. Belehrung über Aussagefreiheit und Recht der Verteidigerkonsultation. Strafverteidiger 1994, S. 343-347.

Ransiek, Andreas. Unternehmensstrafrecht - Strafrecht, Verfassungsrecht, Regelungsalternativen. Heidelberg 1996.

Ransiek, Andreas. Zur Urteilsabsprache im Strafprozess: ein amerikanischer Fall. Zeitschrift für internationale Strafrechtsdogmatik 2008, S. 116-122.

Ransiek, Andreas/ Winsel, Andre. Die Selbstbelastung im Sinne des „nemo tenetur se ipsum accusare"-Grundsatzes. Goltdammer's Archiv 2015, S. 620-638.

Rau, Philipp. Schweigen als Indiz der Schuld - Ein Vergleich des deutschen und englischen Rechts zur Würdigung des Schweigens des Beschuldigten. Frankfurt am Main 2004.

Rawls, John. Eine Theorie der Gerechtigkeit. Frankfurt am Main 1975.

Rawls, John. Gerechtigkeit als Fairneß. 4. Auflage Frankfurt am Main 2014.

Redmayne, Mike. Rethinking the Privilege Against Self-Incrimination. Oxford Journal of Legal Studies 2007, S. 209-232.

Reese-Schäfer, Walter. Sicherheit, Freiheit und Terrorismus. zeitschrift für menschenrechte 2007, S. 37-51.

Reiche, Felix. Das Täuschungsverbot des § 136a StPO - ein objektiv-überindividueller Bestandteil des Beweisrechts. Kiel 1999.

Reiß, Wolfram. Besteuerungsverfahren und Strafverfahren: zugleich ein Beitrag zur Bedeutung des Grundsatzes von nemo tenetur se ipsum prodere im Besteuerungsverfahren. Paderborn 1980.

Rengier, Rudolf. Verwertbarkeit von Schadensmeldung an die Haftpflichtversicherung. Juristische Rundschau 1982, S. 477-479.

Rengier, Rudolf. Strafrecht Allgemeiner Teil. 6. Auflage München 2014.

Renzikowski, Joachim. Die förmliche Vernehmung des Beschuldigten und ihre Umgehung. Juristenzeitung 1997, S. 710-717.

Renzikowski, Joachim. Entschuldigung im Notstand. Jahrbuch für Recht und Ethik 2003, S. 269-285.

Renzikowski, Joachim. Körperliche Zwangseingriffe und Selbst- belastungsfreiheit. In: Martin Böse/ Detlev Sternberg-Lieben (Hrsg.), Festschrift für Knut Amelung zum 70. Geburtstag. Berlin 2009 (S. 669-686).

Richter, Hans. Auskunfts- und Mitteilungspflichten nach §§ 20, 79 Abs. 1 ff. InsO. Zeitschrift für Wirtschafts- und Steuerstrafrecht 2000, S. 1-5.

Rieß, Peter. Die Durchführung der Hauptverhandlung ohne Angeklagten. Juristenzeitung 1975, S. 265-272.

Rieß, Peter. Der Beschuldigte als Subjekt des Strafverfahrens in Entwicklung und Reform der Strafprozessordnung. In: Bundesministerium der Justiz (Hrsg.), Festschrift zum 100-jährigen Gründungstag des Reichsjustizamtes am 01. Januar 1877. Köln 1977 (S. 373-440).

Rieß, Peter. Die Hauptverhandlung in Abwesenheit des Angeklagten in der Bundesrepublik Deutschland (Deutsches strafrechtliches Landesreferat zum X. internationalen Kongreß für Rechtsvergleichung 1978). Zeitschrift für die gesamte Strafrechtswissenschaft 1978 Beiheft, S. 175-193.

Rieß, Peter. Die Vernehmung des Beschuldigten im Strafprozeß. Juristische Arbeitsblätter 1980, S. 293-301.

Rieß, Peter. Das Strafprozeßänderungsgesetz 1964 - Vergängliches und Bleibendes. In: Karl Heinz Gössel (Hrsg.). Festschrift für Theodor Kleinknecht zum 75. Geburtstag. München 1985 (S. 355-379).

Rieß, Peter. Über das Gesetz zur Wiederherstellung der Rechtseinheit vom 12. September 1950. In: Klaus Letzgus (Hrsg.). Festschrift für Herbert Helmrich zum 60. Geburtstag. München 1994 (S. 127-142).

Rieß, Peter. Verwertbarkeit des Inhaltseines Gestprächs, das auf Veranlassung der Polizei von einem Dritten mit dem Beschuldigten geführt wird? Neue Zeitschrift für Strafrecht 1996, S. 505-506.

Rieß, Peter. Über die Aufgaben des Strafverfahrens. Juristische Rundschau 2006, S. 267-277.

Rieß, Peter. Die Wiederherstellung rechtsstaatlicher Rechtseinheit im Strafverfahren. Strafverteidiger Forum 2010, S. 401-402.

Rixen, Stephan. Deformierte Menschenwürde? - Neuere philosophische Beobachtungen zur utilitaristischen Versuchung des Rechts. Juristenzeitung 2016, S. 585-594.

Roberts, Paul/ Zuckerman, Adrian. Criminal Evidence. New York 2004.

Röckl, Edgar. Das Steuerstrafrecht im Spannungsfeld des Verfassungs- und Europarechts – eine kritische Untersuchung unter besonderer Berücksichtigung der Wertungsdivergenzen zwischen Steuer- und Steuerstrafrecht als Verfassungsproblem, der Hinterziehung verfassungswidriger Steuern sowie der verfassungs- und europarechtlichen Grenzen der Steuerfahndung bei Banken. Berlin 2002.

Rode, Christian. Das Geständnis in der Hauptverhandlung. Strafverteidigerforum 2007, S. 98-103.

Rogall, Klaus. Die Mißachtung des Verbots der Selbstbelastung im geltenden und kommenden Abgabenrecht. Zeitschrift für Rechtspolitik 1975, S. 278-281.

Rogall, Klaus. Der Beschuldigte als Beweismittel gegen sich selbst. Berlin 1977.

Rogall, Klaus. Das Notwehrrecht des Polizeibeamten. Juristische Schulung 1992, S. 551-559.

Rogall, Klaus. Rezension: Hartmut Schneider, Grund und Grenzen des strafrechtlichen Selbstbegünstigungsprinzips auf der Basis eines generalpräventiven-funktionalen Schuldmodells. Strafverteidiger 1996, 63-68.

Rogall, Klaus. Rezension: Martin Nothhelfer, Die Freiheit von Selbstbezichtigungszwang. Strafverteidiger 1996, S. 68-70.

Rogall, Klaus. Verbot des Selbstbelastungszwangs im Steuerstrafverfahren. Neue Zeitschrift für Strafrecht 2006, S. 41-44.

Rogall, Klaus. Lutz Eidam, Die strafprozessuale Selbstbelastungsfreiheit am Beginn des 21. Jahrhunderts. Strafverteidiger 2008, S. 219-222.

Rogall, Klaus. Die Selbstbelastungsfreiheit vor neuen Herausforderungen. In: Christian Fahl/ Eckhart Müller/ u.a. (Hrsg.), Festschrift für Werner Beulke. Heidelberg 2015 (S. 973-986).

Rohe, Mathias. Das islamische Recht: Geschichte und Gegenwart. 3. Auflage München 2011.

Rommen, Heinrich. Die ewige Wiederkehr des Naturrechts. 2. Auflage München 1947.

Roschmann, Christian. Das Schweigerecht des Beschuldigten im Strafprozeß - seine rechtlichen und faktischen Grenzen. Bremen 1981.

Rosenberg, Irene Merker/ Rosenberg, Yale. In The Beginning: The Talmudic Rule Against Self-Incrimination. New York University Law Review (NYU Law Review) 1988, S. 955-1050.

Roth, Simon. Das Verhältnis zwischen verwaltungsrechtlichen Mitwirkungspflichten und dem Grundsatz nemo tenetur se ipsum accusare. Schweizerische Zeitschrift für Strafrecht 2011, S. 296-314.

Rothhaar, Markus. Die Menschenwürde als Prinzip des Rechts. Eine rechtsphilosophische Rekonstruktion. Tübingen 2015.

Rottleuthner, Hubert. Gustav Radbruch im Nationalsozialismus und im ARSP. In: Annette Brockmüller/ Eric Hilgendorf (Hrsg.)., Rechtsphilosophie im 20. Jahrhundert - 100 Jahre Archiv für Rechts- und Sozialphilosophie. Stuttgart 2009, S. 101-116.

Roxin, Claus. Zur Problematik des Schuldstrafrecht. Zeitschrift für die gesamte Strafrechtswissenschaft 1984, S. 641-660.
Roxin, Claus. Nemo tenetur: die Rechtsprechung am Scheideweg. Neue Zeitschrift für Strafrecht 1995, S. 465-469.
Roxin, Claus. Zum Hörfallen-Beschluss des Großen Senats für Strafsachen. Neue Zeitschrift für Strafrecht 1997, S. 18-21.
Roxin, Claus. Strafrecht Allgemeiner Teil. Band II. 3. Auflage München 2003.
Roxin, Claus. Strafrecht Allgemeiner Teil. Band I. 4. Auflage München 2006.
Roxin, Claus. Strafe und Strafzwecke in der Rechtsprechung des Bundesverfassungsgerichts. In: Winfried Hassemer/ Eberhard Kempf/ u.a. (Hrsg.), Festschrift für Klaus Volk zum 65. Geburtstag. München 2009 (S. 601-616).
Roxin, Claus. Zur Verwertbarkeit von Aussagen welche durch Polizeiinformanten erlangt wurden. Strafverteidiger 2012, S. 131-133.
Roxin, Claus/ Schünemann, Bernd. Strafverfahrensrecht. 28. Auflage München 2014.
Röder, Karl David August. Grundzüge des Naturrechts oder der Rechtsphilosophie. Leipzig 1863.
Rönnau, Thomas. Grundwissen - Strafrecht: Übergesetzlicher entschuldigender Notstand (analog § 35 StGB). Juristische Schulung 2017, S. 113-116.
Rüping, Hinrich. Zur Mitwirkungspflicht des Beschuldigten und Angeklagten. Juristische Rundschau 1974, S. 135-140.
Rüping, Hinrich/ Jerouschek, Günter. Grundriss der Strafrechtsgeschichte. 6. Auflage München 2011.
Rüster, Susanne. Rechtsstaatliche Probleme im Grenzbereich zwischen Besteuerungsverfahren und Steuerverfahren. Zeitschrift für Wirtschafts- und Steuerstrafrecht 1988 S. 49-56.
Rzepka, Dorothea. Zur Fairness im deutschen Strafverfahren. Frankfurt am Main 2000.
Sachs, Michael. Die Grundrechte der brandenburgischen Landesverfassung. In: Helmut Simon/ Dietrich Franke/ u.a. (Hrsg.), Handbuch der Verfassung des Landes Brandenburg. Stuttgart München 1994.

Sack, Fritz. Strukturwandel, Kriminalität und Kriminalpolitik. In: Irmgard Rode/ Heinz Kammeier/ u.a. (Hrsg.), Neue Lust auf Strafen. Münster 2005 (S. 7-34).

Sack, Fritz. Der weltweite „punitive Turn". In: Axel Groenemeyer (Hrsg.), Wege der Sicherheitsgesellschaft. Wiesbaden 2010 (S. 165-191).

Safferling, Christoph/ Hartwig, Alena. Das Recht zu schweigen und seine Konsequenzen - Entwicklungen in nationalen und internationalen Strafverfahren. Zeitschrift für internationale Strafrechtsdogmatik 2009, S. 784-794.

Salditt, Franz. 25 Jahre Miranda - Rückblick auf ein höchstrichterliches Experiment. Goltdammer's Archiv 1992, S. 51-75.

Salditt, Franz. Bruchstellen eines Menschenrechts: Schweigen gefährdet. In: Regina Michalke/ Wolfgang Köberer/ u.a. (Hrsg.), Festschrift für Rainer Hamm zum 65. Geburtstag. Berlin 2008 (S. 595-614).

Salditt, Franz. Reden über Schweigen - Belehrung und gegenläufige Kommunikation. In: Christian Fahl/ Eckhart Müller/ u.a. (Hrsg.), Festschrift für Werner Beulke. Heidelberg 2015 (S. 999-1008).

Salger, Carsten. Das Schweigerecht des Beschuldigten. Köln 1998.

Samson, Erich. Steuerhinterziehung, nemo tenetur und Selbstanzeige - eine Dokumentation. Zeitschrift für Wirtschafts- und Steuerstrafrecht 1988, S. 130-136.

Sandkühler, Hans Jörg. Recht und Staat nach menschlichem Maß: Einführung in die Rechts- und Staatstheorie in menschenrechtlicher Perspektive. Weilerswist 2013.

Sandkühler, Hans Jörg. Menschenwürde und Menschenrechte. 2. Auflage Freiburg 2015.

Sarhan, Amr. Unternehmensinterne Privatermittlungen im Spannungsfeld zur strafprozessualen Aussagefreiheit. Zeitschrift für Wirtschafts- und Steuerstrafrecht 2015, S. 449-455.

Sautter, Bruno. Die Pflicht zur Duldung von Körperuntersuchungen nach § 372a ZPO. Archiv für die civilistische Praxis 1962, S. 215-269.

Scanlon, Thomas. What we owe to each other. Cambridge 2000 (Nachdruck).

Schäfer, Karl. Einige Bemerkungen zu dem Satz „nemo tenetur se ipsum accusare". In: Ernst-Walter Hanack/ u.a. (Hrsg.), Festschrift für Hanns Dünnebier zum 75. Geburtstag. Berlin 1982 (S. 11-51).

Schäfer, Hans Christoph. Effektivität und Rechtsstaatlichkeit der Strafverfolgung - Versuch einer Grenzziehung. Neue Juristische Wochenschrift 1997, S. 2437-2438.

Schäfer, Torsten. Der Nemo-Tenetur-Grundsatz im Steuerstraf- verfahren. Marburg 2007.

Schaber, Peter. Die Bedeutung von Instrumentalisierung und Demütigung als Würdeverletzung. In: Daniela Demko/ Kurz Seelmann/ u.a. (Hrsg.), Würde und Autonomie. Archiv für Rechts- und Sozialphilosophie 2015 Beiheft 142, S. 159-168.

Schacht, Joseph. The origins of Muhammadan Jurisprudence. 3. Auflage Oxford 1959.

Seebode, Manfred. Zur Verwertbarkeit von Informationen, die ein zu diesem Zweck eingeschleuster Mitgefangener vom Beschuldigten erhalten hat. Juristische Rundschau 1988, S. 427-432.

Schick, Stefan. Rezension: Katrin Gierhake, Der Zusammenhang von Freiheit, Sicherheit und Strafe im Recht. Eine Untersuchung zu den Grundlagen und Kriterien legitimer Terrorismusbekämpfung. Zeitschrift für internationale Strafrechtsdogmatik 2014, S. 250-254.

Schlauri, Regina. Das Verbot des Selbstbelastungszwangs im Strafverfahren - Konkretisierung eines Grundrechts durch Rechtsvergleichung. Zürich Basel Genf 2003.

Schlepper, Christian. Strafgesetzgebung in der Spätmoderne. Wiesbaden 2014.

Schlothauer, Reinhold. Strafprozessuale Verwertung selbstbelastender Angaben im Verwaltungsverfahren. In: Edda Weßlau/ Wolfgang Wohlers (Hrsg.), Festschrift für Gerhard Fezer zum 70. Geburtstag. Berlin 2008 (S. 267-287).

Schlüchter, Ellen. Strafprozeßrecht. 3. Auflage Thüngersheim 1999.

Schlüter, Jan. Die Strafbarkeit von Unternehmen in einer prozessualen Betrachtung. Frankfurt am Main 2000.

Schmalz, Theodor von. Das reine Naturrecht. Königsberg 1792.

Schmid, Carl Christian Erhard. Grundriss des Naturrechts. Jena Leipzig 1795.

Schmidhäuser, Eberhard. Zur Frage nach dem Ziel des Strafprozesses. In: Paul Bockelmann/ Wilhelm Gallas (Hrsg.), Festschrift für Eberhard Schmidt zum 70. Geburtstag. Göttingen 1961 (S. 511-524).

Schmidt, Eberhard. Lehrkommentar zur Strafprozeßordnung und zum Gerichtsverfassungsgesetz. Teil I: Die rechtstheoretischen und die rechtspolitischen Grundlagen des Strafverfahrensrechts. Göttingen 1952.

Schmidt, Eberhard. Lehrkommentar zur Strafprozeßordnung und zum Gerichtsverfassungsgesetz. Teil II: Erläuterungen zur Strafprozeßordnung und zum Einführungsgesetz zur Strafprozeß-ordnung. Göttingen 1957.

Schmidt, Eberhard. Ärztliche Schweigepflicht und Zeugnisverweigerungsrecht im Bereiche der Sozialgerichtsbarkeit. Neue Juristische Wochenschrift 1962, S. 1745-1750.

Schmidt, Eberhard. Der Strafprozess - Aktuelles und Zeitloses. Neue Juristische Wochenschrift 1969, S. 1137-1146.

Schmidt, Eberhard. Einführung in die Geschichte der deutschen Strafrechtspflege. 3. Auflage Berlin 1995.

Schmidt, Thorsten Ingo. Grundpflichten. Baden-Baden 1999.

Schneider, Hartmut. Die strafprozessuale Beweiswürdigung des Schweigens von Beschuldigten und angehörigen Zeugen. Juristische Ausbildung 1990, S. 572-582.

Schneider, Hartmut. Grund und Grenzen des strafrechtlichen Selbstbegünstigungsprinzips auf der Basis eines generalpräventivfunktionalen Schuldmodells. Berlin 1991.

Schneider, Hartmut. Zur strafprozessualen Verwertbarkeit des Schweigens von Beschuldigten - Allgemeiner Teil. Neue Zeitschrift für Strafrecht 2017, S. 73-77.

Schneider, Hartmut. Zur strafprozessualen Verwertbarkeit des Schweigens von Beschuldigten - Besonderer Teil. Neue Zeitschrift für Strafrecht 2017, S. 126-135.

Schopenhauer, Arthur. Die Welt als Wille und Vorstellung. Leipzig 1844.

Schönke, Adolf/ Schröder, Horst. Strafgesetzbuch - Kommentar. Bearbeitet von Jörg Eisele/ Albin Eser/ u.a. 29. Auflage München 2014.

Schönecker, Dieter/ Wood, Allen. Immanuel Kant „Grundlegung der Metaphysik der Sitten" - ein einführender Kommentar. 4. Auflage Paderborn 2011.

Schönberger, Christoph. Anmerkung zu BVerfG, Beschl. v. 15.12.2015 - 2 BvR 2735/14. Juristenzeitung 2016, S. 422-424.

Schramm, Hans-Holger. Die Verpflichtung des Abwassereinleiters zur Weitergabe von Eigenmeßwerten. Frankfurt am Main 1990.

Schröder, Christian/ Hansen, Hauke. Die Ermittlungsbefugnisse der BAFin nach § 44c KWG und ihr Verhältnis zum Strafprozessrecht. Zeitschrift für Bankrecht und Bankwirtschaft 2003, S. 113-121.

Schröder, Friedrich-Christian. Der Begriff der Folter. In: Nestor Courakis (Hrsg.), Festschrift für Dionysius Spinellis. Athen 2001 (S. 983-1003).

Schröder, Friedrich-Christian. Der Staat als Lügner - List und Täuschung im Dienste der Verbrechensbekämpfung. In: Matthias Mayer (Hrsg.), Kulturen der Lüge. Köln 2003 (S. 151-166).

Schröder, Friedrich-Christian/ Verrel, Torsten. Strafprozessrecht. 6. Auflage München 2014.

Schubarth, Martin. Zur Tragweite des Grundsatzes der Unschuldsvermutung. Basel 1978.

Schubert, Werner/ Regge, Jürgen. Entstehung und Quellen der Strafprozessordnung von 1877. Frankfurt am Main 1989.

Schulz, Lorenz. Normiertes Misstrauen - Der Verdacht im Strafverfahren. Frankfurt am Main 2001.

Schulze-Fielitz, Helmuth. Rezension: Michael Wrase, Zwischen Norm und Wirklichkeit. Zur Methode und Dogmatik der Konkretisierung materialer Grundrechtsgehalte. Juristenzeitung 2017, S. 36.

Schünemann, Bernd. Absprachen im Strafverfahren? Grundlagen, Gegenstände und Grenze. Gutachten B für den 58. Deutschen Juristentag. München 1990.

Schünemann, Bernd. Die Urteilsabsprachen im Strafprozess - ewige Wiederkunft des Gleichen? In: Mark Zöller/ Hans Hilger/ u.a. (Hrsg.), Festschrift für Jürgen Wolter zum 70. Geburtstag. Berlin 2013 (S. 1107-1129).

Schünemann, Bernd. Das deutsche Strafrecht und seine Wissenschaft - vier Menschenalter nach Franz von Liszts Gießener Lehrbuch. Goltdammer's Archiv 2016, S. 506-518.

Schwarz, Alfons. Rechtsprechung durch Sondergerichte - zur Theorie und Praxis im Nationalsozialismus am Beispiel des Sondergerichts Berlin. Augsburg 1992.

Schwarze, Friedrich Oskar von. Commentar zu der Deutschen Strafprozeßordnung und zu den auf dieselbe bezüglichen Bestimmungen des Gerichtsverfassungsgesetzes. Leipzig 1878.

Schweidler, Walter. Über Menschenwürde. Wiesbaden 2012.

Schwemmer, Oswald. Die praktische Ohnmacht der reinen Vernunft. Neue Hefte für Philosophie 1983, S. 1-24.

Seelmann, Kurt. Menschenwürde und die zweite und dritte Formel des Kategorischen Imperativs. Kantischer Befund und aktuelle Funktion. In: Gerd Brudermüller/ Kurt Seelmann (Hrsg.), Menschenwürde - Begründung, Konturen, Geschichte. Würzburg 2008 (S. 67-78).

Seelmann, Kurt. „Menschenwürde" als Begriff des Rechts? In: Hans-Heinrich Gander (Hrsg.), Menschenwürde. Freiburg 2009 (S. 166-180).

Seelmann, Kurt. Rechtsphilosophie. 6. Auflage München 2014.

Seidmann, Daniel/ Stein, Alex. The Right to Silence helps the Innocent: A game-theoretic Analysis of the Fifth Amendment Privilege. Harvard Law Review 2000, S. 431-510.

Sellert, Wolfgang. Die Bedeutung und Bewertung des Inquisitionsprinzips aus rechtshistorischer Sicht. In: Norbert Achterberg (Hrsg.), Festschrift für Hans Ulrich Scupin zum 80. Geburtstag. Berlin 1983 (S. 161-182).

Sellert, Wolfgang. Der Beweis und die Strafzumessung im Inquisitionsprozeß. Budapest 1994.

Senge, Lothar. Die Neuregelung der forensischen DNA- Analyse. Neue Juristische Wochenschrift 2005, S. 3028-3033.

Sensen, Oliver. Kants Begriff der Menschenwürde. In: Franz-Josef Bormann/ Christian Schöer (Hrsg.), Abwägende Vernunft. Berlin 2004 (S. 220-236).

Sensen, Oliver. Kant's Conception of Human Dignity. Kant-Studien 2009, S. 309-331.

Sensen, Oliver. Kant on Human Dignity reconsidered. Kant-Studien 2015, S. 107-129.
Sickor, Jens Andreas. Das Geständnis. Tübingen 2014.
Sidgwick, Henry. The The methods of ethics. 7. Auflage London 1962.
Siegert, Karl. Nationalsozialistischer Strafprozess. Zeitschrift für die gesamte Strafrechtswissenschaft 1935, S. 14-34.
Singelnstein, Tobias/ Stolle, Peter. Die Sicherheitsgesellschaft. 3. Auflage Wiesbaden 2012.
Singelnstein, Tobias/ Putzer, Max. Rechtliche Grenzen strafprozessualer Ermittlungsmaßnahmen - Aktuelle Bestandsaufnahme und neue Herausforderungen. Goltdammer's Archiv 2015, S. 564-578.
Singer, Marcus George. Verallgemeinerung in der Ethik. Frankfurt am Main 1975.
Singer, Peter. Praktische Ethik. 2. Auflage Stuttgart 2006.
Shaftesbury, Anthony Earl of. Characteristicks of men, manners, opinions, times. London 1711.
Soden, Julius von. Geist der peinlichen Gesetzgebung Teutschlands. Band 2. Frankfurt am Main 1792.
Somek, Alexander. Zwei Welten der Rechtslehre und die Philosophie des Rechts. Juristenzeitung 2016, S. 481-486.
Somló, Felix. Juristische Grundlehre. 2. Auflage Leipzig 1927.
Sommer, Manfred. Mit dem Zufall leben. Überlegungen zu Kants Moralphilosophie. Neue Hefte für Philosophie 1983, S. 95-112.
Sommer, Ulrich. Auskunftsverweigerungsrecht des gefährdeten Zeugen. Strafverteidiger Forum 1998, S. 8-15.
Sonnenfels, Joseph von. Über die Abschaffung der Tortur. 2. Auflage Wien Nürnberg 1782.
Sprenger, Gerhard. Von der Wahrheit zum Wert - Gedanken zu Recht und Gerechtigkeit. Stuttgart 2010.
Stalinski, Dirk. Aussagefreiheit und Geständnisbonus. Düsseldorf 2000.
Starn, Fabian. Die Feststellung niedriger Beweggründe beim schweigenden Täter. Juristische Ausbildung 2016, S. 293-299.
Stein, Ulrich. Die Anwesenheitspflicht des Angeklagten in der Hauptverhandlung - Versuch einer verfassungskonformen Auslegung der §§

230, 231, 232-236 StPO. Zeitschrift für die gesamte Strafrechtswissenschaft 1985, S. 303-330.

Steinhoff, Uwe. On the Ethics of Torture. New York 2013.

Stern, Steffen. Der Geständniswiderruf als forensisches Erkenntnisproblem. Strafverteidiger 1990, S. 563-569.

Sternberg-Lieben, Detlev. Die „Hörfalle" - Eine Falle für die rechtsstaatliche Strafverfolgung? Juristische Ausbildung 1995, S. 299-310.

Sternberg-Lieben, Detlev. Einstellungsurteil oder Freispruch - Überlegungen zur Rehabilitierung als zusätzlichem Zweck des Strafverfahrens. Zeitschrift für die gesamte Strafrechtswissesschaft 1996, S. 721-758.

Stock, Ulrich. Zur Strafprozesserneuerung. Leipzig 1935.

Stoecker, Ralf. Die Pflicht, dem Menschen seine Würde zu erhalten. Zeitschrift für Menschenrechte 2010, S. 98-117.

Stoecker, Ralf. Worin liegen Menschenwürde-Verletzungen? In: Daniela Demko/ Kurt Seelmann/ u.a. (Hrsg.), Würde und Autonomie. Archiv für Rechts- und Sozialphilosophie 2015 Beiheft 142, S. 91-105.

Stuntz, William. Self-Incrimination und Excuse. Columbia Law Review 1988, S. 1227-1296.

Stuckenberg, Carl-Friedrich. Untersuchungen zur Unschuldsvermutung. Berlin 1998.

Stuckenberg, Carl-Friedrich. Die normative Aussage der Unschuldsvermutung. Zeitschrift für die gesamte Strafrechtswissenschaft 1999, S. 422-460.

Stuckenberg, Carl-Friedrich. Schuldprinzip und Wahrheitserforschung - Bemerkungen zum Verhältnis von materiellem Recht und Prozessrecht. Goldammer's Archiv 2016, S. 689-701.

Stree, Walter. Schweigen des Beschuldigten im Strafverfahren. Juristenzeitung 1966, S. 593-600.

Stübinger, Stephan. Zur Würdigung des Geständnisses im Rahmen einer verfahrensbeendenden Absprache. Juristenzeitung 2008, S. 798-800.

Stübinger, Stephan. „Not macht erfinderisch" - Zur Unterscheidungsvielfalt in der Nötigungsdogmatik - am Beispiel der Diskussion über den

Abschuss einer sog. „Terrormaschine". Zeitschrift für die gesamte Strafrechtswissenschaft 2011, S. 403-446.

Stübinger, Stephan. Notwehr-Folter und Notstands-Tötung. Göttingen 2015.

Stümpfler, Hermann. Das Schweigen im Strafverfahren oder Bußgeld verfahren. Deutsches Autorecht 1973, S. 1-10.

Stürner, Rolf. Strafrechtliche Selbstbelastung und verfahrensförmige Wahrheitsermittlung. Neue Juristische Wochenschrift 1981, S. 1757-1763.

Sundelin, Paul. Die Berechtigung und Bedeutung des Verhörs im gegenwärtigen Preußischen Strafverfahren gegenüber der Forderung seiner Beseitigung. Goltdammer's Archiv 1858, S. 624-635.

Sussman, David. What's wrong with Torture? Philosophy & Public Affairs 2005, S. 1-33.

Tammelo, Ilmar. Theorie der Gerechtigkeit. Freiburg München 1977.

Teifke, Nils. Das Prinzip Menschenwürde: zur Abwägungsfähigkeit des Höchstrangigen. Tübingen 2011.

Torka, Ronald. Nachtatsverhalten und Nemo tenetur - Eine Untersuchung über die Grenzen „zulässiger Verteidigung" und die Relevanz des Nemo-tenetur-Prinzips bei der Strafzumessung selbstbegünstigenden Nachtatverhaltens gem. § 46 Abs. 2 StGB. Berlin 2000.

Toulmin, Stephen. The Uses of Arguments. 2. Auflage Cambridge 2003.

Trüg, Gerson. Quo curris, Strafverfahren? - Zum Verhältnis der objektiven Dimension der Beschleunigungsmaxime zur Wahrheitsfindung. Strafverteidiger 2010, S. 528-538.

Tschentscher, Axel. Prozedurale Theorien der Gerechtigkeit. Baden-Baden 2000.

Tschentscher, Axel. Demokratische Legitimation der dritten Gewalt. Tübingen 2006.

Tyler, Tom. What is procedural justice? Criteria used by citizens to assess the fairness of legal procedures. Law & Society Review 1988, S. 103-135.

Velten, Petra. Zu den Anforderungen an den Widerpruch bei der Lehre von den sog. Beweisverwertungsverboten. Zeitschrift für das Juristische Studium 2008, S. 76-83.

Verrel, Torsten. Nemo tenetur - Rekonstruktion eines Verfahrensgrundsatzes - 1. Teil. Neue Zeitschrift für Strafrecht 1997, S.361-365.
Verrel, Torsten. Nemo tenetur - Rekonstruktion eines Verfahrensgrundsatzes - 2. Teil. Neue Zeitschrift für Strafrecht 1997, S. 415-420.
Verrel, Torsten. Die Selbstbelastungsfreiheit im Strafverfahren - Ein Beitrag zur Konturierung eines überdehnten Verfahrensgrundsatzes. München 2001.
Viganò, Francesco. Menschenrechte und Strafrecht. In: Christian Fahl/ Eckhart Müller/ u.a. (Hrsg.), Festschrift für Werner Beulke zum 70. Geburtstag. Heidelberg 2015 (S. 55-68).
Vitzthum, Wolfgang Graf. Die Menschenwürde als Verfassungsbegriff. Juristenzeitung 1985, S. 201-209.
Vocke, Christian. Die Ermittlungsbefugnisse der EG-Kommission im kartellrechtlichen Voruntersuchungsverfahren. Berlin 2006.
Volk, Klaus. Teilweises Schweigen des Angeklagten. Neue Zeitschrift für Strafrecht 1984, S. 377-378.
Volk, Klaus. Grundkurs StPO. 7. Auflage München 2010.
Voltaire. Bericht vom Tode des Chevaliers de la Barre. In: Günther Mensching (Hrsg.), Recht und Gesetz. Frankfurt am Main (S. 257-276).
Voltaire. Die eigentümliche Beschaffenheit des Prozesses des Grafen von Morangiés gegen die Familie Véron. In: Günther Mensching (Hrsg.), Recht und Gesetz. Frankfurt am Main 1978 (S. 277-294).
Voltaire. Kommentar zu dem Buch „Über Verbrechen und Strafen". In: Günther Mensching (Hrsg.), Republikanische Ideen. Frankfurt am Main 1986 (S. 33-88).
Voltaire. Preis der Gerechtigkeit und der Menschenliebe. In: Günther Mensching (Hrsg.), Republikanische Ideen. Frankfurt am Main 1986 (S. 89-166).
Vormbaum, Thomas. Beccaria und die strafrechtliche Aufklärung in der gegenwärtigen strafrechtswissenschaftlichen Diskussion. In: Helmut Jacobs (Hrsg.), Gegen Folter und Todesstrafe - Aufklärerischer Diskurs und europäische Literatur vom 18. Jahrhundert bis zur Gegenwart. Frankfurt am Main 2007 (S. 305-319).
Wahlberg, Wilhelm Emil. Kritik des Entwurfs einer Strafproceßordnung für das deutsche Reich. Wien 1873.

Walder, Hans Ulrich. Vernehmung des Beschuldigten - dargestellt am Beispiel des zürcherischen und deutschen Strafprozeßrechtes. Hamburg 1965.
Walter, Tonio. Die Beweislast im Strafprozeß. Juristenzeitung 2006, S. 340-349.
Weber, Max. Politik als Beruf. 11. Auflage Berlin 2010.
Weichert, Thilo. Informationelle Selbstbestimmung und strafrechtliche Ermittlung - zum verfassungskonformen Technikeinsatz im Strafverfahren. Pfaffenweiler 1990.
Weigend, Thomas. Deliktsopfer und Strafverfahren. Berlin 1989.
Weigend, Thomas. Abgesprochene Gerechtigkeit - Effizienz durch Kooperation im Strafverfahren? Juristenzeitung 1990, S. 774-782.
Weigend, Thomas. Der Schutz der Selbstbestimmung des Beschuldigten bei seiner Vernehmung im Strafverfahren. In: Dieter Leipold (Hrsg.), Selbstbestimmung in der modernen Gesellschaft aus deutscher und japanischer Sicht. Heidelberg 1997 (S. 149-166).
Weigend, Thomas. Unverzichtbares im Strafverfahrensrecht. Zeitschrift für die gesamte Strafrechtswissenschaft 2010, S. 271-304.
Weigend, Thomas. Rechtsvergleichende Bemerkungen zur Wahrheitssuche im Strafverfahren. In: Thomas Fischer/ Klaus Bernsmann (Hrsg.), Festschrift für Ruth Rissing-van Saan zum 65. Geburtstag. Berlin 2011 (S. 749-766).
Weigend, Thomas. „Das erledigt mein Anwalt für mich." - Hat der Angeklagte ein Recht darauf, sich in der Hauptverhandlung vertreten zu lassen. In: Martin Heger/ Brigitte Kelker/ u.a. (Hrsg.), Festschrift für Kristian Kühl zum 70. Geburtstag. München 2014 (S. 947-960).
Weiß, Wolfgang. Haben juristische Personen ein Aussageverweigerungsrecht? Juristenzeitung 1998, S. 289-296.
Weißer, Bettina. Literaturbericht: Katrin Gierhake, Der Zusammenhang von Freiheit, Sicherheit und Strafe im Recht. Eine Untersuchung zu den Grundlagen und Kriterien legitimer Terrorismusbekämpfung. Juristenzeitung 2016, S. 794-795.
Welzel, Hans. Naturrecht und materiale Gerechtigkeit. Göttingen 1951.
Welzel, Hans. Zur Problematik der Unterlassungsdelikte. Juristenzeitung 1958, S. 494-497.

Welzel, Hans. Das Deutsche Strafrecht. 11. Auflage Berlin 1969.
Werle, Gerhard. Völkerstrafrecht. 3. Auflage Tübingen 2012.
Wesche, Thilo. Die Würde von Freien und Gleichen: Zur Begründung der menschenrechtlichen Würdeidee. In: Daniela Demko/ Kurt Seelmann/ u.a. (Hrsg.), Würde und Autonomie. Archiv für Rechts- und Sozialphilosophie 2015 Beiheft 142, S. 41-64.
Wessels, Johannes. Schweigen und Leugnen im Strafverfahren. Juristische Schulung 1966, S. 169-176.
Wessels, Johannes/ Beulke, Werner/ Satzger, Helmut. Strafrecht Allgemeiner Teil. 46. Auflage Heidelberg 2016.
Weßlau, Edda. Zur Zulässigkeit der zwangsweisen Verabreichung von Brechmitteln zwecks Erbrechens von Betäubungsmittelportionen. Strafverteidiger 1997, S. 341-344.
Weßlau, Edda. Zwang, Täuschung und Heimlichkeit im Strafverfahren. Zeitschrift für die gesamte Strafrechtswissenschaft 1998, S. 1-37.
Weßlau, Edda. Absprachen in Strafverfahren. Zeitschrift für die gesamte Strafrechtswissenschaft 2004, S. 150-171.
Weßlau, Edda. Gespaltene Tatsachenfeststellungen, Überkreuz- verwertungen und advokatorische Dilemmata - Beweisverwertung zum Nachteil von Mitbeschuldigten. Strafverteidiger 2010, S. 41-45.
Wetz, Franz Josef. Die Würde des Menschen ist antastbar. Stuttgart 1998.
Wiederholdt, Johann Ludwig. Christiliche Gedanken von der Folter. Wetzlar 1739.
Wigmore, John. Nemo Tenetur Seipsum Prodere. Harvard Law Review 1891, S. 71-88.
Wigmore, John. The Privilege: Against Self-Crimination; its History. Harvard Law Review 1902, S. 610-637.
Wigmore, John. A treatise on the system of evidence in trials at common law. Boston 1904.
Willenberg, Nicola. Lügen- und Ungehorsamsstrafen - Eine Fortsetzung der Folter? Physische Gewalt im juristischen Diskurs im 18. und 19. Jahrhundert. In: Karsten Altenhain/ Nicola Willenberg (Hrsg.), Die Geschichte der Folter seit ihrer Abschaffung. Göttingen 2011.

Wimmer, August. Gestehen und Leugnen im Strafprozeß - Seine Bedeutung für Strafzumessung und Anrechnung der Untersuchungshaft. Zeitschrift für die gesamte Strafrechtswissenschaft 1930, S. 538-596.

Winston, Kenneth. On the ethics of exporting ethics: The right to silence in Japan and the U.S. Criminal Justice Ethics 2003, S. 3-20.

Wodrich, Wolf-Wilhelm. Das Verbot von Vernehmungsmethoden in geschichtlicher Sicht - historische Grundlagen des § 136a StPO. Köln 1961.

Wohlers, Wolfgang. Der Strafverteidiger: Rechtsbeistand oder (auch) Vertreter des Beschuldigten? In: Carl-Friedrich Stuckenberg/ Klaus Ferdinand Gärditz (Hrsg.), Festschrift für Hans-Ullrich Paeffgen zum 70. Geburtstag. Berlin 2015 (S. 621-636).

Wolff, Heinrich Amadeus. Selbstbelastung und Verfahrenstrennung - das Verbot des Zwangs zur aktiven Mitwirkung am eigenen Strafverfahren und seine Ausstrahlungswirkung auf die gesetzlichen Mitwirkungspflichten des Verwaltungsrechts. Berlin 1997.

Wolfslast, Gabriele. Beweisführung durch heimliche Tonbandaufzeichnung - Besprechung des BGH-Urteils vom 9.4.1986 - 3 StR 551/85. Neue Zeitschrift für Strafrecht 1987, S. 103-106.

Wolter, Jürgen. Staatliche gesteuerte Selbstbelastungsprovokation mit Umgehung des Schweigerechts. Zeitschrift für internationale Strafrechtsdogmatik 2012, S. 238-245.

Wolter, Jürgen (Hrsg.). Systematischer Kommentar zur Strafprozessordnung. Band II (§§ 94-136a StPO). 5. Auflage Köln 2015.

Wolter, Jürgen (Hrsg.). Systematischer Kommentar zum Strafgesetzbuch. Band IV (§§ 212-266b StGB). 8. Auflage Köln 2014.

Wrase, Michael. Zwischen Norm und Wirklichkeit. Zur Methode und Dogmatik der Konkretisierung materialer Grundrechtsgehalte. Berlin 2016.

Zachariae, Heinrich Albert. Die Gebrechen und die Reform des deutschen Strafverfahrens. Göttingen 1846.

Zachariae, Heinrich Albert. Handbuch des deutschen Strafprozesses. Band 1. Göttingen 1861.

Zachariae, Heinrich Albert. Handbuch des deutschen Strafprozesses. Band 2. Göttingen 1868.

Zaczyk, Rainer. Kein Beweisverwertungsverbot bei Androhung zwangsweisen Brechmitteleinsatzes. Strafverteidiger 2002, S. 125-127.

Zaczyk, Rainer. Strafjustiz oder Präventivjustiz. In: Christian Fahl/ Eckhart Müller/ u.a. (Hrsg.), Festschrift für Werner Beulke. Heidelberg 2015 (S. 69-78).

Zopfs, Jan. Von der Folter zu den Lügen- und Ungehorsamsstrafen. In: Arnd Koch/ Michael Kubiciel/ u.a. (Hrsg.), Feuerbachs Bayerisches Strafgesetzbuch. Tübingen 2014 (S. 69-79).

Zöller, Mark. Die Vorbereitung schwerer staatsgefährdender Gewalttaten nach § 89a StGB - wirklich nicht verfassungswidrig? Neue Zeitschrift für Strafrecht 2015, S. 373-378.

Zucca-Soest, Sabrina. Autonomie als notwendige aber nicht hinreichende Bestimmung der Menschenwürde. In: Daniela Demko/ Kurt Seelmann/ u.a. (Hrsg.), Würde und Autonomie. Archiv für Rechts- und Sozialphilosophie 2015 Beiheft 142, S. 117-143.

Zwengel, Otto. Das Strafverfahren in Deutschland von der Zeit der Carolina bis zum Beginn der Reformbewegung des 19. Jahrhunderts. Niederlauken 1963.

Printed in Poland
by Amazon Fulfillment
Poland Sp. z o.o., Wrocław